汉字史及汉字书写

杨国华 著

SUNCHIME 三辰影库音像出版社

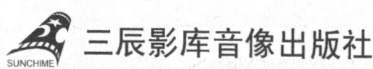

前言

文字是科学、技术发展进步的前提条件，是祖国科学技术发展的基础，是人类文明进程中一项依赖很重要的技术。可以说没有文字，就没有人类今天的文明与进步。中国的科学技术发展进步也是伴随着汉文字的发展而发展的。中华民族5000多年的悠久历史就是用汉字把它记录下来，流传后世的。由于在上古时期，文字处在发酵期，记录的历史残缺不全，与现代考古不相符合。所以我们就需要从现实考古结合文字记录重新探讨和认识中国发展的历史，要让广大民众都能够了解中国的历史，了解汉文字发展的历史。使广大学生、工人、农民都能热爱汉字，书写好汉字。

汉文字发展在中国历史发展中是很重要的一个方面。中国以前汉字记录的历史，都是记录帝王将相的历史，是记录以人物为中心的历史。记录统治人物的特征,所在时间及社会状况,用文字描绘就形成朝代。以前许多历史的书籍,记录中国上古时期的历史情况及人物,基本上都是一致的。但是现代出土的一些考古实物,这就与以前历史书籍记录的情况不一致;与作者对历史的记录、观点产生了矛盾。不过这都是正常现象。事物都是在发展的,都是在不断地更新换代;人们对历史的认识及观念也是在发展,也是在不断地更新换代。中国历史发展是多方面的,是立体的。不妨换一个角度,从汉文字发展的角度去看中国的历史,会更加生动,会更好地了解中国发展史及汉字发展史。

汉字既然这么重要,那么我们现在使用的现代汉字是从哪里来的,它是在什么时候开始出现?然后又是怎样演化成为我们今天使用的现代汉字的呢?中国古代汉字首先记录的是帝王的事迹以及贤臣的言行、谋略。从宏观上看,文字是为帝王及统治阶级服务。在上古时期,由于帝王及统治阶级使用文字,才使汉字在使用的过程中得到了传承和发展。同时汉字也是由帝王及统治阶级发明和创造的,同时他们也使用汉字和传承汉字,才使得汉字发展起来,成为我们今天使用的现代汉字。本书中就探讨了汉字发展的历史。

外另汉字的书写,也是一项很重要的技术。汉字是具有美感的,书写汉字要有美的感觉,才符合汉字美的要求,也是人们书写好汉字的心愿。书中我就谈谈现在人们书写的现状以及怎样才能够书写好汉字。

有许多大学生毕业以后,走向工作岗位,可是他们仍然坚持练习写字;可见他们有多么想写好汉字。我知道不仅学生有写好汉字的欲望,广大的工人、农民以及其他人士都有写好汉字的欲望,因此我们探讨这个问题就十分必要。广大的学生、工人、农民等，他们身体很好，有旺盛的精力；但是他们缺少怎样写好汉字的基本知识与经验。因此我把我所见到、听到中国古代、现代的一些先进、优秀的写字方法推荐给大家。但是这并不是说中国古今全部优秀的写字方法，只是我所听到、见到中国古今优秀的写字方法推荐给大家。

我认为广大学生、工人、农民等群体写不好字的主要原因：是他们的写字姿势和拿笔的方式都不正确，这是导致在书写过程中，笔不听从心灵指挥的根本原因，从而写不好字。笔不从心，是广大学生、工人、农民在写字时普遍出现的情况。现在我就从纠正人们的写字姿势，纠正人们的拿笔方式，以及书写工具地改革，从这三个方面进行论述。改变广大工人、农民、学生在写字时笔不从心的状况；使人们在书写时，笔能够听从心灵的指挥，从而提高广大民众的书写水平。

象形文字从图形文字中剥离出来，人们对书写好汉字地追求就一刻也没有停止。虽然我国古代出现过不少优秀的书法家，但是他们也只能起到一个榜样的作用，不能从根本上解决人们在书写时笔不从心的状况。现在又有不少人买字帖来练习写字，但是字帖同样也只能起到一个榜样的作用，同样是对提高广大民众的书写水平起不到关键的作用。我写此书还有一个目的，就是希望能起到抛砖引玉的作用。希望其他一些对写字有独门经验与技术的人，让他们也来谈谈怎样才能够书写好汉字，出版更多的书法理论。让广大民众都知道，用怎样的写字方法才能够写好汉字，提高广大民众的书写水平。

谈到字帖，现在的字帖都已经更新换代了。20 世纪 70—80 年代的字帖，都是全国各地的一些写字高手写的字。比如说《庞中华字帖》，其中有行书、楷书、宋体字，还有一些圆滑的字体，字体都写得比较端正。但是到了 21 世纪初至现在，以前的老字帖都遭到淘汰，取而代之的都是新字帖。这些新字帖大多数都是中国古代书法家的书法作品：如褚遂良、欧阳询、颜真卿、柳公权等的字迹，把他们用毛笔书写的笔迹，用电脑缩小到钢笔字体的大小程度。像这样的字体比老字帖上的字体更加美观。

这是一种很好的构思，把中国古代汉文字瑰宝的字体来作为现代人们书写字体的楷模，这真是一种很好的想法。但是当人们把这些中国古代的汉字瑰宝买回家，你能够写出字帖中的字体吗？答案是不可能。因为这些字帖中的字体，大多数都融入了书法家对汉文字的思想情感。这种思想情感就是表现在汉字的美观上，但是人们并不能领会这种美感的缘由。

再美观的字体，也只能起一个榜样的作用，它并没有告诉人们，怎样才能写出这种字体的方法与经验。所以我从写字的姿势、拿笔的方式还有书写工具三个方面，论述怎样才能够写好汉字。另外我还讲述了怎样才能够写出中国古代汉字瑰宝字体的具体方法。我认为只要按照我介绍的写字方法去做，要写出现代字帖中的字体不是难事。

我写此书的目的，就是要让广大的民众都能够了解中国发展灿烂的历史还有汉文字发展史。不懂过去，就无法开拓未来。以后人类会向信息化方向发展，而语言文字是信息化的基础，所以语言文字现在也越来越重要。语言文字学科跟不上，信息化也难于高速发展。所以我们要热爱汉字，书写好汉字。搞好汉字、书写好汉字又是发展汉字的重要基础。“前世之事，后事之师”，记录历史就是要学习历史，给后人以借鉴；目的就是要发展汉字，把汉字发扬光大。

目　录 CONTENTS

第一章

汉文字发展史

汉字对中国社会发展及科学技术发展起着非常重要的推动作用。汉字不仅对各行各业的发展起着决定性的推动作用；而且对人类的发展，也是起着决定性的推动作用。现在国家提倡向信息化方向发展，信息化就离不开语言文字；现在人们相互交流、来往，同样是离不开语言文字。文字是人类进步的阶梯，是人类社会发展的基础；可以说没有文字，就不会有人类今天的文明与进步，就不会有现在人类的文明社会，也不会有现代科学技术发展的成果。

中华民族5000多年的文明史就是用汉字把它记录下来，流传后世的。由于在上古时期，汉文字处于发酵期，记录中国古代的历史残缺不全，与现代考古不相符合。以前文字记录的历史与现代考古的实际情况不完全一致，这就需要重新探讨、重新认识。那么我们现在使用的现代汉字是从那里来的？汉文字是在什么时候开始出现，然后又是怎样演化成为我们今天使用的现代汉字？带着这些问题，我们来回顾一下中国发展的历史及汉文字发展史。

现代考古有一些新发现：在云南省元谋一带发现了170万年前人类活动的遗迹；在陕西省蓝田公主岭一带发现了100万年前人类活动的遗迹；在北京周口店一带发现了50万年前人类活动的遗迹。不过这些人类活动的遗迹还属于类猿人活动的遗迹。

最近我国考古人员又在安徽省华龙洞出土了距今30万年前直立人的头骨化石。在湖南省道县地区发现了迄今最早现代人类的遗骨化石，这些现代人的遗骨及牙齿，经考古人员鉴定：

这些遗骨化石是生活在距今 10 万至 8 万年左右、生活在中国东南部的人类，这些遗骨化石与现代人类的骨骼基本一致。这些足以证明，中国是人类发源地之一，有着悠久灿烂的人类文明历史。

汉字的起源就是从古老的绘画艺术开始，也可以说是从简易图形开始。随着人们对各种图形符号的使用，经过几千年的使用与发展，才成为我们今天使用的现代汉字。在近代考古中，就发现了人们在公元前 6000 多年前使用符号的证据。在公元前 6000 多年前，图形文字就已经剥离成为象形文字。后来在公元前 4000 多年前，人们继续使用象形文字。

自然界的各种图形为象形文字提供了丰富的图形资源，直接把自然的图形变成象形文字就是图形造字法。但是在人们使用象形文字时会发现，还需要一些文字把它们联系起来；这些联系文字的文字就是形容词、副词、语气词之类的文字。于是就产生了会意造字法，通过想象把这些文字造出来。比如说“兮”这个字，在自然界中就没有这个字的原始图形，是通过会意造字法把它造出来的。

由于以前造的文字不够用，后来就产生了形声造字法、转注造字法、假借造字法等。这些都是汉文字在使用的过程中，逐渐衍生出来的造字方法。近代人们使用古文，认为它表达语言不完整，说话时无法表达停顿，于是近代的人们就创造了标点符号，用来表示说话的停顿。同时又认为汉字是有读音的，而民国以前的汉字没有切音符号和统一的读音标准，于是又借鉴国外的拉丁字母，作为汉语的拼音符号，给汉字注音，作为汉字的统一标准读音。汉字就是这样通过几千年的使用和改造，才逐渐地发展成为我们今天使用的现代汉字。

根据近代的一些考古发现，考古人员认为在公元前 3000

多年前的上古时期以前，就存在着一个较长的新石器时期。在那个时期人们生活的文化，叫作新石器时期文化；但是当时的人们还没有使用金属，没有使用文字；所以那个时期人们生活的状况不是很清楚。但是近代考古已经发现了那个时期的城市、宫殿、村落遗址及农作物的种子。那个时期人们生活的用具，主要是陶器、石器，还有骨器。

我国是制陶大国，制陶的历史很悠久，可以追溯到两万多年前，也就是公元前1.8万年前。近代中国的考古人员在江西省万年仙人洞，就发现了新石器时期烧制的陶器。经考古人员鉴定：这些陶器烧制的年代为公元前1.8万年左右，是在新石器时期。这些陶器是当今世界上发现最早烧制的陶器。但是象形文字出现在陶器上的时间，是在公元前4000多年前。

近代考古人员在中国河南省贾湖地区出土了两根骨笛。该骨笛是用鹤的尺骨制作的，笛上有六个圆孔，能演奏12个音节和一些现代乐曲。笛孔的旁边刻有标记和符号，标记是确定笛孔的位置，符号是确定音节的高低。该骨笛的自作时间为新石器时期，是在公元前6000多年前。后来，河南省贾湖区的人们又发现了17个刻在骨头上的象形文字，并把这17个文字交给考古人员。经过考古专家鉴定：该文字同样产生于公元前6000多年前，与贾湖骨笛产生的时代相同。这些都证明在新石器时代，中原地区的人们就开始使用象形文字了，有了较高的文化。

其实在原始社会后期，中国大陆上就出现了许多原始图画，这些原始的图画就是象形文字的前身。当然这些原始图画大部分都已经散失，但是还遗留下来了少量的岩画。从岩画中就可以得知，在象形文字出现以前，就存在着一个较长时期的绘画艺术发展期和图形文字发展时期。这些岩画就能够证明人类在远古时期，就有了绘画这门艺术，它与汉字的来源与发展密切相关。这些岩画也反映了人类在远古时期的一些生活，也是最早的历史文献资料。

岩画是一种石刻文化。人类祖先以石器作为工具,用粗犷、古朴、自然的方式，用石刻来描绘、记录他们生产、生活的内容。这是人类社会早期的文化现象。岩画中的各种图像，构成了在文字产生以前，原始人类最早的历史文献资料。岩画不仅涉及原始人类的经济、社会和生活，同时岩画还作为人类的精神产品，以艺术的形式和方式表现出来。

图画文字是不成熟的文字，文字学家周有光先生对这种文字做定义:“假如一种文字不能够把语言统统写出来，只能写一部分；另一部分写不出来，要用人的记忆来补充。这样的文字就是不成熟的文字。成熟的文字，就是能够把语言无遗漏地写下来。”原始的绘画及图形文字、包括岩画，都是不成熟的文字。

世界上远古人类留在岩石上的画面，最早的已有四万多年的历史，绵延至现代的原始部族仍有制作。今天被人们发现的岩画遍及世界五大洲，150多个国家和地区，主要分布于欧洲、非洲及亚洲的印度和中国。中国在黑龙江、内蒙古、甘肃、青海、新疆、西藏、广西、云南、贵州、四川、江苏、山西、陕西等地区，都有古代的岩画。从岩画的内容上来看，中国的岩画多以表现动物、人物、狩猎及各种符号。中国南方地区的岩画，除描绘动物、狩猎以外，还表现采集、房屋、村落、宗教仪式等。

在山西省临汾市吉县，有个人祖山。在山脚下有一个叫柿子滩的地方，这里的岩石上有两幅古老的岩画。一幅画的是少女，一幅画的是两只鹿。少女头顶上有七个弧形分布的红色圆点，考古人员认为这是代表北斗七星，而两脚周围分布的六个圆点，则代表南斗六星。这就是人们崇拜天神的由来。

考古人员对这两幅画进行测定后发现，该岩画就是柿子滩的先民，在距今两万年至一万前绘制的，也就是产生于公元前 1.8 万年至公元前 8000 年前。当然其他的地方也有岩画，这些足以证明，中国在远古时期，当时的人们就有了绘画艺术。这两幅岩画就是图画文字，这些绘画艺术就是产生象形文字的土壤。

在四川省考古人员也发现了岩画，地点是在广袤的甘孜石渠，这里的岩石画引人注目。画上有牦牛、大角羊、大角鹿等 40 多头动物，密点凿刻、简洁、肯定，带着浓郁的高原风味。这些涌动在岩石上的“生命”，反映了当时游牧民族的生活和审美情趣，也为游牧民族早期的原始宗教和信仰提供了依据。

上述岩画就证明了人类在远古时期，就有了绘画这门艺术，象形文字就孕育其中。随着绘画这门艺术不断地发展，原始的图画就分化为两部分：一部分就是真正的图画艺术，另一部分就是文字技术。象形文字就是从图形文字中逐渐地剥离出来的。中国的象形文字大约是在公元前 6000 多年前，就已经从图形文字中剥离出来成为象形文字，人们开始使用象形文字。

近代考古就出土了一些陶器，这些陶器上刻有近似图形的文字符号。这些符号既不同于图画文字，又不同于现代汉字，文字学家称它为象形文字，它是由近似图形笔画构成的文字符号。经过我国考古专家的鉴定：这些原始的象形文字就是从图形文字中剥离出来，形成的图形符号；这些原始的象形文字，就是汉文字的雏形。考古人员测定这些陶器烧制的年代，是在公元前 4000 多年前。这也可以证明在公元前 4000 多年前，仰韶地区的人们仍然继续使用象形文字，是在简单地使用象形文字。

象形文字从图形文字中剥离出来，就是为了使用，不然它就不会从图形文字中剥离出来。它是在使用的过程在，才逐渐地从图形文字中分离出来。当象形文字刚从图画文字中剥离出来时，它还不能像现在的文字一样记录事情，但是它也能表达一些自然界的事物，比如说人或动物，它的表达能力比图形文字是要强得多，要先进得多。

写在陶器上的象形文字是很少的，而该写在木头上的象形文字要比写在陶器上的象形文字多，因为人们使用木器比使用陶器频繁，所以写在木头上的象形文字要比写在陶器上的象形文字多。但是人们并没有发现写在木头上的象形文字，这是因为写在木头上的象形文字，不能保留很长时间。不要说是公元前 4000 多年前写在木头上的象形文字，就是公元前 1000 多年前，周文王和周武王写在木板上的政令，到现在也找不到一两块。由于象形文字写在陶器上可以保存很长时间，所以近代的人们就发现了写在陶器上的象形文字。

文字是有使用功能的，而公元前 4000 多年前的象形文字，还没有现代汉字的使用功能。当时人们是想装饰陶器，在陶器上画一个人或是动物之类的东西。因为绘画的技术要求较高，所以用象形文字替代，就很简单，而且几乎大部分人都能够做到。当然这些象形文字，有它一定的含义；只要有其的含义，就是在简单地使用。所以那时候人们使用象形文字，只能简单地表达一些事物，不能记录历史、事情。不过这就是汉文字的启蒙时期，是象形文字早期的使用时期。

文字使用的功能有记录历史、事情；传播科学技术、知识，传递各种信息；交流思想、表达人们的思想情感等。公元前 4000 多年前的象形文字，是不具备任何文字使用功能的，只是一个文字符号而已，但是人们已经开始简单地使用象形文字。

其实在原始社会，人类在上百万年的历史进程中，各地就存在各地的生活习俗文化，就一直存在着部族首领；动物也有头领。但是远古时期的部族首领，都存在着一个问题，就是不懂文字，所以他们都消失在历史的长河中。中国古代也有记录新石器时期末期社会情景的资料，《礼运篇》说：“昔日先王，未有宫室，冬则居营窟，夏则居橧巢。未有火化，食草木之实，鸟兽之肉；饮其血。未有丝麻，衣其羽皮。”

以上文字就是记录了远古时期先王的生活。这里记录的先王，没有姓和名，也没有地址；是在什么时间，经历了多少个这样的先王已不可考。“食草木之实”，应该是有了农业。“橧巢”是指小木棚；因为居住小木棚，后来的人们称他们为巢氏。从以上文字纪录中应该很清楚，当时的先王还没有使用文字。

其实公元前 4000 多年前的象形文字，是由图形文字演化而来，它同样代表着某些事物，包括人或动物，是在简单地使用。先是人们利用象形文字，代表着某些事物，包括人和各种动物，是在简单地使用。汉文字就是在使用的过程中，逐渐地发展成熟。

《国宝档案》记录：在山西省临汾市吉县有个人祖山，山上有个人祖庙，庙内供有人皇伏羲和女娲的石像。该庙有文字记录，还有“伏羲皇帝正庙”的石碑。该庙在古代就有，是在“大明正德十六年”重修的。在女娲神像下面埋有木箱，木箱上写有“前人留下”“皇帝遗骨”的字样。

后来有人盗挖石像下面的木箱，把尸骨散在地上。后来北京大学的考古人员用同位素的方法，对该头骨做测定，测得该遗骨是生活在距今 6200 年前的人类，也就是公元前 4200 多年前的人类，应该是娃皇的遗骨。

考古人员认为：女娲是生活在公元前4000多年前的女性部族首领，那时还是母系氏族社会。“女娲”是对母系氏族社会首领的尊称，不是她的名字。所以女娲就不是指某一个人，只要她是女性部族首领，就被称为女娲，所以女娲就应该有多位。

关于女娲的传说就有多种。首先是盘古开天地的神话传说，讲述的是盘古和女娲共同用泥土造人的故事。在人祖山上的遗骨，就是生活在公元前4200多年前的女娲。在公元前3000多年前，与伏羲结为夫妻的也是女娲；还有一种说法，说女娲是伏羲的妹妹。另外还有《补三皇本纪》中记录：“当其末年，诸侯有共工氏，与祝融战，不胜而怒。乃头触不周山，天柱折，地维缺，女娲氏乃炼五色石以补天。”这是公元前2000多年前的事。以上讲述的都是不同时代的女娲，所以“女娲”就不是单纯某个人的名字。

女娲是人们对母系氏族女部族首领的尊称。那时的象形文字已经从图形文字中剥离出来，开始简单地使用，但是还没有使用到人们的姓名上。根据现代考古和上古时期女娲的记录，山西省吉县是仰韶文化发展的地区，仰韶文化发展地区是中国文字发展的核心区域。在公元前4000多年前，仰韶文化发展区域的人们就已经开始简单地使用象形文字。文字的发明首先是为帝王服务，象形文字首先使用到部族首领上，这是很正常的事。这些足以证明在公元前4000多年前，人们就用象形文字对部族首领进行称呼。

1921年，考古人员在河南省三门峡市渑池县，发现了新石器时代文化遗址。该遗址有房屋的基础，有一定规模村落的布局，人们过着定居生活。是生活在公元前5000至公元前3000年前的氏族群体，当时是以原始农业为主的经济，同时兼营畜牧、渔猎和采集。生产工具是磨制的石器，生活用具主要是陶器。考古人员认为，中国在阶级社会出现以前，就存在着一个非常发达、较长时期的新石器时代文化，这里发现的文化称之为仰韶文化。分布在现在的陕西省、山西省、河南省、山东省、甘肃省，主要是分布在黄河流域。女娲应该是属于仰韶文化中产生的部族领袖，在公元前4000多年前的女娲部族，应该是一个较为先进的部族群体。

近代考古人员在河南濮阳地区发现了一个古墓，古墓中尸骨的两边，各有一个由蚌壳摆放着龙的图案。经过考古人员鉴定，该古墓产生于公元前4000多年前，是属于仰韶文化生活的习俗。考古人员称它为“蚌龙”，这就为中华民族是龙的传人，找到了历史上的依据。仰韶文化在新石器时期，是一个较为先进的部族文化。在上古的三皇时期，仰韶地区就出现了两位部族领袖。后来黄帝也是由仰韶文化产生的部族领袖。黄帝与炎帝、蚩尤进行战争而取得胜利，就证明仰韶文化要高于其他地区的文化。

近代在长江下游地区也发现了新石器时代和母系氏族公社时期的氏族村落遗址。该遗址是在公元前7000年至公元前5000年之间，在长江下游流域地区氏族群体生活的遗址，考古人员称它为河姆渡文化。该文化主要分布在杭州弯南岸，宁绍平原及舟山岛；出土的有玉石、玉越、玉串，玉石上刻有神人兽面纹。

1928年考古专家吴金鼎，在山东省济南市历城县龙山镇发现了铜石并用的文化，称它为龙山文化。该文化产生于公元前2500至2000年之间，出土有玫瑰花图案的黑陶。该部落崇拜光明，与华、花部落有关，是华夏的先祖和源头，那时已经跨入使用铜的年代。它显然要比河姆渡文化和仰韶文化先进。

1952年考古人员在陕西省西安市半坡村，发现了新石器时期的村落遗址。该村落有房屋，人们过着定居生活，房屋内还有火烧灶。考古人员称它为半坡文化，该文化是中国北方农耕文化的代表。该文化产生于公元前 4800 年至公元前 3300 年之间，并出土了玉石、陶器。陶器上刻有二十二个文字符号，这些文字符号都属于早期的象形文字，是一种原始的象形文字。

在中国西南贵州贵安新区牛坡洞的洞穴遗址，出土了有约 10 万件的石制品，还有约 100 多件骨器和 100 多片陶片，这些东西大多数都是新石器时代产生的。相应也会产生新石器时代的文化，都存在于上古以前，也就体现了从旧石器时期到新石器时期、再到春秋战国时期人们生活文化的特征和内涵。

在宁夏青铜峡鸽山遗址，出土了一万多件石制品。其中有石磨盘、石磨棒，还有小串珠。刷新了一万年前人类加工小物品的能力，其中的石制品大部分都是新石器时期产生。从以上考古来看，证明中国在上古以前，就是各地都有各地的生活习俗、各地都有各地人们生活的文化。中国有文字记录的历史是从上古时期开始，也就是从公元前 3000 多年前开始。在上古以前就是新石器时代，那时是没有文字记录的；现在人们只能通过现在出土新石器时期的实物，来了解新石器时期人们生活的文化。

在公元前 4000 多年前，那时人们仍然继续使用象形文字。后来人们在简单使用这些象形文字的基础上，逐渐同人们的活动联系起来。随着人们对象形文字地利用、认识、改造，逐步深入地使用。象形文字经过好几百年地发酵，人们就开始用象形文字给人起名字，给地域命名，并用于人们的生活当中。根据古代的历史资料记录，当时使用象形文字的人，主要是三皇。

《礼运篇》说："后有圣作，然后修火之利；范金合土，以为台榭、宫室牖户。以炮以燔，以烹以炙，以为醴酪。治其丝麻，以为布帛；以养生送死，以事鬼神上天，皆从其朔。”这里说的“圣”，大概是指三皇五帝。“范金合土”是指冶炼金属和制陶。古代的金是指现在的铜，“以烹以炙”是指吃熟食，“治其丝麻”是指制造布匹。

以上文字主要记录了人们居住、饮食、穿衣及生活用具和生产工具的变迁。这些变迁都是人民大众在日常的生产、生活中逐渐地积累经验，经过数千年地进化，才形成了上述的人类社会变迁。

公元前3000多年前，人们开始把文字用于生活，当时使用文字的人主要是三皇。三皇是上古初期，最早有文字表示姓和名的人物，同时他们也使用象形文字。他们在上古时期对中国上古社会的文明、进步做出了巨大贡献；同样他们对汉文字地发展也做出了巨大的贡献。他们较早把文字用于生活当中，是汉文字的传承者和传播者，也是汉文字的创造者。

三皇是生活在上古时期的三位部族领袖，燧人氏是三皇之首，他生活在公元前3000多年前。在那个时候，燧人氏就有了姓氏，叫风姓，名字叫燧人。说到风姓，现在的人们都很奇怪，认为那里会有这个姓氏？其实“风”字在公元前3000多年前，就不是现在的含义，而是地方的名称。繁体汉字的“風”字，在字的外框内是一个虫字。这说明在远古时期，某个地方生长着许多虫子，当地的人们称这个地方为風。燧人氏就是生活在这个地方，并把“風”字作为他的姓氏。

后来《诗经》中的十五国风的“风”字，是指曲调的意思。后来姓风的家族把“风”字改成“封”字，就是要避免“风”字现在的含义。姓氏是文字发展的产物，人们先是创造了许多文字，然后人们再把自己的姓名用文字来表达。这是中国最早文字使用的证明。《尚书大传》中说：燧人、伏羲、神农为三皇。

《韩非子》中说："民食果蓏蚌哈，腥臊多害肠胃。"燧氏乃发明钻木取火之法，教民做熟食，这明显是渔猎时代的酋长。不过在燧氏之前，还是母系氏族社会。那时的人们只知其母，不知其父，人类还处于杂居社会；一切财产和权力，都是以母亲为主体。从燧氏开始，男权就日益伸张，女权渐次坠落；以后的财产和权力，逐渐地转向以男子为主体。风姓是有文字记录以来最早的姓氏，也是文字首先被使用在人的姓名上。

燧氏发明钻木取火之法，被称为上古时期用火的第一人。其实考古人员在发现50万年前北京猿人时，在洞穴附近就发现了用火的痕迹。在半坡文化中，就发现了公元前4800年时期的火烧灶。那么我们知道的燧人，应该是中国上古时期有文字记录以来，发明钻木取火的第一人。有文字记录才会流传后世；没有文字记录，即使人们做了某事，后人也不会知道。

后来出现了伏羲，他是皇古时期的第二位酋长，也同样是生活在公元前3000多年前；是游牧时期的酋长，他仍然是风姓。《春秋命历序》中说："人皇出旸谷，分九河。"这里的"分九河"，意思是划分九条河，给河流命名。伏羲不仅有姓和名，还有生活的地址。与伏羲同时代还有一个姓氏，叫依姓，在那个时代就已经出现了一些姓氏。

据说伏羲开始创作八卦，用于指导人们做事，并把文字用于八卦中。在伏羲之前，还是用结绳记事的方法来指导人们做事情。伏羲创作八卦，就终止了用结绳记事的方法指导人们做事，八卦比结绳记事要先进得多。从伏羲创作八卦开始，人们做事情，就喜欢算卦。做事之前要算上一卦，如果是吉卦，就可以做某事；如果是凶卦，就避免做某事。

卦是指事物，事情多了联系在一起就叫作八卦。《先天次序图》中说："乾南、坤北、离东、坎西、兑东南、震东北、巽西南、艮西北。”这是先天的方位，是伏羲所定。八卦是根据历史会重演这一规律，来预测事物地变化，从而使事物地发展和变化，更好地为人们服务。

八卦中的文字，就是伏羲使用文字的见证。这里要说明：伏羲在八卦中使用的文字，不是现代汉字，而是早期的象形文字。文字用于八卦，开创了人们使用文字的先河。虽然当时象形文字的许多使用功能还没有出现，但是为人们以后使用汉字，打下了一个很好的基础。

历史上说三皇在上古时期是中国的统治人物。最近考古人员在浙江省余杭区彭公村反山的地方，发现了公元前3000多年前的古城遗址。该古城叫良渚古城，宫殿叫莫角山宫殿，该宫殿占地四平方公里。在附近葡萄畈村的沟渠中，发现沟渠底下有石块垫层、夯土层；在彭公村山底有青泥，这些青泥是由草裹泥组成；山下还有垒筑的堤坝，是良渚水坝的遗址。考古人员对草裹泥的草进行检测，测定草裹泥产生的年代，是在公元前2900年。该城有内城、外城、城郭、水坝等，是一座完整的古城遗址。出土了玉琮、玉越、陶器等，玉琮上还有神人兽面纹。它是新石器时代产生的古城，考古人员把这里产生的文化叫作良渚文化。良渚文化同河姆渡文化相近。

根据现代考古结合上古人们使用文字的情况来看，证明在公元前3000多年前，中国境内是氏族林立，有许多古城，良渚古城是一个较大的古城。历史上说三皇是中国上古时期的统治人物。燧人、伏羲到过良渚古城，去统治那里的人们吗？答案是不可能。因为燧人和伏羲是仰韶文化产生的部族领袖，而良渚文化不属于仰韶文化。再说中国最早有文字记录的战争，是在神农氏时期，大约是在公元前2800年左右，最早也不会超过公元前2900年。假如燧人或伏羲到过良渚古城，但是他们没有当地的人际关系，同样也是不能领导良渚古城的人们。

所以三皇在上古时期不是中国的统治者；而是在上古时期，中国境内有许多部族。各地都有各地生活文化的习俗，都有自己的部族领袖。燧人和伏羲是黄河中游地区的部族领袖，他们领导的部族是在黄河流域，在当时是一个较为先进的部族群体。他们使用汉字，他们的平生事迹才得以流传后世。所以三皇在上古时期，是先进文化的传播者和引领者，而不是统治者。

良渚古城在公元前 3000 多年前，肯定也会有当地的部族领袖。但是这些部族领袖，都是不懂文字的部族领袖；良渚古城的名称，是否在公元前 3000 多年前就有？在公元前 3000 多年前伏羲已经开始给地域命名，但是伏羲是生活在黄河中游地区。由于良渚古城没有文字记录，所以良渚古城、宫殿、防洪工程，包括部族领袖都默默无闻，消失在历史的长河中。

后来出现了神农，他是一位农耕时期的酋长。他不属于仰韶文化产生的部族领袖，而是出现在长江中游地区的一位部族领袖，他是以提高我国的农业种植水平而闻名。神农开创的一种种植方法：烧山。在冬天把野草烧掉，到第二年春天再种上谷物，就会有很好的收成。现在还有些地方，仍然沿用这种古老的种植方式。所以神农氏亦称烈山氏，意思是烧山。神农氏已经不是风姓，而是姜姓。神农氏都陈徙鲁，也同样是有地址。据说神农制定历法，为农业种植服务。

农业在中国有着很悠久的历史，可以追溯到公元前 8000 多年前。近代考古就发现了公元前 8000 多年前水稻的种子。在公元前 6000 或 5000 年时，中国的原始农业就已经相当发达。在云南省地区出土了公元前 5000 多年前的骨耜，在那时已经有了农具耜和耒。耜和耒是较早时期农业种植的工具。神农继续发展了我国的农业，提高了当时的农业种植水平。

“神农尝百草”，这句话就证明神农在为人们寻找丰富的食物源。神农尝食的多种植物，有食用的、也有药用的；已经开始用文字来表达，并做记录。这些用象形文字表达的各种植物和药物，被后人收集、整理为《神农本草经》。据说神农教人们医药、健身，还有制陶和绘画。

《神农本草经》最早出现是在秦汉时期，由多位医学专家收集、整理，记录了植物的药用性能。整理了从神农时期至秦汉时期，收集的365种具有药用价值的植物，分上品、中品、下品。南朝时期的陶弘景为《神农本草经》做注：共七卷，植物种类增加到七百二十多种。清朝的孙星衍将《神农本草经》考订辑复，成为现在的通行本。这也是神农使用文字的证明，但是神农使用的文字不是现代汉字，而是象形文字。

人们在早期使用文字不像现在，现在人们使用文字记录事情都很规范：人物、地点、时间，三大要素都齐全。在三皇时期，那时的文字还没有记录事情的能力。人们使用文字，先是有了部族首领的名称，然后又给地域起名字，接着又给人起名字。后来又把文字用于算卦，用于历法，用于农业。这是早期使用文字，把文字同人们的生活结合在一起，加快了人们使用文字的步伐。三皇使用文字，把中国带入了文明社会；中国5000多年的文明史，就是从三皇时期开始计算。

三皇有多种说法，上述燧人氏、伏羲氏、神农氏为三皇人物，是《尚书大传》中的说法，是第一种说法。这种说法是按照父系氏族首领来记录的，它忽略了母系氏族首领女娲。第二种说法是《白虎通》中记录的：伏羲、神农、祝融为三皇，它同样它忽略了母系氏族首领女娲。根据现代考古新发现，应该公元前4000多年前的女娲是三皇之首。第三种说法是《春秋纬·运斗枢》中记录的：伏羲、女娲、神农为三皇，这种说法是把女娲作为一个人的名字来记录的，那么她应该是伏羲的妹妹。第四种说法是《帝王世纪》中记录的:伏羲、神农、黄帝为三皇。以上出现三皇多种的说法，都是很正常。中国这么大的一个地域，时间跨度也经历了好几百年，不可能只出现三位部族领袖。应该当时还有许多没有使用文字的部族领袖，由于他们没有文字记录，所以都消失在历史的长河中。

其实三皇只是有文字记录的三位部族领袖，是使用文字的部族领袖。根据现代考古新的发现和一些实物考证，肯定还存在着许多没有使用文字的部族领袖。如浙江河姆渡文化、良渚文化，山东济南的龙山文化、西安的半坡村文化、马家窑文化等；在这些文化中，都有自己各部族的领袖。而且三皇有多种说法，这些都证明当时记录三皇的人物有多位，都是根据自己的考证来记录的，都有局限性，所以记录的人物就不一样。但是当时三皇使用文字，从无到有，这一点是一致的，这是人类很大的进步。

《尚书大传》把三皇说得神化了，书中说:“燧人以火纪，火太阳，故托燧皇于天；伏羲以人事纪，故托羲皇于人；神农悉地力，种谷疏，故托农皇于地。”这一传说就把三皇蒙上了一层神秘的面纱。

以前还有些研究历史的人认为：人类最先进入的是渔猎时代，然后从渔猎时代演化进入游牧时代，然后再从游牧时代进入农耕时代。这种研究结论，正好与第一种三皇人物的说法相符合。燧人氏、伏羲氏、神农氏，这三位部族领袖，正好是这三个时期的代表人物。同样祝融、女娲，他们也是上古时期的部族领袖。当然黄帝为五帝时期的人物，不能算为三皇时期的人物。

在公元前3000多年前就出现了许多古城，城中都有领导者。但是这些领导者都是不懂文字的部族领袖，人数不少。由于不懂文字，都消失在历史的长河中。三皇同样是生活在公元前 3000 多年前的部族领袖，由于他们懂得文字，使用文字，他们的姓名和平身事迹才得以流传后世。

有文字记录的三皇，在上古时期是出现在不同地区、不同时代、不同部族的三位部族领袖。三皇的多种说法，证明在上古时期，不仅只有三位部族领袖，而是多位，他们都在使用文字。这也证明在上古时期，有许多部族都在使用象形文字。象形文字不是那一个部族的专利，而是有许多部族都在使用象形文字，创造象形文字。

《商君书·画策篇》说："神农之世，男耕而食，妇织而衣。刑政不用而治，兵甲不起而王。"这段话就是描述神农早期的社会情景。"男耕女织"就标志着已经有了家庭，实际上已经进入了婚姻社会时代。

有外国历史学家认为：人类进入了奴隶社会，也就进入了文明社会；他们认为原始社会是极为野蛮的社会。中国的历史学家不这样认为，他们认为：人类进入了婚姻社会，也就进入了文明社会。

原始社会人类还处于杂居时期，许多事情都是杂乱无章，看起来是野蛮和无理。 但是人类进入婚姻社会以后，社会上的许多事情就变得有序和有章法。中华民族 5000 多年的文明史，就是以人们进入婚姻时期开始计算的。人类处于杂居社会的时代，不叫文明时代。人类进入文明社会，是以人们进入婚姻社会为标志。人类进入婚姻社会的时间，要比进入奴隶制社会的时间早许多。

三皇时期人们已经进入了婚姻社会，也就是人类已经进入了文明社会。在进入婚姻社会后，以前母系氏族社会就开始向父系氏族社会转变：女权渐次没落，男权日益突显。财产和权力，都是以男子为主体。有了婚姻，也就有了家庭。从社会经济来说，它是以家庭为个体的社会经济，这种个体经济是一种私有经济。这种私有经济与原始自然集体公有经济是相互矛盾的。因此要解决这个矛盾，自然就是要进行战争和社会变革。

黄帝就是出生在这样的社会变革时代。《史记·五帝本纪》中说："轩辕之时，神农氏衰。诸侯相互侵伐，暴虐百姓，而神农弗能征。于是轩辕乃用干戈，以征不享，诸侯咸来宾从。"《商君书·画策篇》说："神农既没，以强胜弱，以众暴寡。故黄帝作为君臣上下之义，父子兄弟之礼，夫妇妃匹之合。内行刀具，外用甲兵。"以上两段话就是描述当时社会情况和战争的原因。

从社会经济角度来分析，当时以家庭为单位的个体劳动经济逐渐发展起来。家庭就是社会组织中的个体，它是私有制社会的单体细胞。生产工具、牲畜、农产品、部分土地逐渐变成家庭的私产，原始集体公有制开始遭到破坏，当时是三皇时期的末期。由于中国在上古社会时期，经过三皇时期的发展，渔猎、畜牧、农业都有了较大的提高。人们生产的产品不仅能满足人们自身的生活需要，而且还有剩余。剩余产品和个体劳动，是私有制的前提条件。这也激起一些人产生掠夺这些剩余产品的欲望。在诸侯之间相互征讨的过程中，为了减轻自己的劳动强度，并生产更多的剩余产品，人们不再杀死战俘，而是把他们变成奴隶，为战胜者劳动。

人类进入婚姻时代初期，当时还没有阶级，没有剥削，没有战争。这是人们追求的理想社会。但是由于家庭经济与原始集体公有经济之间的矛盾，所以像这样的社会只是暂时的，以后社会还是会向奴隶制社会方向发展。

《史记·五帝本纪》中说:“而阶级之治，则起于黄帝之后。”这句话的意思是从黄帝以后，也就是公元前2600年之后，就形成了阶级，也就是有了奴隶。从以上古人的言词中，我们可以清楚地看到，中国大约是在公元前2600年之后，开始向奴隶社会迈进。当时的战争日益频繁和重要，黄帝东征西讨，征服了不少部落，而被征服者则沦为奴隶。

黄帝出生在公元前2717年，死于公元前2599年。在黄帝生活的那个年代，现在大多数的姓氏是没有的。但是帝王的姓氏还是有的，神农、炎帝为姜姓；黄帝为姬姓；还有蚩尤、三苗部族的头领也都是姜姓。

其实姜姓和姬姓也都是由地名演化而来。当时炎帝在姜水，黄帝在姬水。后来人们就称炎帝部族为姜姓部族，黄帝部族称为姬姓部族,后来就变成炎帝和黄帝的姓氏。两大部族的战争，也称之为姜姓部族与姬姓部族的战争。

黄帝还有一个姓氏，那就是熊姓。熊姓是在姬姓之前，黄帝部族的成员都把熊作为自己部族的图腾。当时各个部族都有图腾崇拜的习俗。所以黄帝部族的成员，就把“熊”字作为他们的姓氏。黄帝在同炎帝作战以前的时期，黄帝部族的附近，还存在着其他五个部族。这五个部族，有的把罴作为自己部族的图腾，有的把貔作为自己部族的图腾，有的把貅作为自己部族的图腾，有的把貙作为自己部族的图腾，有的把虎作为自己部族的图腾。这五个部族都比较弱小,后来都归顺了黄帝部族，形成一个更大的部族，叫姬姓部族。

当黄帝同炎帝开战时，黄帝不仅带领本族的成员，还带领其他五个部族的成员同炎帝作战。实际上是六个部族对一个姜姓部族的战争，经过三次战役，黄帝部族奠定了胜利。

当时黄帝同炎帝作战，大约是姬姓部族与姜姓部族之间的战争。所以现在有人说：我们中华民族的大多数成员，都是由炎帝和黄帝两大部族的成员演化而来,所以我们叫作炎黄子孙。这个炎黄部族是指炎帝和黄帝各自统一后的部族，是炎帝和黄帝当年领导过的部族。炎黄子孙是一个统一的概念。当然还有许多没有统一的部族，称为少数民族。这些少数民族是指炎帝和黄帝周边没有统一的民族，他们也是中华民族的组成部分。所以现在大多数的民族，都是由姜姓部族和姬姓部族的成员衍化而来。

有研究历史的人认为：汉族的由来，首先是在黄河流域和长江流域的各个民族，经过长期的战争统一，分裂、再统一，反复的分裂和统一，经过几千年的演化才形成现在的汉族，是中华民族的主体。我认为这种观点是正确的。

近代在海南岛落笔洞那个地方，考古人员就发现了一万多年前，也就是在公元前 8000 多年前就有人类活动的遗迹。居住的人是从中国大陆迁移过去的。这证明在公元前 8000 多年前，中国大陆的许多地方就已经有人类居住。可见在黄帝统一华夏以前，在黄河流域和长江流域是部族林立。黄帝统一各部族以后，又经过尧、舜等帝王，对统一后的各部族进行改造、同化。尧对三苗部族进行改造、同化是有文字记录的。后来舜又办理学校，化民成俗，逐渐才形成现在的汉族，他们是中华民族的主体。

改造、同化的方式，《说苑 · 指武》中记录：“圣人之治天下也，先文德，而后武力。凡武之兴，为不服也，文化不改，然后加诛。”这句话的意思是：改造和同化其他部族，先是用文化教育，如果不行，再用武力征讨，如果对方不服，就把对方杀掉。现在的中华民族是以汉族为主体，还包括其他 55 个少数民族。

举个例子：在西周时期，楚国的国君就是熊姓。楚国的第一任国君叫芊鬻熊，是周武王所封。他是姬姓部族的成员，也就是黄帝的后裔。他虽然是芊姓，但是他的子孙还是沿用上古时期“熊”字这一姓氏，以显示其家族在皇古时期是姬姓部族的子孙。这个熊姓不是任意起的，只有楚国的国君家族才能有这个熊姓，其他平民是不准有这个熊姓的。这也证明楚国的国君家族是由姬姓部族的成员衍化而来；熊姓在春秋战国时期，是一个贵族的姓氏。

黄帝还有一个姓氏，叫公孙。这个姓氏是根据《史记·五帝本纪》中记录：“黄帝者，少典之子，姓公孙，名曰轩辕。生而神灵，弱而能言；幼而徇齐，长而敦敏，成而聪明。”这个姓氏可推断是根据黄帝爷爷的名字取的。当时有个叫公的诸侯，或其地位为“公”。他的儿子是少典，孙子就是黄帝，所以黄帝就姓公孙。

以上黄帝的三个姓氏，应该姬姓是正式的姓氏。因为后来的姓氏，都是以地名或国家的名称来确定的。如陈国的人都姓陈，蔡国的人们都姓蔡，而名字就可以任意起别的文字。熊姓应该是黄帝部族的姓氏，是由部族图腾崇拜演化而来的姓氏，而公孙是以黄帝爷爷的名字来命名。黄帝姓氏的多种说法，证明那时的姓氏还不规范，怎么说都有它的道理。现在的姓氏大多数都是由上古时期的国名演化而来；现在的姓氏是比较规范的，不存在一个人有多种姓氏。国家现在还制定了姓氏的规定：子女的姓氏只能在父亲或母亲的姓氏中选择一个，不能有两个姓氏。

据说黄帝不仅使用文字，而且还参与了文字的创造。黄帝的主要功绩是统一华夏。黄帝统一各部落以后，吸取各部落的长处，并参与到这些长处的创造和应用。如文字的创造和使用，创造医学等。从《黄帝内经》就可以知道,《黄帝内经》的原始医学，就是黄帝创造的。还有制造车和船，定算数、制音律、制衣冠，这些行业都得到了很大的发展。

人类历史发展不是同步的，中华民族5000多年的文明，是指中国在公元前3000多年前，就有了一些先进的部族群体进入了文明社会。进入文明社会主要有两个标志，第一个是父系氏族社会取代母系氏族社会，也就是进入婚姻社会；第二个是人类使用文字。

中华民族5000多年的文明史，是指中国在公元前3000多年前，就有部分民族进入了文明社会，而不是全部进入文明社会。父系氏族社会取代母系氏族社会不是一蹴而就，而是一个漫长的过程。从姓氏的发展，也能够说明问题。姓氏起源可追溯到人类原始社会母系氏族制度时期，所以中国的许多姓氏，都有女字旁或女字底。

从姓氏出现先后的顺序就能够证明：在姜姓、姬姓之后，又产生了嬴姓、嫄姓、妘姓、妫姓、姞姓、妊姓、姚姓等，这些姓氏产生于公元前2500年左右，都有女字旁或女字底，有母系氏族社会的影子。在以上姓出现之后，才逐渐出现了燕姓、严姓、杨姓、孔姓、鲁姓等，这些姓氏就没有女字旁或女字底。这就证明后来产生的这些姓氏，是以父亲的姓氏为依据。姓是作为区分氏族的特定符号标志，如部落的名称、部落首领的名字等。

《百家姓》收录的508个大姓中，有411个源于姬姓部族的成员演化而来；中国人口数量排名前300位的姓氏，源于姬姓部族的有120多个。源于姜姓部族的姓氏有50多个。源于姜姓和姬姓之和的姓氏，占《百家姓》中姓氏的90%以上。所以我们都是炎黄子孙，从姓氏上也是一种解释。

黄帝之后的颛顼、帝喾、尧、舜称之为五帝。五帝时期是社会变革的时期,也是历史高度发展的时期。许多事物的进化,大概是从五帝开始。《正义》中说:“以前衣皮,其制短小。今衣丝麻布帛,所作衣裳,其制长大:故言垂衣裳。”《易·系辞传》说:“黄帝、尧、舜垂衣裳而天下治。”这说明从黄帝开始,织布业有了相当大的发展,穿衣服大为改善,许多行业也都有了较大的发展。

黄帝出生在社会变革的时代,同样也是文明高度发展的时期,汉字也处在高度发展的时期。在那个时期就出现了一位伟大的文字大师,他就是仓颉。仓颉是汉文字发展里程碑的人物。他出现以后,改变了人们零散地使用象形文字,使象形文字能够直接能够记录事情、历史。记录事情、历史,是文字很重要的一项文字使用功能。近代仍然流传着上古时期,帝王使用文字的传说。

在上古时期,某位帝王遇到了某些不认识的文字,他就会召集天下之贤士,为其辨认。据说黄帝还请仓颉做他的史官。有人研究认为:在黄帝时期就没有史官,是根据后来的官名,套用上去的。但是根据以上传说,仓颉用文字为黄帝服务,应该是事实。俗话说:“时势造英雄”。从以上事情来看,黄帝不仅自己虚心学习文字,而且还聘请懂文字的贤人,用文字为自己服务,并且十分敬重懂文字的贤人。在这样的社会背景下,仓颉的出现就不是偶然。

仓颉既然要用文字为黄帝服务,那么他肯定精通文字。对于公元前4000多年前的象形文字,还有公元前3000多年前三皇使用的象形文字他都研究过。并且把流传民间的文字加以收集、整理和使用,创造了不少象形文字,从而制造出一套成体系、规范的象形文字。我们从古代许多的书籍中,也能找到有关仓颉造字的记录。《说文解字·序》中记载："黄帝之史仓颉，见鸟兽蹄迒之迹，知分理之，可相别异也。初造书契，百工以远，万品以祭。"这里的"远"字应解释为流传，"祭"字应该为记录。这段话是讲述仓颉造字的事迹。

《世本八种·张澍集补注本·世本卷第一》记载："仓颉之书，世以纪事。奚仲之车，世以自载。"这段话说仓颉造的字，就是用来记录世间的事情。

《魏书·卷九一列传·第七九》记载："古史仓颉二象之爻，观鸟兽之迹，别创文字，代以结绳，用书契以为事。宣之王庭，则百工以叙。"这段话是说用文字替代结绳记事，为帝王服务，也为各行各业服务。

《晋书卷三六列传第六》记载："黄帝之史：沮诵、仓颉眺彼鸟迹，始作书契。纪纲万事，垂法立制，帝典用宣，质文著世。"这段话说文字是为国家服务，也为帝王服务，也为各行各业服务。

徐坚《初学记·卷二十一》记载："易日：上古结绳而治，后世圣人易之以书契。又仓颉造文字，然后书契始作，则其始也。"这段话是说：汉字记录事情，是从仓颉开始的。

《荀子·解蔽》中说："故好书者众矣，而仓颉独传者，一也。"这句话是说：喜爱文字的人很多，但是他们使用的文字，都是仓颉创造的象形文字流传下来的。

从以上的古代书籍中，都记录了仓颉造字的事迹。还有许多书籍，也都说到了仓颉造字，但它们都是大同小异。从以上古人的话中，我们看到了仓颉所造的象形文字，已经初步有了记录历史、事情的文字使用功能。这是文字发展史上很重要的一个里程碑。还有一件事情能说明仓颉造的文字能够记录历史、事情，那就是《仓圣鸟迹书碑》。

建于汉代的白水县仓颉庙内，立有一块清代的书碑，书碑上的文字就是《仓圣鸟迹书碑》。黑色的石头上刻着28个古怪的符号，相传这就是仓颉当年所造象形文字的本形。这些鸟迹书是由小的图形和画面组成，这是较早的象形文字，是正式的鸟篆铭文。1984年上海书店翻印的宋代王著《淳化图贴》将它破译为："戊己甲乙，居首共友。所止列世，式气光明。左互乂家，受赤水尊，戈矛釜芾。"

"戊己"代表黄帝，"甲乙"代表炎帝。"居首共友，所止列世，式气光名"，记述炎黄二帝同为各自部落首领，他们所作所为均是天下各个小部落的楷模。"左互乂家，受赤水尊，戈矛釜芾"。记述了黄帝征服炎帝和平定蚩尤之乱，天下重新恢复安宁，百姓安居乐业，黄帝又成为天下各部落的首领。

这块石碑就能够证明，仓颉所造的象形文字，已经能够记录当时的一些事情。尽管石碑上的象形文字，初步有了记录历史的功能；但是文字的奥秘，一般人很难读懂。但是还是有些文字专家能够读懂，所以黄帝时期的一些事情，后人知道的也不少。

仓颉造的象形文字，到现在是很少的。由于文字的发展，字形都是在变化的。旧有之子，不足于用，所以要另造新字。新造的文字与原来旧有文字自然彼此不相关了，这就形成了文字的变迁。由于新造的文字，比旧有文字要简单、易学、方便使用。所以人们都接受新造的文字，同时烦琐的旧文字却很少有人去注意，因此旧有文字就遭到淘汰。这些被废的文字，时间长了，也就逐渐消失，很难找到。即使偶尔发现，也并不是尽人所能通晓，这样又加速了旧文字的消失。所以仓颉造的象形文字，现在大多数都已经散失，是很难找到的。

我们现在知道上古社会的一些情况，很可能在旧有文字消失之前，就有人把上古时期象形文字的资料，翻译成后面的繁体文字资料。这样历史上的事情，就得到了流传。所以仓颉所造象形文字记录的原始文献，大部分都流传了下来。

司马迁的父亲司马谈是西汉时期的一位史官，所以司马迁有机会接触历史的档案资料。司马迁在《史记》中记述了黄帝时期的一些事情，很可能司马迁就读过用仓颉造的象形文字，记录黄帝时期的一些事情书籍，所以司马迁才能够描述黄帝时期的一些事情。我们知道上古时期的一些事情，就是黄帝的史官，用象形文字记录下来。司马迁是通过那些更原始的历史记录资料，把它整理为繁体文字，写在《史记》中。这足以证明在公元前 2700 年时，象形文字就已经有了记录历史、事情的文字使用功能。

在公元前 2600 年时，中国大陆开始进入奴隶制社会。尽管当时的象形文字有了记录事情的能力，但是没有文字记录的法律。尽管当时有了奴隶，但是要治理这些奴隶，还是没有现成的规律可循。大约在公元前 2300 时，在长江流域的三苗地区，就出现了五刑，是用来治理奴隶的。五刑是三苗地区的酋长，首先确定并使用。

《淮南子·修务训注》记录："三苗，盖谓帝鸿氏之裔子浑敦，少昊之裔子穷奇，缙云氏之裔子饕餮。三族之苗裔，故谓之三苗。"三苗为姜姓之国，也就是姜姓部族的成员衍化而来。

后来黄帝的子孙尧也采用五刑，来治理国家。尧是在公元前 2231 年即位的，也就是在尧统治的时期，在中国的长江流域和黄河流域，都用五刑来治理奴隶。实际上在那个时候，中国的大部分地区，都已经进入了奴隶制社会。

最近中国的考古人员在山西省陶寺地区出土了一些陶器，陶器上有文字，这些文字是用毛笔蘸着朱砂水写在陶器上的。

其中的文字是用象形文字写的字体结构，当时的考古人员就认识其中的一个“文”字，这个“文”字的字体结构同甲骨文中的字体结构相同。考古人员对这些文字进行研究、测定，得出的结论是：该文字产生于距今4300年至3900年，也就是公元前2300年至公元前1900年之间。主要是尧舜时期到夏朝早期，在这四百年间人们使用的文字。这就证明在尧舜时期，就有人在使用汉字和书写汉字。

在我国古代的书籍《尚书大传》中就有了正式记录帝王言行、事迹的短文，也叫记录。《虞书》中的《尧典》，就是对尧平身的一些事迹作记录，也可以说是短文。下面是译成现代汉字古文《尧典》中的一段。

“曰若稽古，帝尧曰放勋。钦明文思安安，允恭克让，光被四表，格于上下。克明俊德，以亲九族。九族既睦，平章百姓。百姓昭明，协和万邦。黎民于变时雍。”

上段话的意思是：考察古代的历史，尧帝的名字叫放勋。他处事谨慎，聪明，有文采，有思想，神态安详。能够推举贤能，道德照耀四方，充满天地间。推举贤德之人治理自己的族人，使自己的族人和睦，表彰百姓，使人们有明确的分工，统一各个部落，黎民友善和睦。

这里要说一下“曰若稽古”，它的意思是考察古代的历史。这句话就证明《尧典》不是记录尧事迹的原文，而是根据更古的原始记录文献资料翻译成《尧典》的。

《舜典》是对舜平身事迹作的一些文字记录，下面是译成现代汉字古文中的一段：

“曰若稽古，帝舜曰重华，协于帝。濬哲文明，温恭允塞，玄德升闻，乃命以位。”

“慎徽五典，五典克从。纳于百揆，百揆时叙。”

《舜典》也是根据更古的原始文献资料，翻译成现代汉字的古文，它的意思是：考察古代的历史，舜帝名叫重华，他的光辉与尧相合。智慧明鉴，温柔诚实，德行远播，尧帝也有所听闻，于是让他来治理国家。

先使舜负责推行德教，舜教导臣民：以父义、母慈、兄友、弟恭、子孝五种美德教导民众，臣民都能听从教导而不违背。然后又让舜总理百官，百官都能服从命令，使百事振兴，无一荒废。

《舜典》也是根据更古的原始资料翻译成现代汉字的古文。《尧典》中的短文比《仓圣鸟迹书碑》的短文要先进得多，易于后人阅读。尧舜时期不仅记录了帝王的一些事迹，而且还对当时贤人的谋略也作了记录。《皋陶谟》就是记录皋陶的谋略，下面是《皋陶谟》中的部分短文。

曰若稽古。皋陶曰：“允迪厥德，谟明弼谐。”禹曰：“俞，如何？”皋陶曰：“都！慎厥身，修思永。淳序九族，庶民励翼，迩可远，在兹。”禹拜昌言曰：“俞！”皋陶曰：“都！在知人，在安民。”

它的意思是：传说皋陶和禹在帝舜面前讨论过治理国家的事情。皋陶说：“相信按照先王的道德处理政务，这样就能使你的谋略实现；大臣之间就能团结一致，同心同德了。”禹说：“对啊！怎样才能做到这样呢？”皋陶说：“哦！应当对自己要求严格，努力提高品德修养，并应当从大处着眼，从长远考虑。以宽厚的态度对待同族的人，使他们贤明起来，努力协助你治理国家，由近及远，先以身作则，从自己做起。”禹非常佩服这种高明的见解说：“对啊！”皋陶说：“哦！重要在于知人善任，在于把臣民治理好。”

皋陶还制定了人的行为规范，叫“九德”。意思是态度豁达，毫不拘束，又能恭敬、谨慎。性情温和而又有主见；行为谦逊，而又严肃认真；虽有才干，但办事不马虎、疏忽；能够接受别人的意见，又不为纷杂的意见所迷惑，而能刚毅果断；行为正直而态度温和，从大处着眼，又能从小处着手；刚正而不鲁莽，勇敢而心地善良。能够在自己的行为中表现出这九种德行，就能够把事情办好。

《礼记·名堂位》记载：“米廪，有虞氏之庠也；序，夏后氏之序也；瞽宗，殷学也；頖宫，周学也。”它的意思是：鲁国的米廪，是舜办的学校；序是夏后氏办的学校；瞽宗是殷朝办的学校；頖宫是周朝办的学校。从以上记录来看，舜已经开启了教育的先河。

《学记》记载：“发虑宪，求善良，足以小闻，不足以动众；就贤体远足以动众，未足以化民。君子如欲化民成俗，其必由学乎！”它的意思是：多思考，广求善良，只能稍有声誉，不足以感动群众。亲自就教于贤者，体察疏远之士的内心，是能感动群众，但还是不足以教化人民。君子如果意在教化人民，造成良好的社会风俗，一定要从教育入手。以上是舜办学的原因。

舜办理学校，当然是要化民成俗，改造当时的社会次序，建立舜所提倡的社会次序。舜把皋陶提拔上来，管理政事；皋陶制定“九德”，就是要规范人们的行为，建立舜时代的社会次序。在尧舜时期，就初步建立以仁义为基础的行为规范，来治理国家。尧舜时期的行为规范，就是夏礼的基础，到后来就发展成为周礼。孔子的儒家思想，对人要宽厚、包容的哲学思想，其根源就是来自周礼，也可以说是来自尧舜时期人们的行为规范。

上古时期的君王及贤士，他们的行为举止为民众树立了榜样，他们的思想道德为后人所借鉴。同时帝王及贤士的行为、思想是汉字重点要记录的对象，也是汉字发展的动力和源泉。从上古初期，也就是公元前3000多年前到公元前771年，那时各行各业的文字记录是没有的。这也说明在西周以前，文字都是掌握在帝王及贤士的手中，他们利用文字为他们的统治服务。另外汉字在姓名上的使用，也是汉字发展的一个方面。

在黄帝统治时期，黄帝就任命了许多官员，有管山林的，有管民事的等。当时这些官员的姓名，大多数都只有一个字，叫单字名。这些单字名有点像春秋战国时期的国名。

当时有一个叫“契”的官员，是管民事的。他就是后来商王朝的始祖，是他的子孙汤在公元前1600多年前，建立了商王朝。现在分析“契”这个字的含义：现在汉语字典解释为契约，意思是债权与债务的关系，还有刻字的意思。现在的人们一般是不会把这个字当姓名来使用。但古书上有“书契”一词，这就证明“契”这个字，在公元前2600年以前，它不是现在的含义，它的含义相当于现在的“文”字。这就可以理解了，“文”这个字，现在有很多人喜欢把它当姓和名来使用。汉字虽然是由上古流传下来，但是由于后人的使用和改造，其含义不一定与古代相同。

在黄帝时期一些官员的名字，都只有一个字，没有姓和名的区别，反正一个字就代表一个人。这是一个姓和名合一的名字，也只有人们在初期使用文字时才会出现的情况。后来到尧统治时期，尧就设有火正、羲和之官，负责观察日月星辰，主要是“敬授人时”，为民服务。到了舜统治时期，舜所任命的官员，《尚书》中记载：有司空、后稷、司徒、士、共工、朕虞、秩宗、典乐、纳言等。这些人的名字，虽然没有姓氏，但是他们的名字大多数都已经变成了两个字，叫双子名。这是由于起单字名，名字重复的现象很多，后来人们就改进名字，起双字名。双字名比单子名重复的概率大幅减少，所以在尧舜时期，人们起名字，多数就开始起双字名。

其实在公元前3000多年前的三皇、黄帝，他们的名字叫伏羲、神农、轩辕，早已经是双字名。他们不仅有名字，还有姓氏：风姓、姜姓、姬姓。这足以证明三皇及黄帝在文字使用上，早已经走在民众的前面。后来民众起双字名，也有模仿三皇及黄帝的意思，但是主要还是双字名的合理性。

有趣的是：在舜当政时期一些人的名字，如司徒、司马、司空。到了汉朝和晋朝，竟变成了政府官员的名称。在舜当政时期，司徒是掌管教化的官员。那时还没有官职的名称，也没有姓氏，司徒是他的名字。到南北朝时期，司徒是丞相之职，司空为副丞相之官。他们的子孙后代，有的就把他们祖辈的名字，或是官职名称作为他们的姓氏，如司马、司徒、司空等。

文字在姓名上的使用，是人们使用文字以及文字发展中很重要的一个方面。在公元前2700年，那时大多数人是没有姓氏的，但是许多人开始有了名字。姓氏的来源，也和人的遗传基因有关。在上古时期的一些君王及贤士，他们就知道人是有遗传基因的，近亲结婚，不利于他们后代的健康。后来就在名字的基础上，加上姓氏，来代表遗传基因。周礼中对娶妻规定：“娶妻不娶同姓。”后来到中古时期就解释姓氏为：“姓者，统其祖考之所出；氏者，别其子孙之所分。姓氏者，标示其家族血缘之符号也。”从上古开创姓氏以后，华夏子孙就以姓氏作为其家族延续的标志。

有个例子，在春秋战国时期，有一个魏国的国君，娶了吴国的一位平民女子做妾，这个女子正好与他是同姓，结果遭到其他诸侯国的嘲笑。姓氏虽然代表人的遗传基因，但是姓氏的产生，是多方面的。大多数姓氏都是上古时期的国名，也有其他原因产生的姓氏。

例如张姓的来源:在上古时期，有一户人家是黄帝的子孙，是姬姓部族的后裔。他的家族很会做弓箭，他家做的弓箭，比别人做的弓箭要好。后来帝王就赐姓“张”。“张”字最早的含义就是弓箭的意思，赐姓也是姓氏的来源之一。

有一个李姓的故事：在上古时期，有一个姬姓部族的青年人，走出家乡，到外面去闯荡生活。正巧走到一个诸侯国，这个诸侯国的人们是排外的，所以要杀这位年轻人。于是他便逃跑，逃入了深山。正好山中树上结了果子，可以食用。这位年轻人在山上就依靠树上的果子为生。后来为纪念山中果子救了他的命,把木字与子字相加,组成一个“李”子,作为他的姓氏。

李姓还有一种说法：说颛顼高阳氏的后裔皋陶，他在尧舜时期任大理，是掌管刑法的官员。当时人们称他的家族为理氏家族，这一家族就是李姓的源头。

再比如说刘姓:“刘”字最早的含义是战釜、刀的意思。后来有一个地方就生产战釜、刀还有金属器具，人们把这个地方称为刘邑。这个地方大约在现在的河北省唐县附近。后来舜把尧的小儿子源明，封于刘邑，建立刘国。这一家族就把封地国号“刘”字作为姓氏。当然刘国的平民百姓，也同样把国号“刘”字，当作他们的姓氏。

还有王姓：在商朝末期，纣王有个忠臣叫比干，他是贵族，这个家族有王权的特征，他的家族就是以“王”为姓。上古时期，还有些人的名字，也演变成了人们的姓氏。比如说康姓：在商朝末期，纣王有一个叔叔的名字叫“康”，纣王叫他康叔。后来他的后代就把“康”字作为他们的姓氏。以上说的部分姓氏来源，每一种姓氏，都有它的来源。

以上说了人们起名字，还有部分姓氏的来源。名字先是从单字名，进化成双字名。后来人们发现，人是有遗传基因的。近亲结婚，不利于人们子孙后代的健康。后来人们就用姓氏来表示人们的遗传基因，避免近亲结婚，所以后来的人们就在名字上增加了姓氏。这就是人们姓名的演化，也是在使用文字的基础上形成的进化。所以文字是在使用的过程中，逐步在更新和完善，在使用中逐渐地发展。

在尧统治时期，虽然那时的社会已经进入了奴隶社会，但并不是所有事情都是按奴隶制思想来做。比如说首领继承制，也叫作禅让制。禅让制是我国原始社会末期的一种首领继承制度，也是军事民主主义、军事首长的选举制度。在尧舜时期，仍然继承原始社会末期的这种制度。

禅让制度的形成，是有它的历史原因，比如说有巢氏，他教人们搭建木棚，以避风寒；燧氏教人们用火来烤熟食物，避免人们的肠胃受到伤害；伏羲教人们驯养牲畜，发展畜牧业；神农教人们种植，发展农业。他们都是贤人，是各部族的领袖，被人们称为天子。

《太古及三代载记》一书，就对这种制度进行了描述：“当知古代帝位，非如后世之尊严，帝位非如后世之强大。元后于群后，各自长其部落，势位并非悬绝。诸部落大长中，有一焉德优越于侪辈者，朝覲讼狱相与归之，遂称为天子。其人云亡，朝觐讼狱别有所归，帝号亦随而他属。”这段话就是对上古时期帝王继承制度的描述。

《明夷待访录·原君》中说：“上古的君王，以千万倍之勤劳，而又不享受其利，他们以天下为主，君为客。凡君所毕世而经营者,为天下也。”这段话就是对上古时期君王本质的描述。当然它主要是讽刺明朝的当政者，利用权力牟取私利。

《史记》中记录：“禹有天下，荐皋陶于天，拟授之以位；而皋陶卒，乃举益，授之政。禹之子启贤，诸侯不归益而归启，启遂即天子位。”

《韩非子》书中说：“禹阳授益以天下，而实以启为吏。禹崩，启与其人攻益而夺之位。”吏就是具体管理人和物的官员，后来就变成掌管军队和实权的领导。《夏书》中的《甘誓》一文，就记录了启攻扈的情况。下面是《甘誓》中的部分短文。

大战于甘，乃召六卿。王曰：“嗟！六事之人，予誓告汝：有扈氏威侮五行，怠弃三正，天用剿绝其命，今予惟恭行天之罚。左不攻左，汝不恭命；右不攻右，汝不恭命；御非其马之正，汝不恭命。”

“用命，赏于祖；弗用命，戮于社，予则怒戮汝。”

以上短文的意思是：将要在甘进行一场大战，夏启便召集六军的将领。夏启说：“啊！各位将领和士兵，我向你们发出命令：有扈氏蔑视五行，懈怠正德、利用、厚生三大正事，到行逆施。上天要灭他的性命,现在我奉上天的意志去惩罚他们。军车左边的士兵，不熟悉用箭射杀死敌人，你就是不尊奉我的命令。军车右边的士兵，不善于用矛刺杀敌人，你也不尊奉我的命令。驾驶战车的士兵，不懂得驾驭战马的技术，你也不尊奉我的命令。

努力完成命令，便在祖先的神位面前赏赐你们；不努力完成命令的,便在神社面前杀掉你们,或把你们变成奴隶。从《甘誓》的短文中，证明夏启已经掌握了军权和实权。这说明尧舜还保留了上古时期君王的本质，到禹时期，君王的本质就变了。禅让制被世袭制所取代，传贤变成了传子。不过这个改变是符合历史发展的规律，因为家天下与禅让制是矛盾的。《史记》中说：扈是益的忠实拥护者，扈被杀以后，益就把天子之位让给了启。

《夏书·禹贡》记录了大禹治水和禹的一些事迹。由于禹治水是有文字记录的，就被说成禹是中国成功治水的第一人，是最早的治水人。根据现代考古发现的良渚古城，就出现了城区的防洪工程，有排水、水坝等水利工程。它比大禹治水要早1000多年。现在我们知道了，良渚古城的水利工程，由于没有文字记录，所以就没有人知道。大禹治水应该是：禹是中国有文字记录以来,成功之水的第一人。大禹的一些事迹,《禹贡》中有记录，下面是《禹贡》中的一段。

“禹敷土，随山刊木，奠高山大川。冀州：既载壶口，治梁及歧。既修太原，至于岳阳。覃怀底绩至于衡章。厥土惟白壤，厥赋惟上上，错，厥田惟中中。恒、卫既作。岛夷皮服，夹右碣石入于河。”

以上的短文意思是：禹为了区分九州的疆界，便在经过的山上插上木桩做标记，并负责为高山大河命名。冀州：壶口的工程已经结束，便开凿梁山和岐山。太原周围的河道也治理好了，一直修到太岳山的南面。覃怀一带的水利工程也取得了很大的成绩，从这里向北一直流到漳水，一些河道也都得到了治理。这里是一片白色而土质松软的优质土地，这里的臣民应出一等赋税，也可以间杂出二等赋税。这里的土地属第五等。恒水、卫水也已疏通，其水可以流入大海，大陆泽的工程也开始动工。沿海一带的诸侯进贡皮服时，可从碣石入黄河来贡。

从以上《夏书》中的《甘誓》和《禹贡》两篇短文来看，其中就没有“曰若稽古”的字样。这也可以证明，从《夏书》开始，其中的短文，应该是原古文直接译成现代汉字的古文。可见夏朝的文字已有了很大的进步。

在尧舜时期，文字仍然在缓慢地发展。在公元前2700年时，那时还没有国家名称的称呼，当时只是姜姓部族与姬姓部族之间的战争。到了尧统治时期，就开始有了国家名称的称呼。尧在位时期，已经脱离了母系氏族社会，建立了大批的氏族方国或部落，并且有了独立的姓和氏。

《书经·尧典》中记录：“尧窜三苗于三危。”这句话是说尧在改造三苗。但书中下面有释文，释文对“融”、“肃”两个字进行解释说是国名。“融”国位于现在的长江中游地区；“肃”国位于现在的陕西、甘肃一带。这些国家的名称也都是一个字，同公元前2600多年前黄帝任命官员的名字一样。这也是较早文字在国名上的使用。当时的三苗，已经发展成为三个国家，是由姜姓部族的成员衍化而来，称为姜姓之国。

《易·系辞传》中说：“上古结绳而治，后世圣人易之以书契。”书中的“圣人”指的就是三皇五帝。三皇是较早开始使用文字的人，并把文字用于生活当中。三皇五帝时期，就是处在结绳而治向文字治国的转化时期。从仓颉创造文字，为黄帝服务，就可以证明：文字是为国家发明，并为国家服务。黄帝使用文字，学习文字，并且尊敬懂文字的贤人。到尧统治时期，懂文字的人比以前多得多了，他们就开始创建国家，并且用文字来命名国家。在尧舜时期，已经有了许多国家。

在尧舜时期，虽然有了许多国家，除了国王和一些贤士有姓和名以外；当时国家的官员，也只有一个简单的名字，连姓也没有。那么当时的平民百姓,大概也只有一个口头上的称呼。那时的平民百姓，还不知道用文字来表达自己的姓名。当时懂文字的人很少，只有国王及贤士才懂得文字，所以平民百姓之间的称呼都是口头上的。

后来到了夏朝，懂文字的人越来越多，国家也越来越多，已经发展到一万个。《左氏》记载:“禹会诸侯于塗山，执玉帛者万国。”这一万个国家，都是有文字称呼的。

夏朝是诸侯国家数目发展到最多的一个王朝，同样汉字也是一个高度发展的时期,是我国有文字记录以来的第一个王朝。夏朝在文字使用上，要远远超过尧舜时期。当时夏朝的统治者已经能够把文字使用在行政上。《明堂月令》，就是政府在行政工作上的安排，用文字来表述。《明堂月令》之书：规定了一年行政的顺序和禁忌，都是关系国计民生的，也用于指导农业生产。其主要行政要义，是“敬授民时”，在于顺时行令。《月令》有点像我们现在学校中的校历一般。

在法律上，夏朝已经有了成文的法律，叫《禹刑》。这对于依法治国，是一个很好的开端。还有在历法上，从神农时期就开始制定历法，到尧舜时期仍然在制定历法，夏朝在前人制定历法的基础上，制订了《夏小正》。这个历法就是现在农历中的二十四个节气，后来商朝把这一历法改为“殷历”。这就证明夏朝的文字，不专门是为帝王服务，文字使用在向其他领域拓展。

五行之说，起源于夏朝。五行:“一曰水，二曰火，三曰木，四曰金，五曰土。水曰润下，火曰炎上，木曰曲直，金曰从革，土爰稼穑。润下作咸，炎上作苦，曲直作酸，从革作辛，稼穑作甘。”这段话是翻译成现代汉字的古文《五行》短文。

夏朝的人们在社会活动中，有一个习俗：就是人们都非常迷信，做什么事情，都喜欢占卜、算卦，希望做事情能有一个好的结果。这就继承了伏羲所创的八卦，增加了文字在八卦中的使用。从而使算卦的准确率大幅提高，而汉字也在算卦的活动中也得到了很好地发展。

人们使用文字，除了在姓名上的使用，占卜、算卦、祭祀也是人们早期使用文字中很重要的一些活动。鼎是祭祀、拜神的主要器物。人们在祈求实现自己的愿望及精神心里活动，都要使用文字；这些活动同其他文化活动一道，推动着汉文字地发展。《周易》一书，是汉字发展以来最早出版的一本书籍。《周易》的来源就是占卜、算卦。这也证明占卜、算卦、祭祀、拜神是上古时期使用文字最重要的活动。《史记》中就记载黄帝获得宝鼎，用于祭祀、拜神，这些活动都要用到汉字，是汉字发展的重要活动。

夏朝的统治阶级延续了舜办学校的教育制度。孟子曰：“夏曰校，殷曰序，周曰庠。”是指三个朝代学校不同的叫法，这些叫法与《礼记》中记录学校的叫法不一样，但实质上都是办理学校。古代的学校，分大学、小学两个等级。孟子说的“校、序、庠”是小学，“学”是大学。古代的教育，是以陶冶德行为主。“序者，射也”，是行乡射礼之地。“庠者，养也”，是行乡饮酒礼之地，都是所以明礼让，示秩序的。然校之所教，则大致可以推知了。至于学，则“春秋教以礼乐，冬夏教以诗书”。

大学一般是由国家开办，办学的目标是：“大学之道，在于明德，在于亲民，在止于至善。知止而后有定，定而后能静，静而后能安，安而后能虑，虑而后能得。物有本末，事有终始。知所先后，则近道矣。”《学记》记载：“玉不琢，不成器；人不学，不知道。是故古之王者，建国君民，教学为先。”

以上是古代办大学的宗旨，意思是：大学的宗旨，在于弘扬高尚的德行，在于关爱人们，在于达到最高境界的善。知道达到“至善”，才能确定目标，确定目标后，方能心地宁静；心里宁静就不会慌乱，安稳不乱才能思考周详。思考周详就能达到思考的目标。凡物都有根本和末节，事物都有终端和始端。知道它们先后的顺序，就与“大学”的宗旨相差不远了。人不学习是不知道的，以前的君王建国以后，都是把教育放在前面。

在《记住乡愁》纪录片中，介绍了四川省下寨村有一个殷氏家族。在他们家族的族谱中，就记录了他们家族办学的历史，并且都是努力办好教育。族谱中记录的学校，仍然是叫“庠”。这也证明在民间有些文字记录，仍然保留着上古时期的文化遗迹。

在公元前 2600 多年前，那时的官员也只有一个简单的名字，连姓也没有。广大的平民百姓，大概都是口头上的称呼。由于文字的发展，到夏朝懂文字的人多了，所以广大的民众，开始把文字运用到自己的姓和名上。中国人起名字，向来是喜欢用国名、地名来起名字，在夏朝也一样。现在的文字当然要比夏朝的文字多得多，所以夏朝的人们起名字，对国名、地名的依赖程度比现在更大。

比如说杨姓，就出现在公元前 2000 多年前的夏朝。杨氏是由姬姓部族的成员演化而来。在夏朝的时候，中国境内出现的是两个杨国。还有一种说法：有以国为氏的杨姓、还有一个是以邑为氏的杨姓。这两个杨姓一个是木字旁的“杨”一个是提手旁的“扬”，当时杨国的人们把“杨”字当作自己的姓氏，而名就可以起别的文字。夏朝万国的国名，开始向人们的姓名转化，逐渐演变成为人们的姓名。到春秋战国时期，据古代的文献资料记载，有一万多种姓氏。这一万多种姓氏，一大半以上，都是由夏朝的国名演化而来的。

普通民众开始用文字来作为自己的姓名。但是统治阶级把文字作为他们统治国家的工具，不向民众开放。但是民众为了生活上的便利，还是努力接受文字，而且不仅只是使用在姓名上。这是汉文字发展走向成熟的主要原因。汉字专门为统治阶级服务，民众不参与，汉字不可能发展起来。

现在中国人的姓氏，有一大半以上，都是由上古时期的国名演化而来。现在《百家姓》中的姓氏，大约有五百多种。那么春秋战国时期的万姓，现在怎么只剩下五百多种呢？比如说杨姓，在夏朝出现的是两个杨姓，一个是木子旁的杨、一个是提手旁的“扬”;所以后来就合并，变成了一个木字旁的“杨”。所以杨姓是由夏朝的两个国家演化而来，也可以说是两个地区的人们演化而来。杨姓是一个大姓，现在中国姓杨的人数，超过 6000 万人口。

还有一种情况，就是姓氏都是以男方家庭的姓氏而定。如果某个家庭生的都是女孩，那么这些女孩长大以后，结婚再生的子女，都是以男方的姓氏来确定的。这种情况就是姓氏的消亡。现在的姓氏，就是由春秋战国时期的万姓，通过合并类似的姓氏和姓氏消亡，演变成为现在的 500 多种姓氏。现在 500 多种姓氏，很多也是由上古时期的国名演化而来。

公元前 1600 多年前，契的子孙汤，就推翻了夏王桀的统治，建立了商王朝。《商书》中的《汤誓》一文就记录了汤王讨伐夏桀的事。下面是《汤誓》中译成现代汉字的一段短文。

“尔尚辅予一人，致天之罚，予其大赉汝！尔无不信，朕不食言。尔不从誓言，予孥戮汝，罔有攸赦。”

文章的意思是：你们只要辅助我，奉行上天的命令讨伐夏国，我会大大地奖赏你们！你们要相信，我决不会食言。假如你们不服从我的命令，我就要惩罚你们，让你们当奴隶，决不宽恕。

商汤在灭掉夏朝以后，在建国初期就有许多诸侯国怀疑商王朝。商王汤就找到薛国的国君仲虺，商量对策。薛国的国君仲虺就写了一篇文章，叫《仲虺之告》，这篇文章共有400多字。文章的内容主要是说夏桀暴虐，商灭夏是上天的旨意；来安抚各诸侯国，要求其他拥护夏朝的诸侯国不要反抗。《仲虺之告》是写在竹简上的文告，是在山东省出土的。

《商书》中的短文，有《盘庚》《高宗肜日》《西伯戡黎》《微子》等。这些短文都是记录一些帝王的事迹，还有一些贤臣的言行。文字主要是为帝王服务，也为国家的政治服务。下面是《西伯戡黎》的短文：

“西伯既戡黎，祖伊恐，奔告于王。”

它的意思是：西伯侯周文王战胜了黎国，祖伊十分恐惧，连忙把这件事告诉给殷王纣。这段话就是记录商朝末期的情况。

公元1898至1899年，考古队在中国河南省安阳县北的小屯，发现了许多龟甲、兽骨，上面都刻有文字。这些龟甲、兽骨共有十几万片。这些文字就是我们所说的甲骨文，是商朝的文字。这些甲骨文字大多数是用来占卜、算卦的，也用于记事。

从最近山西省陶寺地区出土的文字来看，证明甲骨文中的字体，早在公元前2300年时期就开始使用，历经尧舜时期、夏朝到商朝早期。文字进化是非常缓慢的，甲骨文这种象形文字的字体结构，大约使用了1000多年。在晚商时期青铜器上的文字，就不是甲骨文的字体结构，而是繁体汉字的结构。

当时从殷墟中出土的还有许多青铜器,其中最著名的有“司母戊”鼎。该鼎造型雄伟,花纹华丽,结构复杂,腹内铸有“司母戊”三个字。该鼎是商朝的帝王用来祭祀母亲的器具。‘司母戊’这三个字的字体结构就是繁体汉字，而不是甲骨文的字体结构。‘司母戊’鼎是在商朝晚期时期制作，是晚商时期的产品。那时候的人们已经能够把汉字铸造在青铜器上。

商朝是文字继续深入发展的时期，当时的人们不仅用文字来祭祀、占卜、算卦，也用于记事。同时商朝还有人用文字创作诗歌，从《诗经》中就可以得知。用文字创作诗歌，这是文字使用中很重要的一项使用功能。虽然商朝有人创作诗歌，但保留下来的诗歌是很少的,《诗经》中只有五首诗歌。

商朝的人们使用文字，但其中有部分文字不规范。比如说甲骨文中的“田”字，就有好几种画法。意思都是把一块地划作几小块，但写法有好几种。还有蜀国的蜀字，也有好几种写法。当然还有其他的一些文字，也都存在着多种写法。甲骨文属于象形文字，是象形文字发展到末期的一种文字。一个字有多种写法，就是书写的文字不规范，后来到汉朝，才解决了写字不规范的问题。其实甲骨文中也有部分文字同现代汉字基本相同,这也证明商朝的象形文字,是朝着现代汉字的方向前进。

商朝的文字，包括甲骨文，比起仓颉造的象形文字，要先进得多，要规范得多。甲骨文虽然也是象形文字，但它是象形文字发展到后期的文字。文字进化主要体现在画字的意识在减少,文字的意识在增加。甲骨文中有部分文字长得像现代汉字，但当时的字意不一定与现代汉字的字意一样。这只能说明商朝的文字是在向现代汉字方向发展。

商朝官府仍然垄断了学校的教育和一切学术文化，称“学在官府。”但是在民间，普通民众仍然在使用文字。当时商朝的人们同夏朝一样，做事情都喜欢占卜、算卦，这些活动都要使用文字。还有文字在人们姓名上的使用，这些活动继续推动着汉字的发展。

公元前 1046 年，后稷的子孙周武王推翻了商纣王的统治，建立了周王朝。《周书》中的《牧誓》，就记录了周武王伐纣的大致情况。下面是《牧誓》中的短文。

时甲子昧爽，王朝至于商郊牧野，乃誓。王左杖黄越，右秉白旄以麾，曰：“逖矣，西土之人！”王曰：“嗟！我友邦冢君御事，司徒、司马、司空，亚旅、师氏，千夫长、百夫长，及庸蜀、羌、髳、微、卢、彭、濮人。称尔戈，比尔干，立尔矛，予其誓。”

王曰：“古人有言曰：‘牝鸡无晨；牝鸡之晨，惟家之索。’今商王受惟妇言是用，昏弃厥肆祀弗答，昏弃厥遗王父母弟不迪。乃惟四方之多罪逋逃，是崇是长，是信是使，是以为大夫卿士。俾暴虐于百姓，以奸宄于商邑。今予发惟恭行天之罚。今日之事，不愆于六步、七步，乃止齐焉，夫子勖哉！不愆于四伐、五伐、六伐、七伐，乃止齐焉。勖哉夫子！尚桓桓，如虎如貔，如熊如罴，于商郊。弗迓克奔以役西土，勖哉夫子！尔所弗勖，其于尔躬有戮！”

以上短文的意思是：在二月五日的黎明，周武王率军到了商国首都朝歌郊外的牧野，举行誓师大会。武王左手拿着黄色大斧，右手拿着军旗说：“辛苦了，你们这些从西方来从征的将士！”武王说：“啊！我尊敬的友邦国君及大臣、以及诸位官员，还有西南方各诸侯国的将士们，举起你们的戈，排好你们的盾，立好你们的矛，现在开誓师大会。”

武王说：“古人说：‘母鸡不应当在早上打鸣，如果母鸡在早上打鸣，这个家庭就要败落。’现在商纣王只听信妇人的话。轻蔑地抛弃了对祖宗的祭祀，昏庸无道，对长辈、弟兄不加进用。反而对许多逃亡之徒崇敬、信任、使用，并让这些人做卿大夫之类的官。他们残暴地对待百姓，在商国的诸侯都任意犯法作乱。现在我姬发按上天的意志，来讨伐商纣王。今天这场战斗，在进行中不超过六步、七步，就停下来，整顿队伍。勇士们努力吧！在刺杀中，不超过四次、五次、六次、七次，就停下来，休整一下。勇士们努力吧！要威武雄壮，像虎、豹、熊、罴一样勇猛，在牧野大战一场。不要杀掉殷商军队中前来投降的人，使这些人为我们服务。努力吧！勇士们。假如你们不努力作战，你们自己就会被杀掉！”

以上短文是记录周武王伐商的事情。《周书》中还有许多记录帝王及贤臣的短文，如《洪范》、《金腾》、《大告》等。总的来说，这些记录帝王的短文，从黄帝时期就开始有了。但是这些短文的数量是增长的，夏朝的短文，包括《夏书》，要多于《虞书》；《商书》要多于《夏书》；《周书》要多于《商书》。而且周朝的短文是商朝短文的十倍以上。这说明文字是发展的，而且是加速地发展；这也证明周朝掌握文字的人比商朝掌握文字的人数，是在成倍地增长。后来有人把周朝以前的短文，都收集到一起，形成一本综合性的书籍，它的名字就叫《尚书大传》。

从公元前 4000 多年前，象形文字已具备雏形，当时人们是在简单地使用象形文字。象形文字经过好几百年地发酵，到公元前 3000 多年前，三皇就把文字用于生活。虽然文字发酵过程没有文字记录，但是事实很清楚：三皇已经把文字用于地名，还有人的姓和名、算卦、历法等。到黄帝时期，大约是在公元前 2700 年，由于仓颉的出现，文字从简单地使用，开始有了记录事情、历史的功能。这是汉文字发展很大的进步，是汉字发展史上很重要的一个里程碑。

仓颉造的象形文字，虽然有了记录历史的功能，在当时是先进的。但是真正能用象形文字记录历史的人是很少的。因为当时的文字都是为帝王服务，文字与广大民众不发生关系，而且使用文字的人很少。所以后来发现用仓颉造的象形文字，来记录历史的资料也很少。这就证明懂文字的人很少，文字是在缓慢地发展。

周武王灭掉商朝，建立周朝以后，就对自己的功臣、故旧进行分封。受封的诸侯就把封地作为自己的国名，如“陈”、“蔡”、“许”等许多国家，就是周天子所封。当地的平民百姓，就把这些国家的名称当作自己的姓氏。

周朝社会有个现象，是以前朝代没有的事：那就是有文化的人多了。有文化的人：就是能够认识文字、书写文字、用文字来记录事情的人。周朝的平民百姓，有的人需要用文字来记录事情，但是他们连自己的姓名都不会写。这不要紧，只要有钱，就能够请来有文化的人，为他们书写姓名，或是记录事情。像这样的事，在周朝以前是没有的；因为在周朝以前，只有帝王才能够请得起有文化的人为他们服务。从这件事就可以证明，从周朝开始人民大众就认可汉字、接受汉字、并且使用汉字。

周朝在民间懂文字、有文化的人要比夏朝、商朝多得多。这样在民间使用汉字，就创造了很好的条件。从青铜器上的文字，也能够证明这一点。写在青铜器上的文字叫金文，或是叫铭文，也包括刻在石头上的文字。

我国出土商朝时期制造的青铜器，上面的文字很少，比如说“司母戊”鼎，鼎上的文字也只有“司母戊”三个字。到周朝时期制造的青铜器，上面的文字就多了，而且上面的铭文，都记录着某些事情。在“国宝档案”中，就收录了许多周朝时期制造的青铜器。其中有一件叫“鍈匜”的青铜器，上面的文字就记录着一个案件，案件是因为五个奴隶而引起的。同“鍈匜”同时出土的还有一件青铜器，这件青铜器上的铭文，记录着一个叫裘卫的人同一个叫矩伯的人，所进行一桩土地买卖的事情。这说明周朝在民间，用文字记录事情，已经很普遍，这时人们已经开始用繁体汉字记录事情。

从这些不同时期制造青铜器上面使用文字的变化。证明汉字是在逐渐发展的，在使用过程中逐渐完善。所以造字的人就是每朝每代都有，这样就形成了文字的变迁。

《中国简史》就记录了造字的原因:“旧有之字，不足于用，所以要另造新字;造字的方法，就是逐渐研究所得，满足使用。”从这些记录中，我们就知道古代的原有文字，是不能够满足使用的；所以就有人在不断地研究文字，创造新字来满足使用。其实在古代研究文字、创造文字的人数量不少，只不过他们没有留下姓名。他们默默地为汉文字发展，鞠躬尽瘁，做出了巨大的贡献。

在上古时期，由于汉字处在发展的初期，记录的事情，与现代考古发现是不相符的。特别是西周以前，汉字记录的历史事实，只是冰山一角。且不说三皇时期和五帝时期，中国有文字记录的第一个王朝是夏朝。夏朝历经四百多年，共有 17 位君王，除了大禹和他的儿子启有些文字记录以外，其余的君王，有文字记录的很少。

第二个王朝为商朝，经历了600多年。除商汤和盘庚两位帝王有些文字记录，其余的十几位帝王，都是以记录家谱的方式，只是记录了他们的名字。不过后来的纣王，也有些文字记录。后来到了周朝，西周时期的君王，就比夏朝和商朝时期君王的事迹要清楚得多，要完整得多。在西周以前只是有了文字记录，文字的使用功能还不是很成熟，不可能把西周以前的历史事情都记得很清楚、全面。从西周到近代也只有简史，而没有详细的历史。

中国现在搞历史断代工程，就是想补齐夏朝时期和商朝时期的一些历史事实。现在考古已经出土了不少上古时期的实物，如石器、玉器、青铜器等。但是这些实物，只能表示当时人们使用的一些东西，而不能说明当时的社会状况。最能够说明当时的社会状况、国家、帝王之间的实际情况，应该还是原始的文字记录。

上古时期出现历史不清楚的情况，是很正常的现象，不可能把西周以前的历史都记得很全面、清楚。我们应该从客观现实的角度来看待历史，那时记录历史是从无到有，有了一个大概的记录，就已经是很大的进步。现在国家搞历史断代工程，就是想把上古时期的历史搞得更清楚一点。目前是做不到把上古时期的历史搞得很清楚，不过这还要看以后的考古能力和科学技术的发展。

从周朝官方使用文字的情况来看，当时周朝初期已出版了两本书籍。一本叫《周易》，一本叫《礼记》。这两本书籍才是真正的书籍，而不是以前的短文或记录。这两本书籍所使用的文字，已经是繁体汉字的古文，而不是使用甲骨文的象形文字。也可以说这两本书是以前短文发展的结晶，是文章发展、集中形成多数的短文；是短文发展成为书籍的第一步，也是我国最早时期出版的正式书籍。

先说《周易》，它是由上古时期的“结绳记事”演变而来；它是根据历史会重演这一规律，再结合“八卦”，来判断事物变化的规律。使人们更好地把握事物的变化，使事物的变化更好地为人们服务。

《封神榜》已经被拍成电视剧，剧中的人物周文王很会算卦。在3000多年前，伏羲就开创了初始的八卦，经过五帝时期、夏朝、商朝2000多年的发展，使算卦、判断事物发展变化的正确率大幅提高。同时使用文字，使文字也得到了很好的发展。到周文王时期，不仅是简单地把文字运用到算卦上，而且把算卦上升为理论、也就是书籍《周易》。

当周文王被商朝纣王囚禁在牢房中时，周文王就经常免费为许多人算卦。他为了讨好商朝的官员，曾为商朝的一名军官算卦：说他将来要被冻死。这位军官不相信周文王算的卦，而且还嘲笑周文王。后来这位军官就是在周武王讨伐商纣王的战争中，在寒冷的冬天，活活被冻死在山上。

周文王不仅为别人算卦，也为自己算卦。当他还被囚禁在牢里的时候，就为自己算卦，何时能脱离囚笼。他把“八卦”相重叠，演化为六十四卦，每卦有六爻，形成三百八十四爻。周文王在牢中的时间，实际上已经算到了有多长。文王的儿子周公在卦和爻的下面，都缀上简要的文辞，以记占卜的结果。

这些记录的文字就是“卦辞”和“爻辞”。卦在这里是表示事物，爻是表示更小的事物，或是引发事物变化的因素。卦辞和爻辞记录着许多事物不断变化的内容，所以叫“易”，由于成书是在周朝初期，所以此书叫《周易》。

《周易》一书大部分是由这些“卦辞”和“爻辞”所组成，

这些文字过于简略、隐秘，难以让人理解。孔子在读《周易》时写了一些帮助理解《周易》的书，如《缘辞》《象辞》《文言》等十篇，帮助理解《周易》的文章，叫“十翼”。翼是翅膀，有辅助的意思。卦辞和爻辞很难让人读懂，不说它。但《周易》中有部分论述国家行为及个人的行为，同国家及人的祸福、凶吉关系，这部分文字是大多数人能够读懂的。

举个例子，对于国家，《周易》中说：“以制度，不伤财，不害民。”意思是统治者要通过制度来节制自己，不要浪费资财，不妨害百姓。比如说：“观乎天文，以察时变；观乎人文，以化成天下。”意思是圣人通过观察天象，可以了解时序的变化；通过观察人类的活动，可以通过国家的施政，来治理天下，达到圣人预期的治理目标。施政是手段，“化成天下”才是目的，使事物朝着有利于预期目标方向发展。

对于个人的行为，《周易》中也有论述：“积善之家，必有余庆；不积善之家，必有余殃。”这说明人的行为，是导致自身祸福的根本原因。还有“困蒙，吝。”如果人被愚昧、无知所困扰，就会有灾祸。“人同于宗，吝道也。”意思是亲近同族的人，不团结其他人，这是祸根的行为等。

《周易》对于个人也提出积极的要求：“天行健，君子以自强不息。”说人要像自然一样，创业追求要有生生不息的精神活力，以勉励人们，激发人们奋发向上，鞭策人们不断开拓进取。把人同自然相比，提高人的生命活力，以达到改变人生命运的目的。以上是《周易》中小部分对于人的行为与祸福关系的论述。

再说《礼记》，它是中国古代一部重要典章制度的书籍，是现存最早的史书。它起源于尧舜时期，是由尧舜的治国之道演变而来。圣人用天地、人的和顺来制礼，是万事万物的准则。

先王制礼是用以复验前事,修乐则用以疏导人情。它合于天时,设于地财,顺于鬼神,合乎人心,管理万物。

尧舜之后有夏礼,商朝有商礼,周朝有周礼,当然周朝的礼是最完备的。孔子说:“礼是先代君王用自然的法则,来控制人们的行为。礼必须依据着天,效法着地,充满着过去与未来,表现在丧、祭、御、冠、婚、朝、聘等礼上。”圣人用礼来昭示天道人情,天下国家才能做到合乎规范。礼是尊敬、严肃的意思;比我善良、能干的人,要亲密和尊敬他,畏服而爱慕他。对自己爱慕的人,要能分辨出其短处;对于厌恶的人,要能看出他的长处。这是周礼的本意,是周人的哲理,也是治国的理念。

礼是国君用来治理国家的重要工具。用礼来判别是非,洞察幽隐,孝敬祖先,划分等级,规定次序,建立伦常,区别尊亲,使政事得到治理。政事不能行正道,国君的地位就会危险;大臣就会悖逆犯上,小臣就会非法据有权力,社会风气就会败坏。法令经常变化,社会次序就会紊乱。

周朝初期的统治者就利用《礼记》,还有《周易》的理论,对国家进行管理。当时周朝推行的是礼制、礼仪来管理国家。当礼制、礼仪刚推出的时候,还是起到了很好治理国家的效果。历史上称:“成康之际,天下安宁,刑措四十余年而不用。”“成康”是指成王和康王,两位帝王。实际上周朝安定了接近一个世纪,不过这都是指周朝首都包括畿内的地方。

现在国家提出:中国人民的生活经济水平要达到小康水平,就是指要达到康王统治时代,人民经济生活有一定程度富裕的水平。其实康王保存了文王治理国家的制度,叫大同时代的制度。孔子曰:“不独亲其亲,不独子其子,使老有所终;壮有所用;幼有所长;鳏寡孤独废疾者,皆有所养。”当时的社会,实行井田制,商人不交税;分配有论需要,不论报酬的意思,人民生活水平有一定程度的富裕，社会上没有犯罪的。像这样的社会，成为现在国家提倡民众生活水平所要达到的目标。

《礼记》和《周易》是我国文字成熟以后，由国家正式出版的两本书籍。孔子研究《礼记》和《周易》，他也主张用周礼治国，恢复周朝的礼制、礼仪。孔子的哲学思想，其源泉就是来自《礼记》和《周易》。《礼记》和《周易》是我国宝贵的精神财富，它的思想指导后人已有3000多年。并且现在还有许多人，仍然经常引用《周易》书中的原话，可见《周易》和《礼记》对人类社会进步的价值。

周礼除当时社会制度所形成的伦理道德与现代社会的伦理道德有较大差别外，其中以人为本，由己推人的哲学思想是符合现代社会伦理道德的。大到国家的政策，小到民间的一些习俗。孔子在研究周礼，传承周朝的优秀文化，也提倡建设大同社会、大同世界。现在习近平总书记提出一带一路，实现经济全球化，建设人类命运共同体的伟大构想，就是对祖国的优秀文化和儒家思想的传承与发展，建设人类伟大美好的前景，就是对人类社会的文明与进步做出贡献。

在民间的一些习俗上，周礼规定：做女儿的要让父母冬天温暖，夏天清凉；晚上替父母铺床、安枕，早上向他们问候、请按。现在我们也提倡孝道，但是不是原封不动地照搬。现在我们提倡的尊老爱幼，是在现代社会制度上建立起来的，是对祖国优良传统文化的继承和发展。

现代社会生活中有些习俗，就有周礼的影子。比如说父母过世，周礼规定其子女要守丧三年。现在有些地方就有父母过世，其家庭在三年之内不准贴“福”字，不准办喜庆等事的习俗。现在国家提倡协调发展、绿色发展、以人为本、尊重人才这些思想都是从周礼发展而来的。孔子曰：“君子周而不比，小人比而不周。”它的意思是：品德高尚的人广交朋友，而不相互勾结；品德卑下的人相互勾结而不顾道义。现在中国实行国家不结盟的政策，这就是运用儒家思想。周礼规定做臣的要忠于君主，现在发展为忠于国家，忠于共产党，忠于人民；积极投身于建设中国特色社会主义，为中华民族复兴贡献力量。这些都是从周礼发展而来。

以上所说的都是周朝以及周朝以前的治国之道，还有人们的行为规范。但是在《礼记》和《周易》出版之前，中国各行各业的书籍是一片空白。中国在文字使用功能刚成熟的时候，记录的东西，就是治国之道以及人们的行为规范，记录的就是中华民族宝贵的精神财富。以上是汉文字发展的摇篮。没有汉文字的发展，就不会有今天的现代汉字。汉字就是在这样的基础上，逐渐地走向各行各业。

文字为帝王服务，也为他们的统治服务，当然治国之道以及人们的行为规范，是文字要记录的重点，不然就不会形成文字为统治阶级服务。文字用于某行业，会促进某行业也会带来飞速地发展，西周的统治阶级早就看到了这一点。所以他们也提倡发展文字，推动各行各业地发展。但是他们的目标是在发展各行各业的基础上，最终是为周朝的统治阶级及贵族服务。

后来又出现了《诗经》，这是继《礼记》《周易》之后产生的一本书籍。写诗的人很多,大多数都是懂文字的贵族和帝王，也有小部分懂文字的平民知识分子。《诗经》中除《商颂》以外，其中的诗歌是从周朝初期到春秋中期，大约经过 500 多年所产生的诗歌。《诗经》是一本反映周朝的政治、生活还有爱情方面的文学作品，其中包括“风”“雅”“颂”三个部分。

“风”是指周南、召南、邶、鄘、卫、王、郑、齐、魏、唐、秦、陈、桧、曹、豳等 15 个地区，或国的民间小调，也叫十五国风。

共计160篇，占这部诗集总篇数的一半以上。其余都是人民群众的作品，作品内容主要描写人们在欢乐和忧愁时的心理感受，同时对那些心存不善的人进行讽刺。其中还有描写底层人民困苦的生活，用活人来殉葬等，反映了当时奴隶制度社会的特征。

“雅”又分“小雅”和“大雅”两个部分，共105篇，是周朝先代保存下来的传统乐调。周朝的贵族把它看成是“正调”，并且认为它很典雅。“颂”包括“周颂”“鲁颂”“商颂”三个部分，共40篇。是宗庙祭祀的乐歌，声调比较缓慢，可以配合舞蹈动作。颂诗除了一小部分采用流行已久的历史传说，主要是帝王及贵族的作品，是为统治阶级中杰出人物歌功颂德的。有周王宴请诸侯，表达对群臣的赞美；也有周朝官员赞美先王的诗歌，表达对周天子健康、长寿的衷心祝愿。

从《诗经》的内容来看，有部分作品是懂文字的平民知识分子，用诗歌来揭露统治者的剥削和压迫，讲述底层民众身受的苦难，呼出人们反抗的声音。如《硕鼠》篇，较为深刻地揭露了统治阶级寄生虫的本质，以及人民大众对剥削者的憎恨和鄙视。

《诗经》中的《商颂》部分，就是商朝的人为统治阶级及其贵族中杰出人物歌功颂德的。这证明在商朝就有人用语言文字来创作诗歌了。由于当时文字的使用功能还不是很成熟，懂文字的人很少，所以大部分诗歌都已经散失。《诗经》中产生于商朝时期的诗歌，只有五首。

商朝文字的使用功能还不是很成熟，人们在这种条件下创作诗歌就相当困难。在那时还有许多事和物是没有文字表达的，也就是文字不够使用。于是就有人在不断地研究文字，创造文字，来满足使用。

据说周朝在社会上流传的诗歌相当丰富，共有5000多篇，多数为口传。由于当时懂文字的人很少,在民间能够认识文字,书写文字的人也很少,所以这些诗歌大多数已经散失。后来的305篇,是孔子把它整理下来,流传后世的。

周朝办学的政策,是继夏朝和商朝之后“学在官府”,为周朝的贵族及统治阶级服务。“诸家的学问,都出于官守”,这样就限制了文字的发展。周朝初期虽然出版了两本书籍,但是也不可能出版更多的书籍。这是因为文字都掌握在西周统治集团手中,除了少量的平民知识分子懂点文字,其他广大的平民百姓是不懂文字的。在西周时期手工业制作相当发达,当时已经能够制造铁剑了。农业也很发达,懂得农业生产技术的人也不少。但是在各行各业中,既懂文字又懂生产技术的人,基本上是没有。这是造成我国古代的许多生产工艺、经验无法传播,这也是导致各行各业发展缓慢的根本原因。

要出版某行业知识的书籍,首先要有具备专业知识的人才,还要有能够把专业技术转化为文字的能力,还要有他想把专业技术传授给人们,并作为商业行为的欲望。只有具备上述三个条件,才有可能出版某行业的书籍。

其实文字本来就应该为人民大众服务,为各行各业服务,这是文字为人类服务的宗旨。但汉字实际的发展,先是为国家发明,为国家服务。随着文字的发展,一些有识之士把文字向人民大众推广,后来才延伸到各行各业,这是现实汉字发展的过程。汉字不会从天上掉下来,为各行各业服务;而是人们在后天的使用过程中,不断的自我发展,自我完善,逐渐地走向成熟。

后来到了东周,由于社会的变革,奴隶政体遭到破坏。有许多改革家,他们提出废除奴隶制、井田制,取消奴隶主贵族的世卿、世禄,取消宗室特权等。但是在贵族当中,尤其是居官任职的，各有其特别的学术经验，所以能成为一家之学。原来居官任职的贵族，有许多失去了原来的官守，降为平民。但他们是掌握文字的人物，他们要继续生存，继续他们的学术，所以在官之学，就变成了私家之学。

孔子出生于公元前551年一个鲁国的贵族家庭，祖籍是宋国的贵族，后来迁移到鲁国。孔子从事教育，研究周礼，传承、发扬中国的优秀文化。孔子认为后一个王朝对前一个王朝必然有继承、沿袭。周礼是在夏朝和商朝两代之礼的基础上加以发展，增加适合时代的礼，删除旧时代、不合时代的礼。因此周礼制度完备而极盛，所以孔子主张遵守周礼，恢复周朝的礼制礼仪制度。

孔子主张："以忠厚、诚实为主，行为要遵循道义。"忠信为礼之精神基础，义理是形式的原则。没有精神基础，则礼不能成立；没有形式原则，礼亦无从实行。制礼要根据时代环境、伦理，所祭对象，恰当配合。时代不同，礼亦不同。如尧把天子之位传给舜，舜又把天子之位传给禹，那是禅让的时代；殷汤赶走夏桀，周武王讨伐商纣王，那是革命的时代。

孔子提倡仁义：仁是按礼行事，是善于知人；情有七种：喜、怒、哀、惧、爱、恶、欲。义有十种：父为慈、兄为良、子为孝、弟为悌、夫为义、妇为听、长须惠、幼须顺、君为仁、臣为忠。君子协调人们的七情十义，要讲求诚实，重视亲睦，推崇辞让，摒弃争夺。如果舍弃礼制，用什么去协调；治理国家不用礼，就像农民没有农具，却要耕种一样。

孔子还主张用仁礼来解决争端，提倡"以和为贵"。他认为人民安乐，社会均富，这是古代治国的良策。礼出自于天，应用于地。孔子曰："克己复礼为仁，一日克己复礼，天下归仁焉。"特别是周朝的礼制礼仪为周朝带来了成王和康王的安宁。孔子看到了用周礼治国的正面效应，所以才提倡用周礼来治国。

孔子是政治家，也是教育家。他看到了文字长远的发展，认为文字不能只为统治阶级贵族服务，所以提出“有教无类”的口号，这样就改变了文字只为统治阶级服务的教育模式。孔子实行的是商业化办学，他招收的学生，有贵族家庭的子弟，也有穷人家庭的子弟。但这些穷人家庭都是很艰难地凑齐了学费，才使他们的子女受到教育。孔子改变了周朝学在官府的教育模式，由学在官府变成了学在民间，成为私家之学。

孔子的商业化教育模式，在文化大革命时期，遭到一些人的批判，说孔子办学是为统治阶级服务。这么说太过于主观了。我们要从当时的实际情况来看问题，如果当时孔子实行免费教育，也就失去了办学造血的功能，从而失去了生存的能力，这样他会办不下去的。当时不是像现在，现在有些教育是国家出资扶持的教育。在春秋时期，统治阶级是不会出钱给孔子办学的。所以孔子实行商业化办学的模式，是符合办学的历史潮流的。

孔子提出用周礼治国，这个观点没有错。问题是在春秋时期，国家都在进行着国与国之间相互兼并的战争，所以孔子的政治理想并没有实现。但是孔子在教育方面，是取得成功的。

春秋时期由于战争的原因，各国之间都被彼此隔离开来，形成一个个相对比较封闭的社会。由于各国之间，相对闭塞，也就没有了文化交流。但是各国都在发展自己的文字，各国之间的文字又不相通。如此发展下去，我国文字就会产生裂变。这就是造成一个字有多种写法和读音不一样的原因。在这样的社会背景下，孔子就提出：“今天下，车同轨，书同文，行同伦，”的远大构想，这也是建设大同社会的一部分。它的意思是要修建统一的交通道路，使用统一的文字，建立统一的社会伦理道德。孔子的这一思想，对中国社会发展和汉字发展有着积极的推动作用。

后来又出现了孟子，孟子是孔子思想的继承者与发展者。孟子主张："国家要施行仁政，走向善的道路。"孟子说：在天下或一个国家里,百姓是最重要的,其次是社稷,君主要算轻的。所以民众拥护的人，就可以做天子；得到天子信任的人，可以做诸侯；得到诸侯信任的人，就可以做大夫。诸侯要是危害国家，便得废掉，改立他人。

孟子主张用礼、义来规定人与人之间的地位关系。如果没有礼、义，人与人之间的关系就会出现混乱；没有好的政策来保障生产，赋税就不能正常进行，国家收入就会不足。亲爱父母是仁，尊敬兄长是义，圣人善于把人这种天生的仁义之心推广到天下罢了。君子居心于仁，居心于礼；仁爱别人，尊敬别人；也常常受到别人的慈爱，受到别人的尊敬。

孟子提出君子要按仁政行事,做任何事情都按"推己及人"的恕道去做；那么求得仁德，没有比这个更近的了。国君要重视德行，加强自我道德修养；尊敬贤能的人并启用他们，使道德高尚的贤人在位，才华出众的人任职。国家就能安定，就会没有内忧外患。国君只要施行仁政，就能国泰民安，身享荣乐；不施行仁政，就将国破民残，身遭屈辱。孟子的王道就是安抚人民，使他们安居乐业的方法。

韩非子说："安危在是非，不在于强弱。"春秋战国时期，是个弱肉强食，是非不分的年代。滕国的国君迷惑了，去问孟子说："滕国是个弱小的国家，处于齐楚两大国之间，是侍奉齐国好呢，还是侍奉楚国好？"孟子回答说："那只有一个办法：就是加深这条护城河，加固这座城墙，与老百姓一条心，共同捍卫它。老百姓哪怕献出生命也不愿离开它，这样就还是有办法的。”

齐国进攻燕国，战胜了它。齐宣王问孟子说：“有人叫我不要吞并它，有的人却劝我吞并它，你认为该怎样做才好？”孟子说：“如果吞并它，燕国的人民高兴，就吞并它；如果燕国的人民不高兴，就不要吞并它。”对于国与国之间的战争，孟子是以人民的利益作为判断是非的标准，并做出相应的对策。

孟子说：城墙不坚固，武器装备不足，不是国家的灾难；农田没有开发，财富没有收聚，不是国家的祸害。只有在上位的人不讲礼义，居于臣下的人又不愿意学习；造反的老百姓起来，那亡国的日子就没有多远了。

孟子对春秋时期的战争做定义，认为没有合乎正义的战争。但是对夏朝末期和商朝末期的两次大的战争是肯定的，是正义的。商汤先是讨伐葛国，接着又讨伐韦国；孟子说商汤是在解救葛国和韦国的民众。商汤大起义师，天下就无敌手。周武王讨伐商纣王时，对殷商的百姓说：“别害怕，我是来帮助你们得到安定的生活；不是来跟你们作对的。”殷商的百姓都伏在地上，希望周武王来医正自己的国家。国君只要行仁德，天下就会无敌手。

齐宣王怀疑商汤和周武王，问孟子说：“商汤流放夏桀，周武王攻打商纣王，有这个事吗？”孟子说：“古书上有这个记载。”齐宣王说：“为臣的人杀掉他的君主，可以吗？”孟子说：“损害仁爱、暴虐无道的人叫‘贼’，损害正义、颠倒是非的人叫作‘残’，残贼的人叫作‘独夫’。我只听说周武王杀掉了一个‘独夫’纣王，没有听说他杀了君主。”

孟子把仁政用于战争，认为天时不如地利，地利不如人和。“得道者多助，失道者寡助。寡助之至，亲戚畔之；多助之至，天下顺之。故君子有不战，战必胜矣。”

在抗日战争初期，毛主席就利用孟子的学术思想，在《论持久战》中说，小国能够战胜大国，弱国能够战胜强国。提出打游击战，打人民战争，打正义战争，中国就能够战胜强敌获胜。最后中国胜利，验证了毛主席当年的预言。

孟子提出国家要实行仁政，并把仁政用于战争；在春秋战国时期，只是一个理想。当时并没有哪一个国家，哪一个君主是按孟子的思想来做。后来秦国统一天下，也并未按照孟子的思想去做。秦国是利用商鞅变法，使秦国强大，用的是法家思想。但是 2000 多年以后，共产党做到了孟子提出的理想仁政。共产党打土豪、分田地，就是最大的仁政；为民执政，得到最大的民心。孟子说，周文王从见方百里的地方起事，主要是行仁政；如果推行仁政统一天下，那就没有谁能够挡得住。历史总是惊人的相似，共产党实行仁政统一全中国，正是验证了孟子学术思想的正确。

鱼和熊掌不可兼得，孟子说我要熊掌，因为熊掌比鱼珍贵。生命是我珍爱，义也是我珍爱；要是两者不能同时得到，我宁愿牺牲生命而取义。生命是我所珍爱，但是更珍爱的东西超过了生命，所以就不能干苟且偷生的勾当；死是我不愿意的，但所厌恶的东西超过了死，所以对于现有的灾祸，就不能无原则地逃避。

宋朝末期的丞相文天祥，忠实地履行了孟子的学术思想，坚持爱国、忠君取义，选择死亡。文天祥被关押在牢房时，元朝的皇帝忽必烈对文天祥说，只要你用对待宋朝的心对待元朝，你就可以做元朝的丞相。但是文天祥坚决地拒绝了忽必烈的诱惑，坚定地选择忠君，忠于国家，忠于人民的义，以身殉国，得到了后人对他的尊敬。

古代的统治阶级和广大民众，都是很崇尚儒家思想的。一般人学习儒家思想，称为儒生；学成后才能称为儒者。儒者的行为有以下标准：儒者学问广博而不停止学习；礼以和谐为贵，以忠信为美，以宽厚为法度；仰慕贤人而容纳众人。儒者得志后，不在地位卑下的人面前显示自己、炫耀自己；互相不得志，不相互厌恶。儒者交朋友，有共同的志向，处事有共同的方法；很久不见，听到流言不相信，志趣不同就分开。群贤并处，不轻视自己。世道混乱，不败坏自己的操守。不和见解相同的人结党，对不同见解的人不诋毁。温和善良是仁之本，恭敬谨慎是仁之本，宽大包容是仁的行动，谦逊亲切是仁之所能。以上是儒者的行为标准。

春秋战国时期，有许多仁人志士，他们都想挽救国家，在政治上有所建树，以救时之弊。当时社会阶级渐次动摇，能从事学问的人亦多了。像孔子这样的文学大师，往往能聚徒至千百，而学术之风兴起，如风起云涌。出现了诸子百家。其中最著名的有四大家：儒家、道家、墨家和法家。他们都用文字诘难对方，发表自己的观点，形成了百家争鸣的局面。

有的历史学家认为孔子创立的儒家思想，包括春秋战国时期其他学派的学术思想，说他们的学术思想像火焰一样，放射着万丈光芒，照耀着后来人们的行动。到现在仍然有人在运用他们的学术思想，特别是儒家思想，为后人所推崇，为后人所继承。当然这些学术思想，还要有完整成熟的文字系统作为支撑，才能得以流传后世。

公元前 3000 多年前，三皇就把文字用于生活，到公元前 2700 年时，仓颉改造、更新的象形文字已经能够记录历史、事情。到公元前 2200 多年的尧舜时期，已经开始出现正式记录帝王言行的短文。事物发展总是从量变开始，量变是质变的必要准备，质变是量变的必然结果。质变又为新的量变开辟了道路。

到公元前2000多年前的夏朝，政府已经能够用文字来表达行政工作上的安排。并且用文字来规范人们的行为，叫作“夏礼”。汉字就是在新质变的基础上，又开始了新的量变；每一次循环往复，都是一次质的飞跃，是一次进步。经过商朝，到周朝，由于人们频繁地使用文字，夏朝的短文，到周朝就发展成为书籍。当时的书籍，主要是为国家服务，为周朝的统治服务。

到春秋末期，懂文字的人也多了，不光是贵族懂得文字；在一些行业里，就出现了既懂文字，又有专业技术的人员。首先是在医学行业、天文学领域、军事领域及文字学领域，出现了既懂专业知识，又能把这些专业知识转化为文字的人才。

战国初期，扁鹊就把自己多年行医的经验总结，作《黄帝八十一难经》。后来在西汉时期，又改编为《黄帝内经》。还有天战国初期的文学家石申，就记录了800多颗星星的位置，后来有人据此，编辑成了《石氏星表》。战国初期的孙子，他是著名的军事专家，著有《孙子兵法》。在文字学领域，则出现了《尔雅》，是专门解说汉字的书籍。

以上书籍的出版，为这些行业的发展作出了巨大的贡献，也加快了这些行业的发展。后来到秦汉时期，又出版了《神农本草经》。到西汉时期，我国才出版了第一部用于农业生产的书籍，是由氾胜之编写的《氾胜之书》。后来到南北朝时期，北魏的贾思勰编写了《齐民要术》，元朝的王祯编写了《农书》，明朝的徐光启编写了《农政全书》。这四部古代的农业书籍，被称为四大农书，为我国农业发展作出了巨大的贡献。

公元前221年，秦国统一天下后，推行孔子提出“车同轨，书同文，行同伦”的政策。“车同轨”就是修建公路，建立统一的交通体系；“书同文”就是要在全国使用统一的文字，这是文字统一工作的开始；“行同伦”就是要在全国建立统一的社会伦理道德。实际上秦朝并没有完成汉字的统一。原因有两点：一是秦国在灭掉六国以后，不可能在短时期内，改变原来六国人们使用本国文字的习惯；二是原有六国的人们，其中会有民族主义者，他们会抵制秦国的文字。比如说张良，他就是一位民族主义者。他帮助刘邦很快攻入咸阳，就是为了复仇；同样他也会抵制秦国的文字。

秦国统一天下后，紧接着就开始文字统一的工作。秦朝在全国范围内，首先推广的是篆书和隶书。李斯等人用小篆编写的文字课本在全国推广，以此作为标准文字。同时把隶书作为日用文字，便于民间使用。同时又“焚书”，烧掉的书籍除了与政治有关，其次就是，凡是与秦国文字不相符的书籍，要统统烧掉。但是秦朝烧掉的只是原来六国中国家书库的书；民间个人的书，他是没有办法烧的。据说有人知道秦始皇要烧书，就把自己的书藏起来，这些藏书后来到汉朝才被人发现。

文字统一工作，李斯作的贡献最大。《说文解字》序言中说：“七国之世，言语异声，文字异形。秦并天下，承相李斯乃奏同之，罢其与秦文不合者。”李斯不仅向皇帝上报奏文，要求统一文字，还亲自作《仓颉篇》。

从李斯作《仓颉篇》来看，证明秦朝使用的文字，基本上是仓颉创造的文字流传下来的。虽然后人在仓颉创造象形文字的基础上做过改造、更新，但源泉是出自于仓颉所创造的象形文字。这也正如春秋战国时期的思想家荀子所说：“故好书者众矣，仓颉所传，一也。”

仓颉是我国文字创造的先师，李斯作《仓颉篇》还有一层意思：秦国的文字是仓颉先师所造，所以秦国的文字是正统的文字。其余六国的文字，都是后人研究所得，不正统。所以统一后的全国，使用文字应该是以秦国的文字为标准。尽管李斯为汉字统一做了不少工作,但是秦朝还是没有完成汉字的统一。还有一种观点认为：是六国的文字反过来影响了秦国的文字。

有这样一个故事：汉朝有一位文人，他创造了一套文字。他把这套文字献给汉朝的皇帝，一是想推广这套文字，二是想弄个官做。但是汉朝的皇帝要他自己去向民众推广。其实他把这套汉文字献给汉朝皇帝时，就已经是在向朝廷推广了。当他再把这套文字向民众推广时，就很顺利。全国各地的民众都接纳了这套文字，几年之后，汉朝皇帝还给了这位文人官位。

汉朝的这套文字有一万多字，它就是原版的繁体汉字，字体是隶书。这套文字是在当地收集起来，推广到全国各地。这套文字在民间使用，不存在有人会抵制的问题，而且各地的人们，都把它当作本国的文字。这套文字应该是局部的文字，是收集人所在地的文字。

现在还存在着有记录的汉朝文字，也就是古字典，叫《说文解字》，它是在公元前 100 年的西汉时期，由许慎所编。《说文解字》是中国文字学史上，第一部正式分字、辨字和解说字义的字典，收字 9353 个，重字 1163 个，均按 540 个部首排列，开创了部首检字的先河。

关于汉朝原版繁体汉字的数目，现在《康熙字典》中的汉字，有 4.7 万多字，《中华大字典》中的汉字，有五万多字。这些文字都是从汉朝以前流传到汉朝的繁体汉字，是不包括从汉朝到现在生成的简化汉字，也就是现代汉字。《康熙字典》就是原版繁体汉字的系统化和完整化，它才是秦朝统一全国以后，在全国各个地方搜集起来的繁体汉字。秦朝统一后的全国，就是春秋战国时期的各个国家，包括秦、齐、晋、楚、赵、韩、魏、吴、越九个国家。实际上我国原版的繁体汉字，就是由这九个国家的汉字所组成。

《说文解字》只有 1.1 万多字，再加上汉朝的文人向汉朝皇帝推荐的文字，也才两万多字，所以《说文解字》与《康熙字典》的字数相差巨大。很可能会出现以下两种情况：第一种就是也许还存在着其他的文字系统，包括字典之类的书籍，后来失传。第二种就是民间使用的文字，官方收录得不完整，是到近代才收集完整的。

举一个例子:春秋初期的 142 个国家,是由《春秋》和《左传》两本书籍统计国家数目相加得出的数据；而《康熙字典》也是由明朝的《字汇》和《正字通》两本字典的文字相加。明朝的《字汇》和《正字通》也是对中国明朝以前文字的汇总。所以《康熙字典》中的字数，比《说文解字》的字数多好几倍，就可以理解了。

不管出现哪一种情况,都证明当时许慎出版的《说文解字》,只是收集他所在地民间使用的繁体汉字，而不是现在全国各地收集的繁体汉字。所以局部的繁体汉字,经过后人的层层汇总,就形成了《康熙字典》。《康熙字典》与《说文解字》的字数，才会出现数目几倍的差距。就局部文字而言，并不是在春秋战国时期，某一个国家的文字不成系统，不能单独使用。许慎出版的《说文解字》，是局部的文字系统，是能够单独在民间使用的。

《说文解字》中的汉字与《康熙字典》中汉字的数目相差巨大，是因为在春秋战国时期，各国都在发展自己的文字，都有自己的文字系统。后来秦国统一天下后，想统一文字，把战国时期多国的文字全部剔除，统一使用秦国的文字。但是春秋战国时期多国的文字，只是暂时被秦国剔除。而这些被秦国剔除的文字，后来都被《康熙字典》和《中华大字典》所收录。所以合并后的文字，大多数都是重复性质，重复现象相当严重。所以局部繁体汉字与整体繁体汉字，在字数上才会出现好几倍的差距。

《说文解字》在序言中，把汉朝的文字分为五种：一为古文；二为大篆；三为小篆；四为隶书；五为草书。它把周宣王以前的文字称成为古文，应该是鸟篆字体。草书是当时人们书写的隶书较为潦草，就把它叫作草书。这五部分的繁体汉字，是汉朝当时通用的汉字。

其实还有更早的字典，名字叫《尔雅》，是在春秋战国时期出版的。《尔雅》是春秋战国时期的百科全书，实质上也有字典的作用,但《尔雅》的字数要比《说文解字》少得多。《尔雅》是我国最早时期对文字进行解释的书籍，它是我国文字发展到一个高潮时期的产物，也是《说文解字》的基础。

现在的汉字，还留有春秋战国时期各国使用文字的痕迹，比如说“红”这个字。在春秋战国时期，有的国家或地区，就不用“红”这个字，而是用朱、赤、丹。现在的汉字，早已把朱、赤、丹挪作他用，但也有红的意思。

汉朝的原版繁体汉字，既然包括了多国的文字，那么它必然会出现一个字有多种写法和多种读音。多种写法的字就是战国时期各国发展自己的文字造成的，文字统一后就叫作同义字；读音不一样是各国语言的读音不一样。还有一种多音字是因为汉字不够用造成的，是汉字在各种场合中，都使用了同一个汉字，在多种场合中的字意就不一样，读音也不一样。总体上汉字重复的现象相当严重，但这样并不会影响人们使用。人们在使用这套繁体汉字时，是根据自己的使用习惯，有选择性的使用这套原版繁体汉字。

原版繁体汉字在全国范围内收集、整理，并公布使用，这就达到了“书同文”的目的。但是原版繁体汉字还有一个很大的问题，那就是它的读音，在全国各地的读音是不一样的。这一问题一直延长了2000多年，一直到民国时期，才开始解决读音的问题。到现在还没有完全完成汉字读音的统一。

有的人认为汉字是汉朝人发明的文字，所以叫汉字。其实不是。比如说《孟子》一书，书中有许多有趣的故事，其中的文字,汉字都包括。所以汉朝的文字是中国文字的继承和发展，并有它的创新。在出土秦汉以前的竹简中，就很少能看到多个部首组字的情况，但在原版繁体文字中，就有多个部首组合的汉字。这说明汉字在继承传统文字的同时，并且创造、组合了许多新的汉字，增加了汉字的容量，减缓了汉字不够用的情况，形成了一套完整的繁体汉字体系。

在上古时期，也就是三皇五帝时期，由于文字刚起步，文字的许多使用功能都还没有。所以学问都是口耳相传，是没有文字记载的。从西周开始，学问著在简牍上，后来又有人把学问写在帛上。汉朝写书的人不叫作家，而是叫经师。有的历史书上记录：“汉初经师，著之于简帛。”汉朝把书写文字统一使用隶书作为汉字现代化，称为今文；完全终止大篆、小篆字体的写法。用隶书写文章的人叫今文家；用篆书写文章的人叫古文家。隶书的进步意义就是完全终结画字的写法，在汉朝是先进的，所以隶书就成为汉朝当时人们日常所用的文字。

汉朝的经师都是今文家；古文则是用篆文书写，写文章的人叫古文家。从这一点可以证明，汉朝人写文章所用的字体都是隶书，在汉朝叫今文。隶书是从春秋战国时期开始推广并使用,一直到东汉时期,才开始出现早期的楷书。后来到隋唐时期，才出现正式的楷书，取代隶书。实际上楷书与隶书相比，较为相似。只不过楷书笔画详备，结构形体严整，具有其他书体不可比拟的实用价值。魏晋楷书是具有定鼎之功，它比隶书更加美观，文字结构更加合理。

中国汉文字的发展，大约经过了以下过程：公元前6000多年前，汉文字就已经从图形文字中剥离出来，成为象形文字。那时人们是在简单地使用象形文字。到公元前4000多年前，那时就开始用象形文字对部族首领进行称呼。到公元前3000多年前，三皇继续深入地使用象形文字，并把象形文字用于生活以及人们的各种活动。后来到公元前2700年时，仓颉就更新、创造了许多象形文字。这些象形文字，已经可以简单地记录一些事情。这为汉文字的使用和发展，奠定了很好的基础。

后来懂文字的人多了，他们又更新、创造了许多汉字，形成国名、地名。然后这些国名地名又开始向民众的姓和名转化，汉字被人民大众接受。同时夏朝的人们做事都比较迷信，喜欢占卜、算卦，并把文字运用到占卜、算卦上。后来人们在祭祀、拜神、占卜、算卦，这些活动都要使用汉字，汉字在这些活动中，得到了很好的发展。

汉字在使用的过程中，由于旧有文字，不能够满足使用。为了满足使用，有人就在不断地研究文字，创造文字来满足使用。由于人们长期使用文字，文字的使用功能不断增加，汉字也日趋成熟。到周朝初期，人们已经能够用汉文字出版书籍了，汉字开始为国家的政治服务。汉字在人们的使用过程中，不断地区自我发展和自我完善，一直到西汉时期，才形成了一套完整的繁体汉字体系，字体是隶书。从公元前6000多年前象形文字从图形文字中剥离出来，经过三皇的使用、改造，到公元前1世纪，经过了6000多年的演化，才完成了从象形文字到繁体汉字的演化。

其实世界上其他的地区及国家，在上古时期，他们也同样创造了象形文字。如伊朗国家在公元前 3000 多年前，苏美尔人就创造了楔形文字；古代埃及人在公元前 3000 多年前，也创造了象形文字；墨西哥在古代就创造了玛雅文化，其中也有象形文字。这些都是世界上很早产生的象形文字。但是这些象形文字都没有得到统治阶级的重视，后来也就消失了，只留下象形文字的遗迹。

中国的象形文字就一直得到统治阶级的重视。从公元前 3000 多年前，三皇就把象形文字用于生活，并更新、创造象形文字。在后来几千年象形文字的使用过程中，还产生了一些文字巨人，如仓颉、孔子、孟子等。不仅上古时期的帝王很重视汉字的运用和发展，中古时期的帝王也同样重视。

魏晋南北朝时期，魏文帝说："年寿有时而尽，荣乐止呼其身；二者必至之期，未若文章之无穷。"魏文帝把文章的地位放在做官和荣乐之上，可见他对文章的重视程度。所以在南北朝初期，先是北方的文化要高于南方的文化。但是西晋灭亡以后，大量晋朝的官员，纷纷逃往南方。王羲之的父亲和王导，就是在那个时候逃到南方的，他们都是精通汉字的人。所以后来南方的文化要高于北方，形成南方的文化向北方辐射。

到了隋朝，隋朝的官员李谔说："自魏之三祖，崇尚文辞。竞聘浮华，遂成风俗。"可见当时的统治阶级对文字的重视程度。宋朝的皇帝宋真宗为了勉励人们学习，还写了《劝学诗》，以鼓励人们学习文化。可见中古时期统治阶级对文字的重视。现在的统治者，也就是当今的领导者，他们对文字的发展也同样极为重视，并普及全民教育。这些都是汉文字发展经久不衰的根本原因。

另外再谈一谈封建制，历史上称它为分封制。这一制度是一族征服其他族的制度，也就是对外扩张的制度。是奴隶制社会演化成为封建社会的一个过程，而不是我们现在所说的封建社会。

封建制的演化大体上经历了三个时期。第一个时期就是五帝时期，在那个时候，由于交通不便，山水之隔，人们不相往来。当此之时，即使有一强大部落，亦不过能征服其他部落，使之服从于我，来朝或进贡。不参与被征服部落具体事务的管理。

黄帝是五帝之首，他征服了炎帝、蚩尤等部落。黄帝所活动的地域是现在的河北省、河南省、山西省等地区，是在黄河中游地区。他征服的炎帝、蚩尤是在长江中游地区，这说明黄帝部族已经开始向南征伐。到尧舜时期，尧仍然是同三苗作战。尧都是在现在的山西省太原市，而三苗是生活在现在长江中游的南面，可见尧的势力已经拓展到了长江以南。到夏朝禹统治时代，禹继续向南拓展，并且杀死防风国的首领防风氏，控制了长江以南的大部分地区。当时被征服的部落服从征服者，并形成天子到各诸侯国的巡视制度。

《书经》一书对这一制度做了描述："当时巡守之制，则天子五年一巡守。二月东巡守，至于东岳之下，朝见东方的诸侯；五月南巡守，至于南岳；八月西巡守，至于西岳；十一月北巡守，至于北岳，其礼皆同。其间四年则四方诸侯分朝宗师。"这是五帝时期的巡守制度。

在《舜典》中就记录了舜实际巡守的情况.《舜典》中巡守的短文是：

岁二月，东巡守。至于岱宗，柴。望秩于山川，肆觐东后。协时月正日，同律度量衡。修五礼、五玉、三帛、二生、一死贽。如五器，卒乃复。五月南巡守，至于南岳，如岱礼。八月西巡守至于西岳，如初。十有一月朔巡守，至于北岳，如西礼。归，格于艺祖，用特。

五载一巡守，群后四朝。敷奏以言，明试以功，车服以庸。

以上短文的意思是：这一年的二月，舜到东方视察。到了泰山，举行了祭祀泰山的典礼。对于其余的山川，都根据其大小给予了不同的祭祀。于是便召集了东方的诸侯，先根据对天象的观察，使日月计时与自然运行的实际情况相符，并且统一了律、度量、衡，制定了公、侯、伯、子、男五种礼节和五种相应的信圭，规定了诸侯以红、黑、白三种颜色的织物作为朝见时的贡品。卿大夫则以活羊和雁作为朝见的贡品。士则以一只死雉作为朝见的贡品。朝见典礼结束后，舜把三种颜色的织物及信圭退还给诸侯。五月在南方巡行视察，到了衡山，像祭祀泰山一样祭祀衡山。八月在西方巡行视察到了华山，也像祭祀泰山一样祭祀华山。十一月到北方巡行视察，到了恒山。像祭祀华山一样祭祀恒山。回朝之后，去了尧的大庙，用一头公牛作了祭祀。

每隔五年，舜都要进行一次全面的巡行视察。四方的诸侯分别在四岳朝见天子，向天子报告自己的政绩。天子也认真地考察诸侯的政绩，并把车、马、衣服奖励给有功的诸侯。《舜典》中记录舜巡守诸侯的实际情况，比《书经》中记录的要详细。

第二个时期为商周时期，商朝控制的地区比夏朝大。势力范围已达到现在的安徽省，江西省中南部，湖南大部分地区。在这个时期，统治诸侯国的方法变了，不是以前的巡行、进贡。由于交通亦逐渐方便，强大之国在征服其他国之后，便可废其酋长，改封其子弟、亲戚、功臣、故旧。当初原是一族的人被分封到各地，以对抗异族，以压制被征服之人。

周武王克商之时，封兄弟之国十五，同姓之国四十。楚国的多任国君，都是周天子所封。颛顼是楚国的远祖，成王把熊绎封于楚国。春秋时期，楚武王有个儿子叫瑕，被封在楚国的屈邑，他的后代就以屈为姓。其他一些姓氏的人们，也有被封为诸侯的，如刘姓、李姓、杨姓等。贵族与平民，在一定条件下是可以相互转换的。

分封制规定：被封的诸侯，必须服从周天子的命令。诸侯有为天子镇守疆土、随从作战、交纳赋税、朝觐述职等义务。同时诸侯在自己的封地内，又对卿大夫实行再分封，卿大夫再将土地和人民分赐给士。卿大夫和士也要向上一级承担作战和交纳赋税的义务。这样层层分封下去,就形成了“天子－诸侯－卿大夫－士”，统治阶级内部森严的等级制度。

随着时间的推移，经过几代人之后，各国之君相互之间的关系，已逐渐疏远；再过几代，即同于路人了。但是有些受封的诸侯在自己的领地内，享有相当大的独立性；如设置官员，建立武装，征派赋税、徭役等。随着诸侯国势力的日益壮大，他们不满足自己的封号，纷纷改称“王”，有的甚至可以同天子抗衡。所以这就是造成长期战争的根本原因。

周朝是奴隶社会的鼎盛时期。看看周朝的刑法,《礼记·曲记》上记载:“礼不下庶人，刑不上大夫。”这完全是针对奴隶的法律，周朝是奴隶制社会的末期。在东周时期，儒家就有立君以为民，民贵而君轻诸说。又怕旧势力一时不能被打倒，又创立“天视自我民视，天听自我民听”之说。替平民革命大张其目，为以后平民当天子，取得了理论上的依据。

社会上出现许多大大小小的奴隶主，他们主要依靠剥削奴隶为生，有的封建主势力很大。所以西周后期，周天子已管不了受封的诸侯，各诸侯国之间开始竞争。一些诸侯国为了富国强军，开始对本国的政治、军事等方面进行改革或变法，使本国强大。力图通过兼并战争来统一天下，这样也就进入了第三个时期。

孔子说：周朝的礼崩乐坏，天下混乱，是从厉王和幽王开始的。历史书上记录说，幽王宠爱褒姒，废申后及太子宜臼；申侯和犬戎伐周，弑幽王于骊山下，西周灭亡。后来诸侯共同立太子宜臼为周王，宜臼就是周朝的平王。后来周平王东迁于洛，公元前 771 年，周平王东迁的这一年，就进入了春秋时期。

第三个时期为春秋战国时期，初期秦国还不是很强大。秦国的国君为了使秦国强大，在社会上招贤纳士。商鞅就是在那个时候被招去的,并做了秦国的丞相。商鞅做了丞相以后，首先对秦国的社会制度进行改革，取消宗室的特权；按军功的大小重新规定官爵等级和待遇。下级士兵在战争中勇敢杀敌的，也可以得到官爵；临阵脱逃和投降敌人的要受到严厉处罚。在法律上承认土地私有，允许买卖；实行重农抑商的政策。奖励男耕女织，生产粮食多的和织布多的人，可以免除徭役和赋税。对于弃农经商或因懒惰而贫的人，罚做官奴。加强中央集权，推行郡县制，取消奴隶制。郡县中的官吏由皇帝直接任免。以法律形式确立了封建土地私有制，这一制度一直延续了 2000 多年。

秦国经过商鞅的改革，首先从奴隶制社会国家转变成为封建社会性质的国家，首先强大起来。当时魏国的李悝，还有楚国的吴起，他们也都进行了类似的社会变革，但是都没有成功。秦国经过商鞅的变法，秦国在政治、经济、军事方面的实力日益强大，先后灭掉韩、赵、魏、楚、燕、齐六国。人民经受了长期的分裂和战争，也渴望统一。从社会发展的角度来看，商鞅在秦国实行社会制度变革，在一定程度上也推动了社会的进步。

秦国的统治地区比周朝大，秦国进攻巴蜀，占领了现在的广东、广西、福建。在同越南交战时，打了败仗。在南面，基本上就是现在的版图。秦朝的版图是不包括现在的新疆、西藏及内蒙古。

第三个时期实际上也就是奴隶制的结束时期。这个时期就是一国征服其他国之后，分据其地，而食其赋入，（赋是指现在的税）而治理其人，实际上就是统一了。这个时期的社会特征是：奴隶主没有了，取而代之的是地主；国家是以皇帝为中心，集中统一的国家，国家的统治阶级为地主。奴隶变为庶民，以前奴隶主与奴隶之间的奴役关系，变成了地主与农民之间的剥削关系。这也就标志着封建社会性质国家的建立，这是社会的进步。

封建制就是以皇帝集权为中心的集权统治，实行奴隶制度的奴役关系来统治人民。在这种制度下，农民受剥削很重，甚至连自己的生命都得不到保障。这种封建农奴制，实际上就是封建国家专制的集权结构，沿用以前的奴隶制度，这就叫作封建农奴制。它比完全奴隶制国家要先进一些。

总的来说，中国的版图是由小变大，政权结构也由松散到紧密。从古代国家官员的设置也能够看出，奴隶制国家大多数都是小国，是一个相对比较封闭的小社会。《白虎通义》中说："周爵五等，殷爵三等。"爵就是小于诸侯的官，也相当于诸侯。商朝、周朝两个朝代，在建国时期，丞相的作用还很大；其余的时候，丞相的作用很小，都是以诸侯、伯、爵、卿、士、子、男的官员，以宗族和家族的方式来统治国家。

从秦朝开始，丞相就是百官之首。国家的官员有：太尉、御史大夫、郡守、县令。乡有三老，有秩、啬夫、游徼。十里设一亭，由亭长负责。这些官员，形成了一套有机的国家统治机构。秦朝统一全国，标志着中国从奴隶制社会向封建社会演化的完成。

还有一组国家演变的数目，从这些数目变化就能说明问题："夏之时万国，殷之时3000，周初为一千八百，春秋时为一百四十二，战国为七国。"这些数字是根据《左氏》的记载："禹会诸侯于塗山，执玉帛者万国。"《礼记·王制》记载："凡四海之内，九州。州方千里。州建百里之国三十，七十里之国六十，五十里之国百有二十，凡二百一十国。天子之县内，方百里之国九，七十里之国二十有一，五十里之国六十有三，凡九十三国。九州，千七百七十三国。"

历史学家郑康成说："禹之时，中国方万里。末年只剩下了3000里。殷汤即因之，分为九州，建国千七百七十三国。案方万里有万国，则方3000里，当然是3000国了。千七百七十三，举成数便是千八百。"

根据鲁史《春秋》中的记录，从公元前771年至公元前476年之间为春秋时期。其间军事行动就有480余次。司马迁说："春秋之中弑君三十六，亡国五十二，诸侯奔走不保其社稷者，不可胜数。"还有《左氏》记载的国家数目，两者相加为一百四十二国。从春秋初开始，这一百四十二个国家就相互兼并，到战国初期就兼并成了七个国家了。

由于当时文字记录事情的功能有限，没有记录当时国家相互兼并的具体过程。尤其是夏、商两朝，国家具体演变的过程，没有文字记录。从夏朝和商朝当时使用文字的情况来看，那时已经有了记录帝王言行的短文。可见在夏朝和商朝，文字已经有了记录历史的功能。但是文字只是为帝王服务，对于诸侯小国，以及诸侯国之间的事情，是没有人管的。夏朝和商朝两朝，实际上掌握文字的人很少，而且懂文字的人也只为帝王服务，只记录帝王的言行。对于诸侯国的情况，他们没有责任。所以后来只记得当时国家的数目，以及这些数目的变化。

从夏朝开始，国家的数目由多变少，这是实际国家数目的演变。一强遇众弱，则可以任意吞并。若两强相遇，或一强遇次强，则吞并非在旦夕之间。于是互争雄长，而有所谓的霸主。小国被吞并，只保存其名号而实则等于大国的属地。次国听命于大国，大国则争为霸主，春秋时代的情形便是如此。到战国时期，则次国无以自立，大国各以存亡相搏，逐渐地趋于统一了。

从公元前 2599 年，黄帝去世之后开始进入奴隶社会，到公元前 221 年止，奴隶社会结束，已经过了 2300 多年。因此奴隶制度的思想观念，在人们的思想中根深蒂固。因此在以后 2000 多年的封建社会中影响深远，一直都有奴隶和奴隶思想存在于社会的生活当中。也就是从秦朝开始进入封建社会，到清朝封建社会结束，在中国大陆上一直都有奴隶。奴隶的数量是以波浪式在减少。

汉朝时期，汉武帝就曾经下令取消奴隶，但是收效甚微。这是社会制度造成的。汉朝的富人有地上万亩，而贫者却无立锥之地，因此贫者就卖儿卖女，形成奴隶。还有就是犯罪了，没有入狱的，罚作奴隶，两者加起来，数量也不少。

从古代的文学作品中也能看到奴隶的身影，如《天仙配》中的牛郎与织女，牛郎就曾经为葬父卖身为奴。后来七仙女帮助牛郎，织布卖钱还债，牛郎才得以获得自由，变成自由的农民。这证明在中国古代的封建社会，就一直都有奴隶的存在。

从古代的文学作品中，可以看到奴隶的存在。奴隶在中国 2000 多年的封建社会中，不仅是存在，而且是合法的存在。所以这就是中国不民主、不平等、不自由的根本原因。

到了元朝，奴隶的数量又多了起来，原因是元朝在统一中国以前就是奴隶制度国家。统一中国以后继续原有奴隶制度的那一套，但是也综合了中国以前封建社会的制度。只是大体上继承了奴隶社会制度，继续奴役奴隶的做法。

公元 1282 年，元朝的御史台阿里海涯，将降民 3000 八百户没收为家奴。自行设置官吏治之,收其租赋。他占降民为奴，而且认为是征讨所得，理所当然。元朝世祖、也就是忽必烈，令降民还之有司，征讨所得，其数赐予臣下，则认为俘掠所得，可以为奴。忽必烈是元朝的开国皇帝,他这么做起了带头作用，从而把奴隶制度稳固下来。

在法律上，对汉族极为不公平。元朝不用宋朝的法律，也不用金朝的法律。元朝的法律:如蒙古人杀死汉人，不用偿命，只不过罚其出征和“全征烧埋银”。

奴隶制思想在元朝的官吏中盛行,所以元朝统一中国以后，各地就开始起义，反对元朝的统治。元朝统制初期，军力还强大，可以镇压得下去；可是到后来，就镇压不下去了。像这样的大王朝，至少能统制二三百年。但是由于自身的缺陷，统一中国后 90 年就灭亡了。

明朝官员也继承了元朝的奴隶制思想，有蓄奴的风气。据说明朝初年的一些大臣都养奴千百，这都是继承元朝蓄奴的习惯。所以明朝继承元朝的那一套做法，其政治清明的时候却是很少的。朱元璋废除宰相，加强皇权专制，其诒害尤巨。所以明朝的政治，还不如以前的唐朝和宋朝。

到了清朝，奴隶的数量又减少了很多，当时是有犯罪的人没有入狱，罚做奴隶；还有一种是当地的农民为农户，而没有户籍的农民，也就是从外地迁到某地的农民，就要罚做奴隶。这种奴隶是以前的奴隶制思想与清朝推行的治国政策所造成。

当时清朝推行的治国政策，是老子的学说:“至治之极，邻国相望，鸡狗之声相闻。民各甘其食，美其服，安其俗，乐其业，至老死不相往来。”农民自行迁移到外乡，就被认为是影响了治安，所以要罚做农奴。但是奴隶的数量，是以波浪的式在减少，社会是在缓慢地进步。

在2000多年的奴隶社会和2000多年的封建社会进程中，就一直都有奴隶的存在。所以不民主、不自由、不平等，是有它历史渊源的。在清朝末年就有了辛亥革命，当时革命的目的就是要推翻帝制,实行三民主义。后来又有了新民主主义革命，其主要任务，就是反帝反封建，实行人民当家做主。

新民主主义革命提出的口号，就是争取民主、争取自由、争取平等。有人把这些革命比喻作“春雷”。现在封建帝制已经被推翻，人民也当家做主了，政治比以前民主多了，这是社会的进步。但是我们要知道:要实现真正的民主、自由、平等，不是一两场革命就能够完全实现的。

我们要清楚地看到，奴隶制思想，也就是不民主、不自由、不平等的思想，还在影响我们的生活。俗话说:“社会上要是真正做到了公平，监狱里就不会有囚犯。”这句话生动地表明了现实的社会，是不民主、不自由、不平等的状况。

我们要清醒地认识:不民主、不自由、不平等的长期性和复杂性，一些不民主的思想观念，还会影响我们的生活。当出现讲不清道理的时候，我们一定要理性地对待受到的不公平，不理性后果会很严重。理性主要是指用法定程序来维护我们的正当权益，这一点对于维权的人们是相当的重要。另外，加强同各方面的人员进行沟通、交流，这一点对解决矛盾也是很重要的。我们要用法律的方式，来维护我们受到的不公平，用法律的手段争取最大的民主、自由、公平，争取利益最大化。

孔子说："周文王、周武王的政令，都是写在木板、竹简上，交给下面的官员去执行。"竹简就是把竹子削成平扁的长条，按一定尺寸截断，然后写完就用绳子穿起来形成书，当时把它叫作"策"。现在书本用的"册"，就是由"策"演变而来。后来又把文章写在帛上。春秋战国时期的思想家墨子说："书之竹帛，传遗后世子孙。"近代我国还出土了战国时期的帛画——《人物龙凤图》。

近代考古中，出土了西汉时期的文具盒，盒中有毛笔和小刀。考古人员认为，在纸没有出现以前，汉字都是写在木板和竹简上的。如果写错了，就用小刀刮掉重新再写。这个小木盒就相当于现在的文具盒，小刀就相当于现在的橡皮擦。墓中出土的小木盒，就证明在西汉以前，已经有了正式书写的文具。

文章写在缣帛上，可以按文章的长短，随文章而剪裁，卷成束。我们通常所说的读万卷书，就是指古代写在"缣帛"上卷起来的书，意思是读很多书。用"缣帛"当书写材料，是比用竹简当书写材料方便。但是"缣帛"是一种丝织品，非常昂贵，普通民众根本用不起。

在西汉时期，刘向是编制皇家图书的官员。他在编制皇家图书时，都是先写在竹简上，便于改动。等到校定完毕以后，才誊写到丝帛上。即便皇帝的官员用到丝帛，也是很珍惜的。

1975 年我国考古人员在西安灞桥，出土了用麻类纤维制造的纸。经检测该纸生产的时间为公元前 1 世纪，是在西汉时期。这是世界上发现最早时期生产的纸。

东汉和帝时期，有一个叫蔡伦的宦官，在朝廷担任尚方令，是负责制造宫廷所用的宝剑和其他器械。他喜欢读书，知道当时用缣帛当书写材料很昂贵，就想寻找一种较为理想的书写材料。公元 105 年，他创造了一种造纸方法：用麻头、破布、树皮、废渔网等为原料，制成了一种既轻便，又经济的纸，并总结出一套完整的造纸方法。

公元前1世纪西汉时期的纸并没有用于书写，也没有被推广。东汉时期蔡伦造的纸开始推广，并用于书写。纸的应用，为汉字的发展增添了翅膀。到三国时期，人们不仅用纸写字，还用纸来作画。到了晋朝中期，纸才完全替代简帛。三国时期的书法家有梁鹄和钟繇。据说西晋灭亡时，王导在逃往南方的时候，就把钟繇的书法作品，缝在自己的衣服内，带到南方，视为珍宝。

下面谈谈字体的演化。

字形都是在变迁的，历史上各个朝代的字体及字形都不一样。首先出现的是图形文字，它在公元前三至二万年就开始出现，这种字形基本上就是简易图画。它演化的时间最长，大约经过了几万年。在公元前6000多年前，图形文字就演变成为象形文字。象形文字也经历了漫长的演化，大约经过了6000多年。象形文字大致经历了三个小的演化时期。首先是公元前6000多年前的象形文字，那时人们就已经开始简单地使用象形文字，但是它还不具备现代汉字的使用功能。

到公元前3000多年前，三皇继续深入的使用象形文字，把象形文字用于生活中；在日常生活中的祭祀、拜神、算卦、给地域起名字等，都要使用象形文字。到公元前2700多年，黄帝也使用象形文字，那时还出现了一位文字大师，就是仓颉。他更新、创造了许多象形文字，这些象形文字的字体是鸟篆字体。当时的鸟篆文字已经能够简单地记录历史、事情，这时的象形文字已经发展到了中期。

由于象形文字结构复杂，画图的意识非常浓厚，很不便于人们书写的。后来人们就简化字形结构，简化后的象形文字就发展成为甲骨文，是商朝的人们使用的文字。甲骨文是象形文字发展的末期，随后出现了就进化成了大篆字体。

公元前 828 年，周宣王即位，在那时出现了一位知名的书法家，他的名字叫“籀”。他写的文字作品，后人称之为“籀文”,这种字体继续画字的写法。“籀文”是一种较为美观的字体，是早期的大篆字体。这种字体是在鸟篆字体的基础上进行简化的一种字体，但是它仍然保留了画字的写法，在西周时期是较为先进的，因此周朝的统治阶级把它当作标准字体推广使用。

近代在陕西省宝鸡市出土了许多石鼓，石鼓上的文字叫石鼓文，这些石鼓文的字体就是大篆字体。“籀文”这种大篆字体虽然作为标准字体推广，但是这种字体仍然近似绘画，也近似象形文字,仍旧不便于人们书写的。虽然大篆这种字体美观，但是普通的民众根本写不出那么美观的标准字体。

后来随着字体的发展，由于人们书写大篆字体较为困难；后来就有人简化书写这种大篆字体，简化后的大篆字体就是小篆。小篆与大篆相比，就是象形的意识变淡了，写字笔画的意识增强了，画字的象形曲线减少了。

近代出土了许多青铜器，上面的文字被称为金文、铭文。这些金文、铭文是根据书写的年代不同，字体也不同。较早的是鸟篆字体，后来发展成为大篆和小篆，大篆和小篆的字体结构大部分是繁体汉字，里面也有少量的象形文字。在西周以前主要是篆体汉字，字体结构是象形文字向繁体汉字过度。上古时期人们使用的文字是随着时间的变化而变化，字体也是在不断地变化的。

后来到了东周，也就是春秋战国时期，有一位叫隶的人，大胆对传统篆书的写法进行革新。他用“横、竖、撇、捺、点”，这些简单的笔画来书写汉字。他书写的书法作品，后人称之为隶字，也就是隶书。隶书是没有大篆字体中那些象形画字曲线的线条，所以隶书是便于人们书写的。春秋战国时期书写的字体，开始由篆书向隶书过渡，实际上就是向简化字体过渡。隶是春秋战国时期的一位知名书法家，他写的标准文字作品是隶书，得到后人的认可；在秦朝和汉朝时期，都把隶书当作标准文字加以推广使用。

《中国简史》一书，就有隶书淘汰篆书的记录："初有隶书，以趋约易，而古文由此绝矣。"这里的"古文"就是指篆书；"绝矣"是指被淘汰了。意思是：隶字刚推出的时候，由于它书写简便，人们在书写文字时逐渐地都采用简单的隶书，而不采用烦琐的篆书。基本上没有人用篆书字体来书写汉字，所以篆书就被淘汰了。人们不用篆书字体书写汉字，并不是指篆书灭绝。因为标准的篆书，特别是写得好的篆书，被人们收藏了。现在还有人在出版书籍时，为了使他写的书有古老、神秘感，故意在书的封面用篆体汉字书写，来吸引顾客。

秦朝统一天下以后，就开始了文字的统一。当时秦朝推行的标准字体，就是篆书和隶书，但是秦朝推行的篆书不是大篆，而是小篆。这种小篆字体比大篆字体，要简化得多。据说秦朝统一中国以后，秦始皇就命令李斯等人整理文字，改定字体。由李斯书写的标准字体《仓颉篇》，赵高作的《爰历篇》，胡毋敬作的《博学篇》。这些都是秦朝推荐的标准文字，是小篆，并且这些文字到至今还保留完整。

从大篆到小篆，小篆字体比大篆字体结构趋向于整齐，逐渐脱离画字的形体结构。再从小篆到隶书，就是从弯曲的线条变为平直的笔画，从无角变为有角，完全终结了象形文字画字的写法。汉朝的隶书与今天的现代汉字已经很接近了。从大篆到隶书的文字革新，在中国文字发展史中具有重大的进步意义。

商朝的甲骨文中，其字体的象形程度比现代汉字高，而且一字多体，笔画不定。这说明殷商时期的字体尚未统一，也就是字体及字形不规范。汉代的一些文字专家们，对周朝及周朝以前的文字与汉朝的文字相比较说：“当今文字和今文家所传，相异者极少；而古文则诸家之中，自有违异的。”从古人的这些话中，我们就知道周朝及周朝以前的文字，是不规范的；文字异形，应该是字形变迁造成的。到汉朝的今文，也就是汉朝的隶书才开始规范、统一。

《中国简史》记录：“汉之末世，章程兴书，即所谓正书。”这个“正书”就是正统的隶书。汉朝说的古文，是指周宣王以前的文字及鸟篆字体；隶书被称为今文，不管谁书写，其字形结构，都是相差极少。这说明汉朝的隶书是很规范的，也说明汉字是在汉朝时期才开始真正地实现了统一。

汉字的统一应该从两个方面来说：一是字体结构变迁的统一；二是字体规范的统一。字体结构变迁就是指象形文字到甲骨文再到大篆，再到小篆的字体变迁，取而代之完全是繁体汉字的隶书，也就是今文。字体规范就是不存在一个字有多种写法，是指在战国时期一个国家内有多种写法。其实隶书已经具有现代汉字的特征，这是汉字发展极大的进步。

从汉朝完成文字统一开始，形成一套规范、完整的繁体汉字体系。这套繁体汉字体系的字体就是隶书，叫今文。但是汉字的进化，仍然没有停止。汉字是在向着更合理、更现代化的方向前进，当时是从两个方面来进行的：一是字形的结构，就是向简化汉字方向发展；二是字体的变化，是向着楷书方向发展。

晋朝的王羲之从小就拜卫夫人为师学习书法。长大以后，王导又把钟繇的书法作品给王羲之学习，他临摹学习了许多名家的碑帖，成为中国知名的书法家。王羲之写了许多书法作品，其中的《兰亭序》为后人所称赞。但是在《兰亭序》中就已经有了少量的简化汉字。这就证明，汉朝在形成一套繁体汉字以后，紧接着就开始了简化汉字的征程。简化汉字，就是人们为了书写方便，而减少它的笔画。简化后的汉字，在学习和使用方面比繁体汉字要方便得多。在秦汉时期简牍上的文字，就找不出简化汉字；比秦朝更早的简牍，同样没有简化汉字，这就证明简化汉字是从西汉时期开始的。

后来人们书写文字，追求文字的美观，在东汉时期产生了带“挑法”的隶书。在写“撇、捺、钩”时，比以前的隶书更加美观，字体结构更加严谨。这些带挑法的书法作品，就是早期的楷书。随着字体进一步地演化，到隋唐时期就演变成为现代楷书。唐朝出现了三位知名的楷书书法家，他们是欧阳询、颜真卿、柳公权。楷书是一种很美观的字体，是我国书写字体的文字瑰宝。

隋唐时期汉字的字体由楷书完全取代隶书。在那个时候，许多人都拜师学艺，学习书法，唐朝出现了许多知名的书法家。在文学方面，人们写文章都喜欢模仿周朝、春秋战国时期及汉朝的文章来写文章。这就有问题了，周朝的人是用周朝的语言来写文章；汉朝的人用汉朝的语言来写文章。唐朝的文人要模仿以前古人的文章来写文章，是必要用到古人的语言。因为语言也是在发展的，唐朝的语言同周朝和汉朝的语言，不是完全一样。

文字使用功能的核心，是文字替代语言，文字表达的含义是以语言为基础。唐朝的文人要用周朝或是汉朝的语言来写文章，这就难了。这样做实在是文字使用功能的扭曲；在这种情况下，就有改革文学的需要。

改革写文章的方法：首先就是废弃唐朝以前的文体，专用唐朝当时的白话文。唐朝禅家的语录，以及民间的通俗小说，就是从此路进行。但此法不免嫌其鄙陋，同旧日的文章相差太远，其势亦觉不便。后来唐朝的文学家们，如韩愈、柳宗元等人，用古人做文章的方法，同唐朝当时的语言结合起来写文章。这样写的文章既不简陋，又能够使当代的人们能够读懂，这样的文学改革就获得成功。

后来到了宋朝，又出现了宋体字。这种字体的笔画形似大刀，刚劲有力，它比同样大小的楷书字体，好像显得要高一些。有人称这种字体是："大刀阔斧，刚劲有力。"唐朝的楷书和宋朝的宋体字，都是我国文字追求美观，发展到高潮时期的产物，是我国书写字体的瑰宝。后来也成为国家推荐使用的标准字体。

我国古代人们在书写文字时，所用文字楷模大约是按以下的方式进行发展：首先是象形文字，后来就发展到仓颉创造的字体为主，这是一种鸟篆字体，后来又发展到甲骨文。在周宣王时期又推出了籀文，这种字体就是大篆字体，春秋战国时期一直都是用这种字体；到秦朝的时候又推行小篆字体，汉朝又推行隶书。后来人们为了加快书写的速度，在书写汉字时用连笔画书写，就形成了行书。

在东汉时期又发展为带挑法的隶书，这就是早期的楷书。到隋唐时期才发展成为正式的楷书，隋唐时期的楷书也称为现代楷书。现在的字帖中，就有唐朝的楷书，并且有不少人把它当作书写字体的楷模。在宋朝又出现了宋体字，它同样是一种很美观的字体，也是书写字体的楷模。以上所说的都是书写正统的文字，称为正楷字。

草书是怎么回事？草书实际上是一种很不规范的字体，它不能当作书写字体的楷模。这种字体是人们在书写过程中，由于写字的姿势和拿笔方式都不标准；于是便产生笔不听从心灵指挥的情况，也就是笔不从心。在这种情况之下，由于人们又热爱写字，对汉文字有浓厚的兴趣和情感。正是由于人们对汉字的情感和笔不从心的组合，写出来的字体就龙飞凤舞，叫作草体字，或叫作草书。总之草书是写字姿势和拿笔方式不佳的表现，是笔不从心的表现。

在上古时期人们书写汉字，就有草体字。篆书是以书法家籀的书法作品为楷模，多数人写的字体仍然是草体字。后来出现的小篆、隶书仍然只是书写字体的榜样，人们要想写出标准的篆书、隶书是不容易的。大多数人写的字体都属于草体字。由于民众写字的水平相差很大，所以写出字体的好坏，也是相差很大。但其中有部分人写的字较好,接近标准的篆书和隶书。

中国古代推行的各种标准字体,都是起到一个榜样的作用。因为中国古代的教育部门，向人们推荐标准文字:篆书、隶书、行书、楷书、宋体字的同时，就没有推出相应书写这些标准字体的经验与方法,供民众学习。民众书写汉字都是在自我摸索，自我练习写字来提高书写水平。所以在写字的技能水平上，存在着较大的差异;广大民众是根本写不出国家推荐的标准字体，只不过人们把标准字体当作书写字体所要追求的目标。

据说某个地方有一个园林，园林里有许多石牌，石牌上的文字有草体字和正楷字，先是草体字的数量是正楷字数量的十倍以上。后来那些草体字都被毁掉了，剩下的全部是正楷字。由于草体字很差劲，有的字体还不如普通民众写的字体好，于是都被毁掉了。文字好、美观,才会有人去收藏,才会流传后世。草体字由于写得不好，就没有人去收藏，因此很快就消失了。

好的才会流传，劣的都会被淘汰。现在流传下来的字体大多都是古代书法家的作品,也有少量其他人写得好的正楷字迹。

在民间大多数人写的字都是草体字，这是因为他们都没有掌握书写汉文字的技巧，所以写出的是草体字。其实所有的人都想写好字；有谁不想写好字呢？只是缺乏写字的经验与技术，没有办法才写成了草体字。

宋朝在文学方面，宋学家是讲究道理的，他们不注重词的华丽；所以禅家的语录，宋学家盛行使用。那时的平民文学，甚为发达。说话之业甚盛，也就是口述历史的事情，形成小说故事。后来笔之于书，就是所谓的平话体小说了。所以这就是后人称宋词发达的原因，唐诗、宋词都是后人所推崇的。

宋朝人是很崇敬书法的，也就是追求文字的美观。比如说宋朝当时很崇拜的人物有四大名家，这四位名家是苏东坡、黄庭坚、米芾、蔡京，其中有两位就是书法家。可见宋朝人已经把写好字当作一种职业，对书法事业特别重视。

唐宋时期是文学高度发展的时期，同时也是书法高度发展的时期。现在大多数人都知道唐宋时期有八位大文学家，在书法上也不弱，同样也有八位大书法家。书法家很少有人提到，所以我们来回顾一下这八位大书法家，按时间顺序排位：褚遂良、欧阳询、颜真卿、柳公权、杨凝式、米芾、黄庭坚，还有赵构。赵构是害死岳飞的皇帝，大家都唾弃他，不提他的名字。实际上赵构书写的水平，同以上七位书法家的书法水平不相上下，齐驱并驾。

据说在宋朝，《说文解字》有了改编本，但是这个改编本后来失传。因此唐宋时期书法家的书法作品，就起到了字库的作用。他们留下来的字迹，其中有不少是简化汉字。这证明在宋朝时期，文字是向着简化汉字的方向继续前进。

公元 1043 年，宋朝的毕昇发明了活字印刷术和排版印刷。这一技术的发明，对汉字的发展和应用，都起到了积极的推动作用。其实在公元590年的隋朝，就有了悉令雕版。不过隋唐之世，印刷之事还未盛行，只是开始而已。到了宋朝时期，印刷就开始推广和发展。所以宋朝以前的书籍多为手抄本，得书尚觉艰难。印刷版的书籍是从宋朝以后，才开始逐渐有的。印刷术的发明，是推动汉文字发展的巨轮。

自从宋朝开始使用印刷术出版书籍，书中的文字叫作印刷体文字。这种字体是根据唐朝的楷书和宋朝的宋体字综合起来所形成的标准字体。这种印刷体字体也是很美观的，它同样可以作为人们书写字体的楷模。从宋朝开始出版书籍，所用的字体都是这种印刷体的汉字，它是我国出版书籍的标准汉字。

元朝时期的统治者对汉字不感兴趣。大多数元朝的皇帝，他们都是不认识汉字的。所以汉字的发展，就缺少了统治阶级的支持。但是在民间还是有不少喜爱汉字的文人，如赵孟頫，它是元朝时期的楷书书法家。他同唐朝的三位楷书书法家并列，成为我国古代楷书四大名家。

元朝的文学在民间蓬勃发展，如元曲：它包括散曲和杂居两个部分。散曲是一种诗体杂居,是一种综合性艺术。有歌唱、音乐、舞蹈、诗词等，并有完整的故事情节。这些大部分都是要用文字来表述的。

元曲的代表人物是关汉卿,他的作品有《窦娥冤》《救风尘》《望江亭》《单刀会》等杂居。与关汉卿同时代的元曲人物还有：王实浦、郑光祖、白朴、马致远等200多位剧作家，为元曲的发展做出了很大的贡献。

到了明朝，文学方面又有了很大的发展。中国古代的四大名著，明朝时期就出版了三部，它们分别是《三国演义》、《水浒传》和《西游记》。这是汉字发展到高潮时期的产物，在明朝以前是没有这样大型的文学作品。

近代考古人员在江西省内发现了一块石碑，碑上的文字是在明朝时期刻上去的，也就是明朝的石碑。这些的文字几乎都是简化汉字，这就证明在明朝的时候就已经有人使用简化汉字了。从文字发展的角度来说，该块石碑是较早时期使用简化汉字的先例。明朝时期在民间就有人使用简化汉字；但是从官方来说，使用简化汉字是不合法的。官方使用的文字都是繁体汉字，明朝时期出版的三大名著以及《永乐大典》，使用的文字都是繁体汉字。

到了清朝，文字及文学方面，又有了很大的发展。清朝最大的一部名著就是《红楼梦》，它是我国古代四大名著之一。清朝时期还出版了《康熙字典》，还有《四库全书》等，这些书籍都是大型的文字作品，所用的文字都是繁体汉字。清朝的皇帝，是很精通汉字的，这对于汉文字的发展，起到了一个很好的推动作用。

清朝的文化有了全面的发展，在文学方面，要是从《诗经》算起，中国古代文学经历了3000多年的发展，集中体现了中国文化的基本精神。中国的传统戏曲融合了音乐、舞蹈、武术于一体的综合性表演艺术。流传至今的传统戏曲包括京剧、评剧、豫剧、昆剧、越剧等剧种。传统绘画、诗赋、散文、楹联、书法以至篆刻，相互影响、交融，形成了诗、书、画一体的艺术传统，这些都是中国文化的精髓。

在文字方面，《康熙字典》是我国繁体汉字发展最好的见证。《康熙字典》出版于康熙五十五年，也就是公元1716年编成。它是根据明朝的《字汇》和《正字通》两本字典加以增订，共有4.7万多字。在中国古字典的字容量中排名第二位，排名第一的是《中华大字典》，共有五万多字。

《康熙字典》在序言中开始就引用了《易·系辞传》中的

话：“上古结绳而治，后世圣人易之以书契。”这句话是说明文字的发明及使用情况，意思是为国家发明，为国家使用这也说明编写《康熙字典》的人在引用古人的话。接着又说：“百官以治万民，以察周官。外史掌达书，名于四方。保氏养国子，教以六书；而考文列于三重盖，以其为万事百物之统记。而足以助流政教也。”这里的“国子”是指周朝的贵族及其子弟；“六书”是指各种科学知识的书籍；“三重盖”是地名，是周朝政治，学术研究机构所在地；“统记”不是我们现在的统计学，而是为各行各业服务的意思。这段话是《康熙字典》序言中的主要思想，也是出版《康熙字典》的主要宗旨。

文字的宗旨是为人民大众服务，也为各行各业服务。而它明显是在为各行各业服务的基础上，最终为周朝的统治服务，也为周朝的贵族及其子弟服务。这明显是周朝的统治阶级才能够说出的话，也是周朝的人在为清朝的人写序言。

从《康熙字典》的序言中可以得知，周朝的统治阶级就已经知道了文字服务的宗旨。不过它是扭曲的文字服务宗旨，是在为各行各业服务的基础上，最终为周朝统治阶级以及贵族子弟服务的宗旨。

从《康熙字典》的序言中，我们就能够看出，它就是汉朝原版繁体汉字的系统化和完整化。《康熙字典》中有4.7万多字，其中90%以上都是繁体汉字，还有少部分的篆体文字。现在中学生用的《新华字典》只有1.1万多字；社会上用的《新华字典》有1.3万多字，其中还包括4000多字的繁体汉字。从西汉后期生成出现的简化汉字，《康熙字典》都不包括，也就是现代汉字中大多数的汉字，在《康熙字典》中都查不到。

《康熙字典》的出版说明，说该字典收字量相当丰富，这是指在原版繁体字汉字的基础上，收集的汉字很丰富。也就是汉朝及汉朝以前的繁体汉字，包括春秋战国时期各国使用的文字以及篆体文字；一个字有多种写法的字和异体字，它都能查到。其实《康熙字典》就是中国的一本完整的古代字典，它的收字量要比汉朝的《说文解字》完整得多。明朝在民间就有使用简化汉字的先例，可是《康熙字典》中的汉字是没有简化汉字的。这说明清朝的官方不承认简化汉字，所有出版书籍一律用繁体汉字。

到清朝末期，文字简化改革深入进行，但是清朝有些官员不愿意文学改革和文字改革。原因有两点：一是习惯使用旧文学及繁体汉字；二是经济利益，因为他们对旧文学、八股文都是相当精通。如果改成了新文学，他们精通的旧文学就无用武之地，他们在文学上的地位会受到冲击，因此他们的经济利益同样也会受到影响。所以他们就反对文学革命及文字改革，提倡用八股文写文章，也就是用古文的标准写文章，出版书籍用繁体汉字。

如果他们的意图得以实现,那么他们将是中国的宝贵人物。因为会用古文写文章的人并不多，那么他们是中国的国粹，在人群中的地位将大幅提高。如果是那样的话，那就是中国文化的复古倒退，是汉字使用功能的扭曲，是中国文化事业的停止发展。这样实质上是文化上的反动。

主张文化革命的人还是很多。例如在 1917 年，陈独秀就发表《文学革命论》，主张推倒陈腐、雕琢、晦涩的旧文学，建设新鲜、平易、通俗易懂的新文学。当时主张新文学的人还有鲁迅、胡适等人，他们都是新文学的干将。他们以身作则，写文章、小说都用白话文。在新文化反对旧文化的斗争中，不断发展新文化，从而促进新文化事业的发展与进步。

其实在辛亥革命时期,当时的一些报纸、刊物,所用的文字,已经不是完全使用汉朝的原版繁体汉字，而是掺杂有部分的简化汉字。当时报纸、刊物已经了使用简化汉字，这就证明清朝的官员，已经部分地接受了简化汉字。当时印刷书籍、报纸使用的文字，是以繁体汉字为主，部分掺杂使用简化汉字，这就形成了民国时期的汉字。

现在的香港、台湾地区，仍然在使用民国时期的汉字。但是民国时期的汉字，大部分是繁体汉字，其中只是有少量的简化汉字。这就说明民国时期使用简化汉字是不彻底的，而只是部分地使用了简化汉字，这是简化汉字的开始。

在清朝的雍正时期，雍正皇帝就提倡在全国推行普通话。当时推行普通话，没有制定统一标准的汉字读音，只是像搞运动一样，在南方让民众说说而已，最后是以失败而告终。

中国是个多民族的国家，在秦朝统一中国以后，中国是由许多国家经过兼并统一才形成的一个国家。全国各地使用的文字以及文字的读音都是不一样的。在汉朝虽然实现了全国使用统一的汉字，但是汉字读音的统一问题一直没有得到解决。

清朝的雍正皇帝提倡在全国推行普通话，证明雍正皇帝已经知道汉字读音统一带来的好处。汉字读音统一以后，对于全国各民族的交流与沟通，会起到一个桥梁的作用，而且会减少全国各民族之间的矛盾，增进全国各民族的团结。由于雍正推行普通话，没有具体的措施，也没有制定统一标准的汉字读音，只是口头上说说而已。所以用雍正推行普通话是失败的。

在 1892 年的清朝末期，就拉开了汉文字改革的序幕，揭幕人是卢戆章。他第一次主张用拼音来拼写汉字的读音，是拼音化的开始。辛亥革命以后，加快了汉字拼音化的步伐。在民国二年，也就是 1913 年，民国教育部在北京召开读音统一会，会议的内容就是给汉字注音还有国语运动。当时国语运动及汉字切音的主要倡议者，卢戆章、王照等人都参加了会议，在会议上就提出汉字要简化。后来在民国七年也就是公元 1918 年，民国教育部在南京也召开读音统一会，分析因素，制定拼音符号。后来蒋介石在南京执政，也提倡简化汉字，并公布了早期的汉字简化方案。由于当时反对的人很多，所以后来就取消了当时的汉字简化方案。

新中国成立以后，国家很重视汉文字的发展，继续民国时期汉字国语化运动。1955 年，周有光先生从经济部门调到汉语改革委员会，从事汉文字改革工作，并担任汉语拼音研究室主任，之后参与起草《汉语拼音方案》。当时有许多拼音方案，包括民国时期制定的拼音方案，也是用的拉丁字母；但是这些拼音方案的读音，大多数都是以地方的方言为主。周有光主持的文字改革小组，选用了 26 个拉丁字母为汉语拼音字母，作为音素；汉字的读音是以北方话音为基础，并结合南方话的一些发音，规定了汉字标准的发音。这些标准的发音是符合大多数中国人的口音，也就是现在普通话的读音。

周有光主持汉语改革委员会制定的汉语拼音方案，就是现在《新华字典》中的拼音符号:字母、声母、韵母、声调符号，还有汉文字所有的注音。在 1957 年 11 月 1 日国务院全体会议第 60 次会议获得通过，在 1958 年 2 月 11 日第一次全国人民代表大会第五次会议上，批准作为法定的汉语拼音方案。

从公元 1913 年在北京召开读音统一会开始，也就标志着我国文字读音统一工作的开始。到现在一百多年了，虽然没有完成统一的读音，但是起到了一定的效果。比如说我小时候搬迁到外省，刚去的时候，对当地的语言，一点也听不懂，好像到了异国他乡；但是上学用的课本还是原来的课本。这就证明虽然全国各地使用统一的课本，但是在全国各地的读音是不一样的。要花一定的时间，才能够在全国各地形成统一的读音。

现在全国各省都有各省的普通话，例如贵州普通话，广州普通话。这些普通话的发音与现代汉字的标准读音很相似，我们基本能够听懂。随着国家推广普通话的深入，我相信在不远的将来，一定能够完成汉字读音的统一。

在民国开始汉字统一读音工作，紧接着简化汉字的推广使用继续深入进行。中国在民间有很多简化汉字，它比传统的繁体汉字更易于书写和使用，更易于学习；它比传统的繁体汉字要优秀得多，没有不使用的道理。于是在民国二十四年，也就是 1935 年 6 月，钱玄同编成了《简体文谱》，1936 年 10 月，容庚出版了《简体字典》，并开设简体字课加以试验。当时只是推广简体汉字的使用，是国语化运动实行的具体步骤。

1950 年中国大陆教育部继续搜集常用简体汉字。1956 年 1 月，国务院通过了《汉字简化方案》，吸收了 515 个简化汉字；到 1964 年教育部又编印了《简化字总表》，将简化汉字的数量增加到 2236 个。从 20 世纪 60 年代初，中国大陆就将教学用的课本，都用简化汉字出版。同时出版其他的书籍、报纸、刊物，全部都使用简化汉字。

从公元前 1 世纪原版繁体汉字正式形成开始，到公元 20 世纪 60 年代初，总共简化和创新的汉字共有 6000 字左右，这标志着第四期汉字改造的完成。使用这些简化汉字就是民国时期国语运动所要达到的目标，包括给汉字注音和增加汉字标点符号，还有写文章用白话文。这些简化汉字首先是在民间陆陆续续地被使用，从西汉时期一直到 20 世纪 60 年代初的 2000 多年，经过许多文人志士共同的努力，国家才正式承认并全部接受使用这些汉字。这些被接受使用的简化汉字加上汉字拼音和汉字标点符号，就是我们现在使用的《新华字典》，叫作现代汉字。

文字不是一成不变的，而是在不断地变化发展的。我们平时学习汉字、使用汉字，基本也看不到汉字的变化，所以汉文字变化是非常缓慢的，甚至几百年也看不出有多大的变化。从汉字发展的整个历史来看，汉字是在不断变化的，而且是有规律地变化。这个变化就是：文字如何完美地表达语言，汉字由复杂变为简单、好用。汉字这些有规律的变化，就是汉文字的发展。

在整个汉文字历史的发展中，有两个显著进步的变化：第一个就是西汉时期的隶书，它的进步意义就是完全终止了画字的写法，完全用笔划来统一书写汉字。中国的文字为什么叫汉字，就是以它的进步意义来命名；由于它进步的时间是在西汉时期，所以就把它叫作汉字。西汉时期的隶书，在西汉时期是先进的，把它叫作今文，隶书的字体结构就是繁体汉字。从公元前 1 世纪到 20 世纪 50 年代末，都是使用这种繁体汉字。但是西汉时期的繁体汉字在语言表达能力上，同现代汉字相比还是有缺陷的。

第二个显著进步变化就是现代汉字，它的进步意义主要是比西汉时期的繁体汉字要简单、好用;并且在语言表达能力上，还多了两项汉字使用功能：一项是给汉字注音，一项是增加了汉字的标点符号，使人们说话之间的停顿，也可以用各种符号来表示。现代汉字在语言表达能力上要比繁体汉字强得多。给汉字注音，不是指西汉时期的汉字没有读音，在那个时候各地都有各地的读音，只是没有汉语拼音符号、没有音标和音素。现代汉字是由西汉时期的汉字演化而来，又是现在人们使用的汉字，具有现代的特征，所以人们就把它叫作现代汉字。西汉时期创新的文字叫今文，现代人使用的文字叫现代汉字，其含义都是今天的文字和现代文字的含义，但是叫法不一样，这两个叫法就是两个时期的文字。

中国汉文字发展大约经历了四个大的发展时期。有许多研究文字的人对文字发展期的划分都不一样。我认为以前汉文字发展的每一个时期，都有它的名称。就以它通俗名称的叫法来代表它的发展时期，这样最直接、简单明了，最容易让大多数的人接受。所以我就以通俗叫法来划分汉文字的发展时期。

第一个时期为图形文字发展时期，也叫作“原始图形文字时期”。它是一种不成熟的文字，大约经历了几万年的演化时间。在这个时期孕育着象形文字的产生，在公元前6000多年前，图形文字才开始变化成为象形文字，才开始进入第二个文字使用的时期，也就是象形文字的使用时期。

第二个时期为象形文字的使用期，称“象形文字时期”；象形文字在使用过程中同样也孕育着繁体汉字，产生第三个时期的汉字。从公元前6000多年前到公元前1世纪，这个时期人们使用的文字主要是象形文字，所以叫“象形文字时期”。象形文字发展也经历了三个小的发展时期，其中也有早期的象形文字，还有中期和晚期的象形文字。早期的象形文字主要是指公元前6000多年前的象形文字以及三皇使用的文字。中期的象形文字是以仓颉创造的象形文字为代表，这种字的字体是一种鸟篆字体。晚期的象形文字就是甲骨文和篆体文字。象形文字是一种成熟的文字，是早期的古典文字。

第三个时期为繁体汉字的使用时期，叫作“繁体汉字时期”，它属于晚期的古典文字。繁体汉字是在上古时期酝酿产生的，是由象形文字进化产生的文字。它的演化时间是从五帝时期开始出现，是在后来使用的过程中，逐渐地改造、增加、完善，才发展成为繁体汉字；它发展到成熟时期的文字主要是《康熙字典》中的汉字。在 2000 多年的使用过程中，也同样孕育着现代汉字的产生。在 20 世纪 50 年代末，中国大陆就结束了繁体汉字的使用，开始使用现代汉字，从而进入第四个汉字的使用期。

第四个时期为现代汉字的使用时期,叫作“现代汉字时期”。它的使用时间为 20 世纪 60 年代初至现在，但是它产生的时间是从公元前 1 世纪的西汉时期开始。从公元 1 世纪的西汉期间到公元二十世纪五十年代末，是繁体汉字的使用期，是在使用的过程中，逐渐改造、更新、增加生成的简化汉字。当然最成熟的现代汉字就是《新华字典》中的汉字,《新华字典》也称为现代汉语字典。

20 世纪 60 年代初至现在，应该是第四个时期文字的使用期，第五期文字发展的酝酿期。由于它演化的时间很短，所以第五个时期生成的汉字很少。到目前为止它生成的汉字，主要是在 1995 年我国在现代汉字的基础上，进行更进一步简化的汉字。但是到目前为止，国家还没有完全承认这些更进一步简化的汉字。

我在读高中时，曾记得有一位语文教师回答简化汉字的问题，他说繁体汉字难学、难写、难认，汉字简化就是为了方便人们学习和使用。从公元前 1 世纪原版繁体汉字成型以后，就开始改造、创新汉字，这些改造和创新的简化汉字，就是现代汉字的主体。从 20 世纪 60 年代初，就开始全部使用这些现代汉字，这极大地节约了人们书写和学习的时间，把人们从繁体汉字书写和使用的劳动中解放出来。简化汉字是我国文字发展中的进步。

简化汉字是 2000 多年以来，中国的许多文人志士，经过他们共同努力创造出来的。当简化汉字刚推出的时候，并没有得到国家和广大民众的认可。但是他们知道，他们创造的简化汉字，比传统的繁体汉字要优秀得多，更加方便人们的学习和使用。所以他们以身作则，从我做起，坚持自己使用简化汉字。鲁迅先生说得好："世界上本来就没有路，走的人多了，便成了路。"经过他们的努力，最终国家不仅承认接受了简化汉字，而且还成为汉文字的核心文字，也就是常用文字。这些简化汉字就是我们现在使用的现代汉字。

《新华字典》于 1953 年首次出版，它是根据《汉字简化总表》和《现代汉语通用字表》，增删调整而成。它不仅删除了那些笔画多，不易学习的汉字，并把繁体汉字中一个字有多种写法的繁体汉字，统一用一个简化汉字替代。不光是汉字简化了，而且汉字的容量也大幅压缩。比如说《康熙字典》有 4.7 万多字，而现在学生用的《新华字典》只有 1.1 万多字，社会上用的《新华字典》有 1.3 万多字，还包括 4000 多的繁体汉字。其实这 4000 多的繁体汉字也可以删除，因为这些繁体汉字大部分已经由简化汉字替代了。但是《新华字典》中的繁体汉字已经压缩很多了，如果再把剩下的 4000 多繁体汉字删除，那么学生在学习古文时，要经常用到这些繁体汉字，所以学生就不能在字典中查到。压缩繁体汉字，要综合考虑到以上因素。其实《新华字典》中的常用汉字，也就是核心文字，也才 5000 字左右。

《新华字典》同《康熙字典》相比，减少了那么多的汉字，而且基本上够用。这说明汉字的简化是相当的必要，可以大幅减少学生背记汉字的数量。而且减下来的汉字，大多数都是重复的文字，这样极大地方便了学生学习汉字和使用汉字。

《新华字典》中的汉字，叫作现代汉字，是从图形文字到公元前 6000 多年前演化形成的象形文字，经过三皇的使用、改造，逐渐演化到甲骨文，又从甲骨文发展到繁体汉字，最后才发展到我们今天使用的现代汉字,它是我国文字精华的浓缩。它包括汉字发展到第三个时期产生的部分繁体字外，还有第三个期产生笔画不多的繁体汉字,还有第四个期产生的简化汉字,包括汉语拼音和汉字标点符号。这些文字构成我们现在使用的《新华字典》。可以说《新华字典》是我国8000多年以来汉文字演化的结果。要是从图形文字演化开始计算时间，总演化时间有几万年的历史。

其实汉文字发展在历史的长河中，笔者只是以主要有文字记录的历史事实和近代考古出土的一些实物为依据。不可能讲得很详细、准确和全面，只是大致汉字历史发展的过程。但是大体上是这样的：从公元前6000多年前，象形文字就已经从图形文字中剥离出来，人们开始简单地使用象形文字。到公元前4000多年前就用象形文字称呼部族首领为“女娲”。公元前3000多年前，三皇就把象形文字同人们的生活结合起来，用于地名和人的姓名。汉文字在以后数千年的使用过程中，人们就在不断地更新汉字、创造汉字。先后出现了鸟篆文、甲骨文、大篆、小篆、隶书、行书、楷书、宋体字以及印刷体文字。越是发展到后期的汉字，越是简单、规范、好用，最后才发展成为我们今天使用的现代汉字。

随着以后的考古会出土更多的历史实物，再加上新技术的应用,对古代实物检测能力的提高。我相信以后研究历史的人,他们对中国的历史及汉文字发展史会有新的发现和新的认识,他们会把中国的历史说得更详细、更清楚。

二十世纪六十年代初，中国大陆开始全面使用现代汉字。但是汉字的进化仍然没有停止，就开始酝酿着下一期的汉字,也就是第五个时期的文字。在1995年我国就在现代汉字的基础上，进一步简化汉字。这些更进一步简化的汉字，是汉文字发展到第四个时期之后，文字向着更合理，更简化的一次尝试。它的目标同中国古代汉字更新一样，同样是为了便于学习，方便使用。但是这次汉字更进一步地简化，并没有得到国家的承认，实际上这次汉字改革是失败的。但是它是汉字发展到第四个时期以来，使汉字朝着更合理、更简化、更方便使用和学习方向前进的开始。现在应该是第四个时期汉字的使用期，第五个时期的酝酿期，但是第五个时期汉字的名称到现在还没有。因为现在只是汉字发展到第五个时期的酝酿期，具体发展到什么样子，现在还没有，当然就没有它的名称和叫法。

其实在中国的古代，还存在着许多少数民族的文字。比如说彝文，它也是一种古老的文字，但是它的发展不是很好。汉字同其他少数民族文字相比，就可以证明汉字是在使用的过程中逐渐发展壮大；是由于人们在使用的过程中，有人为了人们使用更方便，就在不断地创造和更新汉字，使它更好用，汉字就是这样逐渐发展壮大的。用一句生物进化的俗语来形容，叫“用进废退”，汉字是在使用的中进化。这并不是说彝文就不使用，彝族人民创造彝族文字就是为了使用，但是使用彝族文字的人数，还不到使用汉字人数的 1%。藏文发展就比彝文发展得要好，因为使用藏文的人数要比使用彝文的人数多。

在 1995 年我国在现代汉字的基础上，更进一步简化的汉字，现在民间就有不少人在使用。在有些人书写的笔记中，或是一些小路上的路标，这些个人书写的汉字，都使用了更进一步简化的汉字。这如同中国古代的汉字改革一样：当古代的文人推出相对于繁体汉字更简化的现代汉字，当时国家也没有承认。但是他们知道，他们创新的简化汉字，比传统的繁体汉字更加优秀、更加合理好用。所以他们坚持自己使用，最终国家才承认了他们创新的简化汉字，这些创新的简化汉字，就是我们现在使用的现代汉字。

现在又有不少人，仍然在使用相对于现代汉字更简化的汉字。虽然大众还没有承认这些汉字，但是他们仍然坚持自己使用。不管其他人承认或不承认这些汉字，他们都坚持自己使用这些更简化的汉字。也许他们体会到了书写的便利，也可能是他们有中国古代文人志士相同的想法：我首先使用，坚持使用，国家最终会承认1995年汉字改革那些相对于现代汉字更简化的汉字。

关于这次汉字的简化，我也听到了一些正面和负面的意见。正面意见是：这些更简化的汉字比现代汉字还要简单，同样是满足方便使用、更易于学习，它比现代汉字要优秀。负面意见是：现代汉字是由图形文字到象形文字，经过鸟篆象形文字、甲骨文、大篆、小篆、隶书、行书、楷书、宋体字和印刷体汉字，逐步演化成为今天的现代汉字，它同样也具有象形文字的特征。但是这次更进一步简化的汉字，就失去了这些象形的特征，好像是没有依据而凭空规定的文字符号。所以就有人反对这次汉字简化的改革。

还有一个因素就是：大家都习惯了使用现代汉字，如果改成了简化汉字，就会产生新旧文字同时使用，形成文字的混乱。新旧文字同时使用，会有较大的麻烦。所以就有人反对这次汉字改革，主张使用统一的现代汉字，这样在汉字使用上是较为方便的。

文字对人类发展的功绩是巨大的，所以汉文字地发展十分重要。总体上来说，汉文字地发展是缓慢的；原因是在古代的封建社会，只有少数贵族阶层的人士，才能够读得起书。虽然几千年以来，汉文字的发展从未中断；中国民众使用汉字，是一浪高过一浪；汉字的发展也日趋成熟。从上古中期开始，汉字就一直为中国的统治阶级服务；经过中古到近代，汉文字就一直掌握在统治阶级手中，为他们的统治大业服务。在汉文字使用与发展漫长的过程中，统治阶级发展汉字的目标，不是为人民大众服务，也不是为各行各业服务，而是为他们的政治统治服务。由于汉字发展目标的错误，这是导致汉字发展缓慢的根本原因。

在公元前 500 多年，孔子就把汉字向人民大众推广，但是孔子是用商业行为把汉字向人民大众推广。在这种教育模式下，大部分民众的子女仍然是读不起书的。所以汉文字就一直掌握在少数人的手中，从而限制了汉字的发展，实际上也影响了我国科学技术的发展。在近代仍然是穷人的子弟读不起书，只有富人家的子弟才能够读得起书,所以汉字仍然是在缓慢地发展。

新中国成立以后，国家先后进行了多次的文字扫盲，使广大的工人、农民都能够认识汉字，阅读书报。能够读书和写文章的人数，比新中国成立以前有了大幅提高。在教育方面，先是在全国普及初中、高中教育，实行九年义务制的教育政策；现在又普及大学。现在的中国人基本上是没有不认识汉字的。近期召开了人民代表大会,在会上有的代表就提出:“百年大计，教育为本”的口号，这个口号已经成为我国发展教育的基本国策。因此我国现在的科学技术发展要比新中国成立以前快得多，这是普及全民教育的结果，也是加快汉字发展的结果。

现在有些人大代表也提出，“恢复使用繁体汉字”。这个提案应该从两个方面来理解：第一是中国的汉字发展时间很长，其中后期的古典文字，也就是繁体汉字的内容相当丰富，现代汉字是不可能包含其全部内容。这样可以把繁体汉字中有益的内容及内涵，而现代汉字又缺乏的部分，作为现代汉字的补充内容。简单地说就是现代汉字要吸收繁体汉字中有益的部分，剔除它的糟粕部分，这是汉文字发展的正确道路。

第二是“完全恢复使用繁体汉字”。由于繁体汉字比现代汉字的象形程度高，他们对繁体汉字情有独钟，所以才提出恢复使用繁体汉字。这是在复古倒退，是一种错误的文字发展观念。汉字历次的改革与进步，都是简单的汉字替代烦琐、复杂的汉字。比如说象形文字替代图形文字，从文字使用的角度来说，象形文字比图形文字就要简单、实用。后来繁体汉字取代象形文字，还有现代汉字取代繁体汉字，都是简单的汉字取代烦琐复杂的汉字。汉字的历次发展都是这样的，这是汉字发展的规律。现代汉字应该从繁体汉字中吸取有益的东西，来充实自己，这是正确的选择。如果是完全、无条件地恢复使用繁体汉字，那就是复古倒退，是在违背历史发展的规律。我相信这样的提案，在人民代表大会上肯定不会获得通过。

以后汉字的发展，不单是汉字简化的问题。由于我国汉字发展的时间长，古代的书籍及文字是较为丰富的。其中的文字含义，《新华字典》是不能够全部都包括。这是由于以前简化汉字的时候，还没有充分考虑大部分古代的文献资料；删除的繁体汉字过多，就免不了有错删的。现在有些部门又把古代的许多书籍挖出来，目的就是要拓宽汉字的内容和内涵。

关于汉字的发展，汉字简化只是汉字发展的一个方面，它还会受世界上其他国家文化的影响；以后还会有新事物，新的物种产生，要综合发展。以后还要吸收世界上其他一些国家先进的文化以及文字，逐渐淘汰本国一些落后的旧文化以及旧文字。所以汉文字的发展，是要全面地发展，所有的事和物，都应该能用文字表达；而且要简单、易学、使用方便。还有对于古代文献资料，要研究、翻译成现代汉语，扩大现代汉字的内容及内涵。还要重视实用创造、扩大传播，创造更适合人类使用的新型文字，这些都是汉字发展的目标。

文字学家周有光先生对汉字发展提出建议："汉字要简化，要想办法让世界上的人们能够接受汉字、使用汉字；汉字要为人类作贡献，汉字才能真正地发挥作用。"这是一个宏大的汉字发展目标。我解读周有光的汉字发展目标：就是要建设人类共同的文字，以后不论是哪个国家的文字，只要它先进、优秀、更适合人类使用，就借鉴哪个国家的文字，把它作为人类共同使用的文字。建设人类共同的文字，这样的文字发展目标也太伟大了。

鉴于1995年汉文字更进一步简化改革的失败，它同汉文字发展到第三个时期所产生的简化汉字一样，刚推出的时候，也没有得到国家的承认。但是经过中国从古代到近代文人志士不断地努力，坚持使用，最终国家不仅承认了他们创造的简化汉字，而且还变成了汉字的核心文字，也就是常用文字。它比传统的繁体汉字要优秀得多，取代繁体汉字是很合理的事，但是取代的过程是艰辛的。所以我认为国家应该建立专门的文字研究机构，经常向人民大众推荐一些更优秀、更合理的汉字；成熟一批就使用一批，加速汉字的更新换代。

文字没有最好的，只有更好的。所以在推荐新文字的同时，旧文字可以同新文字同时使用，让民众自由地选择使用。这样优秀的文字就会脱颖而出，加速汉字的更新换代。汉字的更新换代，就是汉字的发展；如果没有汉字的发展，就不会有今天的现代汉字。

发展汉字不能盲目地创新，任何东西不一定就是新的好，我们要稳步创新。创新以后的东西，应该是人民大众使用以后，比原来没有创新的东西要好。创新东西的好与坏，有两个判断标准：一是使用后对人民大众有益处，比原来没有创新的东西要好；二是经得起人民大众的检验，经得起时间的考验，这两条都必须满足。

例如我们现在使用的现代汉字，它的改革创新就经过了人民大众的检验，经过了时间的考验。人民大众使用以后，相比使用繁体汉字要方便得多、简化得多，所以现在人们仍然在使用。以后文字的创新，都必须是经得起人民大众的检验，经得起时间的检验；必须是人民大众使用以后，益处很多，而负面作用又是很小。汉字的创新，就是汉字地发展，应该是稳步的发展。

我认为 1995 年在现代汉字的基础上，更进一步简化汉字失败的主要原因是：这次简化汉字的字数少，也就两三百字，对民众的诱惑力不够。没有汉字改革强大的动力，所以这次汉文字改革才会失败。

我们来回顾一下现代汉字改革成功的经历：在清朝末期 1892 年就拉开了汉字改革的序幕；在 1917 年的民国时期，陈独秀就发表文章：主张推倒陈腐、雕琢、晦涩的旧文学，建设新鲜、平易、通俗易懂的新文学。其中文学改革也有汉字改革的内容，为实现汉字国语化和现代化改革大张其目。在民国时期一大批有识之士，为汉字的改革做了大量的基础工作。

在 1935 年 6 月，钱玄同编成了《简体文普》。1936 年 10 月，容庚出版了《简体字典》，并对当时的民众进行培训简体汉字。1950 年中国大陆继续搜集简体汉字。1964 年教育部编印了《简化字总表》，其中的简化汉字，有 2236 个。这些简化汉字是从汉朝以后到近代，经过 2000 多年中国的许多文人志士，他们精心努力创造出来的现代汉字。

但是奇怪得是，这么好的简化汉字，却没有得到国家的承认。所以近代中国的一些文人志士，在他们心里就产生要使用这些简化汉字的强大动力，包括给汉字切音和增加汉字标点符号，还有写文章用白话文。这些汉字现代化改革对他们很有诱惑力，所以他们强烈要求废除繁体汉字，使用现代汉字。所以中国大陆在20世纪50年代末，就把学生用的课本，还有出版书籍、报纸、刊物等，统统都使用简化汉字。使用的这些简化汉字，包括汉语拼音和汉字标点符号，就是我们现在使用的现代汉字，是现在的《新华字典》。

中国的现代汉字，是从公元前1世纪到20世纪50年代末，汇集了许多中国古代、近代文人志士的心血，通过他们精心地创造，才形成的现代汉字。特别是近代的文人志士，他们极力推行汉字国语化，汉字现代化。现代汉字改革的成功，可以说是水到渠成。1995年汉字简化改革的失败，其中的简化汉字，也许是对民众地诱惑力不够，简化汉字改革的动力不强，所以才会失败。但是这次简化汉字的改革在方向上是对的，其目的是好的，都是想让广大民众能够使用上更简单、更优秀的汉字。

1995年简化的汉字，现在有些人仍然在使用，这说明在现代汉字基础上更进一步简化的汉字，有它的优点。国家虽然还没有承认这些更进一步简化的汉字，但是并不影响民众使用这些汉字。因为民众使用文字是他个人的行为，民众有自由选择使用文字的权利。等到将来这些更优秀的汉字汇集到很多的时候，而且确实能给民众使用带来很大的方便，简化汉字改革就会产生强大的动力。到那时就会有人在舆论上，为简化汉字大张其目。到那个时候，现代汉字就会自然被淘汰，取而代之的是更简化、更好用的汉字。

加速发展汉文字，会给我国的科学技术发展带来正面的效应，但是我们要认清它的负面影响。这个负面就是人们在使用新汉字时，会出现一个字有两种写法，有的人用旧的写法，有的人用新的写法。这样就会产生文字混乱，增加汉字多余的文字容量，加大了民众学习汉字的负担。因为人们在已经掌握旧文字的基础上，还要抽时间去学习新的汉字，这当然是使用汉字多余的负担。

这好比种树工程，当人们种树时，当时立刻是没有收益的，只有付出。有的树要几十年，甚至上百年才能成材，文字的更新就是这个道理。当我们在创造新文字，更新旧文字时，是不会立刻有收益的，人们只有付出。但是从人类社会长远的发展来看，人类都是在巨大付出的情况下，在剧烈的阵痛下前进。没有付出，就没有收获，就不会有进步。

汉字的更新换代，也同样是在广大民众付出的情况下，才能够实现汉字地更新换代。新旧文字同时使用，就是广大民众的付出。等到那些优秀的文字脱颖而出，文字定型以后；人们就会发现，改革以后的简化汉字比以前的旧文字要好用、要优秀。这就是汉文字的发展，是汉字的进步。

现代汉字的改革，就没有走新旧文字同时使用的道路。而是在简化汉字汇集到很多时，中国的一些文人志士，他们要求革除繁体汉字在语言表达能力上的一些弊病，强烈要求汉字现代化。所以他们在舆论上为新文学革命大张其目，向人民大众宣传使用简化汉字、编写简体汉字字典、培训使用简化汉字。向人民大众推荐使用简化汉字，一次性淘汰落后的繁体汉字。

以后不管是一次性使用新的简化汉字，还是新旧汉字同时使用，逐渐使用新的简化汉字。这两条道路的目标是一致的，那就是让广大民众都能够用上更简单、易学、使用更方便的汉字。

从实际情况来看，人们偏向于一次性使用新的简化汉字。因为新旧文字同时使用，会造成文字混乱，人们使用文字的代价会很大，所以就有人反对。但是一次性使用新的简化汉字，在刚推出的时候,也有人反对。后来是因为使用新的简化汉字，利益实在是太大，简化汉字的动力实在是太强；因此赞成使用简化汉字的人就战胜守旧者,所以现代汉字的改革就获得成功。

我们要认清以上两种汉字改革道路的利与弊，才能在以后汉字改革的过程中避害取利。汉字发展是非常重要的，它对于加速我国科学技术发展，把我国建设成为现代化强国是大有益处。

以后成立语言文字研究机构，不妨把 1995 年简化的汉字作为借鉴，其中一些优秀的汉字可以向人民大众推广。同时还可以创新一些更优秀的简化汉字，另外汉字的内涵也要丰富，还要吸收外国一些先进的文字，淘汰本国落后的旧文字。这些因素都要综合考虑，要稳步地发展。

语言文字研究的人们，应该胸有大志，要着眼于汉字的长远地发展；要把周有光先生提出的“汉字要为人类做贡献”，作为汉字发展的远大目标。更新、创造新汉字要与借鉴、吸收外国优秀的先进文字同时进行，这两条道路都要走。创造更适合人类共同使用的文字，实质就是汉字的开放，与全世界人民共同创造人类的共同的文字，形成你中有我、我中有你，相互学习、相互借鉴。这与习近平总书记提出:“一带一路，实现经济全球化，建设人类命运共同体”的伟大构想是一致的。

建设人类共同的文字，会给世界各国人民带来交流的便利；减少各国之间的矛盾，增加全世界各民族的和谐与团结。因为世界人类共同的文字，要比现在各国使用的文字要优秀、好用；这样全世界人民才会接受它；这样不仅有利于中国的经济建设和文化建设，也利于全世界各民族的经济建设和文化建设。建设人类共同的文字，是建设人类命运共同体的基础，会对全世界人类的经济交流与文化交流带来巨大的益处，人类以后的发展会更快更好。

成立语言文字研究机构，不能全国各地都自己成立自己的文字研究机构，独立自主地发展文字。这样会形成战国时期，文字分裂的局面，又会形成一个字有多种写法和多种读音。文字研究机构应该由国家统一设立，统一推广；在这样的基础上，再同世界上其他国家的文字研究机构相互学习、相互借鉴，这样才会有利于建设人类共同的文字。发展人类共同的文字，用更好的文字服务于全球的经济建设和文化建设。

第二章

人们对汉字书写的认识、观念及现状

汉文字具有美的艺术。从图形文字演化成为象形文字开始，人们对汉文字美的追求就一刻也没有停止。近代出土了一些商朝、周朝时期的金文、铭文，这些都是篆体文字、较为美观，一般人写不出那样标准的字体。文字写得好，才会有人去收藏，劣的早就被淘汰了。现在人们发现的篆体文字，主要是大篆、小篆，也有少量的鸟篆字体，还有公元前4000多年前的象形文字；是由于这些文字写得好，当时的人们才收藏它，才使后人发现了它。几千年以来，人们在追求汉文字美的过程中，还出现了许多可歌可泣的故事，并形成了对写好汉字的认识及观念。要想写好汉字，首先要对怎样才能写好汉字要有正确的认识和观念。

现在大多数人对怎样才能写好汉字，没有一个正确的观念和认识。他们片面地理解写字技术，认为只要多练习写字，就能够写好字。这是一种不正确的写字观念；还有人认为自己写字的水平不高，我只能写出这种水平的字，随它去。不管是主动还是被动消极的写字观念，都没有正确地认识写字。这是导致学生及无法接受良好教育的人们在思想上造成写不好字的心理因素。

有人把写字同人的性格、品质联系在一起，说“字如其人”。这句话从字意来解释，意思是字写得好与坏，可以体现出一个人的修养和品质。所以就有人提出“堂堂正正做人，端端正正写字”。这句话的意思是，做人的品质好了，字才能够写好。其实这样的观念是不正确的，因为做人是品质的好坏，而写字是一门技术、一门学问。

做人的品质与写字技术是不相关联。如果分开理解这句话，做人品质要好，写字也要端端正正地写好，这样当然很好。但是现实是做不到的，因为到目前为止，写字技术还远没有被大众所掌握。他们当然想写好字，只是没有掌握写好字的技术，所以才写不好字。

我在读小学的时候，课本里就有“铁棒磨成针”的典故。受这一典故的影响，不少人认为只要多练习写字，就能够写好字。这是一个极为错误的观念，误导了不少人。我也受这一典故的误导，花了不少时间练习写字，结果还是没有练习写好字。有的事情磨多了就好，但是写字不是练习多了就好；“铁棒磨成针”的这一典故，与练习写字根本就不相关联。现在社会上还流传着一句俗语：“师傅一句话，胜过十年功。”这句话就说明练习写字不是主要的，而知识、经验才是最重要的。

举个古代科举考试的例子，在古代有许多老头，他们也经常参加科举考试。有的人从青年考到 50 或 60 岁时，连一个秀才都没有考上。可是那些考上进士或状元的人，有的才 20 多岁。要说练习写字的时间，老头练习写字的时间是青年人的几倍。但是那些考上进士、状元的青年人，就是要比老头子写的字要好。现实是残酷的，青年人考上进士、状元，往往有名师指点，并且写字的方法很先进；而那些连秀才都没有考上的老头，往往是自己单独摸索练习，写字的方法很落后、很不合理，因此影响了他们的考试成绩。

说一个笑话：古代有一个秀才，他考到 70 多岁，才考上了一个进士。当他考上进士时，就有人向老头提亲，并问老头的年龄。老头幽默地说：“本人四十年前三十有一。”这件事情说明了当时的社会风气。当老头在青年的时候，寒窗苦读；因为家庭贫寒，却无人问津他的婚事，等他考上了进士以后，再来关心他的婚姻。

其实在古代，参加科举考试的人很多，有的人从 20 多岁开始考进士，考到 60 多岁，连一个秀才都没有考上。像这样的人，数量不少。原因之一就是他们书写汉字的方法很落后，没有好的写字技术,而且又不愿意去求助于写字高手或是老师。

唐朝贞观时期，其中以进士、明经两科为主。武则天当政时期，大量增加科举取士的人数，还首创了武举和殿试。唐朝的进士，是做官的阶梯，受到人们极大的重视。但是进士及第，只是做官的资格，并不能直接做官；做官还要通过吏部选官的考试。吏部选官的标准有四条:“一曰身，二曰言，三曰书，四曰制。”其中的“三曰书”就是指书法，看应试者写的字好不好。

中国在古代的封建社会，当某一位秀才考上状元后，他就要去某地做官。当地的人们和县衙的衙役都非常尊敬他，把他书写的文字称为“墨宝”。“墨宝”好，也就是他书写的文字很好看，他在当地就会风光，受人敬仰。

由于人们长期过分地尊重书法，过分崇拜，因此人们对书法产生了一种迷信的观念。在我读小学的时候，刚入学的第一天，我的母亲就用墨汁炒鸡蛋给我吃，以表达她希望我能多学习知识，长大成才的愿望。当时我不知道为什么要在鸡蛋里放入墨汁，我只记得不好吃，而且还有点墨汁的苦味。

我小时候有时也上邻居家去玩，正好邻居家也有刚入学的儿童。在桌子上也同样摆放着墨汁炒鸡蛋，准备给儿童吃。后来我才知道，这是一种风俗习惯。

在古代，秀才因为书写经常与墨水相伴，通常被人们说成是喝墨水。墨水喝得多，学问就高。再加上科举考试制度，人们对书法产生了过分地崇拜。于是在民间就产生了给新生入学儿童吃墨汁炒鸡蛋，这一种迷信的习俗。

关于这一习俗，我曾经在一本小画书上看到过：说陈毅小的时候，学习非常用功；在专心学习的时候，不知不觉地拿着烧饼，蘸着墨汁往嘴里放。其实这件事情可以理解为这一习俗的另一种反映。

其实大多数孩子学习的主动性，是在上中学以后，才开始慢慢地变强。有的学生要到上高中，有的甚至要到上大学，才有了学习的主动性。

我记得我在上小学的时候，很贪玩、不好好学习。但是长大以后，才知道我母亲用墨汁炒鸡蛋给我吃，就是希望我能够写好字，多学习知识，长大成才。其实这一习俗，也代表着广大家长的心愿：希望自己的子女能够多学习知识，长大成才。

中国古代是非常重视文字美的，并把怎样才能够写好字的方法称之为书法。文字写得好，被广大民众认可的人就称之为书法家。现在人们书写汉字，同样是在追求汉字的美观，尊重书法。于是就过分地尊重书法，走向极端：一个人写字写得好，那么他什么都好，一好遮百丑。这是一种世俗的偏见。南宋时期的皇帝赵构，他写字写得很好，可是他却害死了忠臣名将岳飞。所以写好字是一门技术，是一门学问。品质好的人可以掌握它，品质坏的人也可以掌握它。

文字写得好看、美观，成为后人学习的楷模、榜样，只有书法家能够做到。也许有人产生疑问：书法家为什么能够写出那么美观的文字，而普通的民众就写不出那么好看的文字。下面我就谈谈我所知道一些书法家的事迹。

王羲之是我国晋朝时期的一位书法家，在那时已经有了行书和早期的楷书。王羲之的书法作品，大多数都是行书。王羲之从小就是向卫夫人学习书法。卫夫人在教王羲之写字的时候，就曾经对别人说:王羲之长大以后，肯定会超过我的书法水平。王羲之成为我国知名书法家，正是应验了卫夫人当年的预言。王羲之的父亲，也非常热爱书法，写字也写得很好；这是王羲之成为书法家的坚实基础。

王羲之长大以后，继续从事书法事业。王导把许多名家的碑帖和钟繇的书法作品，给王羲之临摹和学习。王羲之到晚年的时候，书法水平终于到达顶峰。他的书法作品，超越了以前古人的书法水平；而当时的一些写字高手，没有能超过王羲之的;王羲之的书法作品，在他生活的年代，是最好的书法作品。

宋代的书法爱好者黄伯思，称王羲之的书法作品是“书中之龙。”书写的笔意是:“从容裕如，而气象超然。既不为法所束缚,又不故求超脱;所写的字真所谓——从自己胸襟中流出。”这段评语的意思是：王羲之在书写时，不仅笔尖能够听从他心灵的指挥，而且能把自己对汉字美的思想情感，表露在笔尖上，体现在书写的文字中。所以王羲之的书法作品，得到后人很高的评价。这也是王羲之的书法作品走向成熟的表现。

颜真卿是唐朝中期的一位书法家，他学习书法的经历充满艰辛与坎坷。他曾多次拜张芝为师,学习书法。他在四十多岁，就考上了进士，并做了官。可是没有做多久，他就放弃了做官，重新学习书法。他的老师对他说:“你写的字很不错，国家现在正需要用你这样的人才。”老师的意思是要他去做官，可是他仍然要坚持学习书法，不去做官。据说他到 50 多岁，还拜张芝为师，学习书法。他每一次拜师学习书法，老师都给他讲写字的基本方法。但是这些基本的写字方法，大多数都是重复性的，没有什么高深的理论。但是他每学一次，在他心里就产生一次新的认识，产生一次新的升华。他写的书法作品，到 70 多岁才走向成熟。

据我分析，颜真卿在青年的时候，写的字就已经不错；证明他在青年时候，写字的姿势和拿笔的方式基本正确。经过他不断地努力，对文字美的追求与探索，写字水平不断进步。他写字的姿势和拿笔方式也在不断地更正，不断地完善。到他晚年的时候，他写字的姿势和拿笔方式，做到了最佳。这时他写字运笔，不仅笔尖能够听从心灵的指挥，而且能把自己对汉字的思想情感表露在笔尖上，这时他书写的文字才走向成熟。

黄庭坚是宋朝的一位书法家，他就是宋体字的代表人物。有人称他为书法之圣。他写的汉字“大刀阔斧，刚劲有力”。我小时候就看过一部电影，讲述的是黄庭坚相亲的故事。

黄庭坚在青年的时候，在他生活的地区有一位州官。州官有三个女儿，都已经到了出嫁的年龄，要自己选择新郎。州官就在当地办一个集会，让大家都从县衙门前经过。然后他的大女儿在楼上的暗室里，观看来往的行人，寻找合适的对象。有许多青年男子，从县衙门前走过，她都没有看中。当黄庭坚和他的好友一同走过县衙门前时，她一眼就看上了黄庭坚。集会散后，州官马上派人去向黄庭坚提亲。但是遭到黄庭坚当场拒绝，并且傲慢地说：是什么人家的姑娘，向我提亲？

州官的大女儿也不是等闲之辈，知道黄庭坚热爱书法，写字写得很好，并了解黄庭坚的为人。于是他亲自书写了一些较好看的文字，叫她家的佣人，把她书写的文字拿到集市上去售卖。这位佣人正好是个老头，他也知道州官大女儿的心思。

有一天正好赶集市，黄庭坚也到了集市，看见一位老头在集市上销售文字。黄庭坚傲慢地对他的朋友说：“这个集市上还会有好的文字卖？”老头听见便对黄庭坚说：“你看完字再说。”接着老头把文字拿给他看。黄庭坚看完，立刻跪下；要拜老头为师，并向老头子学习书写文字。老头告诉黄庭坚说，这些文字不是自己写的,是向他提亲的那位州官的大女儿写的,叫他来卖。说你要学习写字，就去向州官的大女儿学习吧。

黄庭坚知道事情的真相后，后悔不已。接着又去向提亲的人说，以前无知，并要求与州官的大女儿重新订婚。媒人去向州官的大女儿说，黄庭坚后悔了，又要求与你订婚。州官的大女儿也同样拒绝说：当初我向你求婚，你不同意，现在我也不同意。但是我给你一次机会，如果两年之内，你的写字水平能超过我的写字水平，我就同意这门亲事。

黄庭坚回家对自己的亲友及父母说了去州府求婚的经过。黄庭坚的亲戚及好友，帮忙找了一些写字高手，同黄庭坚进行写字交流；还让黄庭坚去看一位舞剑高手舞剑，从中悟出写好字的方法。黄庭坚没有辜负家人及好友对他的期望，经过两年的努力，他的写字水平，有了很大的提高。最后超过了他未婚妻的写字水平，他们两个终于喜结良缘，成为夫妻。

通过这个故事，我看到黄庭坚不仅择偶服从于他的书法事业，而且他所有的行为，都服从于他的书法事业。他是一个不折不扣的书法事业痴。其实我们各行各业，也都需要这样的事业痴。据说黄庭坚考上进士以后，在官场上并不顺利。从他写的诗词中，就能够看出：他不愿媚世就俗，也不抗世。不以人生的得与失为做事的衡量标准，坚持自己的处世之道。

这个故事还说明，要写好字不是坐在家里就能够练好的。有的人认为：坐在家里多练习写字，就能够把字练好。我认为这样的观念有点可笑。你坐在家里练习写字，都是按照你惯性思维的方式去练习，又哪里会有进步，又怎么会提高你的书写水平？你得去寻找先进的写字理念和先进的写字方法，并且把它作为练习写字的指南，这样才能够练习写好字。

我在中年时期，有幸参观了八大山人的纪念堂。八大山人原名叫朱耷，是明朝皇帝朱元璋的后裔。我记得当时纪念堂的书法作品，是有规律摆放的。进入大门以后，首先摆放的是八大山人青年时期的书法作品，然后是他中年时期的书法作品，最后才是他晚年时期的书法作品。在他的书法作品中，字体都是在不断地更新，不断地进步。特别是他晚年的书法作品，字写得很有生气，好像天然长得就是那样，很有生气。

我记得我刚从纪念堂出来的时候，看到别处的文字，好像感觉到字写得较别扭。这是我第一次参观八大山人的书法作品，才有的这种感觉。他的书法作品与其他普通人写字的水平相差极大，所以才会产生如此的感觉。

这是我一生中见到最好的书法作品，也是唯一的一次。因为从清朝后期，钢笔从欧美引进中国，并逐渐地成为主要的书写工具。毛笔也就逐渐地退出了历史舞台。所以从清朝后期出现的书法作品，基本上没有看到像八大山人的书法作品那样精美。

据说八大山人在书写文字时，是用秃笔书写的。这种笔是八大山人书写的专用毛笔。据我分析，这种书写专用的毛笔，可能很适合于八大山人书写。但是它的使用功能，与普通的毛笔没有本质的区别。所以八大山人写字写得好的原因，应该是他的写字姿势和拿笔方式，都做到了极佳，所以才能够写出那么精美的书法作品。

在《书法》杂志中，有人这样评价八大山人的书法作品："他的书法妙在神韵，如真龙在天之不可测，行笔结字忽放纵于尺幅之外，忽收敛于方寸之间。再细睹毫厘，其点画之圆润，毫无侧峰，偏毫之弊。他的书法攘臂搦管之际，一种生命意识跃然于纸上，包括他的画作，都可视为他自己思想感情的表露"。这段话对八大山人的书法作品，给予了很高的评价。

在八大山人纪念堂的角落，还能看到韩国书法家和日本书法家的一些书法作品。这证明八大山人先生在生前，同韩国、日本的书法家都有过交流。这也可以证明，写字高手之间的交流，也是提高写字水平，练习写好字的一种好方法。

八大山人作为职业书法家，一生对书法事业的追求与探索，到晚年的时候，书法作品才走向成熟。并且得到后人对他的书法作品给予了很高的评价。八大山人到晚年的时候，他在书写书法作品时，他的写字姿势和拿笔的方式，都做到了极佳。他在写字运笔时，笔尖不仅能听从他心灵的指挥，而且能够把他对汉字的思想情感表露在笔尖上，所以他才能够书写出那么精美的书法作品。

中国大多数书法家在青年的时候，写字的姿势和拿笔的方式都基本正确，到晚年的时候才做到了极佳。写字姿势和拿笔方式从基本正确到极佳，大多数书法家都为之奋斗了一生。这个转变是个了不起的转变，也是一个很不容易的转变，普通的民众很难做到这一点，也可以说普通民众对书法没有书法家那么执着。

在科学技术相对于现代不发达的古代，人们要想写好字确实不容易。像黄庭坚、八大山人这样知名的书法家并不多见，是要经过上百年，才能出现一位这样的书法之圣。书法家出现的概率是极少的，这如同买彩票，中大奖一样。有的彩票要发行好几期，才出现一个大奖的，中奖的概率也是极低的。并且没有那一位书法家，把自己的写字经验，用文字表达出来，供人们学习。所以唐宋两朝，历经 660 多年，只出现了八位大书法家。

中国古代书法家写的书法作品，被后人认可。其实文学家苏东坡、欧阳修，还有诗人李白、杜甫等人，他们写的字也不错。还有清朝的曹雪琴，他写的字也是很好的。在原版《红楼梦》中的字体，是几个正楷字里，夹着一个草体字，总体看上去不错。并且有不少人，把手抄本《红楼梦》书中的字体，作为书写汉字的楷模。但是现代的人们，并没有称这些文学家为书法家。

目前为止，我还没有见过书法家判定的标准。但是我国有许多著名的书法家，他们的字迹都得到后人很高的评价，如王羲之、欧阳询、黄庭坚等人的书法作品。但是文学家和诗人，他们写的字也很好，但是他们写的字迹，就没有得到后人很高的评价。所以中国古代的文学家就是文学家，书法家就是书法家；没有既是文学家又是书法家的人物。

现在我把写好字的因素：如写字姿势、拿笔的方式、练习写字的时间、老师的指导、写字环境等因素，比作中奖的号码。买彩票的人，心里总是盼望能买到能中大奖的号码；而练习写字的人，总是希望通过自己的练习，能提高自己的写字水平。但是练习写字的时间，它只是写好字的一个因素，也就是一个号码与中大奖的号码相同，而中大奖要求是彩票全部的号码与中大奖的号码相同。而你买到的彩票，只有一个号码与中大奖的号码相同，所以你不能中大奖。练习写字的人，只知道多练习写字；因为多练习写字，只是写好字的一个因素，而其他写好字的因素一个也没有，所以你练习写字，是不会提高你的写字水平。

鉴于以上的情况，我可以归纳出以下结论，将练习写字分为两种情况：第一种是在你原有思维的基础上进行练习写字，这种练习写字的方式，我们称它为写字劳动。这种练习写字是一般重复性质的，是在惯性思维的条件下进行练习写字，它是不会提高你的写字水平。第二种就是在有理论、有新的观点，和有老师或写字高手的指导下进行练习写字。在这种情况下，它会改变你对写字的认识，你的写字姿势和拿笔的方式都会有所改进。所以这种练习写字的方式，是能够提高你的写字水平；你所写的字，会有一个质的飞跃。现在大多数人都是用第二种练习写字的欲望，而实际上进行的是第一种重复性质的写字劳动，用写字劳动替代练习写字。

广大民众在练习写字的过程中，99% 的人都没有找到正确的写字姿势和正确的拿笔方式，所以才写不好字。如果没有正确的写字姿势和正确的拿笔方式，即使你练习写字的时间再多，也是没有用的。现在媒体上说古代许多书法家，他们都是刻苦练习写字，练习了一辈子，最终才把字写好，这是一个误导。在大多数的情况下，书法家在小的时候就有名师指导；书法家在小的时候就基本掌握了正确的写字姿势和正确的拿笔方式，这一点很重要，古代的普通人家很难有这样的条件。对于普通人没有掌握正确的写字姿势和正确的拿笔方式，不说是练习写字一辈子，就是练习写字两辈子，也不会写好字。如果没有正确的写字姿势和正确的拿笔方式为依托，你想练习写好字，是永无出头之日，你的写字水平永远是在低水平徘徊。

中国古代大多数书法家，他们都经历了拜师学艺的过程，学习书写汉字。如王羲之、颜真卿、八大山人等，他们从小就有名师指导。这是一个正确的学习写字的过程。拜师学艺就是把别人写字的成熟经验，拿过来供自己使用；这是一个提高书写水平很好的方法，值得借鉴。但是这种方法要受到以下条件的限制：一是并不是每一个人都能遇到写字高手来做老师；二是写字高手也不是愿意逢人便教；所以拜师学艺是一个艰辛的道路，不便于推广。

不过我可以给想要写好字的朋友提出以下建议：如果有条

件，那么拜师学艺是一个很好的学习写字的方法；如果没有条件，那么也可以请教比你写字写得好的人，或是与同伴进行写字经验交流。另外还要多学习一些有关写字的基本知识、理论书籍。还可以借鉴国外的一些先进的写字理念。这样你对写字的思维才会产生转变，写字的技能才会产生质的飞跃，写字水平才会有很大的提高。

从以上我提到各种各样写字的情况来看，证明要写好字，并不是什么神秘的东西。它只是一门写字的技术，一门学问。谁掌握了这门技术，谁就能够写好字。从我国古代科举考试，就能够证明。我国古代绝大多数书法家，在科举考试中，都是名列前茅。他们都掌握了一套先进的写字技术和方法。所以要想写好字的朋友，只要按照我提出的建议做，你一定能够提高你的写字水平。

现在广大的书法爱好者,他们都喜欢对照字帖来练习写字。说到字帖,20 世纪 70 至 80 年代,那时是以《庞中华字帖》为主。其中的字体，大多数都是当时的一些写字高手书写的字体。其中有正楷字、宋体字，还有一种很圆滑的字体。可是现在的字帖，都已经更新换代了。现在的字帖大多数都是用唐朝书法家的作品，如褚遂良、柳公权、欧阳询、颜真卿等，主要是唐朝楷书的书法作品。用电脑把他们写的字迹，缩小到钢笔字大小的程度，作为字帖。

唐朝的楷书，是我国古代书法作品中的瑰宝。这些书法作品，大多数都融入了书法家对汉文字的思想情感，字体非常美观。我建议把书法理论同学习字帖中的字体结合起来，练习写字会起到事半功倍的效果。

什么是书法理论？它就是用于指导书写文字的经验和技术。它是从写字的实践中来，反过来又指导书写汉字；形成从理论到实践,又从实践到理论的良性循环的过程。每一次循环,就是一次提高。书写理论能够解决人们在写字的过程中,笔不听从心灵指挥的问题;能够按照人们对汉字的审美观以及人们对汉字的思想情感来书写汉字,更大地发挥人们心灵的作用,提高人们的书写水平。把字帖同书法理论结合,就是一种很好的练习写字的方法,这样做是会提高人们书写的水平。

现在有许多人都在学习书法或练习写字。我建议人们在平时,有时间就可以去参观一些书画展览,特别是书法家的书法作品。去理解书法家对汉字的情感,这样同时在你心里也会产生对汉字美的感觉,激发你对汉字结构美的构思。然后再把你对汉字美的感觉,同练习书写汉字结合起来。

欣赏书法作品,就是要使人获得对汉字美的构思和感觉,然后再用正确的书写方式,把这种美的感觉书写出来;或是把你对汉字美的构思表露在笔尖上,你就能够写出很好看的汉字。如果像这样练习书写汉字,你的书写水平一定会有很大的提高。

我们要正确地认识写字技术,字写得好,并不代表写字的人什么都好,学问就高。它只不过与学问和学习成绩呈正相关。字写得好,在考试的时候,可以避免因为字写得潦草,而引起老师的误读、误判,从而提高学习成绩。平时在书写学习笔记中,由于字写得好,不仅方便自己学习,还可以方便同学们相互学习;加快消化、吸收所学习的课本知识,从而提高自己学习的知识水平和学习成绩。

总之,我们对于怎样才能写好汉字,要有一个正确的认识:它只是与学习成绩、知识水平呈正相关。在大多数情况下,一个人的学习成绩好、学问高,他写的字也很好。这就是写字水平与知识水平呈正相关,所以我提倡把字写好,就是便于同学们对于所学习的知识及书写的内容,有一个较好的理解。同时也便于同学们之间相互学习，形成良好的学习氛围，加快学生掌握所学的知识，从而提高学习成绩。将来走向工作岗位，特别是搞科研工作，字写得好，对工作也是一个极大的帮助。

关于人们书写的字体为什么会有千差万别、各种各样，各自都有自己的字体。在《书法》杂志中，有人解释说："树上的叶子，任意两片叶子上的叶纹，是没有相同的。每一片叶子都有自己独特的叶纹。"这就如同人们写的字体一样，没有任何两个人写的字体完全一样，各自都有各自的字体。这个比喻很生动，很有想象力，事实也是如此。我也认同这样的观点，但这只是表现自然的一面。

树是自然生长的植物，而人是高级动物，人有能动的一面。人会在后天的学习与练习写字的过程中，通过自己努力学习，来改变自己的字体，提高自己的书写水平。因此人有能动的一面，不是自然的植物能相比。

自然的一面就不说了，现在说说人们能动的一面。那么人们又是通过什么样的方法，使自己写的字体变好的呢？其实人们写字的好与坏，是由三大因素决定的。这三大因素组合起来，就形成了各种各样的字体。这三大因素就是：一是书写工具，二是写字姿势，三是拿笔的方式。

现在的书写工具，主要是钢笔，现在生产的笔虽然有各种各样，包括一次性换芯的钢笔及圆珠笔，但是它们使用的功能变化不大。要说人们的写字姿势，那变化就大了；现在人们写字的姿势有各种各样、千差万别。拿笔的方式，也同样是各种各样、千差万别。正是因为各种各样的写字姿势和各种各样的拿笔方式，组合起来就形成各种各样的字体，写出的字也是千差万别。

人们会在后天的学习生活中，通过自己不断地努力学习，来改变自己的字体，使自己写的字体向好的方向转变。因此人们书写的字体就有可变性。有的人在青年时期所写的字体，与他到老年时期所写的字体，基本上没有太多的变化，这就叫作字体定型。但是大多数人从儿童开始学习知识、书写汉字；经过他们不断地学习与追求、不断地探索，他们会改变自己的写字姿势和拿笔方式，从而改进他们所写的字体，使他们写的字体向好的方向发展。他们写字的水平，从青年到中年，再到晚年，一直都在不断地变化，一直都在不断地进步。

以上我否定了大多数人的写字观念，目的是要树立正确的写字观念。哲学家别林斯基说："没有否定，人类历史就会变成停滞不动的臭水坑。创新就是对真理的发展。"我认为人们写不好字的主要原因，就是没有正确的写字方法。只要人们掌握了正确的写字方法，就能够写好字，而且是人人都能够写好字。

以前人们学习练习书写汉字,无非是学习正确的写字方法。在书写工具没有改变以前，学习正确的写字方法主要是两个：一个是正确的写字姿势，一个是正确的拿笔方式。接下来我就从正确地写字姿势和正确地拿笔方式，还有书写工具，也就是钢笔，从这三个方面，系统地论述怎样才能够书写好汉字。

第三章

写 字 的 姿 势

什么是写字的姿势？它是人们在写字时所应该有的具体姿势。它具有一定的科学性，同时又有一定的复杂性。这一姿势做好了，对你写好字会有一个极大的帮助；这一姿势做得好与坏，会决定你所写字的好坏。运动有运动的姿势，写字也有写字的姿势。这如同体育运动一样，往往那些得到冠军的运动员，他们运动的姿势都非常优美。写字也一样，如果某人写字写得好，那么他写字的姿势一定优美。

写字的姿势不能随便做，而是要根据写字的要求来确定。原则上是：人在写字时，首先要坐端正，人体各部分要保持充分的自由、舒畅、协调一致；不能感觉到有一点别扭，或是身体各部分不协调一致。其实在我国的教师队伍中，就有一些对写字姿势很有研究的优秀教师。在学生练习写字的时候，他们要求学生把写字姿势坐端正。我记得我在青年的时候，在学校学生们正在练习写字的时候，我听到老师对学生喊："把姿势坐端正了。"学生们马上把写字姿势坐端正了，但是过了一会儿，有的学生又回到不正确的写字姿势。学生们不理解这句话的科学性与合理性，不往心里去，听到了当作没有听到。学生们把这句话理解为老师教导学生的一个正常行为；所以在学生练习写字的过程中，会出现反复提醒："把姿势坐端正了"的情况。

"把姿势坐端正了"，这句话是老师对写字经过几十年的研究与探索，才得出这样的结论。在我国学生行为规范中，对学生的写字姿势也同样提出要求说："写字的姿势要坐端正，眼睛离书本的距离，要大于或等于一尺。"教育专家为学生制定这样的学习行为规范，是有科学道理的。其目的就是为了学生在写字时，能有一个正确的写字姿势。写字姿势坐端正了，不仅对写好字有很大的帮助，而且对学生的眼睛，也能起到一个保护的作用。所以教育专家才制定这样的学生写字行为规范。

“写字姿势要坐端正”，这是我国的教育专家和广大优秀教师，各自研究得出一致的结论。可是广大学生还不理解这一结论的科学性与合理性，所以学生在写字执行的过程中，是相当的困难。原因就是这个结论有一个弊病，那就是不具体，是用“写字姿势要坐端正”，这样一句简单的话来表述。这句话较为笼统，模糊不清。因此我拍摄了两幅写字姿势的图，让学生更具体地了解写字姿势要坐端正。请看图一、图二，这两幅图是正确的写字姿势。

图一

图二

这两幅图就是老师教导学生，写字要把“姿势坐端正”的具体化。而制定学生行为规范的教育专家们，要求学生们在写字时，也同样是要达到这两幅图的效果。他们只不过是用“写字姿势要坐端正”，这样一句简单的话来表述。

图画只是个大概而已，另外还有许多要说明的地方。由于拍摄条件不好，图片表现得不是很准确，一切都以文字说明为准。看似两幅简单的图形，可是要说明的地方很多。同学们在使用这两幅写字姿势图的同时，一定要结合文字说明，才能够把写字姿势做好，下面就是这两幅图的文字说明。

首先在坐下以后，身体要自然伸直，身体稍微地向前倾斜，身体与桌面之间的夹角，大约为 75 度至 80 度之间。腹壁与桌子边缘的距离为两厘米左右。头部要自然端正，不要歪斜。两手臂要自然、轻轻地放在桌面上。下腿垂直于地面，膝盖弯曲90度；大腿基本与地面平行，两脚之间的宽度与肩齐或是稍宽一点。以上是对这两幅图的基本描述。

要说明桌子的高度，应该根据人体个子的高矮而定。一般桌面的高度，应该是在人坐下以后，双手前臂自然放下，前臂肘关节处的水平高度，比桌面的高度要低于一至二厘米。这样才便于人坐下之后，两手前臂可以轻轻地放在桌面上。这一点很重要。

关于写字的桌子，大多数学校都做得很好。现在的学校，都为学生们配备了小学、初中、高中，三种不同高度的桌子和椅子，这些都能够满足学生正常的书写要求。但是这只是城里的学校，农村学校的桌子和椅子，条件就要差一些，应该向城里的学校看齐。

许多家长对桌子的高度往往忽视，一张桌子，从小学一直用到大学，都没有更换。然而对孩子却要求很高，总是嫌自己的孩子写字写得不好。举个例子：有个养马的人，他总是希望自己养的马跑得又快又好，而又希望马吃得少，好节约自己的成本。这些家长就如同这样的养马人，希望自己的孩子写字写得好，而又不给孩子提供良好的写字条件。世界上哪里会有那么好的事啊！

我以前也参观过一些名人故居。在名人故居里，大多数都设有专门供孩子学习用的书房；并且配有专门的桌子、椅子、书架等，这样为孩子提供了很好的学习条件。前人早就知道：为了孩子将来长大成才，提供良好的学习环境，是必不可少。现在大多数的家庭，他们不管孩子的学习条件和环境，只是强调孩子要好好学习。为孩子提供良好的学习环境是多方面的，以上是物质上的环境；还有精神上的，比如说做父母的也经常学习一些书籍、知识，这样也能在精神上提供好的学习环境。只强调孩子不好好学习，是一种错误的观念。

也许会有人强调说：名人的家庭条件好，所以有条件为孩子提供良好的学习条件和环境。但是我要说的是他们对孩子教育的重视，不一定需要非常好的物质条件。在孩子刚入学的时候，孩子个子矮，桌子相比之下显得高了。我们就把桌子腿锯掉一点，使桌子的高度符合孩子学习、写字的要求。等孩子长大了，个子也长高了，我们再把桌子腿接上，同样是满足孩子学习写字的要求。另外家长平时也学习一些书籍、知识，同孩子一道学习，给孩子提供精神上的学习环境。像这样重视孩子的学习，为孩子提供良好的学习条件，是大多数家庭能够做到的，但很少有家庭这样做了。

凳子的高度同样也有要求：凳面的高度，应该比人小腿的高度要低一至二厘米，也就是比膝盖还要低一至二厘米。这样才能使人坐下以后，小腿在垂直于地面的情况下，膝盖弯曲90度，大腿与地面基本上是平行的。如果凳子高了，我们同样可以采取锯腿的方式，把凳子腿锯掉一点；凳子矮了，我们就接上一点，满足凳子高度的要求。这些都是我们普通家庭能够做到的，并不需要很多的经济支出。为孩子提供良好的学习环境，是我们每一个家长应尽的义务。

现在办公用品市场上，有一种可以升降的桌子和椅子。我建议人们买能够升降的桌子和椅子，这种桌子和椅子可以随着人身体个子的高矮而调整。这样可以一次性投资，终身使用，大人和孩子都可以使用。

说完了正确的写字姿势，再说说不正确的写字姿势；以提醒人们防范这些不正确的写字姿势，纠正人们在写字过程中，经常出现的一些写字毛病。请看图三、图四，这两幅图就是不正确的写字姿势。

图三

图四

这两幅图的形状不一样，是同一个毛病，就是使自己的身体不稳定。人在坐着写字时，腿向前伸或是向后勾，它会使你的腿不能很好地承受、人身体向前倾斜 75 度，身体向下的这个重力。这样是必然会造成人用手去支撑身体前倾向下的这个重力。这是写字最忌讳的。

有的人认为，用左手去支撑身体向下的这个重力，让右手轻轻地放在桌面上写字，这样就解决了身体前倾向下的这个重力。这是一个极为不正确的想法。让左手支撑身体的部分重力，右手不支撑重力，会使你的身体内部产生两手受力不均。两个手的受力不平衡，这样也会影响你写字，使笔不听从你心灵的指挥。

如果你用写字的手去支撑身体的部分重力，也就是身体前倾向下的这个重力，使身体得到了平衡。但是你的手同时要完成两个任务，一个是支撑身体前倾向下的部分重力，一个是完成写字的任务。这样会使你分心。中国有一句俗语叫："一心不可二用"。你在写字时心已经被分开了，也就是注意力被分开，使你不能一心一意地写字，又怎么能够把字写好呢？

另外、你坐着写字时，不要躬着背，也不要向左或是向右歪斜。不要两腿交叉或是蜷腿，这样同样会使你的身体处于不平衡、稳定的状态，而影响你写字。

还有一种毛病，就是趴着写字。从生理角度来说，趴着写字对人的身体来说，是有益处的。它可以减轻人们工作的压力，换一种工作姿势，人也会感觉比较舒服。这是人们在写字的过程中，通常容易出现的一种毛病。但是要从写字的角度来说：趴着写字，实质上就是在逃避工作的压力。它不仅会使你的身体不稳定而影响你写字，还会损伤写字人眼睛的视力。所以趴着写字，是一个非常糟糕的坏习惯，我们要尽力避免这种坏的习惯。

总之，人们在写字时，身体一定要保持平衡。写字坐下以后，双手前臂是轻轻地放在桌面上。除了拿笔写字所用的力以外，其他不能有任何压着、挤着的感觉；不允许双手有其他的用力，这一点很重要，是写字姿势重点要做到的。图一和图二能很好地吸收身体前倾 75 度向下的这个重力，所以就没有用手去支撑这个重力的必要。因此我们在写字时，应当尽力做到图一和图二的写字姿势，还有前述的文字说明。

总之写字姿势、桌子的高度以及椅子的高度，是写字过程中很重要的环节；再加上拿笔的方式，任何环节有问题，都会影响笔听从心灵的指挥。所有的环节，都必须做得完美，在写字时笔尖才能够听从心灵的指挥，才能够写好字。我记得我以前曾在写字的时候，桌子高了一点，感觉有点别扭，笔尖就不怎么听话。这时我就在椅子上加上一层棉垫子，然后笔尖听话的程度就好多了。笔听话是指笔尖听从心灵的指挥。这就证明在写字时，以上的各个环节，都必须做好，才能够写好字。

第四章

写字时怎样执笔

拿笔是写字过程中很重要的一个环节,拿笔方式的好与坏,直接决定笔尖是否听从心灵的指挥，从而决定写字的好与坏。所以我们必须要重点加以讨论。

在科学技术相对于现代不发达的古代，人们要想拿好笔、写好字，确实不容易。从新石器时期象形文字从图形文字剥离出来，人们开始书写文字。后来到三皇时期，人们继续深入地使用文字，书写汉字一直到现在，就没有发明如何写好汉字的方法；正确的写字姿势和正确的拿笔方式，从来就没有文字记录。几千年以来，人们的写字姿势和拿笔的方式一直都是在摸着石头过河，一直都是在探索中。但是在中古时期1000多年的科举考试过程中,还是总结了一些有关拿笔写字的初步理论。这些流传的初步理论，为我们怎样拿笔写字奠定了理论基础，为怎样拿笔写字指明了方向。

在我小的时候，就听到过一句关于写字拿笔的俗语：“秀才拿笔写字，手中能握下一个鸡蛋。”当然这句话的意思是指：秀才在写字拿笔的时候，手掌心是空的。这个空心的空间能放下一个鸡蛋，而不是指秀才拿着鸡蛋写字。

当然我还听到另外一句也是关于写字拿笔的俗语：“执笔要空心,做人要衷心,炉火要空心”。这句话虽然说的是三件事，但都是这三件事的要领，是关键所在。意思是写字拿笔，手掌心是空的；做人要衷心，人与人之间要诚恳相处，便于人们的交流、来往；炉火要空心，炉火空心了，火才能够旺盛。

可见古人把这三件事情的要领放在一起，足以证明古人就已经认识到了写字拿笔的秘密。他们认为写字拿笔的关键就在于手掌心是空的。这些从古代流传下来的俗语，就是中国古代写字拿笔的原始书法理论。

那么这些原始的书法理论，现在为什么又听不见了呢？原因是这些原始书法理论都是针对毛笔的。从清朝后期开始，钢笔从欧美引进中国，毛笔就逐渐被淘汰，取而代之的就是钢笔。因为钢笔比毛笔要先进，使用方便；而且一次吸入墨水以后，能够写很长时间。从钢笔引进中国以后，中国人就开始用钢笔书写文字；平时日常地学习、写日记、写文章都是用钢笔书写。所以中国的一些文人，他们对钢笔不是很熟悉；中国的这些原始书法理论，对于钢笔是否适用，他们心里没底。因此中国的这些原始书法理论不再流传。我小时候听到的一些有关写字的俗语，长大以后再也没有听到过。

以上的原始书法理论，还有一个很大的缺陷，那就是不具体。这就如同为寻找金矿的人们，只是指明了方向，却没有具体的地点。因此寻找金矿的人们，还要在大致的方向上，继续努力寻找，才能找到金矿。

中国的原始书法理论，只是为人们大致提供了写字拿笔的要求，而没有具体的方法。因此大多数人不理解这些原始书法理论的含义，听到了当作没有听到一样。这也是造成这些原始书法理论，无法指导人们拿笔写字的根本原因，对人们的写字拿笔起不到很大的帮助。

我认为中国古代的这些原始书法理论，对于钢笔同样是具有指导意义。下面三幅图，是根据中国古代原始书法理论来示范的。请看图五、图六，这三幅图就是中国古代书法理论的具体化。它能够指导人们写字拿笔，具有实用价值。

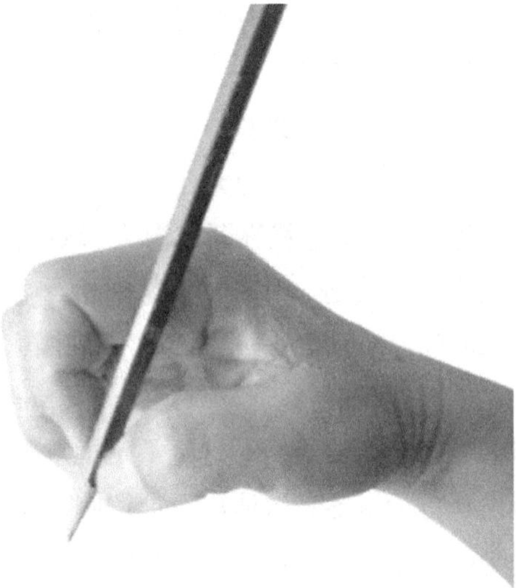

图五

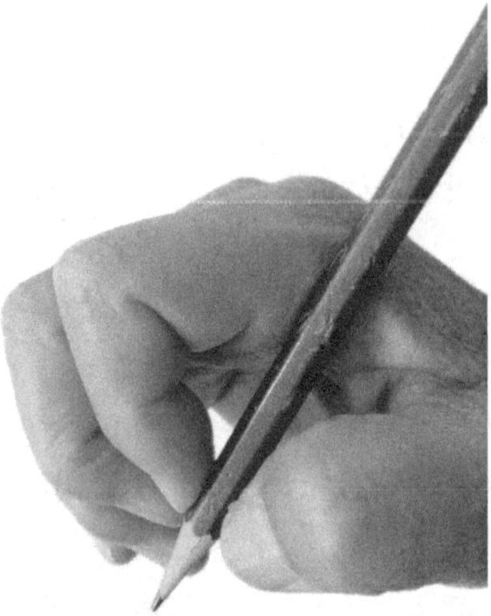

图六

图七

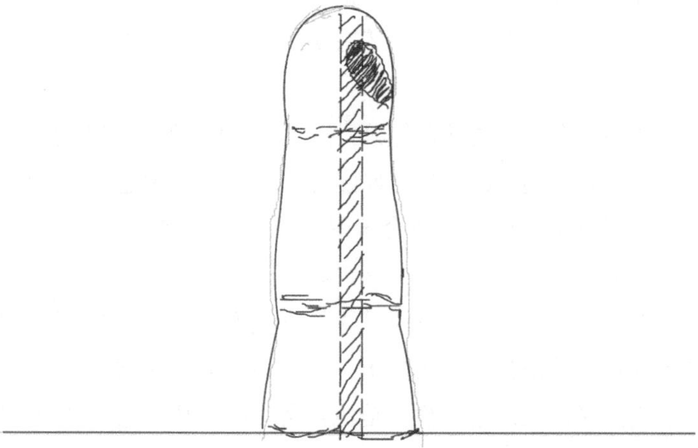

图八

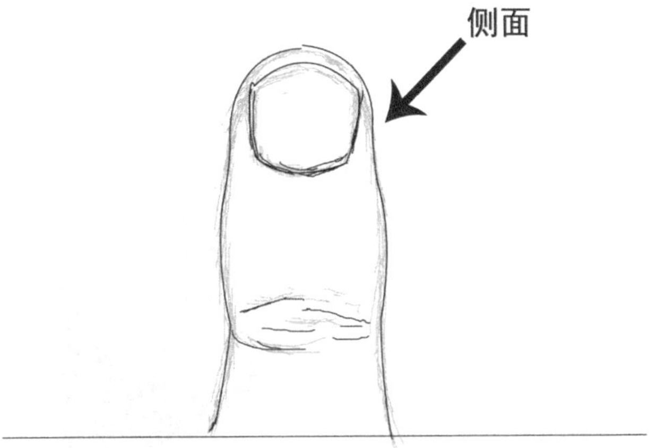

图九

图五、图六这两幅图都来自同一书法理论。尽管两幅图的拿笔方式稍有不同，但是这两幅图的拿笔方式基本上都是正确的。这是一种用两个手指拿笔写字的方法，这两幅图可供读者选用。

我们现在用普通的钢笔，再用图五或图六的方式拿笔写字，是不会立刻得到好的效果。原因是现在普通的钢笔，只适合于三个手指拿笔。要生产适合于图五或图六地拿笔方式的钢笔，就是钢笔的更新换代，下一章再说。

先不说书写工具，只说具体的拿笔方式。用图五或图六的拿笔方式，是用食指与大拇指，两个手指去捏住钢笔。像这样的拿笔方式，大拇指与食指是比较费力的。从理论上来说，笔要拿得越往外，笔就越听从心灵的指挥。但是笔拿得太靠外，笔就拿不住，笔会从大拇指与食指之间被挤出去，从而拿不住笔。这种拿笔方式，是一个矛盾的拿笔方式。

图八黑阴影部分，就是食指要与笔接触的部分。它处于食指中心线的边缘，拿笔处位于中心线的二分之一处，偏外侧。大拇指是用它的侧面，也就是图九；是大拇指侧面与食指，图八黑阴影部分去捏住钢笔。像这样的拿笔方式，手指是比较费力的。但是用这样的拿笔方式拿笔写字，在运笔的过程中，笔尖是会听从心灵地指挥。

在现实写字的实践中,我曾用图五或图六的方式拿笔写字，笔尖是较听从心灵指挥的。我记得是在 20 世纪 90 年代，那时我是干预算工作。做工程预算，需要用铅笔来做计算书，便于改动。当时用铅笔是较麻烦的，还要削铅笔。后来就改用自动铅笔。正好市场上有一种自动铅笔，它是由金属制成；从笔尖到笔的中部，都有环形的刻纹；在拿笔处，它比普通的铅笔要稍微细一点。这些特征，正适合于图五或图六的拿笔方式。当时我用这种自动铅笔，用图一、图二的写字姿势，再用图五或图六的拿笔方式；在写字时，笔尖是很听从心灵的指挥，能够随心所欲地书写。

图五或图六的拿笔方式，只是接近最佳的拿笔方式，是一个八九不离十的拿笔方式。比如说打把，用图五或图六的拿笔方式进行写字，笔尖不会 100% 的听从心灵的指挥，你只能够打中八环到九环。打把的人都知道，任何一点小的动作没有做好,或是有其他因素地影响,都会影响打把的精度。写字也一样，如果你把图五或图六的写字姿势做得不完美，就会影响笔尖听从心灵的指挥。下面就谈谈我用图五或图六的拿笔方式，拿笔写字的经验。帮助读者做到最佳的拿笔方式，使写字在运笔的过程中，笔尖能够 100% 地听从心灵地指挥。

在实际写字的过程中，我比较偏向于图五的拿笔方式。用

图五的方式拿笔，笔的上部分与手的虎口接触处，是在食指与手掌的链接处，也就是食指根部的第一个骨节处，偏向食指哪一边。用图六的方式拿笔，笔的上部分与手的虎口接触处，是在食指根部的第一个骨节处，在偏向虎口的这一边。笔上部分离手掌虎口的距离，比图五要近。用图五的方式拿笔，笔比较正立，也就是笔与桌面的夹角大；相比之下，用图六的方式拿笔，笔与桌面的夹角要小，笔的倾斜度大。所以我喜欢用图五的拿笔方式拿笔写字。

用图五的方式拿笔，大拇指与食指不要正对着捏拿钢笔，而是要稍微地错开一点。大拇指偏下一点，食指偏上一点；只需要一点点地错开就可以。像这样的方式拿笔，笔尖是会听从心灵指挥的。

当你用图五的方式拿笔，用力不要太大，笔尖能够听从指挥就行了。如果你拿笔写字,用力过大;但是你写不了多长时间，你的手指就会承受不了。用图五的拿笔方式拿笔写字，一定要控制好用力的度。用力太大，手指承受不了；用力太小，笔不听从心灵的指挥。最好是要用巧力，该用多大的力，就用多大的力。

另外用图五的方式拿笔，请不要随意地用力去捏拿钢笔；避免还没有写字，由于你用力去捏拿钢笔，食指就已经难受了。这样做就是对你手指的伤害。我们要爱护我们的手指，平时不写字时，就不要用图五的方式拿笔拿着玩，而且还用力拿笔。所以在平时写字时，用图五的方式拿笔写字，一定要用力合适，爱护手指。

用图五的方式拿笔写字，再按照上述的写字经验做，一般会产生一种感觉：感觉手好像是一个圆球，而笔就在圆球表面似的。如果你用图五的拿笔方式拿笔写字，产生了这种感觉，是正常现象，笔尖会听从心灵地指挥。如果你用图五的拿笔方式拿笔写字，没有产生上述感觉，而且笔尖不听从心灵地指挥，那你拿笔写字的方式就有问题。

在大多数情况下，用图五的拿笔方式写字，笔尖都是不会很听话，又有点听话。就像打靶一样，总打不上十环。在这种情况下，你就按上述提出的写字经验，结合图五的拿笔方式，反复地验证与练习。我相信你总会有拿笔拿到好处的时候，总会有打靶打中十环的时候。

用任何的拿笔方式拿笔写字，好与坏地判断标准：它应该是以笔尖能够听从人们心灵地指挥为依据：笔尖听从心灵地指挥，为好的拿笔方式；笔尖不听从心灵地指挥，为坏的拿笔方式。用任何的拿笔方式写字，动作从表面上好看，但是笔尖不听从心灵地指挥，都不是好的拿笔方式。

图五拿笔写字的方法，是一种精准的拿笔方法；稍微有点偏离，笔就拿不到最佳的程度。所以大家用图五的拿笔方式拿笔写字，一般不会出现笔尖很听话的情况，笔尖只有 80% 至 90% 的听话程度。笔尖听话是指笔尖听从心灵的指挥。笔尖只有 80% 至 90% 的听话，不一定就是用图五拿笔的方式没有拿好。要写好字是一个综合性的艺术，只有写字所用的因素和环节都做好了，才能够写好字。

一般来说，用图五的拿笔方式写字，还要以正确的写字姿势为依托。如果你拿笔的方式很正确，但是你的写字姿势没有做好，你在写字时，同样做不到笔尖 100% 的听话。这如同一架飞机，飞机的主要部件，缺少了任何一个，它就飞不起来；写字也是如此。图五的拿笔方式、图一和图二的写字姿势，还有桌子和椅子的高度，都要合适。写字的各个环节、任何一个没有做好，它都会影响笔尖听从心灵的指挥；只有写字的各个环节都做好了，并且做得完美，这样笔尖才能 100% 地听从心灵的指挥，随心所欲地书写。

现在我再说说大家普通现实的拿笔方法，现在大家都是用三个手指拿笔写字。拿笔的方式大致有三类：第一类手掌心是实心的拿笔方式，这种拿笔方式就是手掌心是实的，手掌心没有空间。第二类手掌心是空心的，用这种拿笔方式拿笔，手掌心有一个放鸡蛋的位子。第三类的拿笔方式，就是介于一类和二类之间的拿笔方式；用这种方式拿笔，手掌心是半实心、半空心。这三种拿笔的方式，都是用三个手指去拿笔的。

关于写字拿笔的普通方式，大致是以上三种。但是实际上拿笔的方式就演化成了多种多样；人们认为怎样合适，就怎样拿笔，并且都认为自己的拿笔方式是对的。我记得我刚入学的时候，学习拿笔；只见老师大致比画了一下拿笔的动作，学生们就跟着老师的动作拿笔写字。老师与老师之间的拿笔方式是不同的，所以教学生的拿笔方式也不同;这就形成了各种各样、五花八门的拿笔方式。

现在人们的拿笔方式，没有统一的标准，都认为自己习惯的拿笔方式是对的；其实这既不科学、也不合理。只是人们习惯了自己的拿笔方式，认为自己的拿笔方式没有问题。大家既然认为现在普通用三个手指拿笔的方式是对的，那么我们就来分析它的对与错。

在拿笔写字的过程中，笔尖的运行，是围绕着手在运行，这样就会产生一个回转半径。就好比吊车在吊装东西的时候，东西都是在吊车的回转半径以内，才便于吊装；如果吊装的东西超出了吊车的回转半径，就不便于吊装。写字也是同样的道理。

我在上中学的时候，曾听到过老师对用毛笔写字回转半径的论述：说如果是用大字笔写字，拿笔书写应该是以整个手的上臂为轴心；如果是用中字笔写字，拿笔写字的回转半径，是以肘关节处为轴心。如果是用小字笔书写，写字回转半径的轴心是在手腕处。这是论述用不同大小的毛笔，书写时回转半径的轴心。这就为用钢笔书写，手与笔之间的回转半径找到了理论上的依据。因为钢笔与毛笔的小字笔，它们两个的写字回转半径是相同的，所以钢笔写字回转半径的轴心，就是在手腕处。

现在普通都是用三个手指拿笔写字，是以手掌的底部为写字回转半径的轴心；这个回转半径要比以手腕为轴心回转半径的距离要小，也就是在写字时，回转半径不够用。再就是用普通三指拿笔写字时，回转半径的轴心模糊不清，好像是在手掌的底部，又像是在手腕处。而两指拿笔写字回转半径的轴心就很清楚，它写字回转半径的轴心就是在手腕处。所以现在人们普遍的拿笔方式，是不合理的，因此在写字时，笔尖不听从心里的指挥就很正常。

有人认为，用三个手指拿笔，改用以手腕处为写字回转半径的轴心，这样就解决了回转半径不足的问题。问题没有那么简单！这样就能够根治写字笔不从心的问题吗？因为三指拿笔与二指拿笔是天然不同的两种拿笔方式。三指拿笔写字回转半径不够用，是它天然的缺陷，不能用人为的方式来解决写字回转半径不足的问题。要根治写字笔不从心的问题，就只能用图五或图六的拿笔方式去解决，或是用指套笔去解决。

图五、图六的拿笔方式，在写字时就是以手腕处为轴心，证明图五或图六的拿笔方式，是符合中国古代的书法理论。而现在三指拿笔书写的方式，就不符合中国古代的书法理论。写字时手的回转半径不够用，在你书写时，手指和手腕都用不上力，也就是有劲使不上；在书写时总是感觉到别扭、笔不从心。

由于大家都习惯了用三个手指拿笔写字，并没有感觉到别扭；但是笔不从心，应该是事实。于是人们就错误地认为：自己写不好字，是自己的写字水平不高，所以才写不好字，一切都很自然。

关于拿笔方式的对与错，我们可以借鉴中国古代书法家的拿笔方式，如八大山人、黄庭坚、褚遂良、柳公权、欧阳询等。他们在拿笔书写时，笔尖都能够听从心里的指挥，也就是笔从心愿。这足以证明，他们的拿笔方式一定正确，不然他们就写不出那么好的书法作品。

但是有人会问，你知道他们是怎样具体拿笔写字的吗？我当然不知道他们是怎样具体地拿笔写字，但是我知道他们的拿笔方式，符合“秀才拿笔写字，手中能握下一个鸡蛋”这一理论。中国古代的书法家们，他们的拿笔方式，大多数都是与这一理论一脉相承。图五或图六的拿笔方式，也符合中国古代的书法理论。

正确的执笔方式，还要以正确的写字姿势为依托，写字的各个环节，都必须做到位。只有这样，你在拿笔写字的时候，笔尖才能够听从心灵地指挥，随心所欲地书写。在写字时，能做到笔尖听从心灵的指挥，这就是一个很大的进步，也是所有写字人的心愿。

我们都知道书法家写字写得很好，但是他们大多数都是到了晚年，写的书法作品才炉火纯青，走向成熟。他们在写字运笔时，不仅笔尖能够听从心灵的指挥，而且还能够把他们对汉字的思想情感，表露在笔尖上，他们才能够写出那么精致美丽的文字。后人评价王羲之的文字作品，如同“胸中所出”；八大山人的文字作品是“一种生命意识跃然在纸上”。这对他们的书法作品，给予了很高的评价。

现在普通人写的字体，千姿百态，各种各样。我可以把它大致分为三类。这三类字体都是正楷字体，不包括草体字。第一类字是以黄庭坚为代表的宋体字；第二类是以唐朝楷书为代表的楷书字体；第三类是一种比较圆滑的字体。《庞中华字帖》中，就有这种圆滑的字体，也就是第三类字体。

近代黄庭坚的遗稿，在古董拍卖会上，以一亿多元人民币成交。我们尊敬古代的书法家，但我们不必过分地崇拜。其实我们通过图一、图二和图五、图六的组合，也能写出国家文字瑰宝的字体，也就是黄庭坚遗稿的字体。前面我说了人写的字体，是由人们的写字姿势与拿笔方式的组合，才形成各种各样的字体。同样我们可以用图一、图二和图五、图六组合写出宋体字。

下面我就说一下怎样才能够写出宋体字，也就是黄庭坚书写的字体。这种字体，“大刀阔斧，刚劲有力”。写这种字体首先要坐端正，像图一、图二那样;然后用二指拿笔的方式拿笔，像图五、图六那样。在写字时，你用大拇指和食指拿笔，剩下三个手指是中指、无名指、小指；这三个手指自然延伸的曲率一定要大，这时你手掌心位置的空间很大，可以放下一个大鹅蛋。用这种方式拿笔写字，就能够写出宋体字。

如果你喜欢唐朝的楷书，如柳公权、颜真卿、欧阳询、赵孟頫的字体。可以尝试用二指拿笔以后，其余三个手指，自然延伸的曲率就不要太大；二指拿笔以后，手掌心能够放下一个鸭蛋的位置就行了，也就是其余三个手指自然延伸的曲率要适中。要写八大山人写的字体，也是按上述做；只不过你在临摹他们字体的时候，一定要把你对汉字的思想情感，表露在笔尖上。

第三种字体是一种比较圆滑的字体。在黄庭坚相亲的电影中，黄庭坚的妻子写的字体，就是这种圆滑的字体；在《庞中华字帖》中，也有这种圆滑的字体。写这种字体，就是你用二指拿笔以后，其余三个手指自然延伸弯曲的曲率，一定要小；这时你手掌心的空间，只能放下一个小鸡蛋的位置。用这样的拿笔方式，就能够写出这种比较圆滑的字体。

从宋体字到唐朝楷书字体再到圆滑的字体，也就是从“大刀阔斧，刚劲有力”的字体到适中的字体，再到圆滑的字体。是用中指、无名指、小指自然延伸曲率的大、中、小，去调节这三种字体。从这一点就可以证明,要写出中国古代的宋体字、楷书字体、圆滑的字体，这三种国家瑰宝的标准字体，它最根本的拿笔方式：就是遵循“秀才拿笔写字，手中能握下一个鸡蛋”，这一个理论。我研究认为，中国古代大多数书法家，他们写字拿笔的方式，都是一脉相承、大同小异，只是拿笔写字，手掌空心大小的程度不一样。

以上讲了宋朝黄庭坚书写字体的写法，还讲了唐朝楷书字体的写法，还有一种比较圆滑字体的写法。这三类字体都属于正楷字，是我国古代书法字体中的瑰宝。在写这三类字体时，用二指拿笔的方式，其余三个手指自然延伸弯曲，用大、中、小三种曲率去应对，就可以大致写出这三种字体。当然这只是一个大致的过程，而要真正地写好这三种字体，还需要认真做好每一个写字的环节；另外还要把你对汉字的思想情感，表露在笔尖上，才能写好这三种字体。

写字还有一件事要注意，就是写字所用到汉字笔画顺序。汉字笔画的顺序，自古就有，而且现在我们已经继承了这一优良的传统文化。在小学生的课本里，都讲述了汉字笔画先后的顺序。我举一个例子，如“京”字，它的笔画顺序是：先写一点、一横，再写下面的一个口字，最后再写小字。

我的意思是说，我们在写字时，不仅要按照图一、图二的写字姿势，还要按照图五或图六的拿笔方式，在写字时还要遵循汉字笔画先后的顺序，这样才能够写好字。汉字笔画先后的顺序，是我国古代流传下来写字的优良传统。前面我说的用正确的写字姿势，加上正确的拿笔方式，它是有条件的。只有在遵循汉字笔画先后顺序的条件下,笔尖才能够听从心灵的指挥。在具体执行过程中，它不能像电脑绣花一样，想怎么绣都行。它必须是在满足汉字笔画先后顺序的条件下，笔尖才能够听从心灵的指挥。

正确的拿笔方式要以正确的写字姿势为依托，并且还要按照汉字笔画先后的顺序写字，才能够笔从心愿；写字在运笔的过程中，笔尖才能够听从心灵的指挥。图一、图二的写字姿势，是我国教育专家和一些对写字有较好经验的优秀教师，他们研究出来的写字姿势。图五、图六是根据我国古代的书法理论："秀才拿笔写字，手中能握下一个鸡蛋"，这一原理总结出来的。汉字笔画先后的顺序，是我国古代就有的一个写字优良传统。这三种写字方法组合在一起，就是最佳的写字方法。

不过还有一种更好地写字组合方法：那就是把二指拿笔的方法去掉，改用指套笔。"指套笔"是一种更先进的书写工具，后面会专门讲述。如果是用图一、图二的写字姿势，再用指套笔书写，再按照汉字笔画先后的顺序去写字。这种写字组合的方式，会比上一种写字组合的方式还要好、还要先进；可以说这是一种锦上添花的写字组合方法。要用这种组合方式来写唐朝的楷书，不是难事。

当然这不是说任何人,只要按照这种写字组合方式去写字，都能够写出唐朝的楷书，或是书法家写的字体。只是在这种写字组合方法上，笔尖是会听从心灵指挥的。再按照你对汉字的审美观，并把你对汉字的思想情感，表露在笔尖上；这时你写字的水平，达到我国大多数书法家青年时期的写字水平，应该是没有问题。至于你想达到书法家晚年的写字水平，俗话说："师傅领进门，修行在个人"。要看你对以上提出写字的各个环节结合运用的效果，还要看你是否有书写书法家晚年书法作品字体的需要。

第五章

书写工具

首先引用孔子对使用工具的一句名言,叫作“工欲善其事,必先利其器”。这句话的意思是：你要做好某件事，必须事先把做某事的工具做好。古人早就知道，工具对于做好事情的重要性。写字也是同样的道理；我们要想把字写好，首先必须把书写的工具做好，否则我们就写不好字。

现在普通的钢笔，都是为三个手指拿笔的方式而制造的，没有适合二指拿笔方式的钢笔。二指拿笔是用大拇指的内侧和食指中心线处偏外侧来捏住钢笔；由于钢笔拿笔处的外表都较为光滑，这样钢笔很容易会从手中挤出，从而拿不住笔。要适合二指拿笔的钢笔，拿笔处应该是粗糙的，也就是拿笔处与手之间的摩擦系数要大。这样钢笔就不会从手中滑出；同时还可以在钢笔的拿笔处设置弧形曲线，使它与手指的凸面曲线很好地咬合，使钢笔拿得更稳。像这样的钢笔，就适合二指拿笔了。

我希望现在的制笔企业，能够看到时代发展的规律，制造出适合二指拿笔的钢笔。不过适合二指拿笔的钢笔，也只是暂时的过渡，以后还要向更先进的书写工具方向发展。对于铅笔来说，目前大多数铅笔也是适合三个手指拿笔。由于普通铅笔是木制的，所以拿笔处不是很光滑，手与笔之间的摩擦系数基本上能满足要求。但是铅笔笔芯的硬度不能满足要求，因为二指拿笔在纸上写的力度，要比三指拿笔在纸上写的力度要小得多。现在小学生使用的铅笔，笔芯的硬度为 HB。对于这种中性硬度的笔芯，是不能够适合二指拿笔书写的力度。所以小学生要用 2B 或 2B 以上铅笔的笔芯，才能够适合二指拿笔写字的要求。

现在木制的铅笔，直径为 9 至 10 毫米。因为刚入学的小学生年龄小，手也小。我建议再生产一些直径为 6 至 7 毫米的铅笔，可供小学生选择使用。但是要生产适应二指拿笔的钢笔和铅笔，会比生产传统的钢笔和铅笔要烦琐得多，生产的成本会增加。但是生产适合二指拿笔的钢笔、铅笔，它比传统的钢笔、铅笔在使用功能上会有所改善。因此增加的成本，可以在笔的价格上得到补偿。

关于钢笔的价格，现在就很不正常；一支制造精良的钢笔，其价格是普通钢笔价格的一百倍以上，而且在使用功能上，没有任何的改善。仅凭制造精良和钢笔的材质好，价格就可以贵上一百多倍。这是钢笔价格的扭曲，是一种不正常的现象；这种钢笔已经超出了其做为书写工具的价值，成为奢侈品。

我想问读者一句话，你们认为现在的书写工具合理吗？也许人们都习惯了使用钢笔，也就认为使用钢笔是合理的，包括所有的棍子笔。我认为人们现在使用的钢笔及所有的棍子笔都不合理，都很落后；严重地阻碍了人们的书写，使得人们要想写好字变得很困难。现在生产适合二指拿笔的钢笔，只能缓解人们写好字的困难；我们应该争取书写事业更大地发展，生产更适合人类书写的笔。

近代我在电视上，看见有人用手指蘸着墨水在纸上作画，而且画的山水画很好看。其实这种作画的方式不可推荐，因为手指蘸着墨水在纸上摩擦，会对手指的皮肤产生刺激作用和破坏作用，这样不利于人手指的健康。但是我想说的是：通过这件事情，表明人的手指是很听从人心灵地指挥。不然那个用手指作画的画家，就画不出那么美丽的书画作品。

“十指连心”，本来是一句刑法上的用语，说的是中国古代，就有狱警在人手指上施刑；在人的手指上施刑，人会痛得受不了。这证明手指的神经系统，同人的大脑、心脏都密切关联。用手指来做事，手是很听从人心灵地指挥。正是由于拿笔，由于拿笔没有拿到好处，所以才笔不从心。夸张点儿说，几千年以来，真正拿笔拿到好处的人，或是真正征服拿笔的人并不多；除了我国的一些知名书法家在晚年时，拿笔写字做到了拿笔拿得恰到好处以外，其余的人拿笔都有问题。现在我们就要解决拿笔的问题。

宋朝大文学家欧阳修就用手指直接在沙滩上练习写字。看到这样的记录以后，我不认为他是在沙滩上练习写字，而是认为他在研究写字与拿笔，手与心灵的关系。他在思考，为什么用手指直接沙滩上写字，会比拿笔在纸上写的字更得心应手，他在寻找原因。原因很简单:人们拿笔在纸上写字是有障碍的，而用手指直接在沙滩上写字，只需要稍微调整好写字的姿势，写字的障碍就能降为零。当然用手指直接在沙滩上写字，要比用手拿笔在纸上写的字要好。

通过这件事情，证明中国在古代的宋朝，就有人在研究写字障碍的问题。现在我们同样也要面对写字障碍的问题，我现在已经找到解决写字障碍的方法：那就是研制出一种指套笔，来解决写字障碍。

指套笔是一种创新的书写工具。现在我国提倡技术创新、科技创新、文化创新、经济创新。创新对于我国建设现代化强国，是大有益处。指套笔的研究，是书写工具的创新，属于文化创新；同样也是书写技术层次的一次创新，它可以把人们的书写水平，带到一个更高的水平。

指套笔就是直接戴在手指上写字的笔。它可以减掉拿笔这道烦琐的程序，直接戴在食指上就可以在纸上写字。现在广大民众拿笔的方式，都有问题；使用指套笔写字，就可以避免拿笔写字所有的问题。使用指套笔写字，它避免了人们拿笔写字的尴尬，就能够把写字障碍降为零。从而使笔尖完全听从人们心灵的指挥，随心所欲地书写。

指套笔是技术含量很高的笔，首先选用做指套的材料要结实，弹性要好。戴在手指上，不能太紧，太紧会使手指内部血液流通不畅，会导致手指难受；太松，指套与手指之间，在写字时会产生滑动，不利于写字。所以指套笔戴在手指上，既不能有不舒服的感觉，又要使指套与手指之间有很好的黏合力，形成一个整体。做指套材料的内部，应该是粗糙的；指套与手指之间的摩擦系数要大，能够与手指很好地结合为一体。由于人的手指粗细不一,这样可以做成多种大小不同规格的指套笔，以适应人手指粗细不一的情况。只有这样，才能满足人们书写的要求。

指套的长度应该在 65 毫米左右。做指套材料的厚度，应该为 0.2 至 0.5 毫米之间，不宜太厚；太厚了在书写时会产生较笨的感觉；太薄了，指套会不结实，这些都要综合考虑。

再就是指套笔的笔尖部分。它应该是由金属材料制成，是生产指套笔的关键工序。指套笔的笔尖，是一个扁体圆锥形；锥底面的直径为 10 毫米左右,锥顶是指套笔的笔尖,是写字处。锥底面最好做成与手指尖凸球面相吻合的一个凹面。这样戴在手指上写字时，能与手指很好地咬合，形成一个整体。锥体的高度，也就是笔尖的高度；从理论上来讲，应该是越小越好。但实际上做不到，太小了也会影响写字，应该是在 3 到 5 毫米之间为宜。

指套笔的笔尖是一个扁形圆锥体，锥底的直径为 10 毫米左右，锥体的高度为 3 至 5 毫米之间。这个锥体的内部是空心的，它的体积大约只有 0.2 至 0.3 毫升。以上指套笔的数据，只是一个大概的数据；制笔人可以根据制笔的需要，可以适当地放大或缩小这些尺寸，以便于制作。但是在制作过程中，放大或缩小以上尺寸后，指套笔的整体书写功能，不应该受太大的影响。

指套笔尖内部的空间，不能是简单的空心。而是要利用这个狭小的空间。应当在这个狭小的空间内，放入世界上最好的吸水材料。但是放入的量和怎样放置，应该通过做试验确定。应该在做指套笔尖之前，就应该考虑到指套笔尖的吸水问题；做整体的布局，通盘地考虑。以确保指套笔的笔尖，有钢笔芯一样吸附墨水的能力。这是个难题，需要多做试验；它应该参照钢笔芯的原理来做,使指套笔的笔尖有较强吸附墨水的能力。

指套笔尖做好以后，要把它缝在指套的什么位置？假如沙滩是一个平面，用手指在沙滩上写字，手指与沙滩面的夹角大约是 70 度至 75 度，手指与沙滩面接触的点，就是要把指套笔尖缝在指套上的位置。这个位置是在手指轴心延长线与指套笔尖延长线的夹角，大约是在 30 度左右。指套笔尖缝在指套上以后，做一个书写试验，以确定指套笔尖的位置是否正确。

指套笔的笔尖缝在指套上以后，接下来就要做墨水袋，或是把它称为墨水胶囊。墨水胶囊可以用软塑料制成，直径约为 10 毫米，长度约为 25 毫米。墨水胶囊也不能做成简单的空心，这样墨水会从胶囊中流出，应该把它内部做成动物肠子似的内部结构，利用墨水的毛细吸附原理，把墨水吸住。

墨水胶囊吸附墨水的能力，还不能太强，应该小于指套笔尖吸附墨水的能力，不然墨水就流不到笔尖里去。应该是在墨水胶囊灌入墨水以后，墨水不会流出，只能慢慢地被笔尖所吸走，达到这个要求，一个合格的墨水胶囊就做成功了。然后再把墨水胶囊缝在指套笔上，戴在手指上，墨水胶囊的位置应该是在食指的背面。

墨水胶囊做好以后，再就是用一根塑料制成的毛细管，来连接墨水胶囊与指套笔的笔尖。毛细管的直径为 2 至 5 毫米之间。毛细管连接墨水胶囊与笔尖，在灌入墨水以后，也许在毛细管中会有气泡的出现；它会影响墨水进入笔尖。这时我们就可以在毛细管中，穿上一根较细的线绳，它也许会解决毛细管内气泡的问题。不过串与不串线绳，都要通过做试验来决定。

指套笔所用的墨水，也要专门制作。墨水太稠，会影响墨水的流动性及毛细管的吸附能力，使笔尖出水不畅；墨水太稀，墨水容易从墨水胶囊中流出。既要使墨水有很好的流动性，又要使墨水有一定的粘聚性，才能使指套笔在书写的过程中，顺利地书写，而墨水又不会从指套笔中溢出。这些都要做试验，并且做通盘地考虑，做全面、系统的研究才能够确定。

以上只是指套笔的大致构造。在制造过程中，选材和做试验要相结合；在各道工序中，要通过大量的试验，选材配合，才能够确保指套笔的研制成功。另外还要给指套笔配上一个墨水注射器，也就是往墨水胶囊里注射墨水的东西。现在医用的一次性注射器就可以，只需将注射器的针管改大一些。墨水胶囊的入口，应当与圆珠笔的笔芯相当；这样在灌入墨水以后，由于水的张力，墨水就不会流出。但是插入墨水胶囊也要做试验，是紧密地插入墨水胶囊好，还是松散地插入墨水胶囊好，这些都要做试验，为用户考虑好。

指套笔一旦研制成功，这种先进的书写工具，会把广大民众的书写水平带到一个新的高度。这个高度就是：人人都能够写好字，起码达到我国古代许多知名书法家青年时期的写字水平没有问题。其实我国古代许多知名书法家在青年的时候，他们写的字也是很好的；能达到他们青年时期的写字水平，就是广大民众书写水平很大的进步，也是书写事业的巨大发展。

其实每个人都能够写好字，因为每个人都有一颗美好的心灵。只不过由于人们拿笔写字，笔没有拿到好处，导致书写时笔不从心，也就是美好的心灵没有被充分地释放出来。指套笔研制出来，它能够避免人们写字拿笔的尴尬，改变人们笔不从心的状况。把人们对汉字美好的构思，充分地释放出来，随心所欲地书写，从而提高广大民众的书写水平。

随着适应二指拿笔的钢笔出现，在不远的将来，指套笔的研制成功，它能够在书写的使用功能上，会逐步改善笔的使用功能，提高笔的使用功效。所以笔的价格就会拉开档次，适应二指拿笔钢笔的价格一定会高于普通三指拿笔钢笔的价格；指套笔的价格，一定会高于所有棍子笔的价格。以后笔的价格，一定会以它的使用功能为基础，从而确定它的价格。这是历史发展的规律，是笔价格的回归理性，从而走向合理。

现在的制笔企业，应该参加这次书写工具地改革，从而推动书写工具的更新换代，推动社会的进步。我建议：首先停止传统钢笔的生产制造，改生产适合二指拿笔的钢笔、铅笔；同时又筹措资金，投入科技人员，进行指套笔的开发与研制。这是顺应历史发展的潮流,也是在为人类的发展与进步作出贡献。

从历史的发展来看，人类每次的文明与进步，首先是生产工具的改良和更新，提高生产技术、提高生产力，从而推动人类的文明与进步。中国古代就把这种符合事物变化规律的发展叫“苟日新、日日新”，或者叫“日新月异”，也有人把它称为“一派欣欣向荣的景象”。这些都是对符合历史发展规律、事物变化规律的一种赞美。文化是需要传承与创新的，要防止文化的故步自封、停止发展，就必须革故鼎新，推陈出新。

劳动工具代表着生产力，代表着人们生产的技术水平；书写工具代表着人们书写技术的水平。在远古时代，人们把石头加工成为工具，用来打猎、砍伐树木。这时打制的石器都较为粗糙。在那个时代，历史学家称它为“旧石器时代”。后来人们又在简单、粗糙石器的基础上，采用磨制的石器；这种磨制的石器比原来简单、粗糙的石器更为精细，方便使用。在这个时期，历史学家又称它为“新石器时代”。这种以工具命名的时代，其意义重大；现在书写工具的更新换代，也同样是意义非凡，推动着人类书写水平地发展。

开发研制指套笔是走在时代的前面，我希望现在的钢笔开发、研究机构以及制笔企业，能够进行这次书写工具的更新换代。如果现在不进行书写工具的改革，广大民众想写好汉字的愿望就根本无法实现。现在进行书写工具的改革，还是有许多困难的。如果现在的钢笔开发、研究机构以及制笔企业，被这些困难所吓倒，嫌这次书写工具的改革太麻烦，不愿意进行书写工具的更新换代，继续生产落后传统的棍子笔。如果是这样的话，制笔企业是方便了，但是广大的工人、农民、学生，他们想写好字的愿望就会落空，书写工具及书写技艺的发展会停止它前进的步伐。

历史总是会前进的。在制笔行业中，总会有一些先进的企业，他们为了历史的发展，为了人类的进步，他们会不断地追求与探索，开发出新的书写工具。而那些嫌改革麻烦，不愿意参加这次书写工具更新换代的企业，他们会在行业的经济竞争中处于劣势。如此长期下去，等到那些先进的制笔企业，在书写工具的更新换代一旦成功，逐渐发展壮大，到那时再想进入，就无望了。

我认为越早加入到这次书写工具更新换代的潮流中，对企业的发展越是有利。因为参加这次书写工具的更新换代，不仅是顺应历史的发展潮流,而且能够使企业在行业的经济竞争中,处于优势地位,会有利于企业的长远发展和壮大。

任何事物都有一个初期,再到中期,最后到末期。就像人一样:出生为婴儿,然后再到童年,然后再进入青年时期,再到成年,最后才到老年。比如说毛笔:从新石器时期发明,后来三皇继续深入地使用,从而进入了毛笔的使用初期。到了唐宋时期,毛笔进入了壮年期,那时还出现了许多知名的书法家,毛笔在民间被广泛地使用。到了清朝的后期,由于钢笔的出现,毛笔就进入了晚年时期,也就是毛笔的淘汰期。由于钢笔比毛笔先进,使用方便,被人民广泛地使用,被社会所接纳。到现在为止,钢笔地使用也有好几百年的历史,也快进入了晚年时期。

什么东西都没有永恒的,钢笔也是如此。由于指套笔的发明和使用,它同样比钢笔先进,因此它会取代钢笔。现在就进入了指套笔的开发时期,等到指套笔被开发出来,钢笔就会逐渐地被淘汰。

现在国家提倡要搞好供给侧改革,就是要淘汰一些不适合现代人们使用的旧东西;发明、创新更适合现代人们使用的新东西。指套笔就是适合现代人使用的书写工具,也可以说它是能够满足人们将来的书写要求。指套笔既然适合现代和将来的人们使用,那么指套笔的开发研制就相当重要。指套笔代表着书写领域的发展,代表着广大民众的书写水平,是书写工具发展所要达到的目标。

现在是指套笔的萌芽期,等到指套笔发展成熟,取代钢笔的时候,就是钢笔被逐渐淘汰的时候。我相信到那个时候,还会有人对钢笔情有独钟,会继续使用钢笔写字。但是大多数人会欢迎书写工具的改革,他们会使用新的书写工具指套笔。

总之书写工具是在发展的，我们要用辩证的眼光看待事物的发展：新事物产生于旧事物，它总是吸取、保留和改造旧事物中积极的因素，作为自己存在和发展的基础。保持肯定的东西，抛弃否定的东西；并创造新的、更适合事物的东西，这就是发展。辩证法不崇拜任何东西，按其本质来说:它是批判的、革命的和创新的。

理论创新是马克思主义唯物辩证法的根本要求。创新是民族进步的灵魂,是推动社会生产力的发展。从毛笔发展到钢笔，就符合马克思主义唯物辩证法的要求；因为用钢笔书写比用毛笔书写,更能够满足人们书写的要求。以后指套笔被开发出来，它同样比钢笔更适合于人们的书写，也同样符合马克思主义唯物辩证法的要求。书写工具的更新换代，不仅是推动社会生产力的发展，它会把广大民众的书写水平提高到一个新的高度。书写工具的更新换代，就是人类社会的发展，就是人类社会的文明与进步。

第六章

养成良好的写字习惯与写字安全

在平时的学习和生活中我们要注意养成良好的写字行为习惯。孔子说："少年若天性，习惯成自然"，这说明人本能养成的重要性;人的本能养成以后，做事情就是以人的本能为基础。人本能的养成，都是要从娃娃开始抓起。相比之下，功利教育不可取。而那些连写字基本知识都不懂的人，想在短时期内，坐在家里不出门，专心地练习写字，把汉字写好。这种急功近利的想法，只会适得其反，往往会以失败而告终。

"少年若天性，习惯成自然"，就是要从小孩子开始抓起。等孩子长大以后，就能够养成良好的写字行为习惯。特别是我提倡的图一、图二、图五、图六，还有汉字的笔画顺序，这些都是写字行为中的重中之重，需要人们长期坚持正确地写字行为习惯，才能够养成良好的写字行为习惯。

养成良好的写字行为习惯,还要像中国古代君子修身一样，讲求慎微、慎独。慎微的意思是"勿以善小而不为，勿以恶小而为之"，能够时刻在细微之处保持警惕、清醒；慎独，就是人在独处的时候，能够时刻反省自身，始终如一。孔子说"吾日三省吾身"，就是在时刻反省自己。

讲一个养成良好写字行为习惯的例子，比如说做课堂笔记：如果你养成了良好的写字行为习惯，你在做课堂笔记时就会有很大的受益。如果你平时不注意养成良好的写字行为习惯，那你在做课堂笔记时，就可能会出现下列的情况。

在实际的学习生活中，广大学生做课堂笔记，字都写得比较潦草。这是由于学生在做课堂笔记时，因为在课堂上比较嘈杂，写字的速度要加快;学生不仅要听老师讲课，还要做笔记，干扰比较大。在这种情况下，再加上学生对某些生字不熟悉，所以写出来的字体就很糟糕。写的字体不仅潦草，甚至有的字是学生自己亲手写出来的字，放了一段时间，连他本人都不认识。可见有的学生做课堂笔记，写出来的字体有多么差劲。

可是有的家长或是室友，拿着学生做的课堂笔记说："你怎么会写出这样的字？还不如小学一年级学生写的字。"这是学生在现实的学习生活中，经常发生的一些事情。我们要避免学生在做课堂笔记时，写出太潦草的字体，就要从小抓起，让学生从小就养成良好的写字行为习惯。另外在上课之前，学生要做学习准备工作，提前准备书、笔、笔记本等，充分做好写字准备，以减少写字干扰。

总的来说，如果你养成了良好的写字行为习惯，你做课堂笔记，写的字放了一段时间，就不会连自己都不认识。也许以后指套笔研制出来，它可以减掉拿笔的烦琐程序，图五或图六的拿笔方式就用不上了；图一、图二的写字姿势，还有桌子、椅子适合写字的问题，也不会像以前那样显得那么重要。以后使用指套笔写字，会降低上述写字因素的重要性，这就是指套笔的神奇功能。

随着历史不断的发展，许多事物都发生了变化；以前的做事经验，到后来不一定适用。但是养成良好的写字行为习惯，对于学生的学习生活是绝对有益处的，将来学生走向工作岗位，对工作也是有较大的帮助。所以图一、图二的写字姿势，汉字笔画顺序，还有桌子、椅子适合书写的问题，这些对写字有益处的写字因素，我们都要坚定地按规定做，才能养成习惯，形成本能。另外，我们还要避免一些不正确的写字动作，如趴着写字。凡是对写字没有益处的行为、举止、动作及因素，都要杜绝。长期坚持下去，形成习惯，使我们写好字的习惯成为本能、成为自然。

养成了良好的写字行为习惯，才能在极其严重干扰的条件下，在嘈杂的课堂环境中，做好你的课堂笔记，写出的字体才不会那么糟糕。这样你的写字水平，又上了一个台阶。做好课堂笔记，是一门很重要的学习技术。做好课堂笔记，不仅方便自己阅读；同学们之间，还可以相互学习，形成良好的学习氛围；同时还能加快同学们消化、吸收所学的知识，从而提高学习成绩。所以学生在学习的生活当中，要主动做好课堂笔记。

学生在平时的学习中,做课堂笔记与不做课堂笔记的学生，在学习成绩上是有很大的差异。在同一班的学生中，不做课堂笔记的学生，学习成绩往往偏低；而那些认真做好课堂笔记的学生，往往学习成绩都相对较好，这就是证明。所以学生在平时的学习中，一定要养成认真做好课堂笔记的习惯。写好字是做好课堂笔记的基础，良好的写字行为习惯，会使学生能够做好课堂笔记。另外再谈谈写字的安全问题。

安全是第一位的，写字是第二位的。这如同企业、单位生产一样:“安全第一，生产第二”。企业、单位的生产，必须是在有安全保障的条件下进行生产，叫作安全生产，否则就不能成为安全生产。写字也是同样的道理。要写好字，不能以牺牲人们的健康为代价；人们写字必须是在有安全保障的条件下进行，叫作安全写字。这一点很重要，所以必须重点说明。

写字是有安全问题的，我们必须是在有安全保障的条件下进行写字。我担心有的人会产生麻痹思想：认为写字劳动强度不大，没有写字安全问题，它不会威胁到人们的生命安全。这个观念在传统三指拿笔的基础上写字，还勉强说得过去。但是现代科学技术日益发展，劳动强度不断增加，心理压力不断加大的今天，再有这种观念就不对了。下围棋还有累死人的，何况是写字！

特别是我向大家推荐二指拿笔的写字方法，对人的健康威胁最大，它是一个极强的心力劳动。人们在精力旺盛、身体健康的情况下，还能够承受这种较强的心力劳动。当人们在生病的时候，或是有什么慢性病的时候，人就不能够承受这种较强的心力劳动；否则人就会被累死。

举个例子：假如一个健康的成年人，能够挑100斤重的东西；如果他生病了，就挑不起100斤重的东西。我推荐的二指拿笔写字，就好比人能挑100斤重的东西。如果人生病了，或是有什么慢性疾病，就挑不起100斤重的东西，这个时候就要给病人减少负担。这时你就用普通三指拿笔的方式拿笔写字，就相当于你只挑了50斤重的东西。如果你再趴着写字，就等于你只挑了25斤重的东西。

也许有人会说，你现在要我们用三指拿笔的方法拿笔写字，还要趴着写字，这不是要我们把字写坏吗？是的，人在生病的时候，就只能够在身体健康和写好字之间，取一个、舍一个。要么就选择身体健康，要么就选择写好字。我要求大家选择身体健康。

从以上例子来看，足以证明现在普通用三指拿笔的写字方法，是一个用心力不强的写字方法，是一种心力劳动较弱的写字方法，也是一种比较安全的写字方法，不存在写字安全的问题。但是现在普通三指拿笔写字的方法，只适用于人在生病的时候，或是人有什么慢性病的时候。当人们在身体健康、精力旺盛的时候，就没有必要用三指拿笔的方法去拿笔写字。因为三指拿笔写字的方法，是一种不用心的写字方法，是一种心力劳动较弱的写字方法。

人在身体健康、精力旺盛的时候，能挑100斤重的东西，为什么只挑25斤重的东西？从这个例子反过来证明，二指拿笔写字的方法，也就是图五、图六拿笔写字的方法，就是提高写字功效的写字方法。它会增加心力的使用，提高写字的劳动强度；但是二指拿笔写字的方法，只适用于人们在身体健康、精力旺盛的时候。

假如人们在生病的时候，我建议大家最好不要写字，把病治好了再写。如果人在生病的时候，有些急需要写的文字，那么只能用传统三指拿笔的方式拿笔写字，以确保人们的身体健康不受影响。实现人们的健康第一，写字第二的安全做法。

用三指拿笔写字，还有趴着写字，会养成不良的写字行为习惯，所以我们要尽力地避免。为了避免人们在生病期间，写字产生不良的写字行为习惯，最好就不要写字；即使要写，也只是把一些紧要的东西写好；那些不重要、不急需写的文字，可以等到病养好以后再写。这样既保证身体安全，又不会把写字行为习惯搞坏。

作者：杨国华

2017年6月6日

图书在版编目（CIP）数据

汉字史及汉字书写 / 杨国华著 . — 北京 : 三辰影库电子音像出版社 , 2018.2（2025.4重印）

ISBN 978-7-83000-304-3

Ⅰ . ①汉… Ⅱ . ①杨… Ⅲ . ①汉字—汉语史②汉字—书法 Ⅳ . ① H12 ② J292.1

中国版本图书馆 CIP 数据核字 (2018) 第 003909 号

书　　名：汉字史及汉字书写
作　　者：杨国华
出版发行：三辰影库音像出版社
地　　址：北京市朝阳区北苑路媒体村天畅园 2 号楼
出 版 人：王六一
印　　制：三河市天润建兴印务有限公司
开　　本：880 毫米 ×1230 毫米　1/32
印　　张：5.75
版　　次：2018 年 5 月第 1 版
印　　次：2025 年 4 月第 3 次印刷
书　　号：ISBN 978-7-83000-304-3
定　　价：28.00 元

圖書在版編目（CIP）數據

論語注 / 康有爲著. -- 北京 : 朝華出版社,
2018.9
（清末民初文獻叢刊）
ISBN 978-7-5054-4305-1

Ⅰ. ①論… Ⅱ. ①康… Ⅲ. ①儒家②《論語》—注釋
Ⅳ. ①B222.22

中國版本圖書館CIP數據核字(2018)第174133號

論語注

作　　者　康有爲

選題策劃　楊麗麗　尚論聰
責任編輯　趙　倩
特約編輯　孫　開　齊　芳
責任印制　張文東　陸競贏
封面設計　劉敬偉

出版發行　朝華出版社
社　　址　北京市西城區百萬莊大街24號　　**郵政編碼**　100037
訂購電話　（010）68996618　68996050
傳　　真　（010）88415258（發行部）
聯系版權　j-yn@163.com
網　　址　http://zhcb.cipg.org.cn
印　　刷　藝堂印刷（天津）有限公司
經　　銷　全國新華書店
開　　本　880mm×1230mm　1/32　　**字　　數**　170千字
印　　張　16.75
版　　次　2018年9月第1版　2018年9月第1次印刷
裝　　別　精
書　　號　ISBN 978-7-5054-4305-1
定　　價　125.00元

清末民初文獻叢刊

論語注

康有爲　著

朝華出版社
BLOSSOM PRESS

出版前言

中國自一八四〇年鴉片戰爭以來，傳統的農業文明在西方的堅船利炮轟擊之下徹底被顛覆，有擔當的知識分子苦苦追尋，思索社會改革的途徑。從最初的『師夷長技以制夷』到『民主制度，天下之公理』（梁啓超語），他們發現要『强國富民』，首先要『開啓民智』，祇有民衆擁有了獨立思想和批判精神，國家纔能實現真正的强大。在此後一百年的時間裏（一八四〇—一九四九），思想者們從社會變革深入到國民性的改造，用每一部作品見證着中國近代化的遞變歷程。這是一個極其重要的時代，《清末民初文獻叢刊》正是收録了這一時期的作品，大部分書籍都是早期版本，有着極高的文獻研究價值。

清末的中國經歷了『三千年來未有之大變局』（李鴻章語），大清王朝面對西方列强的艦炮，表現得驚慌失措。尤其是鴉片戰爭，使『天朝帝國萬世長存的迷信受到了致命的打擊，野蠻的、閉關自守的、與文明世界隔絶的狀態被打破了』（《馬克思恩格斯選集》）。一批士大夫知識分子，尤其是在歐美諸國擔任使臣或者游歷的知識分子最先覺醒，着眼于對西方國家的考察，進而反省本國政治制度的劣勢，可以視作『啓蒙』的端倪。如曾擔任駐英公使（兼任駐法公使）的郭嵩燾在《使西紀程》中以日記的形式記録了自己對歐西諸國的觀感，他在考察了英國的政治制度之後，發現英國政府官員收入超過三百磅者與普通老百姓一樣同等納税，他說：『此法誠善，然非民主之國，則勢有所不行。西洋所以享國長久，君民兼主國政故也。』他明確提出了『民主』，在國家的管理問題上，人民也有參與的權利。他在該書中所披露的西方政治、經濟、文化等領域優于大清帝國這一事實觸動了保守派的神經，立刻遭到保守派群起而攻之，進士何金壽彈劾他『有二心于英國，欲中國臣事之』，他家鄉湖南的民衆對他更是痛加詆毁，以至于滿城揭帖，誣蔑他『溝通洋人』，在這種群情洶洶的情況下，朝廷最後下旨將《使西紀程》毁版，從而使該書成了禁書。然而，書雖被毁版，却不能堵死民衆的傳播與閲讀的途徑，上海的《萬國公報》依舊連載該書，張佩綸曾說：『朝廷禁其書，而新聞紙接續刊刻，中外傳播如故也。』從某種意義上來說，啓蒙是時代的需要，盡管清政府發諭旨禁了該書，民衆乃至一些朝廷大員却依舊在私下閲讀，以便瞭解外部的世界。進步的社會是開放性的，任何企圖『閉關鎖國』的努力都意味着歷史的倒退，衹有開放，與整個世界文明保持同等的步伐，纔能實現真正的强國之夢。當大批知識分子走出閉鎖的國門，親歷了文明的洗禮之後，也就把啓蒙的智識帶回了中華大地。容閎的《西學東漸記》，梁啓超的《新大陸游記》，崔國因的《出使美日秘日記》等一大批作品介紹了海外諸國的政治、經濟、軍事、外交、文化。雖然這些作品在認識上仍然帶有時代的局限性，然而却是那時最爲珍貴的聲音。

另一方面，在學術上，中國文化母體内『經世致用』思想與資産階級思想相結合，也喚起了變革，以康有爲、梁啓超爲首的改良派試圖通過自上而下的革新以實現變革。康有爲的《新學僞經考》《孔子改制考》就是借經學之表論資産階級學説之裏的著作，康有爲的弟子梁啓超更是通過《新民説》一書提出國民性改造。與早期啓蒙者『師夷長技』的器物文明引進不同，梁啓超上升到形而上的精神領域，從文化心理上更加徹底地進行變革。梁氏是清朝末年到民國初年一個橋梁式的人物，被譽爲『輿論之驕子，天縱之文豪』，其影響力不但在學術領域，同時還在文學領域，他所倡導的『詩界革命』得到了譚嗣同、黄遵憲、丘逢甲等人的響應，黄遵憲的《日本雜事詩》，丘逢甲的《嶺雲海日樓詩鈔》都體現了這種主張。這一主張要求反映新的時代和新的思想，用『我手寫我口』（黄遵憲語）的方式直抒胸臆，對長期占詩壇主流的擬古主義、形式主義産生了巨大的衝擊，解放了寫作者的心靈和頭腦。

與社會變革同步的是早期對西方思想著作的翻譯，這裏面影響最大的是嚴復，他翻譯的《天演論》《社會通詮》等書直接孕育了民國一代的知識階層。魯迅、胡適等人在文章中都曾提到《天演論》對他們思想所産生的震撼。與嚴復略有不同的另一位翻譯家是林紓，他的譯作雖然參差不齊，但却在更細膩的心靈層次對讀者産生影響，許壽裳曾回憶，他和魯迅都熱衷于林譯的小説，如《巴黎茶花女遺事》《黑奴籲天録》《迦茵小傳》等作品。

辛亥革命之後，進步社會思潮成爲主流，比之清末思想啓蒙者『求存』的追求，民國以來的知識階層深入到了更加細微的肌理，一方面呼唤社會變革，另一方面進行點滴的建設，革命并不能使所有的一切一蹴而就，在更加深廣的領域，事物的改變是由微觀而宏觀。通俗地説，比之于革命，建設的意義更大。如《中國商業史》《中國教育史》《中國倫理學史》《中國哲學史大綱》《中國小説史略》等一大批作品都是進行系統的梳理與建設的理論作品。其中，以胡適和魯迅二人的影響最大，他們的作品一紙風靡，從而成爲新文化運動的主力人物。

《清末民初文獻叢刊》收録的文獻大致上可以分爲三個階段，其中龔自珍、張之洞、魏源、郭嵩燾、薛福成等人的作品可視爲『早期啓蒙』，康有爲、梁啓超、黄遵憲、嚴復、林紓等人的作品可視爲『中期啓蒙』，胡適、魯迅、蔡元培等人的作品可視爲『晚期啓蒙』。當然，這種劃分并非嚴格意義上的，大部分啓蒙思想者隨着時代的變化，其思想在不斷進步。縱觀整個近現代史，可以發現，要求變革不是在某一個領域，由某一類人發起和完成的，而是全社會的要求。

變革，已經成爲全社會的共識。

從清末民初的文獻中，我們能够發現一種豐富性。這些作品涉及政治、經濟、軍事、教育、外交、宗教、心理、情感等方方面面，從内而外地净化着中國兩千年以來的封建積習。它不祇是對社會的改造，更是對人心靈的重塑；它首重國家社會之建設，同時亦重靈魂心智之喚醒；它是宏大的，也是微觀的；它是嚴肅莊重的，也是活潑靈動的；這些作品結構精巧，思想内容深刻，擁有濃厚的人文主義色彩，對推動社會主義建設，實現中國夢有重大意義，是近現代中國一百年來最宏富的智識與情感的寶藏。因此，整理這些文獻作品，無論是出于資料保存的目的，還是爲圖書館提供資料副本，都有不可估量的意義。

特定時代下的文獻，當它一旦形成（既指草擬，創作的完成，也指其成爲一個載體），就不可再複製了，也就意味着它將面對消亡。對于文獻資料而言，越接近歷史事件發生的時代記録，越具有研究價值。文獻本身具有不可再生性，它衹會消亡，而不會增多。盡管文獻本身的文字可以保留下來，并進行傳播，却失去了當時的時代氣息。當時的作品可能在技巧上，文字的成熟度上不及當代，但它所負載的信息，創作者的情感都反映了當時的歷史，也就是説，它具有不可替代的歷史意義。

影印的版本有三個特點，第一是擁有文獻的『原始性』；第二個特點是『未經改動的』；第三個特點是『歷史的原貌』。所謂『原始性』，也就是説，它是第一手資料，而非轉述的，回憶形成的；『未經改動的』，是指未被篡改、删節、挖補的；『歷史的原貌』是指在影印製作過程中，完全依照文獻的原來模樣……這樣製作出版的作品，無异延續了文獻的壽命。

近現代思想史上的一個最重大的思潮就是『開放』，從林則徐的『開眼看世界』到蔡元培的『兼容并包』，都是在倡導一種開放式的胸襟。而《清末民初文獻叢刊》最有魅力的部分就是『開放』這一主題，衹有融入到世界文明發展的進程中，中華文明纔能歷久彌新。

《清末民初文獻叢刊》編委會

二〇一七年四月十四日

凡例

一、《清末民初文獻叢刊》（以下簡稱『叢刊』）爲影印本，舉凡所用之底本，均爲該書之早期版本。有清末刊本，亦有民國印本。

二、《叢刊》均依底本影印，未予删改，僅代表作者個人觀點，不代表官方立場；原刊本有誤，不予校改，以保留文獻之原貌。

三、《叢刊》所用之底本，因時日久遠存在漫漶的情况，均進行了修復；底本闕文、印刷不清，均保留原貌。

四、爲讀者閱讀之便，《叢刊》中之舊底本目録未標記頁碼者，編了目次；原底本有頁碼和目録，未予重複編目。

五、爲保持文獻的原始風貌，影印本保留了原書書影（原書爲多册，則保留第一册書影）、扉頁等信息。所用底本無相應信息者，則不予妄添，以免錯訛。

目録

論語注

論語注

南海康有為書

孔子二千四百六十八
年丁巳秋校刊于京
師美使館之美森院蒙
難居幽時 更甡

維新百日出亡十六年三周大地遊遍四洲經三十一國行六十萬里

論語注序

論語二十篇記孔門師弟之言行而曾子後學輯之鄭玄以爲仲弓子游子夏等撰定則不然夷考其書稱諸弟子或字或名惟曾子稱子且特敘曾子啓手足事蓋出於曾子門人弟子後學所纂輯也夫仲弓游夏皆年長於曾子而曾子最長壽年九十餘安有仲弓游夏所輯而子曾子且代曾門記其啓手足耶夫孔子之後七十弟子各述所聞以爲教枝派繁多以荀子韓非子所記儒家大宗有顏氏之儒有子思之儒有孟氏之儒有孫氏之儒有仲弓之儒有樂正氏之儒其他澹臺率弟子三百人渡江田子方莊周傳子貢之學商瞿傳易公孫龍傳堅白而儒家尚有宓子景子世碩公孫尼子及難墨子之董無心等皆爲孔門之大宗自顏子爲孔子具體子貢傳孔子性與天道子木傳孔子陰陽子游傳孔子大同子思傳孔子中庸公孫龍傳孔子堅白子張則高才奇偉大戴記將軍文子篇孔子以比顏

子者子弓則荀子以比仲尼者自顏子學說無可考外今以莊子考子貢之學以易說考子木商瞿之學以禮運考子游之學以中庸考子思之學以春秋考孟子之學以正名考公孫龍之學以荀子考子弓之學其精深瓌博窮極人物本末大小精粗無乎不在何其偉也論語既輯自曾門而曾子之學專主守約觀其臨沒鄭重言君子之道而乃僅在顏色容貌辭氣之粗及啓手足之時亦不過戰兢於守身免毀之戒所輯曾子之言凡十八章皆約身篤謹之言與戴記曾子十篇相符合宋葉水心以曾子未嘗聞孔子之大道殆非過也曾子之學術如此則其門弟子之宗旨意識可推矣故於子張學派攻之不遺其爲一家之學說而非孔門之全亦可識矣夫以孔子之道之大孔門高弟之學術之深博如此曾門弟子之宗旨學識狹隘如彼而乃操採擇輯纂之權是猶使僬僥量龍伯之體令鄙人數朝廟之器也其必謬陋粗畧不得其精盡而遺其千萬不待言矣假顏子

子貢子木子張子思輯之吾知其博大精深必不止是也又假仲弓子游子夏輯之吾知其微言大義之亦不止此也佛典有迦葉阿難之多聞總持故精微盡顯而佛學大光然龍樹以前只傳小乘而大乘猶隱蓋朝夕雅言率爲中人以下而發可人人語之故易傳焉若性與天道非常異義則非其人不語故其難傳則諸教一也曾學既爲當時大宗論語只爲曾門後學輯纂但傳守約之緒言少掩聖仁之大道而孔教未宏矣故夫論語之學實曾學也不足以盡孔子之學也蓋當其時六經之口說猶傳論語不過附傳記之末不足大彰孔道也然而孔門之聖師若弟之言論行事藉以考其大略司馬遷撰述仲尼弟子列傳其所据引不能外論語凡人道所以修身待人天下國家之義擇精語詳他傳記無能比焉其流傳自西漢天下世諷之甚久遠多孔子雅言爲六經附庸亦相輔助焉不幸而劉歆篡聖作僞經以奪真經公穀春秋焦京易說既亡而今學遂盡諸家遂

掩滅太平大同陰陽之說皆沒於是孔子之大道掃地盡矣宋賢復出求道推求遺經而大義微言無所得僅獲論語爲孔子言行所在遂以爲孔學之全乃大發明之翼以大學中庸孟子號爲四子書拔在六經之上立于學官日以試士蓋千年來自學子束髮誦讀至於天下推施奉行皆奉論語爲孔教大宗正統以代六經而曾子守約之儒學於是極盛矣聖道不泯天既誘予小子發明易春秋陰陽靈魂太平大同之說而論語本出今學實多微言所發大同神明之道有極精奧者又於孔子行事甚詳想見肫肫之大仁於人道之則學道之門中正無邪甚周甚備可爲世世之法自六經微絕微而顯典而則無有比者於大道式微之後得此遺書別擇而發明之亦足爲宗守焉其或語上語下因人施教有所爲言之故問孝問仁人人異告深知其意而勿泥其詞是在好學深思者矣曾子垂教於魯其傳當以魯爲宗凡二十篇漢時常山都尉龔奮長信少府夏侯勝丞相

韋賢及子玄成魯扶卿太子太傅夏侯建前將軍蕭望之並傳之各自名家齊論者齊人所傳多問王知道二篇凡二十二篇異於魯論昌邑中尉王吉少府宋畸瑯琊王卿御史大夫貢禹尚書令五鹿充宗膠東庸生並傳之惟王吉名家漢藝文志有魯傳二十篇傳十九篇魯夏侯說二十一篇魯安昌侯說二十一篇魯王駿說二十一篇齊說二十九篇說論語者止此而已安昌侯張禹受魯論於夏侯建又從庸生王吉受齊論擇善而從以教成帝最後行於漢世然魯齊之亂自張禹始矣劉歆僞古文論語託稱出孔子壁中又爲傳託之孔安國而馬融傳而注之云多有兩子張篇分堯曰以下子張問政爲從政篇凡二十一篇篇次不與齊魯同桓譚新論謂文異者四百餘字然則篇次文字多異其僞託竄亂當不止此矣自鄭玄以魯齊論與古論合而爲書擇其善者而從之則真僞混淆至今已不可復識於是曾門之真書亦爲劉歆之僞學所亂而孔子之道益雜羼矣

晉何晏並採九家古今雜沓益無取焉有宋朱子後千載而發明之其爲意至精勤其誦於學官至久遠蓋千年以來實爲曾朱二聖之範圍焉惜口說既去無所憑藉上蔽於守約之曾學下蔽於雜僞之劉說於大同神明仁命之微義皆未有發焉昔嘗爲注經戊戌之難而微矣避地多暇不揣愚昧謬復修之僻陋在夷無從博徵以包周爲今學多採錄之以存其舊朱子循文衍說無須改作者亦復錄之鄭玄本有今學其合者亦多節取後儒雅正精確者亦皆採焉其經文以魯論爲正其引證以今學爲主正僞古之謬發大同之漸其諸本文字不同折衷于石經其衆石經不同者依漢無則從唐或從多數雖不敢謂盡得其眞然于孔學之大人道之切亦庶有小補云爾

孔子生二千四百五十三年卽光緒二十八年癸卯春三月十七日

康有爲序於哲孟雄國之大吉嶺大吉山館

論語注序終　門人東莞張伯楨校

論語注卷之一

南海康有爲學

學而第一 釋文及皇邢疏本皆有此題周時用竹簡凡簡若干以韋束之爲一篇弟子撰記言行各自成篇不出一人之手此記論語二十篇名第甲乙之次也此篇于次當第一也

凡十六章 漢石經及釋文舊有此題皇邢疏無之趙岐孟子篇敘曰論語四百八十六章較陸氏經典釋文少四章然經典釋文先進篇二十三章依集解宜爲二十四章衞靈篇四十九章漢石經作二十六章蓋所據少異今但依釋文以存集解之舊

○子曰學而時習之不亦說乎有朋自遠方來不亦樂乎人不知而不慍不亦君子乎 白虎通辟雍篇論語曰朋友自遠方來陸氏釋文有作友鄭康成注同門曰朋同志曰友則魯論當作朋友自遠方來文選陸機挽歌友朋自遠方來李善注引此爲証惟後漢婁壽碑有朋自遠與何晏本同或是齊論以同爲今文故不改

馬融曰子孔子也白虎通曰學者覺也文從爻雜物撰德有所交效包內外兼人已合知行而成其覺者也先覺覺後覺後覺效先覺故人物之異全視所覺知覺之異全視所學但時勢不同則所

學亦異時當亂世則爲亂世學時當升平太平則爲升平太平之學禮時爲大故學亦必隨時而後適孔子爲時聖學之宗師也時亦兼數義日知月無忘則時時爲學循年而進無時過而難成亦是也習鳥數飛也假借爲貫言熟習也說樂之內也凡學至熟習則觀止神行怡然理順逢源自得況聖人之學通天人神明精熟闔闢往來莫不自在安得不欣喜懽愛耶人道賤愚而貴智所以異于物輕野而尚文所以異于蠻此言修已以自得爲先不得冥心坐廢以時爲中不得守舊泥古此爲開宗明義弟一旨故上論一書以時始以時終以明孔子之道全達于時學者不可不察也朋羣也包氏曰同門曰朋鄭氏曰同志曰友自從也樂喜也教學既精羣黨類聚仁智及人信從日遠修學有效人生之樂也惡獨而貴朋所以合乎羣合小羣不如合大羣其學愈高其用愈遠聖人則合億萬世界億萬年載之衆生咸從其教盡爲之朋其朋無

盡其樂亦無盡也此言及人聞風皆歸聖人于已身首言學于人倫首言朋蓋萬理有變而學之與朋貫萬億世而不易者太平世後人人有學人人皆朋只此二義盡之故尤尚之也

愠怨怒也君子人之道德成名者易曰不易乎世不成乎名不見是而无悶樂則行之憂則違之確乎其不可拔斯爲有德之君子也蓋君子之入于人世智仁兼修人已共證拯捄羣生天下歸往然羣生之根性不齊時世之昏濁或甚舉世疑謗固亦有之然君子人親而天心燕處超然雖現身人羣而不隨于事物遊于物表和于天倪在衆如無衆在身如無身故無所愠也聖人之于羣生如慈母之撫嬰兒無論笑啼但有愛憐全無愠怒爭席則喜遇難而安故無量出入絕無窒礙也此極言聖者自得之至無人已之見存也

○有子曰其爲人也孝弟而好犯上者鮮矣不好犯上而好作亂者

末之有也君子務本本立而道生孝弟也者其爲仁之本與說苑後漢書延篤傳引作孔子曰弟高麗本皇本作悌

孝從老省從子子承事父母之謂弟韋束之次弟假以承事兄立愛自親始立敬自長始父齒隨行兄齒雁行朋友不相踰習成恭讓然後出以事君事長使衆小之則和順積躬大之則悲憫萬物必不侵犯人人自由之疆界而況于長上乎長上壓制太過或不得已而求伸謹厚者亦爲之然猶非所好也況于稱兵以亂天下乎蓋作亂者爲最不仁之事非孝弟無以絶其源也務趣也本木根也包氏曰能事父兄然後仁道可大成董仲舒曰仁者不爭無傷惡之心無隱忌之志無嫉妒之氣無感愁之欲無險詖之事無僻違之行心舒則志平氣和則欲節聖人治其道而以出法治其志而歸之于仁仁之美者在于天天仁也天覆育萬物既化而生之又養而成之人之受命于天也取仁于天而仁也尸子曰孔子

本仁孟子述孔子曰道二仁與不仁老子以天地聖人爲不仁孔子以天人爲仁故孔子立教一切皆以仁爲本山川草木昆蟲鳥獸莫不一統太平之世遠近大小若一大同之世不獨親其親子其子老有終壯有用幼有長鰥寡孤獨廢疾皆有養仁之至也然天地者生之本父母者類之本自生之本言之則乾父坤母衆生同胞故孔子以仁體之自類之本言之則父母生養兄弟同氣故孔子以孝弟事之此章爲撥亂世立義孔子立教在仁而行之先起孝弟有子立教之意以孔子生非平世躬遭據亂人道積惡自人獸並爭之世久種亂殺之機無論何生觸處迸發加逢亂世險詖詐謀百出機械亂種旣深何能遽致太平大同自由之域孔子因時施藥必先導之于和順而後可殺其險機又必先自其至親誘其不忍之心然後可推恩同類以動其胞與之愛故撥亂之法先求小康而後徐導大同孝弟者先導其一家之小康而徐推于

天下之太平此蓋治教必然之次序也
有子孔子弟子名若少孔子四十三歲孔子沒後子夏子游子張之賢皆師之蓋爲孔子傳道之大宗子自顏子外得孔子之具體最似孔子者也當時惟曾子不從故別爲一宗荀子非十二子篇以子思孟子案飾其言以爲仲尼子游爲茲厚于世則子思孟子爲子游後學而子游嘗事有子故有子實盡聞孔子之大道者論語于七十子皆字之惟于有子曾子稱子蓋孔門之後儒雖分八而本始實分二宗譬之禪家有子廣大如慧能曾子謹嚴若神秀也惜有子早沒故所傳不及曾子之廣後儒列十哲擠有子于末而以子思孟子出于曾子實沿王肅僞家語之謬不足據也
孔子志在春秋以成其體天之仁行在孝經以成其錫類之孝故以春秋之仁爲經天下之大經孝經之孝爲立天下之大本也然觀孝經言事親者甚少而言待天下人甚多蓋孝子不匱永錫爾

類必錫類乃爲大孝故堯舜仁覆天下而孟子稱之曰堯舜之道孝弟而已誠以孝弟爲行仁之本立愛自親始本原既定推以愛民物通天人而大道自生也蓋爲行仁先後之序焉孔子之道好生惡殺故乾曰大生坤曰廣生天地之大德曰生而爭殺作亂乃亂世最不仁之事聖人所最惡而憂之者也孔子好仁而惡不仁欲胥天下而致于太平之世而亂種流傳不能遽致故發孝弟之道以絕爭亂之源而爲仁愛之本積重既久保合太和然後大同之道乃可行也

○子曰巧言令色鮮矣仁

包咸曰巧言好其言語令色善其顏色皆欲令人說之少能有仁也逸周書官人篇巧言令色皆以無爲有者也人多惑之以爲慈仁孔子特明其非也蓋人之生直故貴尊其德性質直好義自由自立若以巧詐欺人則天良斵喪其生則性德式微其死則魂靈

澌滅同時處人羣則大害後世傳人種則更傷其過若小而播惡無窮孔子欲行仁道則不得不惡害仁種之人蓋亂殺之害顯在人世人易知之巧詐之害微在心術人所難知而其爲害于人世人種則一也此皆亂世之俗而爲官人尤甚誤信惑之不爲反噬亦爲所累孔子生當其時故先惡之若太平世則自無此矣

○曾子曰吾日三省吾身爲人謀而不忠乎與朋友交而不信乎專不習乎 鄭曰魯論傳爲專

吾我自稱也一晝一夜曰日省察也朱氏曰曾子孔子弟子名參字子輿盡己之謂忠以實之謂信廣雅釋詁專業也呂氏春秋曰所專之業不習則隳是也蓋忠信以立德專學以成才戒浮華去泛鶩專門之學不敢不習也皆對人而立其誠也何休曰忠信所以進德所以遠于巧言令色矣傳六經之微言大義也習溫習也何休不從古文而亦解作傳或齊論作傳專當爲傳之省文臧氏

庸引陸氏釋文條例以爲假借是也前惡巧令此貴忠信皆撥亂世而反之正以救人種之陷溺也
第一章言學以合羣然合羣之道必在仁而久積爭殺不能達仁則當明孝弟以先之孝弟者人羣之本也久積作僞不能致仁則當主忠信以變之忠信者人心之本也此孔子之道而有子曾子傳之論語特以孝弟忠信繼學與仁此其開宗明義者也忠信者誠也人道之有忠信如穀之有種如水之有源苟無忠信之心如剪綵爲花非不美觀究無眞綵如堰水爲陂非不汪洋應時枯竭故一切治教皆以忠信爲基有忠信乃有治教無忠信則治教立亡矣一人忠信之至則可感天人貫金石雖大同之世亦不過講信修睦人人忠信而已故人道始于忠信亦終于忠信
孔子立教弟子後學傳之論語爲後學傳孔子之教者故修學及朋之後明傳之義立教雖爲公理然人能弘道非道弘人教能傳

習則廣教不傳習則微故曾子首以忠信爲本體節以傳教爲日用日日省之能傳教否此曾子所以能爲傳教之大宗而後學所當師法也曾子所生爲魯人近聖人之居久染大教其壽九十言論最多發明最久弟子最衆故與有子分峙而尤爲孔門最大之宗派曾子十篇倘散見于大戴禮中其學以修身守約爲宗旨與論語各章意義皆同葉水心謂曾子沒時亦以動容貌正顏色出辭氣啟手足爲自省蓋終身力行守約而未聞孔子大道未免太過然于孔子至仁太平之大道不甚發明其與有子開口言仁者大小迥殊矣蓋有子爲大乘曾子爲小乘後學以曾子爲大宗而尊信遵守之于是孔子之大道不光未必不因此蓋顏子有子不壽而孔道遂隘而幾失其宗此天下之大不幸也

○子曰道千乘之國敬事而信節用而愛人使民以時

包咸曰道治也千乘之國者百里之國也古者井田方里爲井十

井出一乘百里之國適千乘也爲國者舉事必敬愼與民必誠信節用不奢侈國以民爲本故愛養之作事使民必以其時不妨奪農務包說是也馬融以爲井十爲通通十爲成成出革車千乘是地方三百一十六里此依劉歆僞周禮與今文詩公車千乘王制孟子公侯百里制相反此僞說也敬警也敬信言其體節愛言其用易曰節以制度不傷財不害民有豫算之謂非儉嗇以失國體也此爲據亂世發也亂世道路未通分國萬千如今土司然君長驕侈詐欺奴隸其民而虐使之雖以文王之築臺沼猶使其民蓋時世使然今土司一切征役其民猶然也故春秋于築臺築城皆譏之至非時用兵尤所惡讀杜甫詩爺娘妻子走相送哭聲直上干雲霄及三吏三別諸詩可見不敬事而妄使民之禍至唐世尙如此故孔子貴卑宮而惡雕牆尙節儉而惡奢侈誠惡不愛人而妄使民也君長奢侈多一日之征役則民失一日之農時況于朝

令夕改民無所信征役相仍土木不息則民之農時盡失父母妻子凍餒所關至大矣故重戒之以敬信節用而諄複之以愛人使時又立爲法使民不過三日皆撥亂不得已之意未能太平僅求小康之義爲當時藥也自王安石行雇役法無復使民則此言爲舊方矣然各國仍有使民者聖人之爲醫甚遠各因其病而服其藥可也若夫敬事信民節用愛人則凡執政者所當服膺而無分于天下一國平世亂世者矣

千乘之國蓋古者以農兵立國之法若平世則團體日大無復此國然平世之大農大工大商其一廠一場占地數十里用人數萬世愈大同則各業皆爲大公司其廠場之地愈大用人愈多各成古國之小團體各自爲治其執事業既多人民既眾度支既廣興作有時治之之法亦與古千乘之國無異興作必當謹慎號令必當誠信度支必定豫算同夥必當親愛興作必當限時刻無違其

食息而致其貧病則無論何世皆能行之善乎程子謂聖人此言雖淺然通乎上下也故孔子之言圓通無礙如大華嚴學者無泥守之而觸類引伸之孔子不云乎舉一隅不以三隅反則不復也泥一隅者是孔子所不教者矣

○子曰弟子入則孝出則弟謹而信汎愛衆而親仁行有餘力則以學文 汎左傳引作氾

謹者行之有格也信者言出至誠也汎博也衆謂衆人親近也仁謂仁者餘力猶言暇日以用也文道藝也凡一切學術著之文字者尹焞曰德行本也文藝末也窮其本末知所先後可以入德矣朱子謂力行而不學文則無以考聖賢之成法識事理之當然而所行或非愚按此孔子呼弟子而教之蓋孔子之門人皆已成人在二十敦行孝弟親師取友博學不教之時不爲童子言也若童年則自六歲學書十歲就傅十五入大學專力學文不與衆接亦

不責以成人之禮惟二十之後責以成人之禮入事父兄出取師友接人任事皆有責任不能責肆力于學文矣然少有暇日必當爲學以益智養魂蓋學者終身爲之不能以事物間者始有知識接物之時要在熏陶德性與接爲搆視其所染習善則善習惡則惡故以親近仁者爲歸而乾元資始萬物同體民皆同胞只有愛矜絶無嫉惡蓋以孝弟發其行仁之始以汎愛衆極其行仁之終以謹信肅其行仁之規以親仁熏其爲仁之習而後學文以廣其智益雖仁智雙修而始終于仁但以智輔仁所以養成人之德也蓋文國重英年垂教望後生故鄭重于治國之後然聖人雖爲弟子告而婦女亦可行若語汎愛親仁則雖童幼者耋豈有異哉

○子夏曰賢賢易色事父母能竭其力事君能致其身與朋友交言而有信雖曰未學吾必謂之學矣

子夏孔子弟子姓卜名商少孔子四十四歲爲魏文侯師壽百餘

歲講學西河人疑于孔子故荀子謂有子夏氏之儒蓋在有子曾子之外爲孔門之大宗矣竭負舉也致送詣也此爲撥亂世明人倫而發人道始于夫婦夫婦牉合之久所貴在德以賢爲賢言擇配之始當以好德易其好色蓋色衰則愛弛而夫婦道苦惟好德乃可久合關睢憂在進賢不淫其色哀窈窕思賢才是也父母鞠育顧復其恩罔極大德宜報當用勞竭力也事君就職不得私愛其身故食焉不避其難也交友約言必信久要不忘凡此四倫人所同具凡此四行亦非絕高視夫刑于寡妻永錫爾類格君之非熏德善良者硜硜篤守拘執小節雖曰未學可矣蓋學者窮物理之所以然審時世所當然變化無端惟義所在誠非拘執一節者所能識也然生當亂世不爲惡俗所染皎然不欺其志雖出于美質篤行而學者實亦不過如是也

○子曰君子不重則不威學則不固主忠信毋友不如已者過則勿

憚改無宋刊九經本作毋儀禮公食大夫禮鄭注古文毋皆作無故知魯論今文作毋今從之
重敦厚也威威嚴固陋也言重則有法行重則有德貌重則有威好重則有觀若輕佻不厚重則無威儀空疏不學則固陋也一切虛僞無源之水無根之木必不能久故不誠無物無論行業學者必以是爲主焉奉忠信爲君主而後百義從之斯斷不爲小人之歸矣人視所習莫嚴于師莫親于友其居游皆勝已者不期益而益矣其居游皆不如已者不期損而損矣故夾輔之人當須勝已周公曰不如我者吾不與處損我者也與吾等者吾不與處無益我也勿禁止辭憚忌難也人道進德全在改艮愈改愈進亦復有過改之無已則進而愈上若憚于改則安于其失非止永無進益甚且積爲罪愆習爲固然至惡積而不可解也故君子小人之上達下達專視憚改過與否耳游氏曰君子之道以威重爲質而學以成之學之道必以忠信爲主而以勝已者輔之然或吝於改過

則終無以入德而賢者亦未必樂告以善道故以過勿憚改終焉

○曾子曰愼終追遠民德歸厚矣

愼終者喪禮也追遠者祭禮也死者人之所患遠者人之所忘孔子上因先聖制喪禮則凡招魂藏魄之事必誠敬而勿使有悔制祭禮則凡出祖祧廟之遠必追享而使人勿忘記曰之生而致死之不仁而不可爲也之死而致生之不智而不可爲也聖人于鬼神死生之故知之既深矣然鳥獸失羣猶有啁啾之頃何況至文明之人而置之故不欺死者之無知不忘祖宗之已遠事死如生事亡如存厚之至也所以教民者深矣故民從其德念祖思親雖遠萬里猶念祠墓不忘宗國中國人種族之盛于萬國殊于大地蓋孔子立教爲之也今民之不散其已然之效矣

○子禽問於子贛曰夫子至於是邦也必聞其政求之與意予之與子贛曰夫子溫良恭儉讓以得之夫子之求之也其諸異乎人之求

之與漢石經論語貢皆作贛抑作意與作予說文貢獻功也贛賜也子贛名賜當作贛不當作貢詩抑此皇父鄭讀作意

子禽姓陳名亢齊陳氏即史記弟子傳之原亢漢書分爲三人誤矣子贛姓端木名賜少孔子三十一歲皆孔子弟子温和也良易也恭肅也儉節也讓謙也皆禮教也興于詩立于禮成于樂言夫子未嘗求之但覩其德容尊行人親附之則告語之蓋時君尊禮自以其政問之非若他人必求而後得也其諸蓋齊魯語公羊其諸君子樂道堯舜之道與人才有界後世高才鉅學亦多預聞政事況聖人出于人間復出倫類如泰山之于丘垤河海之于行潦所至如覩異人觀佛所至各國迎拜可知矣孔子過化存神既非人所能測而其禮樂文章之盛徒屬之才春秋處士實無其比所至公卿聞而震驚就而咨問乃其好德之良固然而未有授之以政者則根器太下私欲害之然即此言之聖人之德盛禮恭尚可想像焉謝氏良佐曰學者觀于聖人威儀之間亦可以進德矣若

子贛亦可謂善觀聖人善言德行矣今去聖人二千五百年以此
五者想見其形容尚能使人興起而況于親炙者乎
○子曰父在觀其志父沒觀其行三年無改於父之道可謂孝矣
在存也觀諦視也在心爲志發事爲行此爲觀人于家而言之父
在子不得專故觀志父死子述其業故觀行然雖父沒在喪三年
哀慕猶若父在不忍改父之事者蓋孝子之心矣至于喪畢人之
業有權限而志可自由雖父之尊親過則改之無能掩抑之者也
京房易傳幹父之蠱有子考无咎子三年不改父道思慕不皇亦
重見先人之非師丹曰古者諒闇三年不言聽于冢宰三年無改
于父之道就居喪蓋三年中尚稱子也尹氏曰如其道雖終身無
改可也如其非道何待三年然則三年無改者孝子之心不忍故
也游氏曰三年無改亦謂在所當改而可以未改者耳
○有子曰禮之用和爲貴先王之道斯爲美小大由之有所不行知

和而和不以禮節之亦不行也何晏集解作不可行漢石經無可字今從之

禮者天理之節文人事之儀則也用施行也和調也蓋禮之爲體雖嚴然皆出于人情之自然故其爲用必剛柔相調而不乖乃免禮勝則離而可貴先王之道此其所以爲美而小事大事無不由之也如此而復有所不行者以其徒知和之爲貴而一于和不復以禮節之則流蕩忘返而亦不能行也愚謂嚴而泰和而節此理之自然禮之全體也毫釐有差則失其中正而各倚于一偏其不行均矣禮勝則離必和之以樂樂勝則流必節之以禮蓋禮以嚴爲體而以和爲用樂以和爲體而以嚴爲用二者皆不可偏庶幾欣喜懽愛中正無邪也禮者爲異樂者爲同禮爲合敬樂爲合愛禮爲別宜樂爲敦和禮爲無爭樂爲無怨禮爲天地之序故羣物皆別樂爲天地之和故百物皆化故禮樂並制而小康之世尚禮大同之世尚樂但人道以樂爲歸聖人創制皆以樂人而已惟生

當據亂不能不別宜以去爭然制禮似嚴實貴和樂故無小無大皆樂由之但物理循環樂極則哀故和而不流禮當大同但有合愛仍不能不有節也有子爲子游之師當傳大同之道此章詞雖含蓄而專明親愛樂人大同之旨已揭矣

○有子曰信近於義言可復也恭近於禮遠恥辱也因不失其親亦可宗也

信約也義宜也復覆返也恭致敬也因依也宗主也言約信而合其宜言乃可返踐矣致恭而中其節然後恥辱可遠所依者不失其可親之人乃可奉爲宗主此言人之言行交際皆當謹之于始而慮其所終立約致敬雖不能盡合于禮義而必當近之交親服事當考其心術行義不然則因仍苟且之間將有不勝其悔者蓋妄約則然諾難踐太恭則屈節辱身若抱柱待水而死拜虜庭而囚是矣故大人比義行權而不必信守禮則抗節而愈益榮所依

之人當擇其行義可親者否則誤從匪人將終身爲所責也

○子曰君子食無求飽居無求安敏於事而愼於言就有道而正焉可謂好學已矣何晏集解作也已皇本作也已矣漢石經作已矣石經當是今文今從之後倣此

居爲尻假借得几而安也敏疾也有道謂有道術正謂問其是非不求安飽者志有在而不暇及也敏于事者勉其所不足愼于言者不敢盡其所有餘也然猶不敢自是而必就有道之人以正其是非則可謂好學矣尹氏曰君子之學能是四者可謂篤志力行者矣然不取正于有道未免有差如楊墨學仁義而差者也其流至于無父無君謂之好學可乎不求安飽者蓋別有神明之樂則不暇爲體魄之營安飽固養形所當有事但不可專務求之則喪志也事者難成故必時敏而後有功言者易盡故必愼出而後寡過大道多歧行義易偏自是冥行愈去愈遠當問以辨之必得有道德之士正定其是非乃不致誤也儒行曰博學以知服

○子贛曰貧而無諂富而無驕何如子曰可也未若貧而樂道富而好禮者也子贛曰詩云如切如磋如琢如磨其斯之謂與子曰賜也始可與言詩已矣告諸往而知來者皇本子贛下有問字集解本無集解本作貧而樂無道字惟皇本高麗本日本足利本史記弟子列傳孔安國注皆作貧而樂道唐石經亦有道字但旁注漢書王莽傳與鄭注引無道字蓋古文也劉氏寶楠不知漢書爲劉歆僞撰以爲今文誤也今不從

諂佞諛也卑媚之容馬六尺曰驕喻高倨之態此人處貧富所不能免者若不以貧屈于人不以富加于人完人道自立之界而不侵犯人界子贛不欲人加亦不加人蓋倡自由平等之學又先貧後富會用力焉此固孔子所許可者惟以貧賤驕人富貴下士雖迥出尋常然心跡未能忘富貴也夫神明之自得固有出夫貧富之外者若貧而樂道研精術學玩心造化則忘懷于貧富而好禮者施以行德安以處善若不與其富處世間而不礙世境子贛地位甚高故孔子以此進之亦天道也詩衛風淇澳之篇切封也琢

治也磋平滑之磨釋文作摩礱也爾雅骨謂之切象謂之磋玉謂之琢石謂之磨治之已精而益求其精以成寶器大學如切如磋道學也如琢如磨自修也蓋詩文古訓已語終辭子贛自以無諂無驕爲至矣聞夫子之言又知義理之無窮自修之無盡故驟悟引詩往者已發之蘊來者無盡之藏孔子作經皆寓微言如華嚴之藏滴水可現大海故一端之旨類推引伸六通四闢而不可窮如春秋之三世易之卦變橫亘六合而不可盡既然矣若詩尤善爲喻者其觸譬無窮不止四始五際之密寓微旨也孔子固云舉一隅不以三隅反則不復子贛善悟孔子許以言詩然則後世之泥一二訓詁文字以求詩者必不足與言詩矣泥一二文字經典以求孔子者必不足與知孔子矣

○子曰不患人之不已知患已不知人也患不知人集解無已字皇本高麗本足利本皆有已字釋文患不知也本或作患已不知人也今從之

患憂也尹氏曰君子求在我者故不患人之不已知不知人則是非邪正或不能辨故以爲患也人不能離人而獨立無論居游營業皆與人接搆若不知人之是非邪正而誤于交託則動而必敗大之喪國次之亡身小之亦失業敗名故人倫之鑒不明實人道切身之患也故君子自立在己而藻鑑在人雖知人未易堯舜猶難然愈難愈當講求其術也若夫懷才抱德如川藴珠如山藏玉有車必見其軾有衣必見其服何患不知乃人日求人知而不求知人何顛倒其用也

門人高要陳煥章初校
門人番禺王覺任覆校
門人東莞張伯楨覆校

論語注卷之一終

論語注卷之二

南海康有爲學

爲政第二

凡二十四章

○子曰、爲政以德、譬如北辰居其所而衆星拱之、鄭玄本作拱蔡邕明堂月令論引亦作拱呂氏始覽引作拱趙岐孟子注皆作拱則今文當作拱而共爲古文今不從

德、元也、爲至極、北辰、北極也、所不動處、史記天官書、中宮太極星、其一明者、太一常居也、呂覽、極星與天俱游、而天樞不移、說苑、璿璣謂北辰、句陳樞星、漢書天文志、北極第五紐星、爲天之樞、梁祖暅之測不動處、在紐星末一度餘、沈括元郭守敬測極星、離不動處三度、言北辰居不動之所、而衆星環旋共拱向之、包氏曰、德者無爲、猶北辰之不移、而衆星拱之、蓋地生于日、而拱日、日與諸恒星凡一切星雲、星團、星氣、皆拱北極而環之、是爲一天、此天之外、

又有諸天無量數天而拱一元易曰大哉乾元乃統天是也以元統天則萬物資始品物流形以元德爲政則保合太和各正性命所謂乾元用九見羣龍無首而天下治行太平大同之政人人在宥萬物熙熙自立自由各自正其性命羣龍共成之而潛龍可勿用故不待如衆星日行而北極可不動也德無爲也升平世則行立憲之政太平世則行共和之政天下爲公尊賢使能講信修睦人不獨親其親子其子老有終壯有用幼有長貨惡棄地不必藏于己力惡不出不必爲已人人共之以成大同故端拱而致太平如北極不動而衆星共繞而自圜行也無他惟天下爲公故無爲而治也霸主專制爲治雖衡書擔石嚴刑重罰智取術馭威壓强制百出其道職事愈隳亂機愈伏無他惟自私天下故欲治無成也包咸爲今文家說無爲而治者舜也此蓋孔門密藏微言後學宜知玩索焉

○子曰、詩三百、一言以蔽之、曰思無邪、

詩三百五篇、舉大數也、史記、三百五篇孔子皆絃歌之、以求合韶武雅頌之音、漢王吉曰、以三百五篇作諫書、是也、或言三百十一篇者、以毛詩引南陔白華、華黍由庚崇邱、由儀六篇、不知笙詩、有聲無詞、安得有篇、此劉歆僞毛之謬、不足據也、思無邪、魯頌駉篇之辭、思容也、言心有所念、能容之也、反正爲邪、凡詩之言善者、可以感發人之善心、惡者可以懲創人之逸志、其用歸于使人得其情性之正而已、然其言微婉、或各因一事而發、求其直指全體、未有若此之明且盡者、凡詩之詞皆入樂章者、所以和同合愛、故論倫無患、欣喜懽愛、然發乎人情、止乎禮義、則又中正無邪、故詠歎淫泆、發揚蹈厲、使耳目鼻口心知百體、皆由順正、即其風喻、無所不有、然必旁行而不流、故詩義無窮、然執要守約、以一言貫之、則思無邪盡之、蓋歌謠之事、起于初民、而尤盛于太平、乃人情之至

風俗之原惟使之情深而文明氣盛而化神淘汰其逸邪而揚詡其神思則繼三百篇而作可也

○子曰道之以政齊之以刑民免而無恥道之以德齊之以禮有恥且格漢祝睦碑導濟以禮皇本兩道字並作導釋文道作導惟漢石經作道今不改祝睦碑有恥且恪費汎碑有恥且洛釋文格字或作络字當是魯齊之異

導引也政謂法制禁令也齊正也禮謂經禮曲禮免而無恥謂苟免刑罰而無恥心雖不敢爲惡而爲惡根未忘也包氏曰德謂道德格去非心也漢書貨殖傳道之以德齊之以禮故民有恥而且敬緇衣夫民道之以德齊之以禮則民有格心何晏曰格正也民種未良民德未公待法律刑罰以治之民雖畏法而求免罰然險詖機詐之心未除卽作弊于法律之內故政刑者升平小康之治也養其善性和以文明使民種民俗皆至仁良日遷善而不知忠直公溥之風已定自不屑爲奸慝之事故德禮者太平大同之治

也、孔子生亂世、雖不得已爲小康之法、而精神所注、常在大同、故拳拳于德禮、以寓微旨、而于德尤注意、蓋民種自無始來、爭殺機詐之根已深、無論如何政教、只稍加滌濯、不能掃除、非以無量大德、改易其種、無能治太平之世也、必使無訟、大畏民志、無爲而治、蕩蕩難名、此乃聖人之意歟、

○子曰、吾十有五而志乎學、卅而立、卌而不惑、五十而知天命、六十而耳順、七十而從心所欲不踰矩、漢石經高麗本于作乎、今從之、三十四十漢石經作卅卌、柳子厚引七十而縱心、則以心斷句、而以所欲不踰矩爲另句、

心之所之謂之志、學即孔子神明聖王之學、後此以立教天下者、但立教成于晚暮、而定志則在十五、蓋神靈之生、有自來、故性識早定于童幼、如旭日初出、已自皎然大明、其後之進、不過升至中天、濛氣漸解、而光燿更照耳、雖有增益、非如常人之性識、如聚薪而然之也、立者大力凝固、鑄鍊如鐵、而不搖、不惑者大明終始、燭

照如日而不眩書天其命哲命吉凶命歷年蓋人受生于天有哲命有祿命知天命者窮理盡性以至于命凡天人陰陽鬼神幽明死生之故通微合漠闡幽洞冥諸天無窮知亦無窮也耳順者神氣風霆聞聲皆徹通于人天也耳順之文甚異孔子神人誠非淺儒所能測佛之三明五勝所謂天耳通者當同之耶後人風角鳥占猶極靈驗此亦耳通之類況孔子之神耶從心所欲不踰矩者義理血氣湊泊渾融官止神行聲律身度而神明變化旁行不流也孔子自言進學自得之序蓋其遜詞以勉學者然聖功之次第與聖學之精深亦可窺一班矣

○孟懿子問孝子曰毋違樊遲御子告之曰孟孫問孝於我我對曰毋違樊遲曰何謂也子曰生事之以禮死葬之以禮祭之以禮漢石經作毋違論衡問孔篇亦作毋違士昏禮鄭注古文毋作無則毋今文也今從之

孟懿子魯大夫仲孫氏名何忌違戾也毋違謂不背于理樊遲孔

子弟子名須御爲孔子御車孟孫稱公孫省文葬從死在艸中夫子以懿子未達而不能問恐誤以從親之令爲孝故語樊遲以發之生事葬祭事親之始終具人道畢矣禮天理之節文人事之儀則也父母但傳體魄未必皆賢故生則幾諫死則幹蠱孝經特發從父令未得爲孝之義故事親始終只能從禮故大孝在諭義亂命不可從而父道可以改蓋人道只以公理爲歸雖父母之尊親不能違公理而亂從之也

○孟武伯問孝子曰父母唯其疾之憂

武伯懿子之子仲孫彘武謚也伯長也憂愁也唯與惟同獨也王充論衡高誘皆以人子憂父母之疾爲孝孝經孝子之事親也病則致其憂曲禮父母有疾冠者不櫛行不翔言不惰琴瑟不御食肉不至變味飲酒不至變貌笑不至矧怒不至詈疾止復故馬融以父母憂子之疾是古文家異說今不從

○子游問孝子曰今之孝者是謂能養至於犬馬皆能有養不敬何以別乎 漢石經無乎字惟是否有缺不可考今闕疑

子游孔子弟子姓言名偃是祇也養供奉也包氏曰犬以守禦馬以代勞皆養人者馬周疏少失父母犬馬之養已無所施束晳補亡詩曰養隆敬薄惟禽之似是也然孟子謂愛而不敬獸畜之坊記小人皆能養其親君子不敬何以辨言小人亦能盡力養親惟狎恩恃愛而敬不至則與養犬馬者何異孔子恐人知愛親而不知敬親故因子游發之其詞意警切矣古注說兩存之

○子夏問孝子曰色難有事弟子服其勞有酒食先生饌曾是以為孝乎 饌釋文鄭作餕特牲饋食禮有司徹鄭注並云古文籑皆作餕段氏玉裁謂禮記餕字于禮經皆今文則餕是今文也今闕疑不改

包咸曰色難者謂承順父母色乃為難服事也先生父兄也盡服勞奉養人子之所宜然而不足為難惟隱候顏色先意承志乃能

深得懽心祭義養可能也敬爲難敬可能也安爲難鹽鐵論上孝
養志其次養色曲禮視于無形聽于無聲是也鄭氏言和顏悅色
爲難祭法孝子之有深愛者必有和氣有和氣者必有愉色有愉
色者必有婉容又云嚴威儼恪非事親之道亦是也以上四章問
孝雖同而答之各異聖人施教如大醫施藥病既各異藥亦不同
言各有爲凡讀聖人之言必當會此不然則由求異其進退異其
仕隱爲不可解矣若泥單詞片義則豈爲善學者哉

○子曰吾與回言終日不違如愚退而省其私亦足以發回也不愚
皇本愚下有也字

回孔子弟子姓顏字子淵違難也不違者意喻心通有聽受而無
問難也私謂退息居學之燕處非進見請問之時發謂發明所言
之理顏子具體而微實與孔子合德孔子與言性與天道非常異
義常人驟聞而必驚者顏子亦直受而不疑既已合契同符復何

容審問明辨相視莫逆故不違也以其神會意喻慭然似非人故曰如愚也蓋神聖共處天人同貫雖復至言偉論視作尋常然以聞一知十脅知之才得一端而博貫之觸其類而引伸之當同人講習之時發明師說辨才無礙益大光明矣孔子蓋新得顏子而心喜傳道有人故爲反覆之詞乃其贊歎之至也

○子曰視其所以觀其所由察其所安人焉廋哉人焉廋哉（集解下廋句有哉字漢石經無哉字與禮乎禮微乎微同然或缺脫今不改說文無廋字蓋古文學）

視瞻也以爲也爲善者爲君子爲惡者爲小人常視曰視非常曰觀由從也事雖爲善而意之所從來者有未善焉則亦不得爲君子矣察覆審也安所樂也所由雖善而心之所樂者不在于是則亦僞耳豈能久而不變哉焉安也廋隱匿也重言以深明之聖人最重知人故發觀人之法蓋考事行不如考心術考心術不如觀嗜好察其事由窺其意趣然後人之表裏顯微肺肝如見矣文王

官人篇作考其所爲視其所由察其所安此之謂視中也

○子曰溫故而知新可以爲師矣

凡立教爲師者學當無窮溫尋繹也故古也王充曰知古不知今謂之陸沉知今不知古謂之盲瞽故凡大地數千萬年前之陳跡必盡尋求之然後可應世間數千萬年後之新理必日知之然後可啟來者且細加尋繹故中即有新機聞知既多新即可証故物新故互証其教乃當而不謬變而益通孔子蓋恐傳教之人能守道者則守舊太拘而不知時變新理以盡前民知變通者又好新太過而勇于掃故義而不知保全舊粹若是者以爲治不能爲長若傳教不能爲師然爲治者尚多能審時至爲師者鮮能適變故孔子美其溫故之已能而戒其知新之不足其瞻言遠矣惜後儒違失聖義知溫故而不知知新至使大教不昌大地不被其澤此則後師之責也

○子曰君子不器

器皿也包咸曰器者各周其用至于君子無所不施莊子謂諸子各明一義如耳目鼻口不能相通是也若孔子則本末精粗六通四闢其運無乎不在蕩蕩則天而不能名混混合元而不可測也故學者之始患不成一才以爲器成德之終貴博學多能而不器送行者自涯而返則自此遠矣

○子贛問君子子曰先行其言而後從之貢漢石經作贛

先行在于未言之前言在既行之後凡人非言之艱而行之難

○子曰君子周而不比小人比而不周

朱子曰周親密也比阿曲也皆與人黨合之義但以義合爲周以利合爲私朱子曰君子小人所爲不同如陰陽晝夜每每相反然究其所以分則在公私之際毫釐之差耳故聖人于周比和同驕泰之屬常對舉而互言之欲學者察乎兩間而審其取舍之幾也

○子曰學而不思則罔思而不學則殆

包咸曰學不尋思其義則罔然無所得何晏曰不學而思終卒不得徒使人精神疲殆愚嘗見好學而不好深思之人誦据甚博而不求事理所以然故絕無心得卒無所成故程子曰能窮所以然是第一等學人故貴深思之士然徒思而不學則冥心力索至陽明格竹而三日汗下傅子淵默坐而晚歲顛狂吾弟子三水潘藻鑑高志力學其後閉門冥坐專力苦思至病狂而卒蓋追索過甚靈性迸走故至殆也孔子此義精深周徧蓋學問思辨固不可缺一而偏廢者也

○子曰攻乎異端斯害也已

攻治也故治木石金玉之工曰攻端本也首也漢賢良策問二端異焉韓詩外傳序異端使不相悖袁紹之客競設異端中庸執其兩端用其中于民言執業講德不可有惑也或曰異端者非六藝

之科聖人之道而別爲一端猶外道也漢范升以左氏爲反異引此說從其道將爲大害若秦以從韓非之老學而亡晉以淸談老莊而覆邦梁武帝以好佛而餓死是也若學者而從異端外道若陳相之從許行迷罔失歸害滋大矣孫奕曰攻如攻人惡之攻已止也謂攻其異端使吾道明則異端之害人者自止如孟子闢楊墨而楊墨之害止是也義亦通

○子曰由誨女知之乎知之爲知之不知爲不知是知也女皇本作汝

由孔子弟子姓仲字子路夫子語以爲知之道實知之乎是爲知不必遜爲不知也實不知乎則爲不知不可强爲知也天下之物理無盡生有涯而知無涯人之所知不及其所不知故堯舜之智不能徧物但當擇要而知之是卽爲有知之人惟學而後知不足若常人爲學多强不知以爲知自通人觀之適見其無知而已

○子張學干祿子曰多聞闕疑愼言其餘則寡尤多見闕殆愼行其

餘則寡悔言寡尤行寡悔祿在其中矣

子張孔子弟子姓顓孫名師干求也祿仕者之俸也包咸曰尤過也疑則闕之其餘不疑猶慎言之則少過殆危也所見危者闕而不行則少悔朱子謂多聞見者學之博闕疑殆者擇之精慎言行者守之約凡言在其中者皆不求而自至之辭蓋當官臨政民命所關非講通掌故而熟知其得失考觀物理而深得其變通親歷時地以審其適宜久閱人事而悉其情僞其尤悔多矣然反覆求之而未能深信展轉試之而未能得安者倘不敢冒昧而言之行之必如此而後推施得當外寡有失而內亦少悔矣夫以爲政之難言一事而過說疊生行一事而悔恨紛起此固學者所自知者若無尤無悔大賢所難學者至舉措寡尤中心少悔之時亦可以從政矣即不能立即爲政而才望既崇徵辟必至也此勉人急于修學無急于求仕之意學者寡過固未易至施之事爲動合機宜

絕無中悔者尤難箸書講學之說尚有悔而改定之時爲政如發機然機一誤發國事民命繫之悔何可追此亦求仕者所讀而汗下者也

○哀公問曰何爲則民服孔子對曰舉直錯諸枉則民服舉枉錯諸直則民不服　錯鄭本作措包氏從錯則措乃古文

哀公魯君名蔣定公之子周敬王二十六年卽位稱孔子對曰者尊君也包咸曰錯置也舉正直之人用之廢置邪枉之人則民服其上謝氏曰好直而惡枉天下之至情也順之則服逆之則去必然之理也然或無道以照之則以直爲枉以枉爲直者多矣是以君子大居敬而貴窮理也夫國者合民而爲之國固民之國也民服則民心固結而國立民不服則人心散亂而國危哀公猶知問民服蓋得于孔子重民之義多故也然人君無智愚賢不肖莫不欲求忠以自衞舉賢以自佐而所謂忠者不忠賢者不賢人人知

盧杞之奸而唐德宗不覺人人知司馬光之直而神宗不知以空言令其居敬窮理亦何補實事且以堯而舉驩兜知人唯難故欲民服者莫若令民自舉錯之堯之師錫孟子之國人皆曰是也故如何乃能舉直錯枉惜哀公不能再問以發孔子之至論也

○季康子問使民敬忠以勸如之何子曰臨之以莊則敬孝慈則忠舉善而教不能則勸

季康子魯大夫季孫氏桓子之子名肥莊謂容貌端嚴也包咸曰莊嚴也君臨民以嚴則民敬其上君能上孝于親下慈于民則民忠矣舉用善人而教不能者則民勸勉蓋游戲無度則下慢之仁惠無聞則下欺之賢才不舉學校不修則修學力行者無所用則民氣不昌皆偷懦惰窳矣表記威莊而安孝慈而敬使民有父之尊有母之親與此同

○或謂孔子曰子奚不爲政子曰書云孝于惟孝友于兄弟施于有

政是亦爲政奚其爲爲政集解唐宋石經作孝乎漢石經白虎通皇本與釋文作孝于與下友于施于相應今從之僞古文採入君陳篇後儒据君陳篇改于爲乎故不從華嶠後漢書劉平江華傳引作于晉夏侯湛昆弟誥潘岳閒居賦叙梁元帝劉孝綽墓志李善注文選並引作孝乎惟孝蓋于與乎通僞古文君陳篇採入亦作乎故唐石經改作乎今以漢石經爲正皇本是亦爲政下有也字

包咸曰或人以爲居位乃是爲政孝于惟孝美大孝之辭友于兄弟善于兄弟施行也所行有政道與爲政同蓋定公初年孔子不仕以昭公不正終定公不正始孝友之道缺也但未便明言故託于家亦有政引書諷諭之然人之生世入則父子兄弟出則君臣民庶皆有法度禮義其爲政實一也蓋道無小大自元言之則天爲小自天言之則地爲小自地言之則國爲小自國言之則家爲小若內自血輪言之則身爲大自身言之則家爲大大小無定視所比例遊心于無極則堯舜事業猶一吷也反歸于現在則一身一家當前莫大修齊秩叙大費經綸故喜怒卽爲位育灑掃皆是

神明出門如見大賓使民如承大祭無小無大道通于一故語大
至乾元統天覩天下如敝屣語小至現隱顯微故覩微小若載重
寶蓋神聖之識固與人遠矣
○子曰人而無信不知其可也大車無輗小車無軏其何以行之哉
包咸曰大車牛車輗轅端横木以縛軛小車駟馬車乘車軏者轅
端上曲鉤衡墨子曰吾不如爲車輗者巧也用咫尺之木而引三
十石之任蓋車無此二者則不可以行人之有信爲交接之關鍵
猶車之有輗軏若人無信則一步不能行也孔子之爲道不尙高
遠專爲可行以道者爲人之道非鬼神之道則亦當爲人所同行
者也故道無論若何人人可同行則爲大道人人不可行則爲非
道所以尙信者非不知變詐權術可私得大益也然爲一人之私
利則爲衆人之大害不可互行也且變詐權術終必自困于行不
可互行者旣非公理聖人所不言也

○子張問十世可知也子曰殷因於夏禮所損益可知也周因於殷禮所損益可知也其或繼周者雖百世可知也釋文十世可知也一本作可知乎鄭本作可知漢書杜欽對策曰殷因于夏尙質周因于殷尙文則于夏殷斷句

三十年爲一世損減也益饒也春秋之義有據亂世升平世太平世子張受此義故因三世而推問十世欲知太平世之後如何也孔子之道有三統三世此蓋藉三統以明三世因推三世而及百世也夏殷周者三統遞嬗各有因革損益觀三代之變則百世之變可知也蓋民俗相承故後王之起不能不因于前朝弊化宜革故一代之興不能不損益爲新制人道進化皆有定位自族制而爲部落而成國家由國家而成大統由獨人而漸立酋長由酋長而漸正君臣由君主而漸爲立憲由立憲而漸爲共和由獨人而漸爲夫婦由夫婦而漸定父子由父子而兼錫爾類由錫類而漸爲大同于是復爲獨人蓋自據亂進爲升平升平進爲太平進化

有漸因革有由驗之萬國莫不同風觀嬰兒可以知壯夫及老人觀萌芽可以知合抱至參天觀夏殷周三統之損益亦可推百世之變革矣孔子之爲春秋張爲三世據亂世則內其國而外諸夏升平世則內諸夏外夷狄太平世則遠近大小若一蓋推進化之理而爲之孔子生當據亂之世今者大地既通歐美大變蓋進至升平之世矣異日大地大小遠近如一國土既盡種類不分風化齊同則如一而太平矣孔子已預知之然世有三重有亂世中之升平太平有太平中之升平據亂故美國之進化有紅皮土番中國之文明亦有苗猺獞黎一世之中可分三世三世可推爲九世九世可推爲八十一世八十一世可推爲千萬世爲無量世太平大同之後其進化尚多其分等亦繁豈止百世哉其理微妙其事精深子張欲知太平世後之事孔子不欲盡言但以三世推之以爲百世可以知也百世爲三千年于今近之故曰百世以俟聖人

而不惑子張少孔子四十八歲于孔子夢奠之時年僅二十五而能爲十世之問其必聞于春秋三世之義推太平世後之事及百世之偉論可謂高懷遠志矣惜乎記論語後學者之不能著也此爲孔子微言可與春秋三世禮運大同之微旨合觀而見神聖及運世之遠後儒泥于據亂之一世尙未盡夏殷周之三統而欲以斷孔子之大道此其割地偏安豈止如東周君蕭詧之云乎嗟乎孔子之道闇而不明鬱而不發爲天下裂豈可言哉幸微言尙傳賴修明恢復之

○子曰非其鬼而祭之諂也見義不爲無勇也

人神曰鬼孔子定禮祭止天祖其他皆爲淫祀妄祭以求福是行諂媚也蓋上古淫祀之鬼甚多孔子乃一掃而空之觀印度淫鬼之多卽知孔子掃除中國淫祀之力矣勇勢力也天下萬事皆生于勢力造起天地興立世宙皆自勇生若旣知義所應爲而不爲

誤天下莫甚焉故孔子深惡之若勇而非義又不得爲勇也徐侍

郎致靖曰諂瀆鬼神者必不能勇于赴義放棄義務者必至迷信

虛無其事互爲緣也

論語注卷之二終

門人贛縣王德潛初校

門人高要陳煥章覆校

門人番禺王覺任覆校

門人東莞張伯楨覆校

論語注卷之三

南海康有爲學

八佾第三

凡二十六章

○孔子謂季氏八佾舞於庭是可忍也孰不可忍也佾春秋繁露三代改制篇漢書禮樂志作溢則溢佾通也

謂說也忍耐也季氏魯大夫季孫氏也佾舞列也公羊穀梁謂天子八諸公六諸侯四白虎通高誘注淮南謂每佾六人左傳與馬融服虔以爲每佾八人天子八諸侯六大夫四士二皆僞古文說今不從舞者以固人肌膚之會筋骸之節也操體以强身託之禮樂宜以功德動以干戚飾以羽旄寫其志而動其容和順積中而英華發外雖以天子之尊朱干玉戚而舞發揚蹈厲則爲太公之志詩曰僔僔舞我乃孔子所傳禮樂之大典以致人道于壽樂者

宋儒不通此義乃盡廢之于是無以固人肌膚樂人神志等于墨氏之非樂其道大觳矣故謂孔子之道割地多矣此譏季氏之僭僭諸侯猶可僭天子不可言孰不可忍蓋深疾之辭後漢荀爽魏高貴鄉公文欽晉元帝盧諶庾亮凡聲罪致討皆引此文

○三家者以雍徹子曰相維辟公天子穆穆奚取於三家之堂

大夫稱家三家魯大夫孟孫叔孫季孫雍周頌篇名徹祭畢而收其俎也天子宗廟之祭則歌雍以徹是時三家僭而用之相助也包咸曰辟公謂諸侯及二王之後穆穆天子之容貌雍篇歌此者有諸侯及二王之後來助祭故也今三家但家臣而已何取此義而作之于堂耶

○子曰人而不仁如禮何人而不仁如樂何

包咸曰言人而不仁必不能行禮樂如奈也蓋人者仁也取仁於天而仁也以博愛爲本故爲善之長有仁而後人道立有仁而後

文爲生苟人而不仁則非人道蓋禮者仁之節樂者仁之和不仁則無其本和節皆無所施皮之不存毛將焉附雖陳筵席尊俎衣冠揖讓奏黃鍾大呂弦歌干戚而情不深者文不明氣不盛者化不神有其體式而無其精神亦不足爲禮樂也翟方進曰不仁而多材國之患也徐侍郎致靖曰以無實之人而行禮樂塗飾耳目羊質虎皮若王莽焉害尤甚也故曰禮樂待其人而後行記者敘此于八佾雍徹之後疑其爲三家發也

○林放問禮之本子曰大哉問禮與其奢也寧儉喪與其易也寧戚

林放魯人見世之爲禮者專事繁文而疑其本之不在是也孔子以時方逐末而放獨有志于本故大其問奢張也喪亡也朱子曰易治也孟子曰易其田疇在喪禮則節文習熟而無哀痛慘怛之實者也戚則一于哀而文不足耳禮貴得中奢易則過于文儉戚則不及而質二者皆未合禮然凡物之理必先有質而後有文檀

弓謂不若禮不足而哀有餘也則質乃禮之本也楊氏曰禮始諸飲食故汙尊而抔飲爲之簠簋籩豆罍爵之飾所以文之也則其本儉而已喪不可以徑情而直行爲之衰麻哭踊之數所以節之也則其本戚而已此答禮本之問故純取于質蓋夫子以周末人僞以文滅質有爲言之若時之有變則觀其會通以行其典禮文明既進則亂世之奢文明以爲極儉世愈文明則尙奢愈甚若于三代珠盤玉敦之時而必反之汙尊抔飲生番野蠻之俗以致人道之退化非止事不可行亦大失孔子意矣天未喪斯文不在茲公羊稱孔子爲文王蓋孔子爲文明進化之王非尙質退化者也宋儒不通此義以敝車羸馬爲賢公孫布被相率僞儉蘇軾所謂儉者陋風有損國體豈惟國體不美實令人道退化今中國之文明不進大損所關豈細故哉宋賢因國力壓制俸入甚薄其不能不尙儉勢也若遂說爲孔法以爲俗化之定論以損退文明此則

不可不明辨也

○子曰夷狄之有君不如諸夏之亡也

包氏曰諸夏中國亡無也此論君主民主進化之理董子繁露曰春秋無通辭從變而移邲之戰夷狄反背中國不得與夷狄爲禮避楚莊也邢衛魯之同姓也狄人滅之春秋爲諱避齊桓也當其如此也唯德是親故夷狄而有德則中國也中國而不德則夷狄也並非如孫明復胡安國之嚴華夷也蓋孔子之言夷狄中國卽今野蠻文明之謂野蠻團體太散當立君主專制以聚之據亂世所宜有也文明世人權昌明同受治于公法之下但有公議民主而無君主二者之治皆世界所不可少互有得失若亂世野蠻有君主之治法不如平世文明無君主之治法易曰飛龍在天有君主之治法也見羣龍无首無君主之治法也而孔子云乾元用九天下治也固知有君主者不如之諸夏名因于夏禹蓋禹平洪水

而始一中國諸夏音轉作諸華晉六朝人譯佛書寫作支那是也
見吾支那爲諸夏音轉考

○季氏旅於泰山子謂冉有曰汝弗能救與對曰不能子曰嗚呼曾謂泰山不如林放乎

旅祭名泰山山名在魯地禮諸侯祭封內山川季氏祭之僭也冉有孔子弟子名求嘗爲季氏宰救謂救其陷于僭竊之罪嗚呼歎辭包咸曰神不享非禮林放尚知問禮泰山之神反不如林放耶欲誣而祭之祭封內山川之制蓋三代先王舊禮孔子本欲删之不能斥魯君故先斥季氏春秋之義于亂世絕大夫升平世斥諸侯太平世貶天子如改易天子諸侯山川之祀此則待之平世也

○子曰君子無所爭必也射乎揖讓而升下而飲其爭也君子

揖讓而升者大射之禮耦進三揖三讓而後升堂也下而飲謂射畢揖降以俟衆耦皆降勝者乃揖不勝者升取觶立飲也勝者袒

決遂執張弓不勝者襲脫決拾郤左手右加弛弓于其上而升飲君子恥之故平日恭遜不與人爭惟于射則爭然其爭也雍容揖遜乃如此則其爭也君子而非若小人之爭矣修睦為人利爭奪為人患蓋爭之極則殺戮從之若聽其爭大地人類可絕也然進化之道全賴人心之競乃臻文明禦侮之道尤賴人心之競乃能圖自存不然則人道退化反于野蠻或不能自存而併于強者聖人立教雖仁亦必先存己而後存人且尤欲鼓舞大眾之共進故爭之害聖人預防之而爭之禮聖人特設之物必有兩而後有爭故禮必分為兩黨人必禦侮而後能圖存故爭心寓于射禮人必有恥而後能向上故設勝不勝以致其爭心爭既不可無而又不可極故示之揖讓以為節爭之勝者挾勢凌暴無所不至故令飲不勝者以致其慈禮者禦侮圖存恂恥求勝兩黨迭進人道之大義孔子之微意也孔子制禮十七篇皆寓無窮之意但于射禮見

之凡人道當禦侮圖存之地皆當用之今各國皆立議院一國之禦侮決于是一國之圖存決于是萬國之比較文明定于是兩黨之勝負迭進立于是以爭而國治日進而不敢退以爭而人才日進而不敢退如兩軍相當氣衰則敗水愈長而堤愈高交進迭上無敢退讓以視從容獨立無磨礪之者其進退相反亦遠矣故當仁不讓于射必爭仁孰大于爲國民射孰大于禦國侮故議院以立兩黨而成治法眞孔子意哉惟議院譁噪或致毆爭此則無揖讓之意蓋教爭甚難盍服孔子立揖讓之禮也凡禮皆立兩黨則又不止爲射是卽萬國全合太平大同而兩黨互爭之義施之于政教藝業皆不可廢者蓋太極兩儀之理物不可不定于一有統一而後能成物不可不對爲二有對爭而後能進且當據亂世人之爭心太劇故以尙讓革之若當平世人之亂殺漸少則以激爭進之故亂世不可尙爭惟平世而後尙爭小人不可教爭惟君子

然後可爭此則萬理無定而在與時消息如五行之迭王不能爲主持者也

○子夏問曰巧笑倩兮美目盼兮素以爲絢兮何謂也子曰繪事後素曰禮後乎子曰起予者商也始可與言詩已矣繪本又作績文選夏侯常侍誄注引作績

詩衛風碩人之篇今僞毛詩闕素以爲絢一句觀子夏問之孔子必無删理魯齊詩原本必不闕也凡諸經漢後之稱逸詩者皆僞毛詩行後後儒據僞毛詩言之皆誤也餘倣此倩好口輔也盼目黑白分也素粉地畫之質也絢采色畫之飾也言人有此倩盼之美質而又加以華采之飾如有素地而加采色也子夏疑其反謂以素爲飾故問之繪畫也後素後于素也考工記曰繪畫之事後素功又曰畫繪之事雜五采謂先以粉地爲質而後施五采猶人有美質然後可加文飾說文績織五采亦同包咸曰予我也孔子

言子夏能發明我意可與共言詩人而不仁如禮何必以仁爲先而後施禮記曰甘受和白受采忠信之人可以學禮孔子創禮而再三言禮之本恐人以文滅質詐僞日滋也讀素絢而悟禮後孔子乃許以言詩然則泥于章句說詩者高叟必非聖人所許也此可爲說詩之法

○子曰夏禮吾能言之杞不足徵也殷禮吾能言之宋不足徵也文獻不足故也足則吾能徵之矣獻或作儀尙書大傳于民獻作民儀漢孔宙碑費鳳碑斥彰長田君碑于萬邦黎獻皆作黎儀

杞夏之後宋殷之後徵明證也文典籍也獻賢也本言二代之禮我能言之而二國不足取以考證以其文獻不足故也文獻若足則我能考證矣夏殷之禮文獻不足徵如此而禮記所存二代之禮其多如此可見皆孔子所託之三統蓋諸子皆託古故許行託于神農墨子託于禹道家託于黃帝孔子上稱堯舜而下稱周亦

稱二代蓋聖人改制無徵不信故皆託之先王而行之後世也

○子曰禘自既灌而往者吾不欲觀之矣

禘追享之名聖人葬墓安魄立廟安魂四時享之春曰礿夏曰禘秋曰嘗冬曰烝其大享于太廟于秋嘗時行之是爲大嘗其以太祖配天而追祀所出太微之帝于夏禘時行之是謂大禘記孟獻子曰正月日至可以有事于祖七月日至可以有事于上帝祭義所謂大嘗禘是也三年喪畢祔先君而合祭于太廟所謂祫也于夏時行之亦稱吉禘省文亦稱禘成王以周公有大勛勞賜魯重祭故有禘祭魯人特行此大禮而既灌之後有司不誠敬故不欲觀灌者用鬱鬯之酒灌地以降神臭陰達于淵泉是也白虎通考黜篇鬯者以百草之香鬱金而合釀之禘爲大祭凡九獻先奏樂君以黃目玉瓚灌爲一獻夫人灌爲再獻君出視牲視殺薦血腥于堂爲三獻四獻是爲朝踐薦熟于室爲饋食是五獻六獻尸食

畢君與夫人酳尸是七獻八獻賓長酳尸是九獻鄭君曰禘禮自
血腥始灌時未薦腥然則孔子自始即不欲觀或以其僭大禮也
○或問禘之說子曰不知也知其說者之於天下也其如示諸斯乎
指其掌示他本引作寘
示猶視也禮三本天者生之本也祖宗類之本也無天惡生無祖
惡生故自天而視衆生萬物皆一體也自祖而視裔孫同類皆同
氣也禘者以祖配天祀所出之帝太微推天祖之心則凡天之所
生皆當愛之凡祖之所生皆當親之三代皆出于黃帝中國人多
黃帝子孫也以黃帝配上帝則凡黃帝之子孫皆吾同胞之親也
于禘時念之則當親之大地黃白黑赤椶人各種皆自天生而與
吾分支者皆吾同類之民也于禘時念之則當仁民鳥獸昆蟲草
木皆天所生而與吾異形者皆吾同氣之物也于禘時念之則當
愛物親親民物皆合爲一體其于治天下如運諸掌乎禘之說大

概如此孔子遜言不知蓋以魯人失禮故不欲答之歟

○祭如在祭神如神在子曰吾不與祭如不祭

祭際也察也與天命鬼神相接祭祭先祖也祭神祭外神也如在者事死如生思其居處言語飲食所以致其誠也包咸曰孔子或出或病而不自親祭使攝者爲之不致肅敬于心與不祭同此記孔子祭祀之誠范氏曰君子之祭七日戒三日齋必見所祭者誠之至也是故郊則天神格廟則人鬼享皆由己以致之也有其誠則有其神無其誠則無其神可不謹乎吾不與祭如不祭誠爲實禮爲虛也

○王孫賈問曰與其媚於奧寧媚於竈何謂也子曰不然獲罪於天無所禱也

王孫賈衞大夫室西南隅爲奧竈者五祀之一凡祭五祀皆先設主而祭于其所然後祭于奧如祀竈則設主于竈隅祭畢而更設

饌于奥故時俗之語因以奥有常尊而非祭之主竈雖卑賤而當時用事喻自結于君不如阿附權臣也賈衛之權臣故以此諷孔子天爲神之至尊得罪于賤者可禱貴者解之若得罪于天則無可解上帝臨汝無貳爾心若諂媚以求富貴事奥竈皆不可非徒喪節亦失天與之良日監在茲實爲獲罪無可祈禱以免之聖人奉天而行舉動皆如對越所以褫奸雄之魄不惡而嚴甚矣

○子曰周監於二代郁郁乎文哉吾從周

監視也郁郁文明貌孔子改制取三代之制度而斟酌損益之如夏時殷輅周冕虞樂各有所取然本于周制爲多非徒時近俗宜文獻足徵實以周制上因夏殷去短取長加以美備最爲文明也孔子之道以文明進化爲主故文明者尤取之子思所謂憲章文武也墨子公孟子亦曰子之古非古也周也吾之古夏也故墨子改制上法禹爲多而孔子改制法周文爲多故又曰文王既沒文

不在茲公羊稱孔子爲文王法其生不法其死爲後王之法人道之始也此專就著書改制而言若行事則國朝自有法國人安得不從卽夏殷更文孔子亦不能從夏殷而背本朝以犯國憲也何待發從周之說哉故爲著書改制言之至明

○子入太廟每事問或曰孰謂鄹人之子知禮乎入太廟每事問子聞之曰是禮也太廟漢石經作大廟今從之鄹潛夫論同史記作陬當是通惟說文作郰當是僞古也

包咸曰太廟周公廟此蓋孔子始仕之時入而助祭也鄹魯邑名孔子父叔梁紇嘗爲其邑大夫孔子所生地孔子自少以知禮聞故或人因此以譏之孔子言是禮者敬謹之至乃所以爲禮也孔子仕魯魯祭周公而助祭也孔子父叔梁紇爲鄹邑大夫國語稱鄹人緣古謂大夫守邑者爲某人故謂孔子爲鄹人之子也孔子少以知禮聞于魯故孟僖子使懿子武伯從孔子游孔子初入廟于廟中行禮之節序及禮樂之器事事問之以印證所學蓋慎之

至者或人以孔子素負盛名而今待問乃疑本末學不知宗廟體大不容少誤安知無隨時損益更變者豈可身未親歷而據空文以定實乎雖知亦問非徒爲謹禮實宜然記此見孔子有若無實若虛不以學問自矜而行禮至謹可爲後法也

○子曰射不主皮爲力不同科古之道也

朱子曰射不主皮鄉射禮文爲力不同科孔子解禮之意如此也皮革也布侯而棲革于其中以爲的所謂鵠也科等也古者射以觀德但主于中而不主于貫革蓋以人之力有强弱不同等也記曰武王克商散軍郊射而貫革之射息正謂此也周衰禮廢列國兵爭復尚貫革故孔子歎之

○子貢欲去告朔之餼羊子曰賜也爾愛其羊我愛其禮爾漢書律歷志引作汝

告朔之禮古者天子常以季冬頒來歲十二月之朔政于諸侯以

尊天也諸侯受而藏之祖廟月朔朝廟則以特羊告廟請而行之使大夫南面奉天子命君北面受之以尊天子敬祖也餼生牲也魯自文公始不視朔而有司猶供此羊故子貢欲去之包咸曰羊存猶以識其禮羊亡禮遂廢蓋子贛尙核實計度支而惜縻費孔子主明義則欲藉名物而存大禮惠棟曰明堂月令者虞夏商周四代治天下之大法蓋如歐人所謂憲法也譏廢棄憲法也

○子曰事君盡禮人以爲諂也

孔子于事君之禮但奉周制而行耳時權臣驕傲不盡臣禮反以爲諂故孔子言之世非太平當正君臣以肅堂陛所以絶爭篡之媒也孔子以大聖出世若佛氏之令國王膜拜何施不可而屈身于倫類示人以大義忘己無我但論生民其立義四面皆圓此聖人所以爲大也季氏新逐昭公事君傲慢故孔子規之觀今孔子所制君臣之禮答大夫拜天子見三公下階見卿離席見大夫起

席見士撫席雖歐洲立憲之君見臣下尚不如此學者當知有為而發勿執單詞而生疑也

○定公問君使臣臣事君如之何孔子對曰君使臣以禮臣事君以忠

定公魯君名宋君之與臣雖有尊卑而同共天職者也故待如嘉賓是為禮臣之事君雖為國而受其恩義者也故報以赤心是為忠蓋君患暴慢無禮以奴隸犬馬待其臣臣患虛偽不忠以秦越肥瘠視其君此即孟子答齊王之意但孔子之言蘊釀耳然此可為君臣之定義傳曰王臣公公臣大夫大夫臣士士臣僕僕臣隸隸臣輿輿臣臺一家一肆皆有主臣若不以禮以忠亦不可行也

○子曰關雎樂而不淫哀而不傷

關雎周南國風詩之首也胥雅肄三言關雎者葛覃卷耳在焉猶言文王則大明緜在但舉篇首以概其餘蓋升歌笙入閒歌合樂

皆三終爲節樂而不淫關雎葛覃也哀而不傷卷耳也能樂能哀盈其欲而不愆其正淫者樂之過而失其正傷者哀之過而害于和也欲學者玩其辭審其音而有以識性情之正也此歎美關雎之樂非謂詩也關雎爲房中樂鄉飲酒禮用之哀窈窕思賢才洋洋盈耳極樂而不淫寤寐反側發情止義思夫在遠甚哀而不傷孔子刪詩正樂首關雎者以人道始于夫婦君子相配然後昭教有方人種乃定此太平大同之始基也故反側鄭重而後定之琴瑟鐘鼓以樂之人道多憾必有離別樂極生哀故房中樂之奏關雎樂而不淫哀而不傷所以得性情之正中和之理爲生民之本萬福之原也劉向列女傳仁智篇法言孝至篇史記十二諸侯年表儒林傳序漢書杜欽傳後漢書明帝紀皇后紀馮衍傳楊賜傳張衡傳皆魯詩同義韓詩章句以佩玉晏朝關雎作諷在康王時惟毛詩以爲文王詩僞古也今不從

○哀公問主於宰我宰我對曰夏后氏以松殷人以柏周人以栗曰使民戰栗主鄭本作主釋文作社公羊疏主爲今文社爲僞古文故今不從社

宰我孔子弟子名予主孔穎達疏引張包周杜氏皆以爲問廟主白虎通祭所以有主者何言神無所依據孝子以主繼心焉論語曰哀公問主于宰我故知今文從主何氏休公羊學曰夏后氏以松殷人以柏周人以栗松容也想象其容貌而事之栢迫也親而不遠栗猶戰栗謹敬貌三代三統各有所尚宰我以爲周制使民戰栗葢出傅會若社主用石不用木矣益證僞古文之謬也

子聞之曰成事不說遂事不諫既往不咎

包咸曰事已成不可復解說事已遂不可復諫止事已往不可復追咎孔子非宰我故歷言此三者欲使愼其後遂事謂事雖未成而勢不能已者以宰我所對非立主之本意又啟時君殺人之心而其言已出不可復救故深責之

○子曰管仲之器小哉

管仲齊大夫名夷吾相桓公霸諸侯施伯謂魯侯曰管仲大器也孔子辯之器小言其不知聖賢之道天人之理正身修德以致王道蓋苟能通達天人則志量高遠規模廣大其視霸千里之國猶烹鮮反掌也豈以自足其在己翛然若不與豈以自侈而惜管仲局量褊淺規模卑狹

或曰管仲儉乎曰管氏有三歸官事不攝焉得儉然則管仲知禮乎曰邦君樹塞門管氏亦樹塞門邦君爲兩君之好有反坫管氏亦有反坫管氏而知禮孰不知禮

包咸曰三歸娶三姓女婦人謂嫁曰歸春秋諸侯娶三國之女姪娣從蓋諸侯不再娶而有三宮白虎通卿大夫一妻二妾不備姪娣國策與韓非子皆言管仲家有三歸晏子言桓公以管仲恤勞賞之以三歸說苑仲築三歸之臺然則管仲娶三姓女公賜三宅

居之其時昏禮築臺迎女故又曰三歸之臺蓋管仲受桓公之賞爲之然仍爲奢僭也攝猶兼也禮國君事大官各有人大夫兼並今管仲家臣備職非爲儉鄭氏玄曰反坫反爵之坫在兩楹之間人君別內外于門樹屏以蔽之若與鄰國君爲好會其獻酢之禮更酌酌畢則各反爵于坫上今管仲皆僭爲之是不知禮按管仲治國之才成霸之術以今觀之自是周公後第一人才如今德國之俾斯墨矣故孔子稱其仁然身則三歸反坫君則內娶六人其本未治而徒騖事功故君臣一逝豎刁開方易牙卽亂諸公子爭立霸業遂絕幾與晉武帝同此由不以王道爲志自以功名足以震矜天下而內行不必檢所謂器小也

○子語魯太師樂曰樂其可知也始作翕如也從之純如也皦如也繹如也以成 皇本知也下有巳字成下有矣字

太師樂官名翕變動也從與縱通純不雜也皦清別也繹抽續條

達也成正歌備也升歌及笙各三終閒歌三終合樂三終爲一備
始作金奏肆夏聞之而變動也緩之升歌重人聲之純一也繼而
笙入有聲無辭其聲淸别而皦如也已而閒歌人聲笙聲代作抽
繹而條達也三節皆用雅故曰雅頌得所時禮壞樂崩雖樂官鮮
能深明孔子神明于樂世家引此作哀十一年自衛反魯正樂時
太師或卽師摯耶

○儀封人請見曰君子之至於斯也吾未嘗不得見也從者見之出
曰二三子何患於喪乎天下之無道也久矣天將以夫子爲木鐸
儀衛邑封人掌封疆之官蓋賢而隱于下位者也君子謂當時賢
者至此皆得見之自言其平日不見絶于賢者包咸曰從者弟子
隨孔子行者通使得見朱子曰喪謂失位去國禮曰喪欲速貧是
也木鐸金口木舌孔安國曰木鐸施政教時所振也言天將命孔
子制作法度以號令于天下言孔子爲受命之教主垂制作于萬

世也儀封人一見而知孔子爲教主亦可謂異識矣

○子謂韶盡美矣又盡善也謂武盡美矣未盡善也

韶舜樂武武王樂盡美者聲容之盛盡善者止于至善也書所謂戛擊鳴球搏拊琴瑟以詠下管鼗鼓合止柷敔笙鏞以間簫韶九成韶樂也樂記曰先鼓以警戒三步以見方再始以著往復亂以飭歸總干而山立武王之事發揚蹈厲太公之志武亂皆坐周公之治始而北出再成而滅商三成而南四成而南國是疆五成而分周公左召公右六成復綴以崇天子夾振之而駟伐分夾而進久立于綴武樂也孔子明人道之公理貴和親而賤征伐尊大同而薄小康舜者天下爲公選賢與能大同之道民主之法也武王者作謀起兵以正君臣以立田里世及爲禮城郭溝池以爲固小康之道君主之法也樂以象功昭德孔子于爲邦曰樂則韶舞乃至聞韶三月不知肉味而于武樂爲國朝先王之樂反致不滿此

其于大同小康之道發露至明矣孔子書不盡言言不盡意若此

義亦可窺聖人之意乎

○子曰居上不寬爲禮不敬臨喪不哀吾何以觀之哉

居上主于愛人故以寬爲本爲禮以敬爲本臨喪以哀爲本旣無

其本則其餘雖有可取亦不足觀此亦歸重禮本之意孔子以人

溺于儀文故再三言之

門人贛縣王德潛初校

門人高要陳煥章覆校

門人番禺王覺任覆校

門人東莞張伯楨覆校

論語注卷之三終

論語注卷之四

南海康有爲學

里仁第四

凡二十六章

○子曰里仁爲美擇不處仁焉得知後漢書張衡傳匪仁里其焉宅兮李賢注引擇作宅王應麟引此以爲古文劉璠梁典署宅歸仁里但古文爲僞今不取

擇揀選也里有仁厚之俗爲美擇里而不居于是焉則失其是非之本心而不得爲知矣故荀子曰居必擇鄉遊必擇士此言擇鄰人者仁也人道以仁爲本愷悌慈祥和平忠厚欣喜懽愛然後可爲人然厲志自修不如與人熏染入蘭室則香居鮑肆則臭故擇人不如擇鄰鄰里有仁厚之俗則熏德皆爲善良若處惡鄰風俗敗壞則已必染之而不覺故里名勝母曾子不入邑號朝歌墨子迴車若不擇仁里而居惡鄰其不善自謀且不爲家人子孫謀不

智甚矣若大同之世人心皆仁風俗盡美乃不待擇否則擇鄰里爲熏德之要義此篇言仁故孔子首貴擇鄰焉

○子曰不仁者不可以久處約不可以長處樂仁者安仁知者利仁

此言處境約窮也久彌異時也包咸曰惟性仁者自然體之故謂安仁王氏曰知仁爲美故利而行之曾子曰仁者樂道智者利道中庸或利而行之利貪也知仁爲有益而欲得之也蓋人而不仁其智昏不能樂天知命其性貪不能節欲修身久困必至于濫久樂必至驕淫惟仁者隨遇而安無入而不自得知者知仁之益因以爲資慕善而不易所守雖安行與困勉不同而皆不爲外境所奪者夫人不爲外境所轉者鮮矣所貴于學者與常人殊在轉外境而不爲外境轉也門人麥孟華布衣處素確乎不拔與以教育總長而不受可謂仁者歟

○子曰唯仁者能好人能惡人皇本宋刻石經九經皆作唯今本作惟不取

好善而惡惡人之同情然人每失其正者或性有所偏而不能克或嫌有所隔而不能忘也惟仁者無忮無私所以能好惡也常人之情好惡任情毀譽乖方其才高氣舉者尤多偏頗甚至顛倒是非敗壞風尙夫眞能虛公尙慮囿于世俗況未能公正乎此學者所宜留意也

○子曰苟志於仁矣無惡漢石經無也字春秋繁露引同今從之

惡如字孔氏曰苟誠也言誠能志于仁則其餘終無惡人道以仁爲主凡人不必論其品詣之得失也其心誠在于仁則必無爲惡之事矣楊氏曰苟志于仁未必無過舉也然而爲惡則無矣但問其仁不仁又不必問其能仁但其志在于仁則無論其行事開闔遠近或高畸偏僻過舉百端要謂之過若有心之惡險詖之事則必無也孔子之道固貴中行然亦深取狂狷但必要之於仁自無大弊孔子萬理並發學者學之幾不得其門惟以志仁爲主則無

大失此言庶幾入德之門乎學者宜信受捧持之也

○子曰富與貴是人之所欲也不以其道得之不居也貧與賤是人之所惡也不以其道得之不去也君子去仁惡乎成名君子無終食之間違仁造次必於是顛沛必於是今本作不處後漢書陳蕃傳鹽鐵論論衡問孔刺孟篇呂覽有度篇注皆作不居皆今文學也今從之處字當是古文呂覽注居下無也字高麗本去下無也字

不以其道得之謂不當得而得之常人見富貴則妄取當貧賤則失節然君子于富貴則不妄居于貧賤則不厭去君子之審富貴而安貧賤也如此王充疑貧賤不當言得豈知信而見疑忠而被謗致遭斥逐非不以其道得貧賤乎若遂諂佞而得富貴如盧思道元微之始以直而去官繼以媚而致位是去之也孔子蓋爲始終易節人說言君子所以爲君子以其仁也若貪富貴而厭貧賤則是自離其仁而無君子之實矣何所成其名乎名爲孔子大義所以厲行恥而光聲譽致人道于高尚而補刑賞所未及者也故

孝經曰立身行道揚名于後世以爲孝之終中庸言舜則曰必得其名言武王則曰不失顯名穀梁曰學成矣而名譽不彰友朋之過孟子曰令聞廣譽施於身不願人之文繡故教曰名教理曰名理義曰名義言曰名言德曰名德儒曰名儒士曰名士無在而不言名惟老莊乃戒名曰爲善無近名爲惡無近刑蓋無出而陽柴立中央之巧也宋儒言道過高遂誤採之以好名爲大戒遂爲小人羅織君子之計動輒詆人以好名于是人避好名而好利風俗大壞皆由手此夫人必能施而後得惠名人必不貪而後得廉名是亦不易矣孔子固言中心安仁無所慕而爲善者天下一人今乃並其可慕之名而攻之則人何所慕而爲善何所畏而不爲惡不然則是天下人皆中心安仁者已此則宋儒太高之過也故今發明之終食者一飯之頃造次倉卒急遽之時顛沛傾覆流離之際蓋君子之不去乎仁如此不但富貴貧賤取舍之間而已也然

取舍之分明然後存養之功密存養之功密則其取舍之分益明矣明德益明神明不鑿抱養純至故能歷久遠而不壞益光假使鐵輪頂上旋定慧圓明終不失也

○子曰我未見好仁惡不仁者好仁者無以尚之惡不仁者其爲仁矣不使不仁者加乎其身有能一日用其力於仁矣乎我未見力不足者蓋有之矣我未之見也漢石經我未見好仁下無者字今本有者字皇本用其力于仁下有者字力不足者下有也字蓋有之矣矣作乎

人懷陰陽之性卽有好惡之情但慮好惡誤施耳夫人道有二惟仁與不仁盡之好惡有宜亦惟好仁惡不仁盡之好之至者如嗜好之癖舉天下之物無足比此者乃爲眞好惡之至者如質氣相反雖絲毫之近不能忍受乃爲眞惡好仁惡不仁亦如此然孔子未見其人蓋人非不空言慕善空言嫉惡而察其眞心則非也果能眞好眞惡卽眞知眞行王陽明所謂啞人喫苦瓜味自不同固

非不食之人所揣望而能知但使一食便自不同故孔子又降格而言不敢望其終身不違仁但試一日用力于仁欲仁仁至不患力有不逮蓋仁爲己有非由外鑠況志之所至氣亦赴之金石可貫鬼神可動而況近取諸身至易至簡乎深怪天下人之不好仁並一日之力而不肯用也又反覆諭之曰天下或有奇氣異體昏弱病狂不能爲人道者乎必如是則人不能爲仁然我行徧天下實未之見極言其無是理也孔子警策之切望人之深至矣

○子曰人之過也各於其黨觀過斯知仁矣

人道尚羣必親其黨或誤用之或救護之因成汚辱偏私之過然爲黨受過失于忠厚益知其仁也程子曰人之過也各于其類君子常失于厚小人常失于薄君子過于愛小人過于忍後漢吳祐謂掾孫性私賦民錢市衣進父以親故受汙辱之名所謂觀過知仁是也按此爲觀人者法義亦可也凡義者過常少仁者過常多

惟其仁厚太甚故或蒙恥救民或忘己徇物不逆詐不億不信而任用或誤事不求可功不求成而機事或失此皆過也然而仁矣故仁愈高者其過愈奇仁人或不求人知是在觀人者審其過在仁否也

○子曰朝聞道夕死可也今本作可矣漢石經作可也

道者天人之道易所謂原始要終故知死生之說鬼神之狀通乎晝夜之道而知也蓋生死者人身體所不免惟知氣在上魂無不之神氣風霆風霆流形偶現者陽復藏者陰開闔往來天道本無生死蓋本未始生則亦未始死死生如晝夜晝夜旋轉實大明終始則無晝無夜也故人能養其神明完粹常惺不昧則朝而證悟夕而怛化可也孔子此言魂靈死生之道要一言而了精深玄微惜後儒不傳遂使聞道者少或者以歸佛氏而謂孔子不言靈魂則甚矣後儒之割地也

○子曰士志於道而恥惡衣惡食者未足與議也
尊神明者賤口體足內德者忘外物若志于道而倘以衣食之惡爲恥識趣凡陋不足與議道也蓋學者不患于愚魯而患于卑鄙卑鄙之人必害其志必無成學者也
○子曰君子之於天下也無適也無莫也義之與比　適鄭本作敵
適往也莫毋也義宜也比親附也言君子于天下之事之人無所必偏往無所必禁絕但于義之合宜者則親附而從之蓋非從人也從公理也從事宜也事宜者其地與人合宜其時與人合宜則施之恰當故君子有犯天下之謗違天下之論而獨爲之者義所宜也有從衆人之後因世俗之宜而不改者亦義所宜也
○子曰君子懷德小人懷土君子懷刑小人懷惠
懷思也土田宅也人精神各有所注注者皆念茲在茲行事雖同而心思迥異養神明者尊德性念念在德性養形魄者戀居處念

念在田宅愛身名者守法紀舉事皆畏刑貪財利者冒明刑動念但營利君子樂善其性次亦惡不善之加身小人上者苟安甚則苟得觀此大端可定人品之區別也故盛德之至捨國而讓天下細民則終身經營田宅良人受治于法律之下奸人則作弊于法律之中豈不遠哉

○子曰放於利而行多怨

放依也利者從刀刈禾假借爲以力有所取益之謂易曰義者利之和也人不能無取取利而和則謂之義不謂之利取利不和則謂之利不謂之義蓋人己之間有一定之界取不侵人之界則謂之和和則無怨取而侵人之界則謂之利利自多怨蓋己益則人損矣損則必怨故人人皆取于己之界而不侵人之界則天下平而上自霸主下至豪奸皆好侵人之界以益己在己身則爲怨府而悖入必至悖出在天下則爲亂源而爭始必以殺終此孔子所

以重惡之也

○子曰能以禮讓為國乎何有不能以禮讓為國如禮何漢書班超疏賈逵薦劉般書引作於從政乎何有

讓者不爭禮之實也何有者言以禮讓治國則國不足治也此言治國必用禮讓蓋惡春秋諸國外飾禮義以誇文明而日以爭殺為事傷天心之和壞人道之平也矯積弊者必大反過橫湍者渡上流孔子生當據亂之世故特發讓義以救之民主首堯舜君主首文王至德稱泰伯古賢稱伯夷皆美其讓也人人能讓則上者高蹈中者守界而天下平矣後漢讓產讓爵者相望風俗最美此孔子之大化也國病之聖藥也孔子不甚言國義蓋聖人言論皆為天下萬世立公律不暇為區區一國計也包咸曰如禮何者言不能用禮爭心未解而空飾禮文實非文明也

○子曰不患無位患所以立不患莫己知求為可知也

所以立謂所以立乎其位者可知謂可以見知之實人皆患無官位無人知而不求才能學行之實假令在位被知亦必覆餗盜名耳君子方以尸位爲辱虛聲爲恥故必先求其在我而無瑕願乎其外也若使才能可立學問可知而位不見舉名不見知是國人之損朋友之過已無與焉且立教著書輔世長民傳後行遠尤大于區區一時之名位何患焉

○子曰參乎吾道一以貫之曾子曰唯

參乎者呼曾子之名而告之貫通也唯者直曉不問故曰唯聖人開示萬法大小精粗無所不備或並行而不悖或相反而相成然其用雖萬殊本實一貫曾子守約之人恐其拘泥然眞積力久將近豁然故特呼而告之曾子聞卽領悟其體驗有得蓋亦久矣

子出門人問曰何謂也曾子曰夫子之道忠恕而已矣

中心爲忠如心爲恕孔子之一未明何物故門人多不悟解而問

曾子曾子直揵了當而揭一之義曰忠恕而已義似淺近然孔子之言道曰仁與不仁葢以不忍人之心行不忍人之政推至天地位萬物育其本亦不過盡已心而爲忠推已心而爲恕耳若不忠則爲忍人之心不恕則不推不忍人之政可以天地閉萬物滅故忠恕雖約而大道已盡更無餘法悟者本身卽是惑者終身行之而猶違自入德言之則視忠恕爲違道不遠之方自至人視之則忠恕爲乾道變化各正性命之理故忠恕之道實一本萬殊兼下學上達者也

○子曰君子喻於義小人喻於利說文無喻字則喻字必是今文喻明也義者天理之所宜利者人情之所欲董子曰皇皇求財利常恐乏匱者庶人之意也皇皇求仁義常恐不能化民者大夫之意也程子曰君子之于義猶小人之于利也惟其深喻是以篤好楊氏曰君子有舍生而取義以利言之則人之所欲無甚于生所

惡無甚于死孰肯舍生而取義哉其所喻者義而已不知利之爲利故也小人反是

○子曰見賢思齊焉見不賢而內自省也

省察也齊者思與賢者等內省恐與不賢者類蓋凡有所見皆反之身不肯自薄不忘自責乃爲爲已之學也

○子曰事父母幾諫見志不從又敬不違勞而不怨（皇本敬下有而字）

諫間也更也包咸曰幾者微也當微諫納善言于父母見父母志有不從已諫之色則又當恭敬不敢違父母意而遂已之諫內則所謂父母有過下氣怡色柔聲以諫也見志不從又敬不違所謂諫若不入起敬起孝悅則復諫也勞而不怨所謂與其得罪于鄉黨州閭寧孰諫父母怒不悅而撻之流血不敢疾怨起敬起孝也

○子曰父母在不遠遊遊必有方（皇本不遠遊上有子字）

朱子曰遠遊則去親遠而爲日久定省曠而音問疎不惟已之思

親不置亦恐親之念我不忘也遊必有方欲親必知已之所在而無憂召已則必至而無失也

○子曰三年無改於父之道可謂孝矣

已見首篇此蓋重出而逸其半矣然漢石經有之蓋弟子各記所聞或孔子頻言之董子所謂書之重辭之複不可不察也其中必有美者焉鄭氏曰孝子在喪哀戚思慕心不忍爲也

○子曰父母之年不可不知也一則以喜一則以懼

常知父母之年見其壽考則喜見其衰老則懼蓋罔極之恩昊天莫報孺慕之誠愛日難釋以使及時孝養無致風木興悲也

○子曰古者言之不出恥躬之不逮也皇本作古之者言之不妄出也當有誤文

逮及也包咸曰古人之言不妄出口爲身行之將不及蓋人無躬行之心則易由言若言必躬行自有恥心而不易啟口矣

○子曰以約失之者鮮矣後漢書王暢傳引無者字漢書外戚傳引無矣字

鮮少也約卽曾子守約之謂縱橫儻蕩者必多失曲禮所謂敖不可長欲不可從志不可滿樂不可極守約也失亦少矣

○子曰君子欲訥於言而敏於行

包氏曰訥遲鈍也言欲遲而行欲疾謝氏曰放言易故欲訥力行難故欲敏胡氏曰自吾道一貫至此十章疑皆曾子門人所記也凡人言易而行難故聖人因病而藥之

○子曰德不孤必有鄰

鄰猶黨也德不孤立必以類應故有德者必有其類從之如居之有鄰也同聲相應同氣相求明德電之爲也無不相吸故有德者必有類從德愈明則黨愈多至于聖人則凡有血氣莫不尊親卽風雨晦冥亦必雞鳴相應也此爲立德者孤立無助言之

○子游曰事君數斯辱矣朋友數斯疏矣

數謂責也國策所謂數讓責儒行所謂可微辨不可面數胡氏曰

事君諫不行則當去導友善不納則當止至于煩瀆則言者輕聽者厭矣是以求榮而反辱求親而反疏也君臣朋友皆以義合故其事同然亦爲交淺者言之若託孤寄命之君臣或當大事投分同志之朋友或臨大節則牽裾斷鞅切切偲偲又不得以此論矣門人隨記聖人之言皆有爲而發學者因事宜以施之不得執一言而泥守之也論語皆倣此

門人贛縣王德濬初校

門人高要陳煥章覆校

門人番禺王覺任覆校

門人東莞張伯楨覆校

論語注卷之四終

論語注卷之五

南海康有爲學

公冶長第五 此篇皆論古今人物賢否得失蓋格物窮理之一端也胡氏以爲疑多子貢之徒所記云

凡二十七章

○子謂公冶長可妻也雖在縲紲之中非其罪也以其子妻之 紲陸德明本宋石經並作紲今本作絏蓋爲避唐太宗諱也

公冶長孔子弟子齊人妻爲之妻也縲黑索也紲攣也古者獄中以黑索拘攣罪人長之爲人夫子稱其可妻必其才行可取也嘗陷于獄世俗多以爲疑然德行瓌異者不容于世多矣既非其罪何足爲辱孔子特爲洗寃且妻以女所以待異才獲罪不拘俗諱也

子謂南容邦有道不廢邦無道免於刑戮以其兄之子妻之

南容孔子弟子居南宮名縚又名适字子容謚敬叔孟僖子之子

僖子使與懿子事孔子者也嘗隨孔子之周下篇言其三復白圭
又稱其尙德蓋言行甚謹而好德甚誠故能處治朝而必用遭亂
世而免禍保家之主也故孔子以兄子妻之公冶長以才高好奇
取禍南宫以言行修謹保家二子性行不同孔子皆取之或曰公
冶長之賢不及南容故聖人以其子妻長而以兄子妻容蓋厚于
兄而薄于己也程子曰此以己之私心窺聖人也凡人避嫌者皆
内不足也聖人至公何避嫌之有况嫁女必量其才而求配尤不
當有所避也若孔子之事則其年之長幼時之先後皆不可知惟
以爲避嫌則大不可避嫌之事賢者且不爲况聖人乎漢書古今
人表以敬叔與南容爲二人孔子譏敬叔載寶而朝或然歟
○子謂子賤君子哉若人魯無君子者斯焉取斯
子賤孔子弟子姓宓名不齊少孔子四十九歲漢書藝文志有宓
子十六篇子賤爲單父宰父事三人兄事五人蓋能尊賢取友以

成其德者故孔子既歎其賢而又言若魯無君子則此人何所取以成此德乎因以見魯之多賢也凡人之成德皆賴賢師良友磨厲熏染之功故人才愈多者同時之成就愈衆若其地鮮才賢而能無藉自立者寡矣然雖有才賢而不知取以自助若此者又何足算哉

○子貢問曰賜也何如子曰女器也曰何器也曰瑚璉也

包咸曰瑚璉黍稷之器夏曰瑚商曰璉周曰簠簋皆宗廟之器貴者三禮圖瑚受一升如簋而平下璉受一升漆赤中如龜形說文瑚璉不從玉僞古文家以爲從木不知說文爲古文家而强從之子貢高才達學卓然早成故孔子稱其成器以其性識精深故許爲宗廟重器至于聞性與天道後變化從心必更有進其去大道不器必不遠矣但人才必先求成器而後進爲不器也

○或曰雍也仁而不佞子曰焉用佞禦人以口給屢憎於人不知其

仁焉用佞

雍孔子弟子姓冉字仲弓王充論衡以爲伯牛子佞巧諂高材也朱子曰仲弓爲人重厚簡默而時人以佞爲賢故美其優于德而病其短于才也禦當也猶應答也給辯也屢數也憎惡也言佞人才辯雖高而本無情實徒以口辯接人取惡而已蓋旣無仁心則雖辯智高巧亦無取也諸國並立極重才辯惟才辯乃能合衆故語言皆稱不佞孔子提倡仁道而惡智辯之士華而無實故曰遠佞人又曰焉用佞蓋孔子之宗旨千端萬緒皆歸本于仁苟其仁也雖樸默而深取之苟非仁也雖辯智而不重之張釋之貴東陽侯長者而不取嗇夫之喋喋得聖人意也

○子使漆彫開仕對曰吾斯之未能信子說邢本釋文與漢書作雕

漆彫開孔子弟子名啟字子開漢書古今人表作漆彫啟凡論語敘弟子皆稱字史記作漆彫開字子開上開字當是避景帝諱啟

也家語作字子若泉碑作字子修皆謬漢書藝文志有漆彫子論衡引漆彫子言性有善惡韓非子顯學篇言有漆彫氏之儒蓋孔門一大宗也孔子嘗以其學業大成使之仕宦當是孔子爲魯司寇時蓋自天分氣人己同體但當成己而後成物若明德之後而不新民則于仁道有闕此聖人合內外之道也漆彫子以未敢自信不願遽仕則其學道極深立志極大不安于小成不欲爲速就宜乎爲八儒之一大派也故孔子說之

○子曰道不行乘桴浮於海從我者其由與子路聞之喜子曰由也好勇過我無所取材皇本由與下有也字材與哉通張平子碑往才汝諧

桴編竹木爲船也渡南曰箄北曰筏浮海之歎傷中國之不遇也子路勇于義故謂其能從己皆假設之言耳子路以爲實然而喜夫子之與己故夫子美其勇鄭氏曰無所取材者無所取于桴材

按孔子抱撥亂反正之道太平大同之理三世三重之法橫覽中

國皆不能行私居憂歎欲出海外是時大瀛海之說已通大九洲之地已著孔子答曾子發明地圓故心思海外大地必有人種至善可行大同太平之理者欲擇勇者同開教異域以子路勇而好仁故許其同行子路果喜可見聖賢傳教救人不憚艱遠之苦志矣從行海外鑿空創開事本艱難故孔子極稱其勇而是時海道未大通無船筏可出海欲泛無舟空深歎慕此則聖人所無如何故卒不果行使當時孔子西浮印度波斯以至羅馬東渡日本以開美洲則大教四流大同太平之道當有一地早行之也傳教救人宜出海外後學當以孔子子路爲法無憚艱遠矣

○孟武伯問子路仁乎子曰不知也又問子曰由也千乘之國可使治其傳也不知其仁也求也何如子曰求也千室之邑百乘之家可使爲之宰也不知其仁也赤也何如子曰赤也束帶立於朝可使與賓客言也不知其仁也史記弟子傳作季康子問傳今本作賦釋文梁武云魯論作傳今從之漢孫根碑束髮古

朝未知與帶孰爲齊魯也

仁道至大不可全名故云不知古傳與賦通古者以田賦出兵故謂兵爲賦千室大邑百乘卿大夫之家宰邑長家臣之通號赤孔子弟子姓公西字子華孔門爲經世有用之學弟子各有經國之才故楚昭王欲相孔子而子西畏其弟子之多才曰王之相率有如子路者乎曰無有可見諸子才名震動遠國公西華長于外交三子各擅專門而孔子信許之蓋政治之分科學悉出孔門也三子之于仁蓋已甚深但仁道至大孔子猶言豈敢一息之違卽已非仁孔子不言三子之非仁而但言不知蓋許其深信者而遜言其未純至者歟千室區區已立邑此當今一大鄉而已立宰古制比東西尤密如今吾粵縣南海順德數十萬家乃立宰爲治太疏不可不鑒改之也

○子謂子贛曰女與回也孰愈對曰賜也何敢望回回也聞一以知

十賜也聞一以知二

愈勝也一數之始十數之終二者一之對也顏子明睿所照卽始而見終子贛推測而知因此而識彼無所不悅告往知來是其驗矣道有陰陽互相對待故有一必有二理包萬有含蘊枝條故有一必有十八一身必有二手二手必有十指乃天然也又數名十十而百百而千以至于萬億兆京陔秭壤溝澗正載極皆以十進易之推數以陰陽聞一知二之義也華嚴之推理以十聞一知十之義也孔子皆已包之子贛之聰明有聞一知二之才顏子之睿知有推一爲十之智皆知來者但子贛推知正反對待而顏子析之極精隨聞一法皆見其細微條理盡析推精微之理非腦筋極精細者不能也況于一見而洞照之乎

子曰弗如也吾與女弗如也

包咸曰既然子贛不如復云吾與女俱不如者蓋欲以慰子贛也

聖人素知子贛顏子之才分而顏子聞一知十生知之質實爲卓絶故孔子謂子貢信不如且自遜言弗如蓋以顏子睿知命世少年而資地詣極孔子自謂少年亦不如之蓋作述難易之不同也

○宰予晝寢子曰朽木不可彫也糞土之牆不可杇也於予與何誅子曰始吾於人也聽其言而信其行今吾於人也聽其言而觀其行於予與改是唐宋石經俱作彫漢書董仲舒傳論衡問孔篇詩大雅棫樸正義亦俱引作彫

宰我孔子弟子晝寢謂當晝而寐朽腐也雕刻畫也杇鏝也言其志氣昏惰教無所施也與語辭誅責也言不足責乃所以深責之宰予能言而行不逮故孔子自言于予之事而改觀人之法所以深警羣弟子之謹言敏行也晝寢小過而聖人深責如此可見聖門教規之嚴易貴自強不息蓋昏沈爲神明之大害故聖人尤以垂戒也

○子曰吾未見剛者或對曰申棖子曰棖也慾焉得剛說文無慾字則慾字必今

剛鄭氏曰强志不撓也包咸曰申棖魯人孔子弟子棖史記弟子傳作堂漢王政碑作棠漢文翁禮殿圖作儻音皆相通慾多嗜慾也多嗜慾則不得爲剛矣棖之慾不可知其爲人得非悻悻自好者乎故或者疑以爲剛然不知此其所以爲慾爾易首乾爲剛德剛健中正純粹精蓋天以行健爲至德人以自强不息爲至德鼓動萬物皆賴剛强之德若弱則爲六極矣故極貴之申棖蓋素有强直名者其短在有嗜欲則雖有剛德而嗜欲既發則不覺柔屈不得爲剛矣蓋能勝物之謂剛惟不屈于物故直養浩氣可塞于天地之間爲物累之謂慾物至化物故掩抑短氣消沮于方寸之內無論如何强直之人一有嗜慾氣即餒敗神明消沮故周子謂聖人可學在無慾蓋慾者純魄剛者純魂二者相反相成而日相爭若魂純勝者神明純淸氣自剛大若魄純勝者嗜慾純掩氣已

奄奄其魂魄互勝者半慾半剛則爲中人其魂魄相勝分數之多寡以爲其慾剛之多寡卽爲人之高下也

○子贛曰我不欲人之加諸我也吾亦欲無加諸人子曰賜也非爾所及也

子贛不欲人之加諸我自立自由也無加諸人不侵犯人之自立自由也人爲天之生人人直隸于天人人自立自由不能自立爲人所加是六極之弱而無剛德天演聽之人理則不可也人各有界若侵犯人之界是壓人之自立自由悖天定之公理尤不可也子贛嘗聞天道自立自由之學以完人道之公理急欲推行于天下孔子以生當據亂世尚幼稚道雖極美而行之太早則如幼童無保傅易滋流弊須待進化至升平太平乃能行之今去此時世甚遠非子贛所及見也蓋極贊美子贛所創之學派而惜未至其時也子贛蓋聞孔子天道之傳又深得仁恕之旨自顏子而外聞

一知二蓋傳孔子大同之道者傳之田子方再傳爲莊周言在宥天下大發自由之旨蓋孔子極深之學說也但以未至其時故多微言不發至莊周乃盡發之故莊子天下篇偏抑諸子而推孔子爲神明聖王曰古之人其備乎配神明醇天地育萬物和天下澤及百姓明于本數係于末度六通四闢大小精粗其運無乎不在其尊孔子者至矣雖其徜徉游戲時亦有罵祖之言乃由于聞道既深有小天地玩萬物之志而謂孔子本末精粗無所不在則知一切皆孔子之創學莊子傳子贛微妙之說遺粗而取精亦不過孔子耳目鼻口之一體耳近者世近升平自由之義漸明實子贛爲之祖而皆孔學之一支一體也

○子贛曰夫子之文章可得而聞也夫子之言性與天道不可得而聞也高麗本漢書眭宏夏侯勝外戚傳皆引作不可得而聞已矣史記世家作弗可得聞也已

文章德之見乎外者六藝也孔子日以教人若夫性與天道則孔

子非其人不傳性者人受天之神明卽知氣靈魂也天道者鬼神死生晝夜終始變化之道今莊子所傳子贛之學所謂量無窮時無止終始無故物無貴賤自貴而相賤因大而大之萬物莫不大因小而小之萬物莫不小因有而有之萬物莫不有因無而無之萬物莫不無明天地之理萬物之情不開人之天而開天之天者子贛驟聞而贊歎形容之今以莊子傳其一二尙精美如此子贛親聞大道更得其全其精深微妙不知如何也此與中庸所稱聲色化民末也上天之載無聲無臭至矣合參之可想像孔子性與天道之微妙矣莊子傳子贛性天之學故其稱孔子曰古之人其備乎配神明醇天地育萬物和天下澤及百姓明于本數係于末度六通四闢小大精粗其運無乎不在其明而在數度者舊法世傳之史尙多有之其在于詩書禮樂者鄒魯之士搢紳先生多能明之詩以道志書以道事禮以道行樂以道和易以道陰陽春秋

以道名分其數散于天下而設于中國者百家之學時或稱而道之天下大亂賢聖不明道德不一天下多得一察焉以自好譬如耳目鼻口皆有所明不能相通猶百家衆技也皆有所長時有所用雖然不該不徧一曲之士也判天地之美析萬物之理察古人之全寡能備于天地之美稱神明之容是故內聖外王之道闇而不明鬱而不發天下之人各爲其所欲焉以自爲方悲夫百家往而不反必不合矣後世之學者不幸不見天地之純古人之大體道術將爲天下裂按莊子所稱明而在數度者舊法世傳卽夫子之文章可得而聞也若性與天道則小大精粗無乎不在以莊子之肆悠精奇而抑老墨諸子爲一曲之士尊孔子爲神明聖王稱爲備天地之美稱神明之容又悲天下不聞性與天道不得其天地之純各執一端而孔子大道闇而不明鬱而不發其尊孔子如此非有所傳于性與天道不測孔子之所至若莊生者豈皆低首

服人哉易曰書不盡言言不盡意天下之善讀孔子書者當知六經不足見孔子之全當推子贛莊子之言而善觀之也

○子路有聞未之能行唯恐有聞

子路聞善卽行若未及行則皇皇唯恐有聞蓋力行之至神勇雷霆精銳冰雪聰明之甚記者摹寫其神志如此可知懦夫立志矣韓愈名箴勿病無聞病其曄曄昔者子路唯恐有聞赫然千載德譽愈尊以聞爲聲聞而恥其過情義必有本也

○子贛問曰孔文子何以謂之文也子曰敏而好學不恥下問是以謂之文也

朱氏曰孔文子衞大夫名圉凡人性敏者多不好學位高者多恥下問故謚法有以勤學好問爲文者蓋亦人所難也孔圉得謚爲文以此而已孔文子使太叔疾出其妻而妻之疾通于初妻之娣文子怒將攻之訪于仲尼不對命駕而行疾奔宋文子使疾弟遺

室孔姞其爲人如此而謚曰文此子贛之所以疑而問也孔子不沒其善言能如此亦足以爲文矣非經天緯地之文也

○子謂子產有君子之道四焉其行己也恭其事上也敬其養民也惠其使民也義

子產鄭大夫公孫僑恭謙遜也敬謹恪也惠愛利也使民義如都鄙有章上下有服田有封洫廬井有伍之類凡才臣之有政治者多短于道德望高則行已易驕矜功則事上或跋扈多爲國計則剝民以逞畏爲罪怨則立法不行惟子產免焉能克己以澤民合于君子之道也

○子曰晏平仲善與人交久而敬之

晏平仲齊大夫名嬰周生烈曰齊大夫晏姓平謚名嬰人新交則敬久則狎昵嫌疑易生惟平仲久交能敬故孔子善之以爲人道久交之法

○子曰臧文仲居蔡山節藻梲何如其知也

包咸曰臧文仲魯大夫臧孫辰文謚也居猶藏也蔡國君之守龜出蔡地因以爲名焉長尺有二寸居蔡僭也節者栭也刻鏤爲山梲者梁上楹畫爲藻文言其奢侈禮器家不寶龜臧文仲爲藏龜之室而刻山于欂櫨畫藻于梲爲天子之廟飾也當時以文仲爲知孔子言其不務民義而諂瀆鬼神如此安得爲知春秋傳所謂作虛器卽此事也蓋愚人最尊鬼神故太古事鬼神之宮窮極奢麗自埃及波斯希臘之大廟莫不皆然吾遊印度見諸數千年大廟峻宇亘雲雕牆畫藻戶牖洞窗分寸皆刻瓌怪驚人羅馬之教堂高四十丈德國之教堂搆工八百年皆窮極雕鏤勞民事神此亦臧文仲之比孔子不以爲知也蓋孔子雖敬鬼神而以務民義爲主也

○子張問曰令尹子文三仕爲令尹無喜色三已之無慍色舊令尹

之政必以告新令尹何如子曰忠矣曰仁矣乎曰未知焉得仁

令尹官名楚相也子文姓鬭名穀字於菟佐莊王以成霸業其人喜怒不形公爾忘私國爾忘家其忠盛矣故子張疑其仁然其所以三仕三已而告新令尹者則以辭官出于自請而非無故而黜新令尹爲其所舉而非他黨乘權其事非難旣非盡出于無私且日與其君伐人之國殘民以逞此仁者所不爲也昔柳下惠曰吾聞伐國不問仁人問猶不可況于伐乎亂世之人忠于其國則誠然若仁則關于公理宜孔子不許其仁也

高子弒齊君陳文子有馬十乘弃而違之至於他邦則曰猶吾大夫高子也違之之一邦則又曰猶吾大夫高子也違之何如子曰清矣曰仁矣乎曰未知焉得仁棄唐石經作弃卽古棄字今從之皇本作違之之至他邦

鄭注魯讀崔爲高則崔子乃古文也王充論衡曰仕官爲吏亦得高官將相長吏猶吾大夫高子也弒齊君雖左傳以爲崔杼然古

事不可知左氏乃僞古固相應不可信今從魯宋翔鳳過庭錄曰他國不必皆如崔杼之弑君當以高子爲是高國爲齊之世臣當先討賊而不能襄十九年傳齊崔杼殺高厚于灑藍從君于昏也蓋歎列邦執政無不從君于昏者齊君莊公名光陳文子亦齊大夫名須無十乘四十匹也違去也清潔也重賄人所難棄文子輕之未幾卽已返齊而未聞討賊之舉則不過不預亂事而已未能救君正國故孔子許其清而未許其仁然變亂之際利害甚大能如文子之棄官潔身不預亂事者吾見亦寡矣若夫捨身成仁以救君國此則孔子之所期望者夫

○季文子三思而後行子聞之曰再思可矣何本作再斯唐石經作再思吳志注諸葛恪引作再思皇本再思斯可矣則再下必有思字今從唐石經

鄭氏曰季文子魯大夫名行父每事必三思而後行若使晉而求遭喪之禮以行亦其一事也程子曰爲惡之人未嘗知有思有思

則爲善矣然至于再則已審三則私意起而反惑矣故夫子譏之
朱子曰季文子慮事如此可謂詳審而宜無過舉矣而宣公簒立
文子乃不能討反爲之使齊而納賂焉豈非程子所謂私意起而
反惑之驗與是以君子務窮理而貴果斷不徒多思之爲尚

○子曰甯武子邦有道則知邦無道則愚其知可及也其愚不可及
也

甯武子衛大夫名俞按國語武子仕衛當文公成公之時文公有
道而武子無事可見此其知之可及也成公無道至於失國而武
子周旋其間盡心竭力不避艱險凡其所處皆知巧之士所深避
而不肯爲者而能卒保其身以濟其君此其愚之不可及也孔子
之道主仁不貴知巧而重愚忠甯武子之愚也其心術之至仁也

○子在陳曰歸與歸與吾黨之小子狂簡斐然成章不知所以裁之
史記世家不知上有吾字皇本裁之下有也字

此孔子周流四方道不行而思歸之歎也吾黨小子指門人之在魯者狂假犬之雄猛善發喻志大言大者簡大也斐文貌成章言其文學成就有可觀者裁割正也夫子周流四方欲撥亂反正以實行升平太平之治至是在陳終無所遇乃歸決欲成就後學以傳道垂教追念故國門人多遠志高才通學但患過中失正無人正之則流入異道故欲歸而裁之此道不行而思歸爲孔子傳教之大事也史記孔子居陳三歲會晉楚爭强更伐陳及吳侵陳陳常被寇孔子曰歸歟歸歟吾黨之小子狂簡進取不忘其初此蓋今文家敘在定公卒後孔子將六十時矣

○子曰伯夷叔齊不念舊惡怨是用希

伯夷叔齊孤竹君之二子釋文引少陽篇姓墨胎夷名允字公信齊名致字公達恐後人所附會孟子稱其不立于惡人之朝不與惡人言與鄉人立其冠不正望望然去之其嫉惡如此然其所惡

之人能改卽止故人亦不甚怨之蓋夷齊惡其惡而非惡其人如雷霆之發過而無留空洞如天圓照如鏡人未有怨天恨鏡者也先祖連州府君曰舊惡宿怨也言夷齊不念宿怨若魏房景伯之待劉簡虎南齊王廣之之善待皇甫肅史皆以爲不念舊惡也

○子曰孰謂微生高直或乞醯焉乞諸其鄰而與之

微生姓高名魯人素有直名者尾與微通漢書有尾生高尾生晦國策信如尾生高莊子淮南並載尾生與女子期不來而抱柱死事蓋亦諸子之盛名者醯醋也人來乞時其家無有故乞諸鄰家以與之夫是曰是非曰非有爲有無爲無曰直委曲應人有意徇物不得爲直觀人于其一介之取予而千駟萬鍾從可知焉又有微生畝者嘗譏孔子之佞而孔子疾其固蓋微生亦當時創教巨子立信直以爲行義者孔子竊其隱微而斥之無俾惑衆也

○子曰巧言令色足恭左丘明恥之丘亦恥之匿怨而友其人左丘

明恥之丘亦恥之

按此章爲古文僞論語劉歆所竄入也史記仲尼弟子傳無左丘明名史記稱左丘失明厥有國語則左氏名丘亦非名明也今左氏傳稱陳敬仲五世其昌稱魏萬諸侯之子孫必復其始又傳文終于韓趙魏之滅智伯孔子没後二十八年魏氏爲侯孔子没後七十八年田和篡齊和爲敬仲八世孫在孔子没後九十五年旣非弟子孔子稱其盛德而自稱名當爲孔子前輩否亦孔子同時人何得後孔子百年猶在乎卽老壽亦安能爾其爲劉歆僞古文可斷矣蓋孔子改制三世之學在春秋皆弟子親傳其口說劉歆僞編左氏傳以攻公穀徧爲古證于諸經因竄丘明名于此以著左丘好惡與聖人同以惑後人以爲攻公穀計豈知左丘作國語而非傳經又不在七十子之列其詳見吾所撰僞經考論語如此僞文甚多當分别考之也非齊魯之舊應删附書末僞篇中

○顏淵季路侍子曰盍各言爾志子路曰願車馬衣裘與朋友共敝之而無憾顏淵曰願無伐善無施勞子路曰願聞子之志子曰老者安之朋友信之少者懷之唐石經無輕字後旁注本管子語北齊書唐邕傳引無輕字釋文皇邢疏無輕字盍何不也裘皮服敝壞也憾恨也伐誇也善謂有能勞謂有功施矜誇有德色之意孟子施施從外來是也卽易曰勞而不伐有功而不德之義老者養之以安朋友與之以信少者懷之以恩此明大同之道乃孔門微言也禮運孔子曰大道之行也與三代之英上未之逮而有志焉蓋孔子之志在大同之道不能行于時欲與二三子行之子路願與人同其財物故以車馬衣裘與人共貨惡棄地不必藏于己也顏子願與人同其勞苦所謂力惡其不出于身不必爲己也孔子與人如同體同胞同氣所謂天下爲公不獨親其親子其子老有所終壯有所用幼有所長也使普天下人各得其欲各得其所三者雖有精粗小大而其志在大同則一也大

同者孔門之歸宿雖小康之世未可盡行而孔門遠志則時時行之故往往于微言見之蓋人道之爭先從貨物始粒餼以爭豆觴致訟先自有吝心則生貪心合貪吝心則生鄙心詐心險心殺心無所不至矣故大同必自能捨財物始先絕貪吝之根乃可入大同之世也人心之壞從矜伐始伐善矜勞則有驕心責報心與己等者則有妒心忮心不報之則生仇心妒心仇心遂生殺心故大同必自忘勞始絕去驕妒責報之根乃可入大同之世也人各私其家老其老而不及人之老幼其幼而不及人之幼欺詐其交則多畛域彼疆爾界各不相顧則智愚強弱賢不肖貧富貴賤苦佚相去日遠相隔日絕人道多偏枯多險詖無由成公德合天親致平等共進化故有一夫不得所傷聖人之心害大衆之化故大同必老安少懷友信絕去僅私其家之事乃可成大同之道也

○子曰已矣乎吾未見能見其過而內自訟者也

包咸曰訟猶責也言人有過莫能自責內自訟者已不言而心自攻也人有過而能自知者鮮矣知過而能內自訟者爲尤鮮能內自訟則其悔悟深切而能改必矣夫子自恐終不得見而歎之其警學者深矣先祖連州府君曰凡人與人交爲人所侵犯淩辱者則與人訟凡訟盛氣至怒必不寬貸者求必勝而後已至魂與魄交內爲魄所侵犯淩辱則亦應訟于內以盛氣至怒必不寬貸務求勝而後已然天下人皆外見他人之過而外與之訟未嘗自見其過而內與之訟內外倒置輕重失所已矣乎者孔子歎其終不得見蓋訟過爲孔子一大義也按魂者明德甚清魄者軀體甚濁人之有過魄爲之也此孔門高義學者宜參證焉

○子曰十室之邑必有忠信如丘者焉不如丘之好學也

此爲恃美質而不好學者進也十室小邑忠信生質之美也良材美質隨地皆有成就與否則視學與不學美質好學則窮極天人

而爲神聖恃質不學則浮沉混濁漸爲鄉人孔子自言質之忠信與常人同而好學異所以勉後學者至矣蓋嘗論之人與物之異在傳學與不傳學也聖人與常人之殊在學之至極與不至也學之至極則神明變化無方無體至聖而不可知之神亦自學來耳

門人贛縣王德濳初校
門人高要陳煥章覆校
門人番禺王覺任覆校
門人東莞張伯楨覆校

論語注卷之五終

論語注卷之六

南海康有爲學

雍也第六 皇疏言古論以雍也爲第三篇此僞本不足據足見古論之多變異而前儒亦有知爲僞本矣篇內第十四章以前大意與前篇同

凡二十八章

○子曰雍也可使南面仲弓問子桑伯子子曰可也簡仲弓曰居敬而行簡以臨其民不亦可乎居簡而行簡無乃大簡乎子曰雍之言然

南面者人君聽治之位言仲弓寬洪簡重有人君之度也子桑伯子說苑以爲不衣冠而處楚辭所謂桑扈臝行郎莊周所稱子桑戶者與孟子反琴張爲友又作雩蓋亦當時創教巨子近于自由者可者可取而未盡善之辭簡者不煩之謂言自處以敬則清明在躬而行簡以臨民則事不煩而民不擾若先自處以簡所行又

簡無法度之可守不可行也神明疏放若伯子蓋近老氏之道執簡御繁清靜爲治非不可也而無敬以直內則無整齊嚴肅以爲正修齊治之本此卽儒學與老學之異處仲弓蓋未喻夫子可字之意而其所言爲至理故夫子然之包咸曰可使南面者言任諸侯言仲弓之寬洪簡重才德可以君人書曰日嚴祇敬六德亮采有邦孔門論位但較德苟有其德仲弓可南面孔子可素王苟無其德桀紂可獨夫從政皆斗筲言其稱也荀子稱聖人之不得勢者仲尼子弓是也以聖人稱仲弓蓋荀子尊其本師亦見仲弓宜得勢與孔子同尊之至矣

○哀公問弟子孰爲好學孔子對曰有顏回者好學不遷怒不貳過不幸短命死矣今也則亡未聞好學者也皇本問下有曰字釋文本或無亡字則字連下讀按亡字義複或當作無則可通耳

遷移也貳再也怒在物而不在已動以理而不動以氣故不遷怒

有不善未嘗不知知之未嘗復行故不貳過短命顏子早卒也不
遷怒不貳過皆克己之學蓋人生而有魄陽曰魂魂爲精爽則神
明魄爲氣質則粗濁凝滯故七情之發卒動于血氣揚奮纏結往
往過分如風雨交加不擇而施必待氣過而後已而七情之中怒
之發時尤難治也氣質或本于先天或根于父母或感于地氣或
成于習俗既已濁滯則物欲感而過失易生拘牽則改變難而洗
滌不易惟神明極清存養備至圓明淨照不介毫釐纖垢不侵光
靈常耀如鏡照物光明自在妍媸各付而本體不動如日運行拒
力甚大熱光常發而掩蝕難侵凡其神明之發及其存養之純雖
其天姿之高亦由好學之篤七十子並皆高才好學但顏子新喪
孔子愛惜最深言今也則亡蓋哀惜顏子之至讀者勿以辭害意
可也天下之學甚多而孔子之稱好學專就克己言之佛氏之總
旨在難降伏其心王陽明稱去山中賊易去心中賊難孔子之道

內聖外王原合表裏精粗而一之然治世究爲粗跡若養神明之粹精乃爲人道太平之根令人人神明清粹則人種自善而一切治法可去故孔子之重養神明尤甚也若顏子之不貳過則已優入聖域經累生積磨礲浸潤所至實非一時好學所强能孔子姑就哀公好學二字答之耳按家語以顏子三十二歲卒惟論語以顏子卒在伯魚後伯魚卒時孔子年六十九則顏子卒時孔子年已七十故天喪之痛與天祝道窮並稱必其時相近顏子少孔子三十歲則亦應四十歲也惟列子淮南後漢書郎顗皆以顏子爲年十八三國志孫登亦以顏子年未至三十三則王肅家語亦有自來豈天命亞聖以神童逝耶或以短命故而附會之也

○子華使於齊冉子爲其母請粟子曰與之釜請益曰與之庾冉子與之粟五秉子曰赤之適齊也乘肥馬衣輕裘吾聞之也君子周急不繼富原思爲之宰與之粟九百辭子曰毋以與爾鄰里鄉黨乎

子華公西赤也孔子弟子使爲孔子使也釜六斗四升包咸曰庾
十六斗聘禮記十六斗曰籔十籔曰秉鄭玄注曰籔之亥作逾逾
庾通乘肥馬衣輕裘言其富也急窮迫也周者補不足繼者續有
餘肥馬輕裘孔子言子華富不必增益非冉子之多與也孔子爲
魯司寇時以弟子原憲爲家宰思憲字也粟宰之祿也九百不言
其量不可考或以爲斗毋禁止辭五家爲鄰二十五家爲里萬二
千五百家爲鄉五百家爲黨言常祿不當辭有餘自可推之以分
鄰里鄉黨蓋夫子之使子華子華之爲夫子使義也且子華若貧
孔子早有以贍其家不待冉子之請孔子知子華之富而後使之
也而冉子乃爲之請聖人不欲直拒人故與之少以將意冉子未
達而自與之多幾若孔子之吝矣原思爲宰則有常祿思廉節太
過請辭其多故又教以分諸鄰里之貧者蓋義所宜與又非孔子
之好施也記者見聖人用財有道或必與或不與非吝非施適當

乎義富者用之不必祿職所當受貧者不必辭人人周急不繼富則富不更富貧不至貧則財產均矣人人公其財于鄰里鄉黨而公產行矣凡此周急公財皆大同之道孔子無在而不發揮之也

○子謂仲弓曰犂牛之子騂且角雖欲勿用山川其舍諸

騂赤色周人尚赤牲用騂角角周正中犧牲也用用以祭也山川山川之神也言人雖不用神必不舍也先師朱九江先生曰犂伯牛名仲弓父也孔子合其名字而呼之王充論衡自紀篇曰鯀惡禹聖叟頑舜神伯牛寢疾仲弓潔全顏路庸固回傑超倫孔墨祖愚丘翟聖賢蓋漢人相傳如此劉峻辨命論曰冉耕歌其芣苢耕犂牛三者名字同義蓋伯牛有惡疾也孔子歎息伯牛之疾乃美其有賢子以慰之明仲弓才德潔全神必見祐必不因父疾而棄于世也朱子說謂仲弓父賤行惡蓋不考之甚今據漢儒今文家說以正之以見仲弓父子爲孔門高弟兩世德行之科馨香薦升

無與倫比不因惡疾而少損也
○子曰回也其心三月不違仁其餘則日月至焉而已矣
三月言其久也不違仁無纖毫佚慮私欲也少有私欲佚慮卽間斷矣能常惺惺神明光炯純固至矣此顏子資力純至假以壽命存養再熟卽渾然無間自爲聖人矣自餘七十子或至一日或至一月不能若顏子之久矣聖門七十子皆高賢然神明內功非持循勉强所能至在存養至熟涵游自然雖欲堅苦力持然一刻之間萬念紛起朋思憧憧能力持數刻不違仁已大難況一日乎學者試返照內觀當知七十子之不可及非獨顏子也此聖門教弟子專養神明比較功候之深淺操存舍亡之生熟凡馳心于外學粗迹者玩味此章知孔子之學爲何學也大學開口言明明德中庸開口言尊德性可以互證而知所嚮往矣
○季康子問仲由可使從政也與子曰由也果於從政乎何有曰賜

也可使從政也與曰賜也達於從政乎何有曰求也可使從政也與曰求也藝於從政乎何有皇本賜也達求也藝兩曰上有子字

從政謂爲大夫達謂通于事物之理藝謂多才能包咸曰果謂果敢決斷三子各擅所長此三長以之立教經邦無所不可于區區從一國之政何足以云蓋果則勇猛精進故佛氏最重金剛至通達事物之理得其所以然則大智洞照觸處皆破絶無障礙矣多藝通明亦扶助大道之器也

○季氏使閔子騫爲費宰閔子騫曰善爲我辭焉如有復我者則吾必在汶上矣釋文曰一本無吾字鄭本無則吾二字史記同

閔子騫孔子弟子名損少孔子十五歲魯人費季氏邑汶水名在濟南魯北境上季氏以費數叛慕閔子盛德欲閔子治之閔子不欲臣季氏令使者善爲己辭言若再來召我則當去之齊閔子爲德行高選樂道忘勢豈肯仕于權門惟盛名爲累辭避頗難勝之

仰藥于王莽任之佯狂于公孫剛則取禍柔則受辱若誤見縶維則難于中止于是子路不得其死冉有為季氏附益矣若閔子先幾之決而辭避之婉其過人遠而高風猶可味焉吾門人麥孟華孺博短命死矣袁世凱欲用為教育總長不受梁啟超屬焉乃告我曰袁世凱與先生電曰河汾弟子拔茅彙進使知弟子中亦有不可進之人袁兩欲見之即拂衣出京師若孟華之風節也亦庶幾汝上乎

○伯牛有疾子問之自牖執其手曰亡之命矣夫斯人也而有斯疾也斯人也而有斯疾也史記弟子傳曰命也夫斯人也而有斯疾命也夫或是別家或是約言

伯牛孔子弟子姓冉名耕有惡疾淮南子以為癩也居北牖下君視之則遷于南牖下使君得以南面視己時伯牛家以此禮尊孔子孔子不敢當故不入其室而自牖執其手蓋與永訣也命謂天命言此人不應有此疾而今乃有之是乃天之所命也然則非其

不能謹疾而有以致之亦可見矣包咸曰牛有惡疾不欲見人故孔子從牖執其手也伯牛爲德行之高選蓋愛而痛惜之與之永訣命謂天命莊子所謂知其無可奈何而安之若命言伯牛有德不應有惡疾而竟有之是天命也包咸曰再言之者痛惜之甚孝經緯言三命曰善惡報也凡善人而遭惡命惡人而得善命蓋夙世所造而今受之故雖大賢不得免也

○子曰賢哉囘也一簞食一瓢飲在陋巷人不堪其憂囘也不改其樂賢哉囘也

簞小筐食飯也瓢瓠也顏子之貧如此而樂道自娛不以窶空爲憂而改其樂蓋神明別有所悅故體魄不足爲累境遇不能相牽無入而不自得也佛氏所謂地獄天宮皆成佛土其類此乎故孔子再歎美之周子令人尋孔顏樂處蓋天人旣通別有建德之國神明超勝往來無礙旣不知富之可欣亦不知貧之可憂偶游人

境固不足爲畀也

○冉求曰非不說子之道力不足也子曰力不足者中道而廢今女畫

朱子曰力不足者欲進而不能畫能進而不欲畫界也如畫界以自限也如篤于說道則如好貨好色竭盡其力而求之無有止境今自畫界限是先有退志非真說也冉子性退故孔子勉而進之

○子謂子夏曰女爲君子儒無爲小人儒

儒爲孔子創教之名春秋時諸子皆改制創教老子之名爲道與孔子之名爲儒墨子之名爲墨同墨子則卽以墨爲教名故教名儒教行名儒行從儒之人名儒者猶從墨之人名墨者羣書以儒墨並稱者不可勝數韓非子顯學篇曰世之顯學儒墨也儒之所至孔丘也墨之所至墨翟也自孔子之死也有子張氏之儒有子思之儒有顏氏之儒有孟氏之儒有漆雕氏之儒有仲良氏之儒

有孫氏之儒有樂正氏之儒自墨子之死也有相里氏之墨有相夫氏之墨有鄧陵氏之墨故孔墨之後儒分爲八墨分爲三可知儒爲孔子創教至明莊子鄭人緩也爲儒其弟爲墨如爲僧爲道之義此言從教之人亦至明故墨子非儒篇專攻孔子墨子亦稱堯舜禹湯文武者而儒教爲孔子所創劉歆欲篡孔子之聖統假託周公而滅孔子改制創教之跡乃列儒于九流以儒與師並列稱爲以道得民自此儒名若尊而爲教名反沒矣惟儒中之品詣迥分有大儒聖儒賢儒名儒碩儒魁儒鉅儒君子儒也小儒纖儒偷儒小人儒也故孔子教子夏以爲君子儒無爲小人儒蓋子夏初從教爲儒時孔子勉而戒之若此後人不知儒義乃至從祀孔廟之諸賢亦僅稱先儒若僅儒而已則安知其爲君子小人耶

○子游爲武城宰子曰女得人焉耳乎曰有澹臺滅明者行不由徑非公事未嘗至於偃之室也正義耳他本作爾然唐宋石經宋本九經岳珂本皆作耳今從之

武城魯下邑澹臺姓滅明名字子羽孔子弟子徑祭義道而不徑
蓋小而捷者公事如飲射讀法之類不由徑動必以正而無見小
欲速之意可知非公事不見邑宰則其有以自守而無枉己徇人
之私可見矣楊氏曰爲政以人才爲先故孔子以得人爲問如滅
明者觀其二事之小而其正大之情可見矣後世有不由徑者人
必以爲迂不至其室人必以爲簡非孔氏之徒其孰能知而取之
史記以澹臺爲武城人少孔子二十九歲狀貌甚惡欲事孔子孔
子以爲材薄既已受業退而修行行不由徑非公事不見卿大夫
南游至江從弟子三百人設取予去就名施乎諸侯蓋孔子南派
之大宗此子游觀子羽于微者非公事不至則陳民間利病而無
干謁請託之私其舉動之正大風節之高心術之仁皆可見矣世
之奔走權門者既卑鄙之可羞若絶跡公府以爲高者並民間關
切之利害亦隱情惜已自高名節而不肯一詣有司是又爲名之

私多而于愛民之意少亦非仁人之用心也爲政在人得人則利弊可知是非可悉孔子首以得人爲問而子游不以奔走者爲賢朱子謂持身以滅明爲法可無苟賤之羞取人以子游爲法則無邪媚之惑

○子曰孟之反不伐奔而殿將入門策其馬曰非敢後也馬不進也

孟之反魯大夫名側反卽莊周所稱孟子反者是也伐誇功也奔敗走也殿鎭也軍後曰殿策鞭也戰敗而還以後爲功反奔而殿故以此言自揜其功也事在哀公十一年謝氏曰人能操無欲上人之心則人欲日消天理日明而凡可以矜己誇人者皆無足道矣然不知學者欲上人之心無時而忘也若孟之反可以爲法矣敗軍者爭歸恐後殿者勇不畏敵又有保全士卒之功在人必誇炫其長孟之反委于馬之不進勞而不伐有功而不德自同于人可以進大同之道故孔子深異之

○子曰不有祝鮀之佞而有宋朝之美難乎免於今之世矣
祝宗廟之官鮀衞大夫字子魚有口才朝宋公子有美色衰世不尙德而好諛好色有此佞美則人愛悅且但美而不佞猶入門見嫉必美而兼佞乃可以邀寵免禍非此難免蓋深歎之此蓋見衞靈公後有感之言

○子曰誰能出不由戶何莫由斯道也皇本戶下有者字
孔子創教自本諸身徵諸民因乎人情以爲道故曰道不可離蓋爲人道而異乎鳥獸道鬼神道也人行不能不由道人出不能不由戶極言不能離之意此孔子之道所以不可易也

○子曰質勝文則野文勝質則史文質彬彬然後君子彬說文引作份份當是古文今不從
包咸曰野如野人言鄙略也史者文多而質少蓋掌文書多聞習事而誠或不足也彬彬猶斑斑包咸曰文質相半之貌蓋學者或

近于質或近于文性各有偏皆當損有餘補不足令文質各半以忠信之資文以禮樂斯爲中和則成德矣此孔子論文質之界治世既主文則務宜進于文明三統成德則宜文質兩雜當令不忘本質此孔子意也

○子曰人之生也直罔之生也幸而免皇本無上之字論衡幸偶篇引此無而免二字幸與直對似確

凡物之生伏從旁折人生則直立端正故人之生有忠信之心是非之辨故直心乃人性之本無險詖之心詐僞之行誕欺之語人之神明所賴以純完魂氣所賴以不滅人交所以相信人道所以能存皆賴于直康强純固壽命克完順受其正全受全歸遂之于天生之理也包咸曰誣罔正直之道而亦生者是幸而免蓋直者受福罔者受禍天之道也其誣罔之人幸逃禍害而得全其生乃出于僥倖耳中庸君子居易以俟命小人行險以僥倖與論衡引

義罔之生也幸同義晉語德不純而福祿並至謂之幸言非分而得可慶幸也今東人以福爲幸福則小人僥倖所得豈爲福哉蓋失詞矣

○子曰知之者不如好之者好之者不如樂之者

譬之于味知者知其可食者也好者食而嗜之者也樂者嗜之愛悅者也知而不能好則是知之未至好之而未及于樂則是好之未深惟樂者深遠矣凡人事皆有是三等學道者亦然其不知者旣不足以與此或者通達明澈知孔子大道之美可與共學矣但入慕道德亦出慕紛華知之矣未好之也其或篤信好學守死善道堅苦力索好之矣未樂之也玩味深長優游自得怡然理順忘憂忘年是樂之者知之者可欲之謂善好之者有諸己之謂信樂之者充實之謂美充實而有光輝之謂大也

○子曰中人以上可以語上也中人以下不可以語上也

人之材性萬品略區爲三自上智下愚外皆中人也如是者多立教者因材而篤當因中人之材性而教語之孔子之道本神明貫天地育萬物廣大精微本末精粗無所不有即其粗跡如升平太平之世太同之道亦欲盡人而教告之然精義妙道亦惟根性至上之人能聞之否亦須中人以上乃能領受苟非其人則聞之驚駭輕洩微言反爲無益或未至其時而妄行未至其地而躐等更滋大害且爲永戒雖精義妙道反因流弊而後不敢行若以天人之故而告愚人則誨之諄諄而聽之藐藐終日言而無聞佛與諸大菩薩言而初學菩薩無聞可證此也甚者驚怪其言若以鐘鼓享爰居必至悲憂眩視不食而死故聖人非靳于教也慮流弊也故人之材性各異神聖之教科亦各殊如大醫生藥籠無所不有亦必因人强弱而施之惟其不同乃爲適合此孔子之苦心救世而無可如何者乎

○樊遲問知子曰務民之義敬鬼神而遠之可謂知矣問仁曰仁者先難而後獲可謂仁矣

朱子曰民亦人也獲謂得也專用力于人道之所宜而不惑于鬼神之不可知知者之事也先其事之所難而後其效之所得仁者之心也古者好事鬼神孔子乃專務民義于古之多神教掃除殆盡故墨子亦攻儒之不明鬼也中國之不爲印度不日事鬼而專言人道皆孔子之大功也然高談不迷信鬼神者卽拂棄一切則愚民無所憚而縱惡孔子又不欲爲之仍存神道之教以畏民心但敬而遠之包咸曰敬鬼神而不黷是也先難者克己濟衆也

○子曰知者樂水仁者樂山知者動仁者靜知者樂仁者壽

樂喜好也知者達於物理事理而周流無滯故樂水仁者安于義理天命而安固好生故樂山智者才智迸發如機軸轉運不能自已故動仁者神明元定如明鏡澄澈粹然無欲故靜動而周流自

得故樂靜而安固有常故壽包咸曰日進故動性靜者多壽考盡天下之美德不外慈悲智慧孔子兩爲形容學者實宜仁智兼修不可偏闕也

○子曰齊一變至於魯魯一變至於道

漢書地理志太公治齊修道術尊賢智賞有功故至今其土多好經術矜功名舒緩闊達而足智其失夸奢朋黨言與行繆虚詐不情瀕洙泗之水其民涉度幼者扶老而代其任其民好學上禮義重廉恥道則孔子所志之道也言二國之政俗有美惡故其變而之道有難易程子曰夫子之時齊强魯弱孰不以爲齊勝魯也然魯猶存周公之法齊由桓公之霸爲從簡尙功之治太公之遺法變易盡矣此言治法三世之進化也包咸曰齊魯有太公周公之餘化太公大賢周公聖人今其政教雖衰若能興之齊可使如魯魯可使如大道行之時蓋齊俗急功利有霸政餘習純爲據亂之

治魯差重禮教有先王遺風庶近小康撥亂世雖變僅至小康升平小康升平能變則可進至太平大同矣禮運稱大道之行與三代之英丘未之逮而有志大道者大同之道也孔子志之久矣故望之當世惟齊魯二國可次第進化由據亂而升平由升平而大平也孔子期望之殷至矣

○子曰觚不觚觚哉觚哉

觚酒器韓詩外傳曰一升曰爵二升曰觚三升曰觶四升曰角五升曰散是時觚制已變觚之形失觚之實孔子正名之學不欲其有名無實觚哉觚哉言不得爲觚也蓋衰世禮樂皆有名無實萬事隳壞披書按圖則可觀核實求真則盡失故即觚一器物以見其餘也鄙人常習禮及釋褐預禮部鹿鳴宴則薦棚木豆粢傾器乏之馬矢盈地人無赴宴者徇役攘之不勝觚哉之歎而憂中國之禮名存而實已亡也或說觚稜也破觚爲圜則不觚矣亦嘆有名

無實之意義同

○宰我問曰仁者雖告之曰井有仁焉其從之也子曰何爲其然也君子可逝也不可陷也可欺也不可罔也皇本仁下有者字其從之也也皇本作與

有仁之仁當作人古通之從謂隨之于井而救之也逝謂使之往救陷謂陷之于井欺謂誑之以理之所有罔謂昧之以理之所無蓋聖門多爲窮理之學好談問難以求理極如記之曾子問是也宰我智慧辨才聞孔子言仁而好之慮悲憫之窒礙難行因設難以窮其變不救人則非仁救人則喪己仁者當此事屬兩難天下事如此類甚多是非不易定從違甚難決蓋仁者日事悲憫以救衆生既救人則難于自全故佛氏有捨身飼鷹虎者既己爲仁勢必至此惟孔子抉天心握聖權乃能斷之孔子以人己同氣義當救人然必能救己而後能救人若先失己人安能救必在井上乃能救井下之人若從在井中同斃何益仁者雖切于救人而不私

其身然不如是之愚也不可陷不可罔仁者之先尚有學焉故曰好仁不好學其蔽也愚以仁爲主當以智爲役若但仁而不學亦不可行也佛耶爲高而難行孔子貴中而可行孔子與佛耶之異在此學者可留心參之

○子曰君子博學於文約之以禮亦可以弗畔矣夫（釋文一本無君子字畔唐石經初刻作叛後磨改畔然畔叛通後漢書范升傳引此作叛）約要也畔違也君子知欲無方故于文物無不博行欲有方故其言動必範禮此則可以不背于道矣理極天人而束修節行蓋約禮而不博學則行弗著習弗察無以爲制作推施之本若博學而不約禮則放蕩縱肆大違于時出乎位而無所不至惟智周乎八表之外而躬循乎規矩之中智欲崇而禮欲卑斯無背道之患也

此章已見顏淵篇蓋孔子所雅言而弟子複記之也

○子見南子子路不悅夫子矢之曰予所否者天厭之天厭之

南子衛靈公之夫人有淫行孔子至衛南子請見孔子見之呂氏春秋淮南子鹽鐵論皆言孔子見南子爲行道子路以夫子見此淫亂之人爲辱故不悅矢誓也所誓辭也如云所不與崔慶者之類否謂不合于禮不由其道也厭棄絕也舊俗男女相見君夫人禮賓如今泰西儀自陽侯殺繆侯而娶其夫人故大饗廢夫人之禮自是男女別隔孔子以人權各有自立大同固可相見蓋特行之故見南子子路習聞小康之制以爲男女不當見尤疾淫亂之人因疑怪孔子蓋篤守小康者見大同之舉動無不怪也舊注以爲疑亦泥于小康之道故不能明蓋聖人蹤跡兼于三世故上下無常非爲邪進退無恒非離羣故曰聖而不可測之謂神子路朱子皆未之測何況餘子

○子曰中庸之爲德也其至矣乎民鮮久矣

中者無過無不及之名庸常也爾雅釋詁典彝法則刑範矩庸恒

律夏職秩常也故書篇多以典範法爲名至極也鮮少也孔子立
教因乎人道于長短大小廣狹擇乎至中食味别聲被色行乎至
庸當其宜者以爲至德而諸子紛紛剏制民各有所從鮮能行此
中庸之道因歎道久不行也
○子贑曰如有博施於民而能濟衆何如可謂仁乎子曰何事於仁
必也聖乎堯舜其猶病諸夫仁者己欲立而立人己欲達而達人能
近取譬可謂仁之方也已皇本如有作如能衆下有者字
博普也民人也衆物也病不足也博愛之謂仁蓋仁者曰以施人
民濟衆生爲事者子贑好仁而以孔子不輕許人乃窮極其量欲
以施與人民救濟衆生廣博普徧無所不及庶得爲仁孔子以仁
爲施濟之理若能博濟衆生令一夫無失其所一物皆得其生則
非徒有仁人之心必有聖人之才有聖人之道神而不測乃可致
也然且萬物並育而相害博施于民已極難博濟衆生爲尤難不

殺衆生之義亂世升平未能行之須至人人平等之後至人物平等之時太平世之太平乃能行之堯舜爲民主之聖人道太平之時猶未能行人物平等之道而戒殺放生故猶病諸也佛氏雖大仁欲早行濟衆生之事而時有未可卒不能也印度人見蟻亦不忍踐而日縱猛獸食人歲有虎狼之患未能保民何能躐等而濟衆生故太平大同之道普救生民乃孔子日欲行之博濟衆生之義亦孔子欲行之于太平之後者而子贛驟欲行之進化有次第當據亂之世去此甚遠實未能一超直至也推己及人仁者之心譬喻也方術也近取諸身以己所欲譬之他人知其所欲亦猶是也然後推其所欲以及于人則恕之事而仁之術也程子曰醫書以手足痿痺爲不仁此言最善名狀仁者以天地萬物爲一體莫非己也認得爲己何所不至若不屬己自與己不相干如手足之不仁氣已不貫由不屬己也愚嘗論之天地萬物同資始于乾元

本爲一氣及變化而各正性命但爲異形如大海之分爲一漚漚
性亦爲海性一漚之與衆漚異漚而無異海也但推行有次故親
親而後仁民仁民而後愛物孔子以理則民物無殊而類則民物
有異其生逢擾亂只能救民未暇救物故即身推恩隨處立達皆
至人而止此非仁之志亦仁之一方而今可行者也仁者二人相
人偶故就己與人言之立達者孟子所謂老吾老以及人之老幼
吾幼以及人之幼推諸心加諸彼故推恩可以保四海不推恩不
足以保妻子也以不忍人之心行不忍人之政皆從己立立人己
達達人出孟子專言擴充真得孔子之傳者也孔子言仁至多不
易體會此章最明學者可留意焉

論語注卷之六終

門人贛縣王德潛初校

門人高要陳煥章覆校

門人番禺王覺任覆校

門人東莞張伯楨覆校

論語注卷之七

南海康有爲學

述而第七此篇多記聖人謙己誨人之辭及其容貌行事之實

凡三十七章釋文舊三十九章當是六朝分子路問三軍爲一章也盧文弨謂朱子本三十八章而陸氏本四十章今言三十九章失于點對也

○子曰述而不作信而好古竊比於我老彭

包咸曰老彭殷賢大夫好述古事我若老彭祖述之耳孔子爲殷後故曰我大戴禮虞戴德呂氏春秋執一篇世本漢書古今人表與包咸皆以老彭爲一人惟鄭氏以老爲老聃分作二人蓋古文僞說按此竄改之僞古文也雖非全行竄入則孔子以不作好古稱老彭而劉歆增改竊字原文或是莫比二字春秋緯曰天降演孔圖中有作圖制法之狀孔子仰推天命俯察時變却觀未來豫測無窮故作撥亂之法載之春秋刪書則民主首堯舜以明太平

刪詩則君主首文王以明升平禮以明小康樂以著大同繫易則極陰陽變化幽明死生神魂之道作春秋以明三統三世撥亂升平太平之法故其言曰文王既沒文不在茲又曰天生德于予雖藉四代爲損益而受命改制實爲創作新王教主何嘗以述者自命以老彭自比乎劉歆欲篡孔子聖統必先攻改制之說故先改國語爲左氏傳以奪口說之公穀公穀破而微言絕大義乖故自晉世公穀廢于學官二家有書無師于是孔子改制之義遂湮三世之義幾絕孔子神聖不著而中國二千年不蒙升平太平之運皆劉歆爲之劉歆既亂羣經以論語爲世所尊信因竄一二條以附合其說惑亂後學茲罪之大不可勝誅也今古文異四百餘字此即其竄改之迹也今正之

○子曰默而識之學而不厭誨人不倦何有於我哉

默寂也識記也倦勞止也默識謂不言而存諸心也性命之本明

德之靈天人之際不可以語言文字著也成性存存道義之門神而明之默而存之獨證獨悟靈明自得旣已得之已則服膺而不厭教人則無類而不倦雖然斯道也流而不息合同而化我雖樂在其中然實無聲無臭無證無得何有于我哉

○子曰德之不脩學之不講聞義不能徙不善不能改是吾憂也皇本每句下有也字

德必熏修而後成學必講習而後明見善能徙而後日進改過不吝而後日新苟未能之聖人猶憂此四學者切近日省之要不可不留意也董子曰强勉學問則聞見博而知益明强勉行道則德日起而大有功其徙愈多則上達愈上其改愈切則磨礲愈瑩其修講徙改無盡其憂亦無盡俛焉日有孳孳至于知天命耳順從心不踰㡉而後已也學者苟一日不修德講學鄙欲滋生他憂將至矣

○子之燕居申申如也夭夭如也（燕鄭本作宴後漢仇覽傳引亦作宴當是齊古文申申或作伸伸）燕居閒暇無事之時顔師古曰申申整勅貌漢安世房中樂歌勅身齋戒施教申申蓋約束義夭夭舒也詩舒夭紹兮或以申申爲舒失之矣此記聖人閒居氣象備極中和既不局促亦不偷肆也

○子曰甚矣吾衰也久矣吾不復夢見周公（皇本公下有也字釋文本或無復字）衰肌膚消也按論語一稱周公但曰才美周公之盛德不過類本朝開國之攝政王孟子僅稱其兼夷狄驅猛獸耳孔子包舉百王民主稱堯舜君主尊文王羣經皆不甚稱周公亦不甚慕周公況至人無夢乎劉歆僞經皆託周公欲以易孔子故首以僞周禮託之周公因謂儀禮亦周公所作于易則稱爻辭爲周公所作爾雅又謂周公所作偏徵其文于羣書以證成之唐時乃至尊周公爲先聖抑孔子爲先師謬甚矣此章既無大義託之孔子夢幻特以尊周公抑孔子蓋劉歆竄入之僞古文也

〇子曰志於道

志者心之所之道者身所當行孔子所定之道是也學者最患無志志不立則天下無可成之事若既有志則諸子紛綸又患惑于他途而不得見天地之容神明之美故必志于孔子内聖外王之道而後有定向而不墮邪趨也

據於德

據者持守也德者人所自得中庸言聰明睿智寬裕温柔發强剛毅齋莊中正文理密察是也皋陶言九德洪範言三德此天命性中之明德神明之靈魂魄之精亟當服膺而弗失聖人所以異于常人有教人所以異于無教人者在此若不據守而失之則神明損隳永永沉淪此則諸教皆同而孔子尤切也

依於仁

依者如人之有衣也仁者人也二人相偶心中惻愷兼愛無私也

吾非斯人之徒與而誰與故人之不能離人猶人之不可離衣也
故念念刻刻皆以悲憫爲事自親親而仁民自仁民而愛物凡身
行之道心存之德皆以仁爲歸其量無盡其時無止永永依之而
已蓋孔子之道德皆以仁爲主故歸本于仁也

遊於藝唐石經作遊

有道德仁爲本則學業才能亦不可缺近之以應世務遠之以窮
物理內之以娛情性外之以張治教故藝者亦人道之要也游者
如魚之在水涵泳從容于其中可以得其理趣而暢其生機此四
者皆爲學之要論語記聖人之言開張萬法而本末兼該內外交
養次序有倫莫若此章學者于此雖至聖人不難否亦不失爲聖
人之徒矣

○子曰自行束脩以上吾未嘗無誨焉鄭注誨魯讀爲悔今從古則誨是古文悔是今文今故改
從悔然悔誨古通釋文引虞氏易慢藏悔盜

束約也修治也束身修行震无咎者存乎悔言戒愼恐懼內有不足時覺有悔恥人以束修即可無悔故以未嘗無悔明之至于寡悔則不踰矩矣先師朱九江先生曰列女傳秋胡婦云束髮修身鹽鐵論桑宏羊曰臣結髮束修延篤馬援杜詩傳並以束修爲年十五與漢書王莽傳自初束修伏湛傳自行束修迄無毀玷與鄭注同馮衍傳圭璧其行束修其心鄭均傳束修安貧恭儉節整漢謁者景君墓表惟君束修仁知幽州刺史朱龜碑仁義成于束修和帝紀束修良吏鄧后紀故能束修不觸羅網劉般傳束修有行胡廣傳使束修守善有所勸仰王龔傳束修厲節義並同字並與脩通用若檀弓少儀穀梁所云束修並以問人不以爲贄惟婦贄乃以脯修學者無之後儒誤以解此經則大謬古無是義也今正之先生從鄭讀以誨與悔通以人之品詣至多其中行狂狷之英才聖人固樂教之其次則凡束身修行之士來請問者聖人未嘗

不誨之蓋聖人有教無類其不屑之教誨者是亦教誨然雨露不能蘇已枯之草巧匠不能雕已朽之木苟無志向上雖誨何益惟必有可施教之地而後可望其有成也

○子曰不憤不啟不悱不發舉一隅而示之不以三隅反則不復也皇本高麗本蜀石經文選李善西京賦注隅下有而示之三字鄭注說則舉一隅以語之則鄭本亦必有而示之三字集解本脫今補之皇本則下有吾字

憤懣也心通而不能達悱方言愁悵也口欲言而未宣啟謂開其意發謂達其辭物之有四隅舉一可知其三反者還以相證之義鄭玄曰孔子與人言必待其心憤憤口悱悱乃後啟發爲之說也如此則識思之深也說則舉一隅以語之其人不思其類則不復重教之愚按此爲大道之深微言之意並記此欲學者勉于用力以爲受教之地也程子曰憤悱誠意之見于色辭者也待其誠意而後告之既告之又必待其自得乃復告爾又曰不待憤悱而發

則知之不能堅固待其憤悱而後發則沛然矣蓋道有盡人可語強人而告者若夫天人之際性命之微非候其漸有證悟不能強告強告之亦無益故徐以待之蓋教亦多術不得不然者否則聖人有教無類誨人不倦豈不欲傾囊倒篋使天下人皆聞道成聖哉此與中人以下不可語上參觀之

○子食於有喪者之側未嘗飽也子於是日哭則不歌論衡引歌下有也字皇本日下有也字釋文舊別為章今宜合前章

臨喪哀不能甘也哭謂弔哭一日之內餘哀未忘自不能歌也檀弓弔於人是日不樂曲禮哭日不歌于此可見聖人盡性之厚而處事之宜焉人道尙仁必有厚性乃可學道

○子謂顏淵曰用之則行舍之則藏唯我與爾有是夫子路曰子行三軍則誰與子曰暴虎馮河死而無悔者吾不與也必也臨事而懼好謀而成者也

尹氏曰用舍無與于已行藏安于所遇命不足道也顏子幾于聖人故亦能之萬二千五百人爲軍大國三軍子路自負將帥之才勇以行軍自許意夫子若行三軍必與已同暴虎徒搏馮河徒涉懼謂敬其事成謂定其謀言此皆以抑其勇而教之然行師之要實不外此驕師僨事勇將寡謀皆取敗之道也無經世之才則大用之而尸位素餐覆餗折足無養魂之道則進不見用即嗟窮怨上干進逢時用之能行可撥天下舍之能藏若忘天下卷舒自在進退裕如非有聖人之才又有聖人之道者不能孔門諸賢惟顏子有之孔子喜之許其同已

○子曰富而可求也雖執鞭之士吾亦爲之如不可求從吾所好

釋文 一本無亦字之下有矣字皇本不可求下有者字

執鞭賤者之事舉世熙熙皆以求富辱身賤行無所不爲而卒未見得之者也蓋富貴在天得之不得有命焉或夙生積德而得之

非人力所能爲也而求者紛紛皆爲富來其愚甚矣聖人託詞以明其惑言富者之有益吾亦非不欲也但知其不可求故不求耳若使可求則辱身降志蒙詬忍尤躬爲執鞭之賤亦可屈而爲之雖然辱身蒙恥而卒不可得則不如從吾所好之道猶得高尚而不屈也言執鞭亦爲乃言語之妙爲抑揚極言富之必不可求以發愚蔽耳若志士之不爲執鞭豈待于辨况聖人哉

○子之所愼齊戰疾 經典齋齊二文互見蓋古通

齋之爲言齊也將祭而齊其思慮之不齊者以交于神明也祭統齊者不樂心不苟慮必依于道手足不苟動必依于禮韓詩外傳居處齊則色姝食飲齊則氣珍言語齊則信聽思齊則成志齊則盈誠之至與不至神之饗與不饗皆決于此戰則衆之死生國之存亡繫焉疾又吾身之所以死生存亡者皆不可以不謹也夫子無所不謹弟子記其大者耳神聖通于有無存亡死生之理非不

知魂氣歸于無國家不能常存人道不能長生而旣有鬼神國家人身則因而存之兢兢致愼此聖人之善于因也

○子在齊聞韶三月不知肉味曰不圖爲樂之至於斯也皇本韶下有樂字史記三月上有學之二字

圖計畫也不知肉味蓋神注于此則所忘在彼也韶爲舜樂蓋天下爲公太平之治大同之道孔子所神往者故贊歎觀止曰不圖至斯也

○冉有曰夫子爲衛君乎子贛曰諾吾將問之入曰伯夷叔齊何人也曰古之賢人也曰怨乎曰求仁而得仁又何怨乎出曰夫子不爲也釋文一本無將字皇本曰古之賢人也曰上有子字皇本高麗本考文引古本足利本左傳哀三年正義史記伯夷列傳索隱文選江淹雜體詩注又何怨下有乎字今從之

爲猶助也衛以世子蒯聵殺母逐之而立蒯聵之子輒晉趙鞅納蒯聵于戚石曼姑受靈公之命輔輒而圍戚時孔子居衛衛人以

蒯聵得罪于父而輒嫡孫當立故冉有疑而問之諾譍也伯夷叔齊孤竹君之二子其父將死遺命立叔齊父卒叔齊遜伯夷伯夷曰父命也遂逃去叔齊亦不立而逃之怨猶悔也君子居是邦不非其大夫况其君乎故子贛不斥衛君而以夷齊爲問夫子告之如此則其不爲衛君可知矣蓋伯夷以父命爲尊叔齊以天倫爲重其遜國也皆求所以合乎天理之正而卽乎人心之安既而各得其志焉則視棄其國猶敝屣爾何怨之有若衛輒之據國拒父而唯恐失之其與夷齊相反至矣公羊述孔子口說曰不以父命辭王父命以王父命辭父命是父之行乎子也不以家事辭王事以王事辭家事是上之行乎下也穀梁述孔子口說曰以輒不受父之命受之王父也信父而辭王父則是不尊王父也其不受以尊王父也孔子于春秋許輒義可立二傳同詞蓋春秋爲國嗣立法則以王父及天子之命爲重明法律可立輒國人得拒蒯聵若

輒自爲計則宜逃而讓之他子乃郎人心之安蓋春秋爲定法律論語爲陳高義此問衞君則聖人豈許拒父者義自不同或以論語折公穀又以公穀疑論語皆未知言各有當義各有爲也

○子曰飯疏食飲水曲肱而枕之樂亦在其中矣不義而富且貴於我如浮雲 疏皇本作蔬

飯食也疏粗也糲食稷比稻粱爲糲肱臂上象形聖人無入不自得雖處困極而樂亦無不在焉其視不義之富貴如浮雲之無有漠然無所動于其中也程子曰須知所樂者何事神聖素位而行神明超然別有生天生地出入無窮之道故在貧而樂其視人間世不義之富貴若太虛浮雲忽聚忽散漠然無有也

○子曰加我數年五十以斆亦可以無大過矣 鄭注魯讀易爲亦

漢外黃令高彪碑恬虛守約五十以斆正從魯讀之句讀則漢人論語本無學易之說至明經傳易改碑文難竄亂也說文斆覺悟

也蓋爲學孜孜望有豁然證悟之一時乃不致終身誤入而後可以無大過矣惠棟曰君子愛日以學及時而成五十以學斯爲晚矣然秉燭之明尙可寡過此聖人之謙辭當是對老者勉勵之詞史記孔子晚而善易讀易韋編三絕曰假我數年若是我于易則彬彬矣未審是齊論否或亦劉歆所竄若今本論語作加我數年五十以學易可以無大過矣此爲劉歆古文論語竄改今考史記孔子世家編此章在自衞反魯刪詩書定禮樂之後作春秋之前朱子以爲年將七十此言五十則與世家說無關足證其爲劉歆竄改傅會之僞彬彬美善之至也蓋易之八卦畫自包犧六十四卦重自文王今文家司馬遷楊雄皆無異說故全易彖象繫辭爻言皆孔子所作其說卦爲河內女子所得乃後出序卦雜卦爲劉歆所僞附見吾僞經考蓋孔子以道陰陽極天人窮未來之數發靈魂之變者其道奧深孔子方當撰著極深研幾恐壽命不永而

是書未成或雖成而未盡美善故撰著累易其稿至于韋編三絕而發假年之歎以期易之彬彬也劉歆既以左傳篡孔子之春秋又造僞說謂彖辭作于文王象辭作于周公孔子僅爲十翼故改曰學易以明易非孔子所作抑以無大過以明孔子之爲後學蓋欲篡孔子之易竄改論語傳會史記以證成之幸有魯讀及史記今文猶存猶得以證其僞亂俾大聖作易之事如日中天也

○子所雅言詩書執禮皆雅言也

雅素也執守也詩以理情性書以道政事禮以道行切于日用之實故常言之禮獨言執者以人所執守而言非徒誦說而已也程子曰孔子雅素之言止于如此若性與天道則有不可得而聞者要在默而識之也蓋易與春秋爲孔子晚暮所作詩書禮則早年所定故易與春秋晚歲擇人而傳詩書禮則早年以教弟子者然詩書禮皆爲撥亂世而作若天人之精微則在易與春秋孔子之

道本末精粗無乎不在若求晚年定論則以易春秋爲至也其後學荀子傳詩書禮孟子傳春秋莊子傳易其淺深卽由此而分焉鄭氏曰讀先王法典必正言其音然後義全故不可有所諱後人以爲讀詩書必爾雅正音贊禮亦然不得用土音鄙倍者然鄭意正言者不過不諱耳

○葉公問孔子於子路子路不對子曰女奚不曰其爲人也發憤忘食樂以忘憂不知老之將至云爾（皇本至下有也字史記世家其爲人也下有學道不倦誨人不厭二句）

葉公楚葉縣尹沈諸梁字子高僭稱公也葉公不知孔子必有非所問而問者故子路不對抑亦以聖人之德實有未易名言者歟朱子曰未得則發憤而忘食已得則樂之而忘憂以是二者俛焉日有孳孳而不知年數之不足但自言其好學之篤耳然深味之則見其全體至極純亦不已之妙有非聖人不能及者蓋凡夫子

之自言類如此學者宜致思焉忘食則不知貧賤忘憂則不知苦戚忘老則不知死生非至人安能至此孔子世家以爲齊景公卒之明年孔子自蔡如葉葉公問政孔子年六十三四歲故云老

○子曰我非生而知之者好古敏以求之者也皇本敏下有而字

生而知之者神靈光明照燿如日不待學而知也敏勉也謂汲汲也尹氏曰孔子以生知之聖每云好學者非惟勉人也蓋生而可知者義理爾若夫禮樂名物古今事變亦必待學而後有以驗其實也

○子不語怪力亂神

聖人語常而不語怪語德而不語力語治而不語亂語人而不語神蓋人道視其熏聞一入腦根觸處發現終身不洗累生不解若聞怪力亂神之事即腦中終身有怪力亂神之影至于生生世世觸根復發世無已時小說家多發怪力亂神之事小說大行于時

則近者有拳匪之亂故怪力亂神之事非理之正固深害乎人性卽鬼神之迹雖非不正然合舉國若狂以供木石或方士以光影符術惑人亦非所宜也觀今印度奉神之多牽牛入廟刻象猴羊猪而事之民惑于鬼乃知孔子掃除之功也蓋怪力亂神者皆亂世之事至太平之世則不獨怪力亂無卽神亦不神也孔子不語蓋爲人道預入太平絶其亂世之性根因預植太平世之善性也漢書郊祀志引論語說無力亂字則怪神尤孔子所不道也

○子曰我三人行必得我師焉擇其善者而從之其不善者而改之史記世家作必得唐石經皇本高麗本足利本釋文何注邢疏穀梁注並于三上有我字必有作必得史記同今從之集解本無我字作必有當誤

三人同行其一我也彼二人者一善一惡而見賢思齊見不賢而內自省則善惡皆我之師教學者以隨地隨人皆可得益也子產曰其所善者吾則行之其所惡者吾則改之是吾師也

○子曰天生德於予桓魋其如予何
哀公三年孔子過宋與弟子習禮大樹下宋司馬桓魋欲殺孔子拔其樹孔子去弟子曰速之故孔子發其言以慰弟子包氏咸曰天生德者謂授我以聖性德合天地吉無不利故曰其如予何孔子自知已受天命爲改制之新王教主非賊臣所能害也

○子曰二三子以我爲隱乎吾無隱乎爾吾無行而不與二三子者是丘也
包咸曰二三子謂諸弟子聖人知廣道深弟子學之不能及以爲有所隱匿故解之言我所爲無不與爾共之者是丘之心蓋聖人動作語默無非至教視學者之能體會領悟以爲淺深高下焉不能體會則日語以天人之故而如不聞能領悟乎則灑掃無非至道本無精粗小大之可言也

○子以四教文行忠信

教人以學文修行存忠履信四者似淺而實人道所不能外者不語神怪而獨以四教此孔子之道所以爲中庸不可須臾離也既以行教更以忠信教者以行高或出僞爲惟忠信之人可以學禮故特立科而注重焉後儒有文無行或僞行無恆者可以警矣

○子曰聖人吾不得而見之矣得見君子者斯可矣子曰善人吾不得而見之矣得見有恆者斯可矣亡而爲有虛而爲盈約而爲泰難乎有恆矣後漢紀引亡作無釋文亡而爲有舊爲別章今宜與前章合今皇本正兩章合

聖人神明不測君子才德大成此以學言之善人者純善無惡有恆者有志不變此以質言之子曰字疑衍文虛空也盈滿也泰通也恆常久之意張子曰有恆者不貳其心善人者志于仁而無惡三者皆虛夸之事世人多有之于是有小人而冒爲君子惡人而僞爲善人即使一時或有志焉然既好虛夸必將僞襲不能爲有恆矣蓋深惡虛僞之人而發歎也學者自省有此虛僞否若有虛

僞終身不可與入聖人之門矣

○子釣而不綱弋不射宿

釣鈎魚也一竿釣綱者以大繩屬網絕流而漁者也弋以生絲繫矢而射也宿宿鳥日本物茂卿論語徵曰天子諸侯爲祭祀賓客則狩豈無虞人之供而躬自爲之所以敬也狩之事大非士所得爲故爲祭及賓客則釣弋愚謂天地者生之本衆生原出于天皆爲同氣故萬物一體本無貴賤以公理論之原當戒殺惟進化有次第方當據亂世時禽獸偪人人尙與禽獸爭爲生存周公以驅虎豹犀象爲大功若于時倡戒殺之論則禽獸徧地人類先絕矣孔子去周公不遠雖復愛物先當存人未能保人安能保禽獸故歲時制狩蒐之禮外以祭祀賓客內以習武禦外皆亂世不得已之事也孔子知其不可而時未能戒殺故爲之禁限釣而不綱弋不射宿皆于殺物之中存限制之法故爲制度不麛不卵魚鼈不

尺不食豺祭獸而後獵獺祭魚而後漁諸侯無故不殺牛大夫無故不殺羊士無故不殺犬豕庶人無故不殺牲又因其大小以爲殺之差蓋進化有漸進仁民有漸進愛物亦有漸進此皆聖人所無可如何欲驟進而未能者今已數千年尚未戒殺非徒不能不殺物人道尚相爭相殺其去衆生平等之世甚遠也他日大地皆一人民太平仁民之化既盡則當進至愛物是時害人之猛獸已盡無後不須殺戮競爭惟馴擾之生物若牛馬猴犬羊豕雞魚鳥之類則栅地以養之可資力作而供游玩死則埋之終其天年化學日精別製新品以代肉食既存仁愛之心又除血氣之慘斯時人物並育而不害衆生熙熙以登春臺乃爲太平之太平大同之大同孔子生非其時雖有是心而未能行佛氏大慈早行戒殺然發之過早未能行也印人染其風至不踐蟻而歲爲虎狼食者萬數蓋未當其時而早行太平其失甚矣此孔子所以告人時中也

○子曰蓋有不知而作之者我無是也多聞擇其善者而從之多見而識之知之次也識音志

包咸曰時人有穿鑿妄作篇籍者故云然按春秋時諸子紛紛創教制作如荀子所譏墨子蔽于用而不知文宋子蔽于欲而不知得慎子蔽于法而不知賢申子蔽于勢而不知知惠子蔽于辭而不知實皆所謂不知而作者也孔子同時如子桑伯子蔽于簡而不知繁原壤蔽于放而不知禮棘子成蔽于質而不知文楚狂沮溺丈人蔽于隱而不知義微生畝蔽于固而不知行皆所謂不知而作凡後世之異端外道皆類是此莊子所謂如耳目鼻口僅明一義不能相通者也孔子仁智不蔽故無是其創教本末精粗六通四闢故學術足爲創教之先王也不知而作攻創教者之妄也此言上知之士其從教之士亦不擇其善否而妄從之其愚益甚當偏考諸教多聞多見合大地之知識參稽互證比較長短擇其

至善者而後從教其未善者但記之可也如此則不爲人所愚惑雖非創教之上智亦爲知之次也

○互鄉難與言童子見門人惑子曰人絜已以進與其絜也不保其往也與其進也不與其退也唯何甚潔唐宋石經作絜今從之說文無潔字鄉飲酒義鄭注絜清也

朱子曰此章疑有錯簡人絜已以進與其絜也不保其往也十四字當在與其進也不與其退也唯何甚之前雖古無据然于文最順亦從之並注于此以存舊文

互鄉鄉名其人習于不善或者疑夫子不當見之也絜清治也與許也往前日也顧歡曰往謂前日之行夫人之爲行或有始無終或先迷後得教誨之道絜則與之往日之行非我所保蓋不追其既往不逆其將來以是心至斯受之耳大匠不畏枉木良醫不畏重疾聖人兼懷萬物容衆而矜不能有教無類欲普天下惡俗而悉化之此所以爲大教主也

○子曰仁遠乎哉我欲仁斯仁至矣

仁者人也受仁于天而仁爲性之德愛之理卽已卽仁非有二也近莫近于此矣故欲立立人欲達達人反求諸身當前卽是而學者望而未見或諉爲遠永無至仁之地實無欲仁之心耳孔子斯言直捷指點俾天下人皆成仁人可謂大慈導引能近取譬矣學者其可負之乎包曰仁道不遠行之卽是

○陳司敗問昭公知禮乎孔子曰知禮孔子退揖巫馬期而進之曰吾聞君子不黨君子亦黨乎君取於吳爲同姓謂之吳孟子君而知禮孰不知禮巫馬期以告子曰丘也幸苟有過人必知之皇本進之爲進也取作娶

陳國名司敗官名卽陳楚之司寇也昭公魯君名稠習于威儀之節當時以爲知禮故司敗以爲問而孔子答之如此巫馬姓字期孔子弟子傳名施字子旗呂氏春秋漢書古今人表作旗旗期古通楚令尹子期亦作子旗司敗揖而進之也相助匿非曰黨禮不

娶同姓而魯與吳皆姬姓謂之吳孟子者諱之使若宋女子姓者然孔子不可自謂諱君之惡又不可以娶同姓爲知禮故代君受過蓋諱國惡禮也又不明言其故所謂萬方有罪在予一人聖人之道大而德宏如此春秋于昭公十年冬娶吳孟子之事諱而不書削冬字以誌之于哀公十二年但書孟子卒亦不著爲夫人以著不娶同姓之義傳曰男女同姓其生不繁日本皇族及王朝公卿皆娶同姓至今二千五百年皇族不過二十人其伯爵日野秀逸八百年之世爵也告吾曰吾國千年之世公卿凡二十家其人數少則十餘多無過六十者皆以娶同姓故人丁不繁不若中國用孔子制必娶異姓故人數四萬萬繁衍甲于大地今亦漸知不可多有娶異姓者矣歐人醫院所考姊妹爲婚多盲啞不具體摩西之約英法之律亦知禁娶姊妹爲妻而會祖以外之親不禁故人數僅半中國若南洋非洲諸蠻夷兄弟姊妹相婚則其族類多

絶矣生理學之理桃李梅梨之屬以異種合者其產必繁碩味美雞羊牛馬之種以異種合者必碩大蕃滋蓋一地同種之物含氣無多取而合之發生自寡故自取其種不若合別種之生意尤多故娶異姓不如娶異鄉娶異鄉不如娶異邑異郡娶異邑異郡不如娶異國異種今地球大通諸種多合但當汰惡種而合良種耳若男女異姓則必不可改者故繫女以姓實明此旨今歐人婦從夫姓既失自立之義又乖異姓爲婚之旨故中國之異姓爲婚而人類冠于大地此孔子之大功而不可易之要義也

○子與人歌而善必使反之而後和之

聲比于樂曰歌反復也必使復歌者欲得其詳而取其善也而後和之者喜得其詳而樂其善也此見聖人樂取人善樂與人同聖人氣象太和誠意懇至而謙遜審密不掩人善蓋一事之微而與人之雅樂人之善感人之心如此按天地之大德曰生故人道以

樂生爲主凡聖人之治教雖克己節欲之苦皆以爲樂而已樂莫著于樂蓋聲音之動暢于四支而適于魂靈故天下古今之樂皆託于音而五聲八音尤以人聲爲貴故曰絲不如竹竹不如肉後世以絲度調古人以竹度調而皆不如肉聲之歌爲美故歌者樂之祖樂之著也哥文從可可蓋必依永而後諧聲故孔子尚之詩三百五篇皆以爲歌求合于韶頀象箾之音古音不可考乃能上如抗下如隊曲如折止如槀木纍纍如貫珠而廉肉節奏之聲浪乃能觸人耳而暢人魂但貴得于中聲不至噍殺煩促淫佚靡哀爲凶聲過聲斯人道之美不可廢也古音既廢而中聲猶可推求蓋大不過宮細不過羽得之今泰西好歌雖非中聲然甚高壯夏聲必大也明世崑曲亦庶幾焉墨子非樂不合人心天下不堪離于天下其去王也遠矣宋賢執禮甚嚴尊古太甚以古音既不可考乃並歌而廢之付之優伶狎客莊士所不爲遂令中國廢歌

失人道養生之宜悖聖人樂生之道日尊孔子而暗從墨氏致人道大觳天下不堪此程朱之過也今當考中聲而復歌道以樂人生矣

○子曰文莫吾猶人也躬行君子則吾未之有得

文莫讀若黽勉莫亦勉也古音通蓋燕齊語也孔子謙言勉强行道已猶不後于人若躬行而爲君子則有志未逮雖勉强而未有得也猶言事父事兄未能皆聖人之遜詞所以勉學者于躬行也

○子曰若聖與仁則吾豈敢抑爲之不厭誨人不倦則可謂云爾已矣公西華曰誠唯弟子不能學也鄭注魯讀正爲誠今從古則正乃古文今改從魯

此亦夫子之謙辭也聖者神明人道之變化仁者元德博愛人道之備也爲之謂爲仁聖之道誨人亦謂以此教人也然不厭不倦非已有之則不能所以弟子不能學也可謂云爾已矣者無他之辭也公西華聞而歎之其亦深知夫子之意矣

○子疾病子路請禱子曰有諸子路對曰有之誄曰禱爾于上下神祇子曰丘之禱久矣鄭本無病字

包咸曰禱禱請于鬼神有諸周生烈曰言有此禱請于鬼神之事誄者累也累功德以求福上下謂天地天曰神地曰祇禱者悔過遷善以祈神之赦罪賜福也夫人苟有罪則豈一禱所能赦罪亦豈神祇所能赦罪人苟無功德亦豈禱所能邀福亦豈神祇所能錫福若有功德而無罪過則暗合神明雖不禱而禱已久矣何事于禱此爲世人日行惡而日禱神赦罪之無益不如日行仁而不禱之爲得也故以道治天下者其鬼不神其神不傷人故禱者據亂世之事而非太平世之事也

○子曰奢則不孫儉則固與其不孫也寧固孫即遜

孫順也固陋也孔子尙文制禮從文若奢儉俱失中而奢之害大孔子生當據亂酋長之世時君大夫以奢相尙築臺鑿池皆役小

民雖以文王之靈臺靈沼號稱子來可謂德及民矣然猶不免役民其餘暴虐之長則妄用民力苟違民時民生日困無一非民膏民脂孔子惡之惡僭不遜也若華美而合于禮爲文而非奢孔子所尙矣後世已用雇役爲天下合計則財者泉也以流轉爲道苟尙儉則財泉滯而不流器用窳而不精智慧窒而不開人生苦而不樂官府壞而不飾民氣偷而不振國家瘻而不强孔子尙文非尙儉也尙儉則爲墨學矣後儒不善讀此章誤以孔子惡奢爲惡文于是文美之物皆惡之歷史所美皆貴儉德中國文物遂等野蠻則誤解經義之禍也且聖人之言爲救世之藥參朮之與大黃相反而各適所用孔子言各有爲但以救時孔子爲聖之時若當平世必言與其儉也甯奢故曰言不盡意又曰神而明之存乎其人故貴好學深思心知其意也

○子曰君子坦湯湯小人長戚戚鄭注魯讀坦蕩爲坦湯今從古則蕩乃古文今改從魯湯蕩古通

坦平也湯寬廣也詩子之湯兮長戚戚多憂懼君子樂天知命無入不自得故履險如夷見大心泰小人多欲營私日爲物役故患得患失蹇後跋前其所以爲憂樂則知命不知命盡之遂爲君子小人之别也

○子温而厲威而不猛恭而安釋文一本作子曰皇本作君子又威而不猛無而字似誤厲嚴整也凡人生氣質各有所偏毗柔毗剛鮮得中和毗柔者温和而失于不肅毗剛者威嚴而失于太暴若勉强恭恪則又失于拘束而不安適惟聖人全體渾然陰陽合德故其中和之氣見于容貌之間者如此門人熟察而詳記之亦可見其用心之密矣抑非知足以知聖人而善言德行者不能記學者所宜反復而玩心也

門人贛縣王德潛初校

門人番禺王覺任覆校

門人高要陳煥章覆校

論語注卷之七終

門人東莞張伯楨覆校

論語注卷之八

南海康有爲學

泰伯第八

凡二十三章

○子曰泰伯其可謂至德也已矣三以天下讓民無德而稱焉德集解引王肅云無得而稱近世從之後漢書丁鴻傳延篤傳及鄭志引此作德釋文本亦作德則各本皆從德今從之

至德爲德之至極無以復加也無德而稱其遜隱微無迹可見也

蓋太王三子長泰伯次仲雍次季歷季歷生子昌是爲文王有聖德太王有翦商之志而泰伯不從太王遂欲傳位季歷以及昌泰伯知之太王有疾泰伯卽託採藥偕仲雍逃之荆蠻于是太王乃立季歷傳國至昌至武王而有天下論衡謂太王薨泰伯還王季辟主泰伯再讓王季不聽三讓曰吾之吳越吳越之俗斷髮文身吾刑餘之人不可爲宗廟社稷之主季歷乃受韓詩外傳與王充

合鄭注採藥不返太王歿季歷爲喪主一讓也季歷赴之不來奔喪二讓也免喪之後遂斷髮文身三讓也與史記合然泰伯避位未必復返則從鄭說爲宜使唐之建成元吉知此安有推及之禍于太王爲養志採藥而不奔喪于王季爲避迹嗣立而非內禪于商朝爲純臣斷髮文身不啻採薇叩馬矣不獨泰伯至德卽仲雍亦至德此如夷齊同稱而單文多稱伯夷也其後諸樊餘祭競欲讓于季札亦至德之餘風所激歟

○子曰恭而無禮則勞愼而無禮則葸勇而無禮則亂直而無禮則絞（葸說文無之當是今文字或謂當作諰荀子議兵篇諰諰然懼天下之一合而軋已也漢刑法志引作鰓）

葸畏懼貌絞急刺也無禮則無節文故有四者之弊恭愼勇直皆生質之美德然德則空虛無薄其施于人道之宜尚有太過不及之患必有禮以節之然後可行此聖人所由制禮而君子所貴隆禮由禮也不然則恭者見犬豕而拜之愼者一事不敢爲勇者動

輒稱戈作亂直者絞刺人短反不可行矣

○君子篤於親則民興於仁故舊不遺則民不偷 此當另爲一章脫子曰二字

篤本作竺厚也包咸曰興起也君能厚於親屬不遺忘其故舊行之美者則民皆化之起爲仁厚之行不偷薄蓋風俗之厚薄化起于在上而推恩之次第先驗于親舊其所厚者薄而所薄者厚未之有其在上者厚而在下者薄亦無之也

○曾子有疾召門弟子曰啟予足啟予手詩云戰戰兢兢如臨深淵如履薄冰而今而後吾知免夫小子 說文启開也啟教也二字不同今通作啟說文誃讀如論語跢予之足跢當是古論今不從兢兢本或作矜矜

鄭氏玄曰啟開也曾子以爲受身體于父母不敢毀傷故使弟子開衾而視之父母全而生之亦當全而歸之詩小旻之篇戰戰恐懼兢兢戒謹臨淵恐墜履冰恐陷也言此詩者喻已常戒慎恐有所毀傷周氏生烈曰乃今日後我自知免于患難矣言其保之之

難如此至于將死而後知其得免于毀傷也史記孔子以曾子能孝故作孝經以授之曾子終身蓋以孝謹自守者今大戴禮曾子十篇率皆守身之言其宗旨在此其力行亦在此孔子以凡物非父不生非母不生非天不生三合然後生全而受者當全而歸之故云身體髮膚受之父母不敢毀傷少有毀傷則無以對所生論傳體之義自爲完全非全身無以極其重曾子終身戒謹僅能全不敢毀傷之義然此義也不過孝之始而已蓋人之生也有神魂體魄專重神魂者以身爲傳舍不愛其身若佛耶回皆是也專重魄者載魄抱一以求長生若老學道家是也專重體者戰兢守身啟手啟足若曾子是也三者各有所偏孔子則性命交修魂魄並養合乎人道備極完粹然一傳而爲曾子即已偏于體魄如此夫形體者血氣所爲經三十日而血氣一變其舊者隨汗溺而盡銷其新者亦經歲月而頻化人生自少而壯自壯而老形色血氣不

知變化百千矣保無可保免無可免且父母之指爪洟唾皆父母之體也其生已棄之若其骨肉腐敗益無可保若埃及之木乃伊以奇藥全之可數千年終亦必毀故愛體魄者不過推愛之義如愛召伯者保其甘棠愛丈人者愛其屋烏愛父母者愛其遺體敬佛者重及佛骨云爾孔子兼備萬法無所不在不又云殺身以成仁見危授命戰陣無勇非孝乎不又云體魄則降知氣在上若魂氣則無不之乎不稱比干諫死爲仁乎曾子兢兢于保身至于垂沒自是教之一義然亦偏矣若後儒說以曾子爲孔子正傳以爲孔子大道之宗則大謬也

○曾子有疾孟敬子問之曾子言曰鳥之將死其鳴也哀人之將死其言也善君子所貴乎道者三動容貌斯遠暴慢矣正顏色斯近信矣出辭氣斯遠鄙倍矣籩豆之事則有司存

孟敬子魯大夫仲孫氏名捷問之者問其疾也鳥畏死故鳴哀人

窮反本故言善此曾子之謙辭包咸曰欲戒敬子言我將死言善可用暴粗厲也慢放肆也信實也正齊莊也辭言語氣聲氣也鄙野也倍與背同謂背理也籩竹籩豆木豆禮器也言道之本末甚多而容貌顏色辭氣爲本當自已修之而籩豆器數爲末可付諸有司也禮冠義所謂禮義之始在于正容體齊顏色順辭令表記是故君子貌足畏也色足憚也言足信也曾子得之然將死時不待問而發論以爲道之所貴者乃僅在容貌不暴慢顏色宜莊正辭氣勿鄙倍三者此皆外身修飾之事無一性命之微言皆初學持循之功無一自得之受用即使言出有爲或爲孟敬子而發則後世士夫能飾容色辭氣而心術險詖行詣卑污者多矣即能此亦與色莊論篤者何異何足貴乎鄙人始讀見謂將死言善君子所貴鄭重出之如此以爲必有精義不意膚末若是宜葉水心以曾子爲未嘗聞道也今曾子十篇皆兢兢守身之言與此兩章意

義相合必非誣說蓋曾子之眞實心地刻苦工夫自爲篤信好學者然其所得品詣在善信之間于佛法中爲神秀與明儒康齋近人倭仁相類終日省身寡過而已其于充實光輝尙遠何況大化乎惜其親炙神明聖王而不得聞配神明育萬物六通四闢之道性天陰陽之理三世大同之法非斯人而誰與舉老少而安懷但知孝經守身僅聞孔子萬法之一端而已蓋曾子少孔子四十六歲當孔子夢奠之年僅二十七歲當顏子沒時僅十五歲故從游陳蔡皆不及與受業未知何年要其天資旣魯侍教不久所得不深此誠無可如何者也乃同學諸賢各傳教異國或爲卿相大夫自顏子伯牛子路宰我早卒子貢居衞子張居楚子夏居西河子游居吳澹臺游楚其居洙泗之故鄉因聖人之遺教收吾黨之狂簡嗣闕里之遺音終身講學者壽九十者惟有曾子故弟子最多在孔門靈光巋然最爲耆宿後生之從儒教者慕其盛名以爲孔

子大宗自皆歸之齊魯之間學者率出其門故後學獨稱曾子論語于顏子尙名之而于曾子稱子曾子之德望如此天下聞曾子之教者誤以爲孔子之道即如是于是孔子之大道闇浸而不彰陋隘而不廣此孔教之不幸也子思之學出于子游荀子之言最可信據王肅不知考僞家語以爲子思學于曾子程朱誤信之又附會爲子思孟子之正傳以大學爲曾子之書與中庸論語孟子名爲四子于是曾子上列顏思爲四配爲孔道之正宗而天下學者益尊之于是中國之言孔學者僅在守身而孔子重仁之大道一切皆割棄甚至朱子見禮運之大同且疑之矣此則後儒輕說妄尊之罪而于曾子無與也以關學術之大不得不明正之

○曾子曰以能問於不能以多問於寡有若無實若虛犯而不校昔者吾友嘗從事於斯矣

包氏咸曰校報也言見侵犯不報人性各有長短故各有能不能

知也無涯學益不足故項橐可問芻蕘可詢皆有補于學問至于侵犯不校則大度如天至慈如父母聖人視天下皆孩之孩兒之犯何所校報蓋至人忘已大道無我誕登于岸虛與世游更何有以一得自矜小技驕人睚眦必報者哉馬融謂友爲顏子然顏子沒時曾子十五歲未必及同學也或追稱之歟抑孔門之高賢多矣何必顏子而後有是哉

○曾子曰可以託六尺之孤可以寄百里之命臨大節而不可奪也君子人與君子人也陸德明本作君子也無人字

鄭氏曰六尺十五歲以下其才可以輔幼君攝國政其節至于死生之際而不可奪可謂君子矣與疑辭也決辭設爲問答所以深著其必然也後世若諸葛亮當之矣攝政王多爾袞張居正亦庶幾焉則寄萬里之國命矣

○曾子曰士不可以弘毅任重而道遠仁以爲已任不亦重乎死

而後已不亦遠乎

包氏曰弘大也毅强而能斷也非弘不能勝其重非毅無以致其遠仁者人心之全德而必欲以身體而力行之可謂重矣一息尚存此志不容少懈可謂遠矣程子曰弘而不毅則無規矩而難立毅而不弘則隘陋而無以居之又曰弘大剛毅然後能勝重任而遠到仁者公德博愛無私萬物一體者人者仁也故人人皆有仁之責任人人皆當相愛相救爲人一日卽當盡一日之責無可辭避孔子曰鳥獸不可與同羣吾非斯人之徒與而誰與若卸人之責任中道退懈是不爲仁卽不得爲人也矣子贛曰大哉死乎君子息焉昔嘗編論語孔門諸子學案曾子之言皆守身謹約之說惟此章最有力眞孔子之學也其得成就爲孔學大派皆弘毅之功力肩孔道仁爲己任也易簀不昧死而後已也曾子蓋能行而後言者雖守約亦可法矣

○子曰興於詩立於禮成於樂

包氏曰興起也言修身當先學詩禮者所以立身樂所以成性詩本性情詠歎滛泆易于感人興起人心或發揚蹈厲或溫厚纏綿必在于詩立必有節文度數人雖有良才美質必有禮以行之乃知所立故必在執禮大戴禮衛將軍文子篇吾聞夫子之施教也先以詩世道者孝弟說之以義而視諸體成之以文德體者禮也文德樂也樂有五聲十二律音聲之暢觸感魂靈干羽之綴發强形體蕩滌煩礙涵養中和流而不息合同而化欣喜懽愛中正無邪以調理性情和順道德必在學樂六經皆孔子所作以爲教而易春秋作于晚暮故早歲但以詩書禮樂教人而詩禮樂三者尤要程子曰古人之詩如今之歌曲雖閭里童稚皆習聞之而知其說故能興起今雖老師宿儒尚不能曉其義況學者乎是不得興于詩也古人自洒掃應對以至冠昏喪祭莫不有禮今皆廢壞是

以人倫不明治家無法是不得立于禮也古人之樂聲音所以養其耳采色所以養其目歌詠所以養其性情舞蹈所以養其血脉今皆無之是不得成于樂也是以古之成材也易今之成材也難愚觀泰西學校必有詩禮樂三者以爲學級人人童而習之其詩歌皆有愛國愛種興起其仁心其禮自飲食起居賓客軍國之禮皆熟習而有以固其肌膚之會筋骸之節以應人接事其樂則凡歌詞琴曲跳舞歲時皆習熟而有以陶暢其性靈舞蹈其手足故人多成材一切科學皆爲專門惟詩禮樂爲普通之學無人不習孔子之道乃大行于歐美而反失于故國也今學者更當光復故物以求成材矣

○子曰民可使由之不可使知之

鄭曰民冥也其見人道遠由從也言王者設教務使人從之若皆知其本末則愚者或輕而不行程子曰聖人設教非不欲人家喻

而尸曉也然不能使之知但能使之由之爾若曰聖人不使民知則是後世朝四暮三之術也豈聖人之心乎韓詩外傳詩曰俾民不迷昔之君子道其百姓不使迷是以威厲而刑厝不用也故形其仁義謹其教道使民目晰焉而見之使民耳晰焉而聞之使民心晰焉而知之則道不迷而民志不惑矣詩曰示我顯德行故道義不易民不由也禮樂不明民不見也詩曰周道如砥其直如矢言其易也君子所履小人所視言其明也孔子之欲明民至矣然中人以下不可語上禮緇衣曰夫民閉于人而有鄙心董子曰民者瞑也民之號取之瞑也孟子曰行之而不著焉習矣而不察焉終身由之而不知其道者衆也如以神道設教則民以畏服若明言鬼神無靈大破迷信則民無所忌憚惟有縱欲作惡而已故可使民重祭祀而鬼神之有無生死不必使人人知之凡此皆至易明者孔子曰道之不明也我知之矣智者過之愚者不及深憂長

歎欲人人明道若不使民知何須憂道不明而痛歎之乎愚民之術乃老子之法孔學所深惡者聖人徧開萬法不能執一語以疑之且論語六經多古文竄亂今文家無引之或爲劉歆傾孔子僞竄之言當削附僞古文中

○子曰好勇疾貧亂也人而不仁疾之已甚亂也

好勇而不安分則必作亂惡不仁之人而使之無所容則必致亂二者之心善惡雖殊然其生亂則一也包氏咸曰好勇之人而患疾已貧賤者必將爲亂疾惡太甚亦使其爲亂按陳涉之輟耕隴上石勒之倚嘯東門好勇疾貧之亂也楊國忠之激怒安祿山李訓之欲誅仇士良皆甚疾不仁之亂也二者雖殊然足以致亂其罪均也

○子曰如有周公之才之美使驕且吝其餘不足觀也已皇本使上有設字已下有矣字吝本亦作恡

周書寤敬篇不驕不悋時乃無敵韓詩外傳周公踐天子之位七年布衣之士所贄而師者十人所友見者十二人窮巷白屋所先見者四十九人誡伯禽曰德行寬裕守之以恭者榮土地廣大守之以儉者安祿位尊盛守之以卑者貴人衆兵强守之以畏者勝聰明睿智守之以愚者善博聞强記守之以淺者智此周公之法故借以反言之周公多才多藝如創制指南車之類故稱才美驕矜誇也吝鄙嗇也矜誇鄙吝常人視爲小過而孔子最所深惡以其自私而背于公德反于大同令人道退化人羣不合故以爲大惡雖有周公之才美不能贖之以雖才美而不能公之于人智而不仁反是而愚恭遜爲行已之門施捨爲待人之門苟能二德雖無才亦孔子所許矣一部論語稱周公只有此章但稱才美未歎至德然則後世以周公爲先聖至降抑孔子爲先師者足見劉歆作僞之惑矣

○子曰三年學不至於穀不易得也

鄭氏曰穀祿也隸釋漢孔彪碑龍德而學不至於穀浮游塵埃之外皭焉氾而不俗爲學之久而不求祿如此之人不易得也蓋學者之大患在志于利祿一有此心卽終身務外欲速其志趣卑污德心不廣舉念皆溫飽縈情皆富貴成就抑可知矣而人情多爲祿而學此聖人所由歎也朱子謂至當作志荀子正論其至意至闇也又曰是王者之至也楊倞注並云至當爲志疑古至志通也

○子曰篤信好學守死善道危邦不入亂邦不居

篤固也信之至極之謂好學者必以信之篤爲始不篤信則非眞好無以爲入道之門善其道者必死守之爲終不守死則不能善無以爲衛道之極此孔子教後學從教傳教之法蓋萬法皆起于篤信不信則一切無可學萬事莫堅于死守不死則一切無可守故佛之教人必在起信而從之堅耶之教人必以死守道而道大

行惜儒者之徒不能奉行所謂信道不篤焉能為有無也危者勢將亡亂者政已亂國若此者入此居此皆無益必不能救徒喪其軀此梁鴻所以五噫管甯所為遠避也此似智者之事人所易為不知在危亂之邦者懷土為安罕能遠去然因此或身污偽命家人盡喪上無關於教中無益于國志士雖以死善道然去就不知夭其天年若龔生之徒死亦不可也若鄙夫懷祿貪于亡國之富貴者近如拳匪之變京師死者如麻既非維新以救國亦不能爭廢立以殉君敗名喪身驅若雞狗是自作孽也

○天下有道則見無道則隱邦有道貧且賤焉恥也邦無道富且貴焉恥也

潛夫論引此邦作國云衰世之士志彌潔者身彌賤佞彌巧者官彌尊見者樂則行之隱者憂則違之不易乎世不成乎名也若邦有道則披巖剔幹登明選公然而貧賤必無可用之才也若邦無

道則政以賄成官由詔得然而富貴必無能守之節也無才無節皆志士之所恥若以救國救民爲志者孔子所謂天下有道某不與易顏子所謂治國去之亂國救之醫門多疾庶幾有瘳此則以入地獄救人之心而非關富貴貧賤之事是又聖人大仁之地位而非中士所能學者自審其才德地位擇而行之孔子蓋多開藥方以待學者之服焉

○子曰不在其位不謀其政皇本政下有也字

孔氏曰欲各專一于其職蓋司法者不問行政行政者不得問立法任兵農者不謀禮樂司禮樂者不問錢穀所以戒侵官越職也若夫議論政事則國者民衆之國也鄉校之議風詩之作乃聖人所特設因宜公議之者

○子曰師摯之始關雎之亂洋洋乎盈耳哉

師摯魯樂師太師摯也始樂之始亂樂之終樂記曰始奏以文復

亂以武又曰再始以著往復亂以飾歸蓋樂一成有四節有升歌有笙奏有間歌有合樂升歌爲始合樂爲亂禮燕及大射皆太師升歌摯爲太師是以云師摯之始也合樂周南關雎葛覃卷耳召南鵲巢采蘩采蘋凡六篇而謂之關雎之亂者舉上以該下猶之言文王之三鹿鳴之三云爾升歌言人合樂言詩互相備也洋洋盈耳總歎之也自始至終咸得其條理而後聲之美盛可見言始亂則笙閒在其中矣孔子反魯正樂其效如此蓋尙同合愛莫尙于樂人道起化莫先于夫婦故正樂編詩先自關雎志和音雅以爲生民之始萬福之原夫先于婦男下于女矯亂世之弊崇平等之教平權和合故洋洋美盛也

○子曰狂而不直侗而不愿悾悾而不信吾不知之矣廣雅悾悾誠也子罕篇空空如也悾空古通呂氏春秋空空乎其不爲巧故也又與款通侗無知貌也莊子山木侗乎其無識書在後之侗卽僮之叚借愿

謹也包咸曰悾悾慤也狂侗悾皆質之愚者然愚人多直愿而信亦可節取若夫託狂以行奸極愚而妄詐以其資質之下加以心術之奸是眞無如何也吾不知之者蓋深絶之而不敢加一詞之謂

○子曰學如不及猶恐失之

皇疏繆協稱中正曰學自外來非夫內足恒不懈惰乃得其用言人之爲學當如追亡救火常患不逮以若是之時敏猶恐不能證悟不能據守旋得旋失之若夫優游暇豫作輟怠緩其必不能得可見矣此警厲學者之詞

○子曰巍巍乎舜禹之有天下也而不與焉

巍巍高大之貌不與猶不相關蓋至人之游于世間但以救人爲事不避貧賤勞苦亦忘其富貴尊榮故舜之鼓琴二女袗衣猶若固有禹之櫛疾風冒甚雨肌無肉脛無毛卑宮室惡衣服等于監

門若不知勞蓋行其救人之素志則一物不得所若已饑溺之然天下雖大自至人視之猶一吷也苟無此夙志大識則一命之榮震動其心死生其命矣況天下乎此實爲立憲君主之法雖有天下而實公天下故不與舜恭已垂裳南面無爲禹之勞爲公僕而不敢有君天下之心借舜禹以明之孔子之微言也

○子曰大哉堯之爲君也巍巍乎唯天爲大唯堯則之蕩蕩乎民無能名焉巍巍乎其有成功也煥乎其有文章說文有奐無煥字近人多据說文以攻論語今本然今論語多魯論今文若說文純乎古文不足据也

唯猶獨也則猶準也包氏曰蕩蕩廣遠之稱言其布德廣遠民無能識其名焉蓋莫大于天而堯與天準則蒼蒼無正色遠而無終極故無可形容也成功事業也煥光明也文章禮樂法度堯之德不可名所可名者其功業文章巍然煥然亦其粗跡蓋歎美之至也孔子志在大同天下爲公之世故最尊堯舜然神人無功至人

無名雖有非常之功業文章亦不過游化示現之粗跡于其至德無與也其示現之跡或以君而創民主之事或以民而爲教主之業廣大高明血氣尊親然聲色之化民末也上天之載無聲無臭微妙廣運無所不在爲太平世之民主可也爲亂世之君主可也爲選用舜禹臯陶益可也兼容共工驩兜可也龍蛇雜沓蘭艾並生此天所以爲大也來爲中國之聖人可也來爲此地之教主可也立法各不同魂身各不同去爲他地之教主可也魂氣無不之神明無不在在此地爲君主可也在他地爲教主可也聖而不可測之謂神此天之所以爲大而民所以不能名者故謂之堯者偶託焉爾

○舜有臣五人而天下治武王曰予有亂十人今本亂下有臣字釋文予有亂十人本或作亂臣十人非唐石經于尚書論語及左傳皆無臣字東晉僞古文亦無臣字今本皆有臣字乃後人據晉太誓後添今刪之

孔子曰才難不其然乎唐虞之際於斯爲盛有婦人焉九人而已

五人禹稷契皐陶伯益亂治也馬鄭以十人謂周公旦召公奭太公望畢公榮公太顛閎夭散宜生南宮适其一人謂文母然武王得天下已八十餘太姒必不在必爲邑姜也九人治外邑姜治內北史齊后妃傳論武明追蹤周亂卽指神武妻婁氏則隋唐人亦以爲邑姜矣陶潛羣輔錄有毛公無榮公衞恒古文以婦人作殷人韓愈指爲膠鬲近人任啟運指漢石經作殷人則漢石經久無泰伯篇恐誤記也稱孔子者上係武王君臣之際記者謹之才難蓋古語而孔子然之也才者德之用也唐虞堯舜有天下之號際交會之間言周室人才之多惟唐虞之際乃盛于此降自夏商皆不能及然猶但有此數人爾是才之難也夫人才有由人作者有由天生者文明盛學校備胎教先水地和殺亂之根絕仁智之業積則人種良而人才多若文明之化未盛學校之法未備胎教不先產地舉确舉世爭殺夙習愚頑則人種不良而人才難得其間

有神靈聰敏馴齊者若瘠地之產木樸樹之結實雖有嘉穀碩果然而無多但有一二即稱嘉瑞也孔子生當亂世故歎息才難若此詩曰遐不作人故欲才之易全在作人而已

參分天下有其二以服事殷周之德其可謂至德也已矣釋文作參皇本亦作參後漢書伏湛傳文選典引注引亦作參今本作三非是皇本無之字

包氏咸曰殷紂淫亂文王為西伯而有聖德天下歸周者參分有二而猶以服事殷故謂之至德周書程典解維三月既生魄文王合六州之衆奉勤于商鄭詩譜謂雍梁荊豫徐揚也蓋古者諸夏諸國並立其服事天子不過臣貢如今高麗安南琉球暹羅而已遼金興則高麗貢于遼金而不貢于宋吐蕃強則大理南詔林邑貢于吐蕃而不貢于唐北魏興則諸涼貢于魏而不貢于晉又如晉楚爭霸諸侯皆有朝貢非如今內地之莫不臣也周初千八百國蓋歸文王者已千國所謂大邦畏其力小邦懷其德也故武王

孟津之會不期而會者八百國此皆人臣貢于周者文王若欲伐商如反掌耳然天與人歸而不取故孔子以爲至德孔子于書首堯舜于詩四始首文王皆明天下爲公之義孔子之不取天下亦所謂至德也孟子述之故稱堯舜文王最多此篇首泰伯終文王論語稱至德只此二人蓋孔子明公天下尙辭讓而惡爭奪之微旨也章首當有孔子曰三字與上文別爲一章

○子曰禹吾無閒然矣菲飲食而致孝乎鬼神惡衣服而致美乎黻冕卑宮室而盡力乎溝洫禹吾無閒然矣史記夏本紀作卑宮室致費於溝淢史記爲今文則盡力或是古文然論有齊魯姑闕之

閒鏬隙也文從月入門謂指其鏬隙而非議之也菲薄也致孝鬼神謂享祀豐潔衣服常服黻說文市韠也上古衣皮知蔽前而已故市以象之祭服不忘本天子朱市諸侯赤市大夫葱衡士靺韐篆文改從韋從友經典假從黻又爲芾爲紼列子作美紱冕上廣

一尺下廣二尺長三尺冕冠也夏曰收殷曰冔周曰冕皆同祭服也溝洫田間水道以正疆界備旱潦者也包咸曰方里爲井井間有溝溝廣深四尺十里爲成成間有洫洫廣深八尺禹奉身極儉樸而飾于宗廟朝廷者極文明不役民力以奉已故築宮極卑惟竭已力以濟民故于水利極精豐儉與人反而適得其宜安樂于已少而適得其公約已而豐施劬躬而勤民不以人君自侈縱故有天下而不與不以尚儉失文明故巍乎有成功煥乎有文章所爲無可議也然中國宮室卑污頗原于此其有峻宇雕牆者則役儒引以爲戒此未通古今之故也古者築城郭臺池皆役民力即文王亦所不免秦始皇築長城萬里築阿房三百里皆役夫數十萬死者如麻漢武之築建章千門萬戶金人承露盤高五十丈北齊高洋之築鄴臺高二十六丈隋煬之築西苑二百里率皆役民爲之若使聖人再獎借之則暴君民賊專制窮奢何所不至奢

者人情何待于勸進哉若後世已用雇役而君主已行立憲則國體所關文明所在以工代施愈能峻宇雕牆愈益窮民愈壯國體孔子若生當今日必大獎借之繁露三代改制質文篇孔子爲明堂已立三統之制其地統曰其屋卑污方其天統曰其屋高嚴侈員則何嘗必以卑宮爲是乎卑宮但據亂世之一統耳文明世則改之孔子聖之時者也故易曰觀其會通以行其典禮盡惡人之泥于一端而生流弊也孔子萬法並陳故曰知時觀變矣

門人贛縣王德潛初校

門人番禺王覺任覆校

門人高要陳煥章覆校

門人東莞張伯楨覆校

論語注卷之八終

論語注卷之九

南海康有爲學

子罕第九

凡二十九章釋文云皇本三十章謂合不忮不求與上衣敝緼袍爲一章也朱子從之亦以爲三十章注疏古本三十一章當是析不忮不求以下爲一章然不如合之爲宜故仍以爲三十章

○子罕言利與命與仁達舊本以達字屬下章非

罕希也上與卽歟助辭達通也利者義之和命者天之命記者總括孔子生平言論最少言者莫如利最通達多言者莫如命與仁蓋命利仁三者皆人受于天以生無須與而能離者也然利者人所同好若再增長附益之則教猱升木相習成風恐因自利而生貪奪反以害人道矣故于繫易言利爲義和美利天下而它經寡言之防流弊也蓋命則天賦于人貧富壽夭貴賤窮通各有定分雖有定命變命遭命之不同而莫非命也人能知命則自能順受

其正以樂天自不暇竭詐謀險詖以害人故命者人道自得之至理也人不能離羣獨處無在不與人交無處不與人偶與人交偶相親相愛則人道成相惡相殺則人道息故仁者人道交偶之極則也孔子嘉惠天下人以知命令其自得以敦仁令其處人蓋聖人言論雖多通達考之命與仁二者爲最也孔子言論最多幾無可尋其宗旨之要此章括論最爲得要舊本達字錯寫與巷黨相連遂若本章之稱孔子罕言命仁然考之論語孔子言命仁至多曰五十而知天命曰死生有命曰賜不受命曰道之將行也與命也道之將廢也與命也公伯寮其如命何其卒章更大聲疾呼曰不知命無以爲君子易言樂天知命故不憂窮理盡性以至于命子思述之曰居易俟命大德必受命孟子述之曰得之不得曰有命莫非命也順受其正知命者不立巖牆之下得之有命性也有命莊子述之曰父母豈欲我如是哉天地豈欲我如是哉然而至

此者命也夫楊子述之爲力命篇孝經緯述三命曰善惡報也此爲孔子大義以令人安處善樂循理足以自得安分無求常教人者徵羣經傳難以悉數墨子攻孔子者也特箸非命篇以攻儒其非儒篇曰强執有命以說議曰壽夭貧富安危治亂固有天命不可損益窮達賞罰幸否有極人之知力不能爲焉羣吏信之則怠於分職庶人信之則怠於從事不治則亂農事緩則貧貧且亂而儒者以爲道教是賊天下之人者也又曰立命緩貧而高浩居是若人氣鼸鼠藏而羝羊視賁彘起君子笑之怒曰散人公孟篇攻儒亦曰貧富壽夭齰然在天不可損益又曰君子必學子墨子曰教人學而託有命是猶命人葆而去其冠也子墨子謂程子曰儒之道足以喪天下四政焉以命爲有貧富壽夭治亂安危有極矣不可損益也爲上者行之必不聽治矣爲下者行之必不從事矣此足以喪天下程子曰甚矣先生之毀儒也儒墨相反相攻而墨

子之攻孔子以命爲儒者四義之一則命爲孔子特立第一大義至明矣若仁則尤爲孔子專特之義無往而非言仁者即論語言仁已四十二章若以爲罕言則孔子所多言者爲何也其說益不可通矣禮記曾子問篇稱孔子與老聃助祭于巷黨蓋巷黨爲魯地而達字屬此章至明論語之闕脫程朱所考者已多以寫官脫寫遂匿孔子命仁兩義千載爲之不明仁之義尚不可掩命之義則宋賢怵于此章之義遂永沒孔子之大道逐割裂今特疏通證明于此

○巷黨人曰大哉孔子博學而無所成名舊本作達巷誤

巷黨魯地禮記曾子問孔子與老聃助祭于巷黨是也舊本作達巷脫上章之末字而連寫之今改正巷黨之人見孔子四通六闢無所不通因美其大而惜其博而不專無一專門擅長之名皇甫謐高士傳以巷黨人爲項橐國策淮南子論衡以項橐爲孔子師

史記世家以爲巷黨童子當是項橐也

子聞之謂門弟子曰吾何執執御乎執射乎吾執御矣

執專執也射御皆一藝而御爲人僕所執尤卑言欲使我何所執

以成名乎然則吾將執御矣荀子曰天下之爲弓多矣而垂獨稱

焉者垂之爲弓一也天下之爲樂多矣而夔獨稱焉者夔之爲樂

一也天下未有兩而成者也行歧道者不至世愈文明則分業愈

多博涉則必淺嘗專門乃能精詣至專精之至傳之子孫思之思

之鬼神通之乃能制器利用利物前民惟神聖之才天資敏絶乃

能多能多藝無所不通然不可以教人巷黨人知專精之義而以

律聖人孔子欲厲專精之業而因以自承亦欲執一藝以爲專門

蓋恐天下不能學已誤于博學而一無所成也

○子曰麻冕禮也今也純儉吾從衆拜下禮也今拜乎上泰也雖違

衆吾從下

麻冕緇布冠也純絲也儉謂省約緇布冠以三十升布爲之升八十縷則其經二千四百縷矣細密難成不如用絲之省約臣與君行禮當拜于堂下君辭之乃升成拜按聘禮公食大夫禮外臣亦然不止本國之臣也泰慢也明事之易簡進化者可從衆事之慢泰違禮者不可從衆衆有得失當擇之也孔子之禮天子見三公下階見卿離席見大夫興席見士撫席君臣對拜已極平等之至幾過于今歐洲君臣矣但須下階待君辭乃升以爲恭讓乃少示君臣之敬耳孔子鑒于時弊而言之後世既非席地可無拜禮則古今不同可無議矣

○子絶四毋意毋必毋固毋我

意所也必適也固執也我已也印度古教有所教方教執教我教即意必固我也孔子之道虛齋故無所住而絶迹孔子之道時中故無適莫而比義孔子之道渾圓故無可無不可而適宜至于我

性我質其癡執尤大一執于我即背于公德失于圓理如耳目鼻口之各明一義而不能相通不能兼懷萬理凡諸教之意必固我皆大惟孔子無此四者所以超絕象外而無不包深入世中而無所滯也意或作億測教也莊氏存與曰智毋億先覺也義毋必義之與比也禮毋固時中也仁毋我與人爲善也亦可通但非所以論聖而不可測之神耳

○子畏於匡曰文王既沒文不在茲乎天之將喪斯文也後死者不得與於斯文也天之未喪斯文也匡人其如予何

畏者有戒心之謂匡地名史記云陽虎會暴于匡夫子貌似陽虎故匡人圍之包氏咸曰匡人誤圍夫子以爲陽虎陽虎會暴于匡夫子弟子顏尅時又與虎俱行後尅爲夫子御至于匡匡人相與共識尅又夫子容貌與虎相似故匡人以兵圍之文者文明之道統也春秋繼周文王有文明之道文王隱沒五百年文明之道統

大集于孔子後死者孔子對文王自謂也言天若絕文明之統則孔子自謂不得爲文明之教主天若未絕文明之統則我爲文明之教主匡人必不能違天相害春秋之始元年春王正月公羊傳曰王者孰謂謂文王也何休注口說曰文王者法其生不法其死與後王共之人道之始也王愆期曰文王孔子也蓋至孔子而肇制文明之法垂之後世乃爲人道之始爲文明之王蓋孔子未生以前亂世野蠻不足爲人道也蓋人道進化以文明爲率而孔子之道尤尚文明公羊先師口說與論語合符旣皆爲今文家之傳又爲孔子親言至可信也蓋孔子上受天命爲文明之教主文明之法王自命如此並不謙遜矣劉歆以僞亂篡統一切歸之周公幾若孔子爲一好學美質之賢士大夫述而不作比于老彭觀此可證其謬

○太宰問於子贛曰夫子聖者與何其多能也子贛曰固天縱之將

聖又多能也子聞之曰大宰知我乎吾少也賤故多能鄙事君子多乎哉不多也牢曰子云吾不試故藝皇本太宰知我下有者字釋文牢曰另爲一章

大宰官名鄭氏謂吳大宰嚭見說苑善說篇與者疑辭將大也詩我受命溥將有娀方將是也論衡將且也大宰蓋以多能爲聖縱猶肆也言無限也言天縱肆其大聖之德又兼多能乃其餘事也聖而無不通也其多能非所以率人故又言君子不必多能以曉之牢孔子弟子鄭氏以爲子牢家語以爲琴牢衛人字子開一字子張而莊子孟子左傳作琴張同古今人表有琴牢王氏念孫据鄭氏疑僞家語以琴張爲另一人未審然否試用也言不爲世用故得以習于藝而多通之人之成就固有以退爲進者若令孔子生爲季孟定哀終身當國不過使魯强盛或朝諸侯有天下如堯舜而已安能爲百世教主乎觀子聞之言而益信也包氏咸曰少小貧賤常自執事故多能爲鄙人之事君子固不當多能言人宜

懷道若才藝則專一已足蓋生知不可以律人卽多能不能以率衆故孔子遜言以謝亦欲使人專爲其所能爲無務博而無成致如鼫鼠有五技而窮也

○子曰吾有知乎哉無知也有鄙夫問於我空空如也我叩其兩端而竭焉皇本鄙夫下有來字孔注有鄙夫來問於我則必亦有來字

空空鄭作悾悾誠慤也大戴禮王言篇商慤女憧婦空空呂氏春秋空空乎其不爲巧故也叩訂也發動也端物初生之題焦氏循補疏曰蓋凡事皆有兩端楊朱爲我無君也乃曾子居武城寇至則去墨子兼愛無父也乃禹手足胼胝至於偏枯一旌善也行之則詐僞之風起不行又無以使民知勸一伸枉也行之則刁訴之俗甚不行又無以使民知懲一理財也行之則頭會箕斂之流出不行則度支或不足一議兵也行之則生事無功之說進不行則國威將不振凡若是皆兩端也而皆有宜得所宜則爲中孔子叩

之叩此也竭之竭此也舜執之執此也如答樊遲之問仁知兩端竭盡無餘蘊矣若夫語上而遺下語理而遺物則豈聖人之言哉有若無實若虛至極則相反物從無而生有理從有而歸無非有非無亦有亦無聲色之以化民末也有知乎哉上天之載無聲無臭至矣無知也故如天之空渾如鏡之空明物來順應因而附之眞空則一物不著至誠則鄙夫必盡大智則兩端並竭兩端者有無陰陽上下精粗終始本末凡物必有對待故兩端盡之蓋語上而不遺下語理而不遺物語精而不遺粗語本而不遺末四照玲瓏八面完滿此孔子所以爲神聖也

○子曰鳳鳥不至河不出圖吾已矣夫史記孔子世家作河不出圖雒不出書吾已矣夫史記必是今文未知此是魯論抑齊論耳

鳳靈鳥雄曰鳳雌曰凰舜時來儀河圖河中龍馬負圖伏羲時出八卦是也已止也易繫辭河出圖洛出書聖人則之禮禮器河出

馬圖書顧命有河圖漢書五行志及論衡皆以爲伏羲氏時河水出圖則之而書八卦國語周之興鸑鷟鳴于岐山墨子非攻篇天命文王伐殷有國泰顛來賓河出錄圖論衡問孔篇引此曰夫子自傷不王也已王致太平太平則鳳凰至河出圖矣董仲舒對策引此曰自悲可致此物而身卑賤不得致也易坤鑿度仲尼偶筮其命得旅泣曰天也命也鳳鳥不至河無圖至與董王說同論語素王受命讖大聖不虛生必有所制法垂教而天瑞又必應之其後麟至鳥銜書爲演孔圖遂作春秋蓋作三世法于來者焉

○子見齊衰者絻衣裳者與瞽者見之雖少必作過之必趨冕鄭本作弁鄭云魯讀弁爲絻說文冕或作絻何晏本依包咸作冕或齊讀今不從少史記引作童子

齊衰衰之緝者蓋輕于斬衰之衰冕冠也衣上服裳下服冕而衣裳大夫以上之盛服也瞽無目者作起也趨疾行也或曰少當作坐包氏咸曰冕者冠也大夫之服瞽盲也作起也趨疾行也此夫

子哀有喪尊在位恤不成人蓋孔子因人道之宜順人情之安所謂人倫之至也後之教主言人格者無以尚諸

○顏淵喟然歎曰仰之彌高鑽之彌堅瞻之在前忽焉在後隸續嚴發碑鑴堅仰高則鑴當是齊魯論之一文

喟歎聲鑽所以穿也堅剛也仰彌高不可及鑽彌堅不可入在前在後恍惚不可爲象此顏子深知夫子之道無窮盡無方體而歎之也古今爲孔子贊者多矣宰我則稱賢于堯舜子贛則稱百王莫違子思則稱發育萬物峻極于天莊子則稱配神明醇天地育萬物六通四闢小大精粗其運無乎不在顏子則稱仰彌高鑽彌堅瞻之在前忽焉在後五子皆善言德行者然雖極力鋪寫終不若顏子之形容矣次則莊子次則子思次則子贛次則宰我若顏子之所形容所謂聖而不可測之謂神今者于春秋得元統三世讀禮運知小康大同讀易而知流變靈魂死生陰陽二千年鑽仰

未得者今又新出尚不知孔子更有幾許無窮無盡新理爲我所鑽仰未得之者耶以聞一知十親炙既久之聖尚鑽仰不得前後恍惚而謂數千年之後于書不盡言言不盡意之餘吸啜糟糠而得其精英斷其定案其可盡得乎天生大聖以莊子顏子之聰明不可測知吾亦只得曰不可測知而已

夫子循循然善誘人博我以文約我以禮欲罷不能既竭吾才如有所立卓爾雖欲從之末由也已循循鄭注及後漢趙壹傳注引作恂恂蔡邕姜伯淮碑後漢郭泰傳論李膺傳注吳志步騭傳宋書禮志載晉袁瓌疏南史王琳傳魏書高允傳賈思伯傳隋書煬帝紀孟子明堂章指並與鄭同末由史記世家引作茂繇

循循恭順有序貌誘訢羨導進也言夫子道雖高妙而教人有序博文致知格物也約禮克已復禮卓特立超絕也末無也此顏子自言其學之所至也凡學道者相引彌深相望不遠自有欲罷不能之境至于步趨俱及心力並盡忽而臨深崖望大海蹤跡既絕

行地皆無畫然豁然躊躇四顧化人當前卓爾高踣淩空步虛中天迴顧可見而不可及可望而不可到欲從末由自崖而返顏子自此遠矣所謂大可爲也化之之聖聖而不可測之神則不可爲此顏子學道之深親見化人之境而自言之然則孔子之爲化人神人顏子實言之矣

○子疾病子路使門人爲臣病間曰久矣哉由之行詐也無臣而爲有臣吾誰欺欺天乎且予與其死於臣之手也無甯死於二三子之手乎且予縱不得大葬予死於道路乎

包曰疾甚曰病孔子嘗爲大夫可有家臣時已去位子路欲以家臣治其喪其意實尊聖人而未知所以尊也病間少差也病時不知既差乃知其事言我不當有家臣人皆知之不可欺也而爲有臣則是欺天而已引以自罪其責子路深矣無甯甯也大葬謂君臣禮葬死于道路謂棄而不葬孔子貴天爵而不貴人爵爲教王

而不爲人王故言不欲死于臣手而欲死于二三子之手孔子重魂而輕魄但免棄而不葬而不貴大葬雖辭立臣而大義實在此

○子贛曰有美玉於斯韞匵而藏諸求善賈而賈諸子曰賈之哉賈之哉我待賈者也匵本又作櫝漢石經沽作賈今不從沽從石經作賈白虎通商賈篇後漢書張衡傳注逸民傳注文選琴賦注並引作價

韞藏也匵匱也沽賣也包氏咸曰沽之哉不衒賣之辭我居而待賈賈與價通子贛以孔子有道不仕故設此二端以問也君子未嘗不欲仕也又惡不由其道士之待禮猶玉之待賈必不枉道以從人衒玉而求售也

○子欲居九夷或曰陋如之何子曰君子居之何陋之有

皇疏東有九夷一玄菟二樂浪三高麗四滿飾五鳧更六索家七東屠八倭人九天鄙後漢書東夷傳夷有九種畎夷于夷方夷黃夷白夷赤夷玄夷風夷陽夷欲居之者亦乘桴浮海之意所過者

化所存者神也萬物一體天下一家太平之世遠近大小若一其始夷夏之分不過文明野蠻之別故春秋之義晉伐鮮虞則夷之楚子入陳則中國之不以地別但以德別若經聖化則野蠻進而文明矣孔子日思以道易天下旣不得于中國則欲闢殖民之新地傳教諸夷聖人但欲開化救人無所擇也

○子曰吾自衞反魯然後樂正雅頌各得其所皇本反下有於字

魯哀公十一年冬孔子年六十九自衞反魯見道不行決不再出乃始撰定六經以垂教後世而先修詩樂蓋必先正樂雅頌乃得所又周流四方徧考古今之樂然後能定中聲如今者亦必徧游歐美盡聆樂音乃能正樂也經史問答云正詩乃正樂中事蓋正樂之條目多有正其僭者如宮縣不應用於諸侯曲縣不應請于大夫舞佾歌雍皆是也有正其有司之失傳者如大武之聲淫及商是也有正其節奏之紊者如翕純皦繹之條理是也有正其聲

而黜之者如鄭衛齊宋四聲以及北鄙殺伐之響是也有正其容者如大武之致左憲右是也有正其器者如歌韶必以首山之竹龍門之桐是也有正其名者如大武之樂據冷州鳩語別有四名疑其不可為據是也包氏慎言敏甫文鈔云論語雅頌以音言非以詩言也樂正而律與度協聲與律諧鄭衛不得而亂之故曰得所詩有六義曰風曰賦曰比曰興曰雅曰頌而其被之于樂則雅中有頌頌中有雅風中亦有雅頌詩之風雅頌以體別樂之風雅頌以律同本之性情稽之度數協之音律其中和平者則俱曰雅頌焉云爾揚雄法言曰或問五聲十二律也或雅或鄭何也曰中正為雅多哇為鄭請問本曰黃鐘以生之確乎鄭衛不能入也由是言之樂有樂之雅頌詩有詩之雅頌二者固不可比而同也七月豳風也而籥章吹以養老息物則曰雅吹以寒暑則曰頌一詩而可雅可頌豳風然知十五國亦皆然也大戴禮投壺云凡雅二

十六篇鹿鳴貍首鵲巢采蘩采蘋白駒伐檀騶虞八篇可歌鵲巢采蘩采蘋伐檀騶虞此五篇皆風也而名之爲雅者其音雅也投壺又云八篇廢不可歌七篇商齊可歌商頌也齊風也而皆曰雅由是言之雅頌者通名也漢杜夔傳雅樂四曲有鹿鳴伐檀騶虞文王墨子謂騶虞爲文王之樂與武勺並稱則風詩之在樂可名雅而又可名頌矣淮南泰族訓曰雅頌之聲皆發于辭本于情故君臣以睦父子以親故韶夏之樂也聲乎金石潤乎草木然則韶夏亦云雅頌豈第二雅三頌之謂哉又曰言不合乎先王者則不可以爲道音不調乎雅頌者不可以爲樂然則雅頌自有雅頌之律性情正音律調雖風亦曰雅頌性情不正音律不調卽雅頌亦不得爲雅頌後世非無雅頌之詩而不能與雅頌並稱者情乖而律不調也太史公樂書曰凡作樂者所以節樂君子以謙退爲禮減損爲樂其如此也以爲州異國殊情習不同故博采風俗協比

聲律以補短移化助流政教天子躬于明堂臨觀而萬民咸滌蕩邪穢斟酌飽滿以飾厥情故云雅頌之音理而民正夫州異國殊風也天子博采而協比以音律則俱曰雅頌樂之雅頌其果以詩分乎不以詩分乎樂書又言天子諸侯聽鐘磬未嘗離於庭卿大夫聽琴瑟之音未嘗離於前所以養仁義防淫佚也夫淫佚生於無禮故聖人使耳聞雅頌之音目視威儀之禮由是言之樂之雅頌猶禮之威儀威儀以養身雅頌以養心聲應相保細大不踰使人聽之而志意得廣心氣和平者皆雅頌也以詩之雅頌爲樂之雅頌則經傳多格而不通矣樂記曰故人不能無樂樂不能無形形而不爲道不能無亂故制雅頌之聲以道之周南召南莫非先王所制則莫非雅頌也非先王所制而本之性情稽之度數協之聲律不悖於先王者聖人有取焉史記儒林傳言詩三百五篇孔子皆絃歌之以求合乎韶武雅頌之音三百篇之於雅頌不必盡

合也其合乎雅頌者卽謂之雅頌故伐檀也齊也亦曰雅大戴所言杜夔所傳豈盡謬哉漢書禮樂志云周衰王官失業雅頌相錯孔子論而定之故曰吾自衞反魯然後樂正雅頌各得其所班氏所謂雅頌相錯者謂聲律之錯非謂篇章錯亂也所謂孔子論而定之者謂定其聲律非謂整齊其篇次也子曰師摯之始關雎之亂洋洋乎盈耳哉關雎篇次非有所錯然洋洋之盛必待孔子正樂之後蓋自新聲旣起律音以乖先王雅頌皆因之以亂詩則是也聲則非也故曰惡鄭聲之亂雅樂也淮南曰先王之制法也因民之所欲而爲之節文者也因其好色而制婚姻之禮故男女有別因其好音而正雅頌之聲故風不流關雎葛覃卷耳正所謂節而不使流者也然使以鄭聲絃之歌之則樂者淫哀者傷矣明乎此而雅頌之不係乎詩可知得所之非整理其篇章亦可知按古詩三千餘篇孔子删之定之旣取其義之合于人道者又協其聲

使合韶武箾濩之音蓋皆孔子修正或新製晉荀勗梁武帝隋萬寶常之八十四調猶存遺製耶律德光破東京得唐之雅樂而宋人不復見之于是孔子之樂亡矣吾嘗以周慮俿尺製十二笛度八十四調則笛孔相距甚遠乃知古人手指甚長今不能復之矣今歐美之琴凡七調高下長短清濁皆備其絃八十五其中半音三十五得八十四調之意歟何其闇合也

○子曰出則事公卿入則事父兄喪事不敢不勉不爲酒困何有於我哉

困亂也說見第七篇然此則事愈卑而意愈切矣天既生人則有人之任不可逃我受天之命而爲人則當盡人之道不可棄若欲逃棄人道之外別求高妙清淨是卽有我之至其違天愈甚去道愈遠孔子以天游之身魂氣無不之神明無不在偶受人身來則安之順受其正出爲我之公卿我則事之入爲我之父兄我則事

之死喪之威人所同有也我則匍匐救之而不畏避酒食之樂人所娛生也我亦醉飽同之但不至亂凡人間世之道纖悉皆盡無異常人但終身應物皆順體魄之自然因物付物而神明超然寂然不動故終日行而未嘗行終日言而未嘗言何有于我也在衆無衆在身無身萬化而不厭千變而不捨深入而不癡故灑掃卽爲神功人事皆爲道境絶無奇特卽以絶無奇特爲彼岸不離人道卽以不離人道爲極功無大無小無精無粗自得安居者卽爲聖人不自得安居者卽爲鄉人此蓋化人之妙用而孔子自道之也不然聖人雖謙何至不能爲鄉人所能哉儒者自命爲衞道而宋人最長于割地凡高妙者皆付之于釋道乃至安身立命超然自得者亦付之于佛則孔子之道只有克己寡欲劬躬勞身而已是墨子之道所以敗也宋賢言道之極卽入于墨非孔子之道也

○子在川上曰逝者如斯夫不舍晝夜

天運而不已水流而不息物生而不窮運乎晝夜未嘗已也往過來續無一息也是以君子法之自強不息及其至也純亦不已焉

○子曰吾未見好德如好色者也

史記孔子居衛靈公與夫人同車使孔子爲次乘招搖市過之孔子醜之故有是言蓋好德者魂靈也好色者光魄也受光而見色色與目宜者目則好之電自相吸魂不能主則從之矣故漢哀帝之好董賢斷袖而讓以天下齊高緯之于馮小憐亡國而更獵一圍好之至則有如此然易其目色則愛好頓無皆魄爲之也七十子之事孔子心悅誠服終身從之則魂靈爲之故魂淸自主者好德魄濁用事者好色而常人無學魄常勝魂故好德不如好色

○子曰譬如爲山未成一簣止吾止也譬如平地雖覆一簣進吾往也

包咸曰簣土籠也此勉人爲學當強毅以期有成苟能自強不息

則積少成多爲士可至聖人苟廢于半途則前功盡廢惟聖罔念作狂其止其往其成其敗皆在人之張力堅志而不在多少蓋孔子爲成德者勉其極功爲初學者厲其銳志也

○子曰語之而不惰者其回也歟說文作憜則惰是今文

何晏曰顏淵解故語之而不惰餘人不解故有惰語之時蓋學者之性資有高下學力有深淺聞根有鈍利故同一義語而有領受不領受者佛與諸大弟子語而新學無聞正與此同故孔子有中人以上可語上中人以下不可語上之義孔門多高弟子而孔子所心心印可者惟顏子一人其與語之精義妙道必羣弟子所不能知者惜顏子早沒而孔子神化大道遂不可聞此則大教之遺恨也

○子謂顏淵曰惜乎吾見其進也未見其止也

包氏咸曰孔子謂顏淵進益未止痛惜之甚皇疏謂顏子死後孔

子有此歎也若孔子見顏子已止則顏子之才詣已定矣惟尚當方進之時則以聖人之才爲聖人之道日新未已爲聖人而已矣然而短命不能至聖而不可測之神則此才爲古今最可惜者也此篇多美顏子蓋顏子爲聖門第一高才及門無及之者傳道失人關係至大故孔子痛之至謂天喪也

○子曰苗而不秀者有矣夫秀而不實者有矣夫

穀之始生曰苗吐華曰秀成穀曰實喻學者之等級如此未學譬之苗達才譬之秀成德譬之實學者之有此或阨于壽命或懈于中途故學者如牛毛成者如麟角聖人之所以激厲後生至矣漢沛相范君墓碑禰衡顏子碑以惜顏子茂而不實也牟融理惑論梁書徐勉傳李軌法言注世說新語同則舊說有此

○子曰後生可畏焉知來者之不如今也四十五十而無聞焉斯亦不足畏也已皇本可畏下有也字已下有矣字

此勉學者後生少年也年少者氣盛體強年富志銳盛德大業無所不可爲無所不可成其勢無比不止可嘉而實可畏來日方多安知不如我今日蓋是時孔子有聖人之望天下所共尊學者以爲不可幾及也孔子誘之曰後生何必慕我乃可過我而令吾畏之者也時哉時哉宜日就月將惜陰黽勉若四五十而名譽不聞則雖發憤爲學精力已衰志氣已惰卽有所成亦爲小就不足畏矣曾子曰三十四十之間而無藝卽無藝矣五十而不以善聞則不聞矣語意正同蓋學業成否全在少年故孔子望之深警之切如此當孔子夢奠時子夏子游子張曾子皆二十餘歲顏幸冉孺曹卹伯虔公孫龍僅二十後生少年之成就者亦多可見孔子陶鑄之盛也

○子曰法語之言能無從乎改之爲貴巽與之言能無說乎繹之爲貴說而不繹從而不改吾末如之何也已矣

法語者正義言之也巽言者孫順導之也繹尋引其理也法言人所敬憚故必從然不改則面從而已巽言無所乖忤故必說然不繹則又不足以知其微意之所在也語之而不達拒之而不受其或喻焉則尚庶幾其能改繹矣從且說矣而不改繹焉則是別有肺腹雖聖人其如之何哉

○子曰主忠信毋友不如己者過則勿憚改重出而逸其半或弟子頻聞故重錄之

○子曰三軍可奪帥也匹夫不可奪志也

帥者將帥四丈爲匹匹夫者書堯典疏士大夫已上有妾媵庶人無妾媵惟夫妻相匹孔氏曰三軍雖衆人心不一則其將帥可奪而取之匹夫雖微苟守其志不可得而奪也三軍之勇在人匹夫之志在己在人則可奪在己不可奪如可奪則亦不足謂之志矣立志爲學者第一事志不立則天下無可爲者

○子曰衣敝緼袍與衣狐貉者立而不恥者其由也與不忮不求何

用不臧子路終身誦之子曰是道也何足以臧釋文敝或作弊皇本說文衣部作弊則敝是今文注疏本三十章釋文云三十一章則古本多一章正分不忮不求以下

敝壞也緼舊亂絮也袍狐貉以狐貉之皮爲裘蓋子繫露謂百工商賈不敢服狐貉則貴人禦寒之服子路當寒時無裘棉袍已敝一寒至此而復與狐裘者並立相形瑟縮而浩氣自充無所愧恥子路之志如此則能不以饑寒易其慮不以貧富動其心可以進于道矣故夫子稱之忮很也忌也求貪也臧善也此衛風雄雉之詩孔子引之以美子路蓋貧與富交强者必忮弱者必求然求爲人情之常忮乃心術之大害志士去求尚易去忮爲難終身誦之則自喜其能而不復求進于道矣故夫子復警之蓋不恥惡衣惡食者入道之基而非成德之詣德貴日新道在上達若遽以自喜則止而不復進矣孔子始善之而末云不善其鞭辟陶鎔學者眞善誘之妙用矣

○子曰歲寒然後知松柏之後彫也

何晏曰大寒之歲衆木皆死然後知松柏不彫傷平歲則衆木亦有不死者故須歲寒而後別之喻凡人處治世亦能自修整與君子同在濁世然後知君子之正不苟容至臨利害遇事變然後君子之所守乃見也蓋不經盤根錯節不足以別利器不經變故患難不足以識忠良詩不云乎風雨如晦雞鳴不已

○子曰知者不惑仁者不憂勇者不懼

明足以燭理故不惑理足以勝私故不憂氣足以配道義故不懼此學之序也人之生世與接爲搆日以心鬬萬物之事理錯雜于前而不知所從則日在惑中身家國天下苦惱相纏而不能逃去則日在憂中身世言行危難相觸而不能勝之則日在懼中惑則如盲人瞎馬夜行臨池憂則如在火坑懸崖漏舟敗屋懼則如見毒蛇猛虎大火怨賊此人道之至苦而日望聖人拯之也聖人先

救惑者以窮理明物之知則幽室皆見光明施憂者以樂天知命之仁則地獄皆成樂土施懼者以浩氣剛大之勇則風雷亦能弗迷故知仁勇爲三達德學者度世之妙方不可不信受者也

○子曰可與共學未可與適道可與適道未可與立可與立未可與權

玉篇權稱錘也孟子權然後知輕重蓋轉移而後得其平變置無常而後得其正謂之權可與共學者有志者也然有志而智識昧者未可與適道可與適道者識明能擇善者也然力弱不堅未可與立擇善而固執知類通達强立不反可與立矣至于可與立則篤信好學守死善道者矣然時措有宜變通盡利其以行權固有反經而合道者神而明之存乎其人必如此乃足見事理之變濟時勢之窮孔子之春秋有據亂升平太平三世禮運有大同小康易有潛龍見龍飛龍羣龍無首歸魂游魂若執一而不知時中則

爲拘儒小儒而害大道矣故孔子之道主于時歸于權其未可與立者信道不篤其未可與權者執德不弘皆未足與議也程子攻公羊權義此程子所以終身僅爲可與立之人歟已所不知削孔子之大義令聖人之大義日亡此則宋儒之割地偏安也

唐棣之華偏其反而豈不爾思室是遠而子曰未之思也夫何遠之有（釋文偏本亦作翩末或作末者非皋本有下多哉字）

唐棣之華爲齊魯韓之詩劉歆僞毛詩無之諸儒動指爲逸詩豈知凡經孔門所引安有佚詩耶何晏曰唐棣移也華反而後合賦此詩者以言權道反而後至於大順思其人而不得見者其室遠也以言思權而不得見者其道遠也唐棣亦作常亦通作棠諸書紛如郝懿行義疏引牟願相說唐棣即今小桃白其樹高七八尺其華初開反背終乃合并得之目驗足爲翩反之證而語助辭何晏曰夫思者當思其反反是不思所以爲遠能思其反何遠之有

言權可知惟不知思耳思之有次序斯可知矣蓋權反于經而後合于道道固甚多東西之相反而相通南極北極相反而相成故問孝則人人異告進退則由求反異既曰天下有道則見無道則隱而又曰天下有道丘不與易既曰身體髮膚不敢毀傷而又曰殺身成仁既曰大夫無遂事而又曰大夫出竟有可以安社稷利國家者專之可也天有陰陽故教有經權常變開闔公私仁義文質皆有二者故三統不同三世互異大同與小康相反太平與亂世相反能思其反乃爲合道若從常道反不合道矣故循常習故之人不知深思天理人事之變則不能行權若于人事能思之于物理思之于時變思之既思其正而又思其反正反既具眞道乃見故六經終于易以變爲義是篇終于權以思其反爲義孔子慮後人拘守一隅特著是義以教人無泥常而知權當深思而知反何晏所傳當爲先師微言而今幸存者也蓋天以變爲運人以變

爲體人全體兩月而盡變安有可永遠守常者故日日守常即日日思反相反相成乃可行也或以爲慕道之人亦欲來學但苦室遠未能豈知志士千里負笈棄家事師苟有志焉萬里異國奔走相從謂之遠者實未思耳于義亦通

門人贛縣王德潛初校

門人高要陳煥章覆校

門人番禺王覺任覆校

論語注卷之九終

門人東莞張伯楨覆校

論語注卷之十

南海康有爲學

鄉黨第十

尹焞曰甚矣孔門諸子之嗜學也於聖人之容色言動無不謹書而備錄之以貽後世今讀其書卽其事宛然如聖人之在目也雖然聖人豈拘拘而爲之者哉蓋盛德之至動容周旋自中乎禮耳學者欲潛心於聖人宜於此求焉此篇因朱氏爲多朱氏亦因于古注者也故不復引出

凡一章十七節 釋文作一章而其間事義各以類從皇邢疏別爲科段分二十二節朱子分爲十七節今從朱子

○孔子於鄉黨逡逡如也似不能言者其在宗廟朝廷便便言唯謹爾

史記漢書潛夫論同作恂恂隸釋祝睦後碑鄉黨逡逡朝廷便便與索隱同劉脩碑其於鄉黨遜遜如也疑逡逡爲魯論遜遜爲齊論恂恂爲古論漢碑足据若史記寫本易爲後人宜改也

逡逡温恭退讓之貌似不能言者謙卑遜順不以賢知先人也鄉黨父兄宗族之所在故孔子居之其容貌辭氣如此便便辯也宗尊也廟貌也象先人之尊貌也宗廟禮法之所在君之治朝三有

外朝治朝燕朝朝廷政事之所出言不可以不明辯故必詳問而
極言之但謹而不放爾以視人之驕于鄉里而訥于朝廷何相反
也此記孔子在鄉黨宗廟朝廷言貌之不同
○朝與下大夫言侃侃如也與上大夫言誾誾如也君在踧踖如也
與與如也漢碑唐扶頌衎衎誾誾後漢書袁安傳誾誾衎衎漢人引多如此疑是今文論語無衎衎字而用侃侃或是古文或
是齊論也與與漢書作懙懙史記世家及聘禮注皆先上大夫後下大夫當是今文今各論語本先下大夫後上大夫
此君未視朝時也上大夫卿也侃侃和樂也誾誾和悅而諍也馬
融曰君在視朝也踧踖敬畏也與與行步安舒此一節記孔子在
朝廷事上接下之不同也
○君召使儐色勃如也足躩如也揖所與立左右手衣前後襜如也
趨進翼如也賓退必復命曰賓不顧矣擯史記世家作儐漢書作賓叔孫通傳大行設九賓今從
史記皇本左右下有其字
儐導也君朝用交儐臣聘用旅儐後鄭謂旅讀爲鴻臚之臚然又

謂旅儐不傳辭此誤混于先鄭故倒之皆傳辭以重其禮也有大賓君使出接也勃變色矜莊貌躩盤辟貌皆敬君命故也所與立謂同爲儐者也揖左人則左其手揖右人則右其手一俛一仰襜動而整貌趨有徐趨疾趨張拱端好如鳥舒翼紓君敬也賈子容經趨以微磬之容飄然翼然肩狀右流足如射箭此一節記孔子爲君擯相之容惟孔子爲魯司寇時無列邦君臣來聘事或以大夫微而不書或卽夾谷相禮之事也

○入公門鞠躬如也如不容釋文于下文執圭鞠躬如也引作窮諸侯之門有三庫門雉門路門其容十八尺公門高大而若不容敬之至也鞠躬鄭氏曰自歛斂之貌也劉氏寶楠論語正義曰聘禮記注引此下文執圭鞠躬如也釋文躬作窮廣雅釋訓躬躬謹敬也王氏念孫疏證引此文說之云踧踖鞠躬皆雙聲以形容之故皆言如史記韓長孺傳贊斯鞠躬君子也太史公自序務在鞠

躬君子長者漢書馮奉世傳贊鞠躬履方顧師古注云鞠躬謹敬貌皆當讀爲鞠窮段氏玉裁說文注說略同段又引魯世家匑匔如畏然徐廣云見三蒼謹敬貌也音穹窮則鞠躬者匑匔之假借孫氏志祖讀書脞錄蓋鞠躬與踧踖一例若作曲身解則當云躬鞠如也方與色勃如也足躩如也句法合矣盧文弨龍城札記曰鞠躬鄉黨篇凡三見舊以曲斂其身解之夫信爲曲身何必言如案廣雅匑匔謹敬也曹憲匑音邱六反匔音邱弓反儀禮禮記康成注引孔子之執圭鞠窮如也曹氏之音與鄭注合是鞠躬當讀爲鞠窮乃形容畏謹之狀故可言如不當因躬字而卽訓爲身今匑匔二字廣雅皆譌寫賴有曹氏之音猶可考其本字卽儀禮注今亦多作鞠躬亦賴有陸氏釋文張淳辨誤尙皆作鞠窮陸氏載劉氏音弓則非劉氏皆讀如窮本字可知矣張云爾雅鞠究窮也鞠窮蓋複語非若踧踖之謂平鞠窮踧踖皆雙聲正相類說文惟

匑字訓曲脊不云匑躬亦不引論語若鞠字實義蹋鞠也推窮也養也吉也盈也並未有曲也一訓至史記魯世家匔匔如畏然徐廣音爲窮窮字少異而義未嘗不相近也論語此三句之下一則曰如不容一則曰氣似不息一則曰如不勝使上文是曲身亦不用如此覆解或云攝齊升堂鞠躬豈非曲身乎曰言攝齊則曲身自見正不必復贅言曲身且曲身乃實事而云曲身如更無此文法讀書脞錄拜經日記大略相同而此較詳論語古訓吾亦盧稿又引三蒼匑匔敬畏貌爲證羣經義證引魯世家注匔見三蒼音窮或論語本作匔轉脫作躬案包氏攝齊升堂節注鞠躬者敬慎之至是也此皆乾嘉諸先生考證至精碻故今從之寫作鞠窮而曲身之誤說可廢矣

立不中門行不履閾

門謂雉庫待朝而立也古門制兩邊立長木曰棖中立木曰闑在

兩扇門中圭由闑東賓由闑西東西各有中曲禮疏云棖闑之間尊者所行不中門者近闑也賈疏謂門有二闑誤閾門限也亦作閫又作梱作柣作榍禮士大夫出入君門由闑右不踐閾踐履也立中門則當尊行履閾則不敬非自高則不淨也

過位色勃如也足躩如也其言似不足者

包咸曰過君之空位謂治朝君揖羣臣處在路門外庫門內之平地無堂陛或以爲庭中當碑南鄭謂入門右君揖之位然凡君空位皆然也色勃如足躩如事彌至容彌盛君雖不在過之必敬不敢以虛位而慢之也言似不足不敢肆也

攝齊升堂鞠躬如也屏氣似不息者

攝摳也齊衣下縫也禮器諸侯之堂七尺七級拾級聚足連步以上言前足升一等後足從之相隨不相過此升階之法有急越等則栗階栗階不過二等左右足各一發而升也禮將升堂兩手摳

衣使去地尺恐躡之而傾跌失容也屏藏除也息鼻息出入也近至尊氣容肅不息有吸無呼也

出降一等逞顏色怡怡如也沒階趨進翼如也復其位踧踖如也釋文一本作沒階趨進誤朱注從之然史記孔子世家儀禮聘禮注曲禮正義儀禮士相見禮疏說文其引此文皆有進字唐石經亦有進字故今不以爲誤

等階之級也逞放也漸遠所尊舒氣解顏怡怡和悅也沒階下盡階也趨進趨前之謂也走就位也復位治朝外門右北面之位或以爲庭中之位皆可踧踖敬之餘也此一節記孔子在朝之容

執圭鞠躬如也如不勝上如揖趨如授勃如戰色足蹜蹜如有循魯讀下爲趨

包咸曰爲君使聘問鄰國執持君之圭鞠躬者敬慎之至禮執圭器執輕如不克上如揖趨如授如古通而乃言揖授之實狀上文形容此非形容詞矣聘禮賓入門三揖揖必上其手故曰上而揖

升西楹西東面致命三退負序進授玉于中堂與東楹之間故曰
趨而授戰色戰而色懼也蹜蹜舉足促狹也如有循記所謂舉前
曳踵言行不離地如緣物也圈豚行君與尸行接武謂跗半跡得
三尺大夫繼武跡相及也士中武跡間容跡也形容揖授之敬也
鄭玄注聘禮記上介執圭如重授賓卽如不勝之謂賓入門皇卽
勃如戰色之謂升堂讓將授志趨卽足蹜蹜如有循之謂全引論
語此文且將授志趨可證趨授而非下授矣志趨卽徐趨

享禮有容色

鄭玄曰享獻也既聘而享用圭璧有庭實聘禮既受圭賓降出儐
者出請賓裼奉束帛加璧享庭實入設賓入門左揖讓如初升致
命是也禮者主人以醴禮賓也聘禮既聘乃享既享乃禮凡二事

私覿愉愉如也

鄭氏曰覿見也既享乃以私禮見愉愉顏色和聘禮賓覿奉束錦

總乘馬入門右北面奠幣再拜稽首出儐者坐取幣出有司牽馬以從儐者請受賓禮辭聽命馬入設賓奉幣入門左公揖讓如初升公再拜賓退振幣進授士受馬賓降階東拜送君辭拜也君降一等辭栗階升再拜稽首降出此私覿禮也此一節記孔子爲君聘于鄰國之禮孔子定公九年仕魯至十三年適齊其間無朝聘往來之事或有之而史略之也

○君子不以紺緅飾說文無緅字當是今文孔注古文必作纔

君子謂孔子爾雅紺緅者赤黑之間也按一染謂之縓再染謂之赬三染謂之纁四染謂之紺五染謂之緅六染謂之玄七染謂之緇纁淺絳也鄭曰玄纁所以爲祭服紺緅木染不可爲衣飾說文紺深青而揚赤色無緅有纔字云帛爵頭色一曰微黑色如紺纔淺也則纔亦緅字也飾領袖緣也鄭以爲淺紅紫色姦不以爲飾

紅紫不以爲褻服

紅赤白合色紫青赤合色皆間色褻服私居服也言此則不以爲朝祭之服可知古者衣正色裳間色故士纁裳雜裳可也此但言衣若裳則可也朝祭服春秋尙黑也記稱朝服以紫自齊桓公始則當時且以爲朝服矣至唐世以紫爲三品以上服紅爲五品以上服此亦三統之殊尙黑尙赤不同也

當暑袗絺綌必表而出之（袗玉藻作振 皇本無之字）

袗單也葛之精者曰絺粗者曰綌玉藻曲禮袗絺綌不入公門戒不敬也表文從毛衣古之衣裳必以毛爲表假借爲外也表而出之謂先著裏衣表絺綌而出之于外欲其不見體也詩所謂蒙彼縐絺是也當是深衣燕居服也古者服絺綌與服裘同皆先著親身之衣冬加裘夏加絺綌春秋加袷褶又其上加裼衣後史所謂中衣近之裼衣上加正服此聘禮疏說裼者開正服之前衿袒其左袖而露其裼衣以正服之左袖揷諸前衿之右若揜其正服則

褻也凡裼衣必與裘同色裘葛必與正服同色

緇衣羔裘素衣麑裘黃衣狐裘

緇黑色羔裘用黑羊皮麑鹿子色白狐色黃衣裼衣也以帛衣裼裘欲色相稱

褻裘長短右袂褻裘古文作紲衣則褻裘是今文

褻裘私居之服也長欲其溫若禮服升降上下不能太長也短右袂所以便作事古者袂制二尺二寸加緣寸半爲二尺三寸半反詘及肘尺二寸短者不反詘及肘也

必有寢衣長一身有半

說文被寢衣鄭今小臥被其半蓋以覆足今日本寢衣有袖而長過身半猶有是焉求古錄謂當在當暑節下常人當暑寢多不用被易感疾孔子爲用小被以防風寒也

狐貉之厚以居

狐貉毛深温厚私居取其適體或謂居與坐通論語居吾語女孝經坐吾語女孟子坐吾明語子玉藻居恒當戶寢恒東首居與寢對亦謂坐也焦贛易林狐貉載剝徙温厚蓐卽用此詩所謂文茵蓋坐褥宜温厚也

去喪無所不佩

君子無故玉不去身凡帶必有佩玉唯喪否間傳中月而禫禫而纖無不佩

非帷裳必殺之

朝祭之服裳用正幅如帷要有襞積而旁無殺縫其餘若深衣要半下齊倍要則無襞積而有殺縫矣

羔裘玄冠不以弔

喪主素吉主玄弔必變服所以哀死

吉月必朝服而朝

吉月月朔也朝服皮弁服孔子在魯致仕時如此此一節記孔子衣服之制

○齊必有明衣布

齊必沐浴浴竟卽著明衣所以明潔其體也以布爲之士喪禮記明衣裳用幕布袂屬幅長下膝有前後裳不辟長及轂縓緆緇純此襲尸之制生人明衣當亦相仿也

齊必變食居必遷坐

變食謂不飲酒不茹葷遷坐易常處也此一節記孔子謹齊之事致潔變常以盡敬交神也

○食不厭精膾不厭細

食飯也精鑿也九章粟五十糲米三十粺二十七鑿二十四侍御二十一愈精則愈少牛與羊魚之腥聶而切之爲膾食精則能養人膾粗則能害人不厭言以是爲善非謂必如是也太古火化未

盡多食生肉今日本人猶全食魚膾法瑞丹那人初入饌亦然

食饐而餲魚餒而肉敗不食色惡不食臭惡不食失飪不食不時不食

饐飯傷熱溼也餲味變也魚爛曰餒肉腐曰敗色惡臭惡未敗而色臭變也飪烹調生熟之節也不時五穀不成果食未熟之類此數者皆足以傷人故不食鄭玄曰不時者非朝夕日中時非其時則不食亦可又如春宜羔豚膳膏薌夏宜腒鱐膳膏臊秋宜犢麛膳膏腥冬宜鮮羽膳膏羶食之時也

不得其醬不食舊本不得其醬不食上有割不正不食當是錯簡今依史記新序韓詩改移在席不正不坐之下

食肉用醬各有所宜不得則不食惡其不備也

肉雖多不使勝食氣惟酒無量不及亂說文引氣作旣當是古文今不從

量升斗石也食以穀爲主故不使肉勝食氣酒以爲人合歡故不爲量所謂一斗亦醉一石亦醉但以醉爲節而不及亂耳

沽酒市脯不食沽當是酤之假借

沽市皆買也恐不精潔或傷人也與不嘗康子之藥同意

不撤薑食

薑是和品通神明去穢惡故不撤

不多食

適可而止養生之道宜少饑不宜飽也

祭於公不宿肉祭肉不出三日出三日不食之矣

周生烈曰助祭于君所得牲體歸則以頒賜不留神惠也蓋不俟經宿家之祭肉則不過三日皆以分賜蓋過三日則肉必敗而人不食之是褻鬼神之餘也但比君所賜胙可少緩耳

食不語寢不言

肺爲氣主喉有氣管而聲出焉寢食則氣窒而不通言語恐傷之也

雖蔬食菜羹必祭必齊如也魯論瓜祭作必祭今文也今從之陸德明曰今本瓜祭非齊論即古論也

羹五味和羹內則有雉羹脯羹雞羹兔羹鶉羹古人飲食每種各出少許置之豆間之地以祭先代始為飲食之人不忘本也今印度祭猶如此齊嚴敬貌孔子雖薄物必祭其祭必敬聖人之誠也此一節記孔子飲食之節聖人養生之慎如此蓋天與父母三合而生身必當敬謹之非為徇口體之欲也

○席不正不坐割不正不食史記世家墨子非儒篇新序節士篇韓詩外傳九說文引割不正不食在席不正不坐之下五書同可證今本在不時不食下當是錯簡今改正

君子貴大居正正本而末應正內而外應正一身以正萬民聖人撥亂世而反之正造次無不歸于正蓋習養神明令其魂魄熟習然後種性堅定故坐席與割肉之小亦必得其正也漢陸績之母切肉未嘗不方斷葱以寸為度蓋其賢與聖人合也

○鄉人飲酒杖者出斯出矣

杖持也孔子以六尺之杖六十杖于鄉未出不敢先既出不敢後聖人之恭鄉黨而敬老也鄉人飲酒饗也從鄉從食或賓與習射尚賢或蜡祭尚齒此主敬老也

鄉人獻朝服而立於阼階魯讀儺爲獻則儺是古論今不從

禮記郊特牲鄉人禓注禓或爲獻或爲儺惠氏棟曰獻讀爲莎又讀爲義義音莪聲近儺世本微作禓五祀注微者殷之八世孫也禓者强死鬼也謂時儺索室驅逐疫强死鬼也郊特牲以孔子朝服立于阼爲存室神恐其驚先祖欲其依已而安也朝服大夫之祭服用祭服以致其敬阼階東階也此一節記孔子居鄉之事

○問人於他邦再拜而送之

問訊也拜送使者如親見之敬也

康子饋藥拜而受之曰丘未達不敢嘗釋文一本無而之二字

大夫有賜拜而受之禮也空首奇拜也達曉也未達不敢嘗謹疾

也必告之直也

○廏焚子退朝曰傷人乎不問馬

廏匊也馬舍也牛馬之所聚也焚燒也退朝自君之朝來歸也鹽鐵論問人不問馬賤畜而重人也蓋未至極平之世只能愛人類非不愛馬恐傷人之意多也

○君賜食必正席先嘗之君賜腥必熟而薦之君賜牲必畜之生魯讀作牲

正席先嘗如對君也既嘗之乃以頒賜腥生肉熟而薦之祖考榮君賜也畜之者仁君之惠無故不敢殺也賜食聘禮之飪也賜腥聘禮之腥也賜牲聘禮之餼也

侍食於君君祭先飯

侍食者君祭則己不祭而先飯若代膳夫爲君嘗食然忠敬之至亦不敢當客禮也

疾君視之東首加朝服拖紳唐石經釋文作拕皇邢本作拖

東首向日以受生氣也玉藻君子居恒當戸寢恒東首君入室倚西面東故必東首以面君也病卧不能著衣束帶又不可以褻服見君故加朝服于身又引大帶于上也平時玄端深衣包咸曰夫子疾處南牖之下東首不敢不衣朝服見君朝服大帶用絲垂曰紳深衣用革帶垂曰厲玉藻紳長制士三尺有司二尺有五寸

君命召不俟駕行矣

鄭玄曰急趨君命行出而駕車隨之玉藻曰凡君召以三節二節以走一節以趨在官不俟屨在外不俟車此三節記孔子事君之禮

○入太廟每事問重出蓋弟子類記行事于此也

○朋友死無所歸曰於我殯朋友之饋雖車馬非祭肉不拜

朋友有通財之義故雖車馬之重不拜祭肉則拜者敬其祖考同

于己親也自父子夫婦兄弟以形合此外以魂合者皆朋友也其
人最多其行最賢其助最重其得最深其義最切生則通財以養
死則斂尸以收之孔子之于朋友其厚如此鄭志問朋友死無所
歸於我殯若此者當迎彼還己館皆當停柩于何所答曰朋友無
所歸故呼而殯之不謂已殯迎之也館而殯之者殯之而已不於
西階也云呼而殯之者此釋經曰字其殯資皆出自夫子就其所
在殯之不迎於家也若館而殯之不於西階則但殯之於館也此
一節記孔子交朋友之義

○寢不尸居不容

皇疏言人臥法云眠當欹而小屈足尸謂偃臥布展四體手足如
死人居家居室家之敬難久故不爲容儀也古者謂威儀爲容漢
藝文志所謂徐生善爲容今賈子容經是也閒居申申天天無事
修飾但惰慢之氣不設于身體耳

見齊衰者雖狎必變見絻者與瞽者雖褻必以貌皇本見上有子字鄭本作弁魯讀作絻今從之

狎謂素親狎褻謂燕見貌謂禮貌見喪則哀見貴則敬見廢疾則憐

凶服者式之式負版者

凶服送死之衣物式車前橫木軾也有所敬則俯而憑之版中庸所謂方策聘禮記百名以上書于策不及百名書于方策古者邦國土地人民戶口車服禮器皆有圖丹書之以爲信謂之丹圖如民約則書于戶口圖地約則書于土地圖負版持邦國圖籍者人爲萬物之靈而王者之所天也聖人重民哀死而慶其生故式之

有盛饌必變色而作

敬主人之親饋非以其饌也作起也曲禮曰主人親饋則拜而食主人不親饋則不拜而食

迅雷風烈必變

迅疾也烈猛也必變者所以敬天之怒不敢戲豫記曰若有疾風迅雷甚雨則必變雖夜必興衣服冠而坐此一節記孔子容貌之變

○升車必正立執綏

綏挽以上車之索也曲禮僕展軨效駕奮衣由右上則乘者必由左升周生烈曰正立執綏所以爲安亦莊敬之容無在不然也古車無坐故若此今車有坐尤便人則正坐可也

車中內顧不疾言不親指（魯讀車中內顧無不字今從之皇本釋文本作輿中）

古文作車中不內顧東京賦車中內顧薛綜注內顧謂不外視臣下之私也今文選本仍有不字後人誤增改禮曰顧不過轂包咸曰前視不過衡軛傍視不過輢轂亦足證內顧之禮包氏正解內顧之禮無不字眞魯讀也疾言恐驚衆親指恐惑人故不爲崔駰

車右銘箴闕旅賁內顧自勑車後銘云望衡顧轂允慎茲容風俗通過譽云升車必正立執綏內顧不掩不備不見人短尤魯讀之意最明今各本增不字皆後人誤寫也

○色斯舉矣翔而後集

馬氏曰見顏色不善則去之周生烈曰迴翔審觀而後下止朱子曰人之見幾而作審擇所處亦當如此然此上下必有闕文矣王氏引之經傳釋詞色斯者狀鳥舉之疾也色斯猶色然驚飛貌也呂氏春秋審應篇盛聞君子猶鳥也駭則舉哀六年公羊傳曰諸大夫見之皆色然而駭何注曰色然驚駭貌義與此相近也漢人多以色斯二字連讀論衡定賢篇大賢之涉世也翔而有集色斯而舉議郎元賓碑翻翯色斯竹邑侯相張壽碑君常懷色舉遂用高逝堂邑令費鳳碑色斯輕翔翻然高絜費鳳別碑功成事就色斯高舉

曰山梁雌雉時哉時哉

曰上當有子字梁山澗中橋也孔子嘆雌雉之或舉或集皆能見幾審時故稱曰時哉時哉孔子爲時中之聖溥博淵泉而時出之隨時處中無可不可故易曰隨時之義大矣哉又曰先天而天弗違後天而奉天時以見義理無定當時爲宜孔子生當亂世之時則行撥亂小康之義若生平世之時則行太平大同之義易地皆然禮時爲大記者以論語兼陳萬法恐後世惑于所從故于終篇標舉時義以明孔子之道在時學者審時而行可也此爲孔門微言託雌雉以明之上論始以時終以時下論終以命以言人有時命雖聖人不能違也如春秋始于文王終于堯舜記者有深旨不可不察也

子路共之三戛而作皇本釋文共作供藝文類聚鳥部上太平御覽羽族部作拱呂氏春秋審己篇故子路揜而復釋之爾雅拱執也故雉驚顧而起爾雅鳥曰臭動走之名正字集注引漢石經作戛唐石經作嗅今從戛

戞雉長鳴也子路以手拱執之雉卽長鳴而高飛扶搖九萬里頁青雲摩蒼天而羅者猶陳于藪澤以喻聖德之因于時亦猶文雉非人所能知也孔子可以仕則仕可以止則止可以久則久可以速則速聖之時者也

門人贛縣王德溍初校

門人高要陳煥章覆校

門人番禺王覺任覆校

門人東莞張伯楨覆校

論語注卷之十終

前漢注卷十

論語注卷之十一

南海康有爲學

先進第十一　此篇多記弟子言行

凡二十五章　釋文凡二十三章皇邢本分德行別爲章故爲二十四章朱子加分回也論篤別爲章故爲二十五章

○子曰先進於禮樂野人也後進於禮樂君子也

包咸曰先進後進謂士先後輩論語述何曰先進謂先及門如子路諸人志於撥亂世者於禮樂尙粗略也後進謂子游公西華諸人志在致太平者於禮樂甚彬彬也大戴禮衞將軍文子篇吾聞夫子之施教也盧辨注引此則先進後進謂弟子也

如用之則吾從先進

時未至於太平則只能用撥亂之禮樂故曰從先進今略近升平然亦未可用太平之禮樂也

○子曰從我於陳蔡者皆不及門也

德行顏淵閔子騫冉伯牛仲弓政事冉有季路言語宰我子贛文學子斿子夏皇本別爲一章今依鄭本合爲一章史記鹽鐵論殊能篇皆次政事於言語前當是魯論今從之

自定公十四年孔子去魯後過衛宋鄭而居陳凡三歲年六十矣中間再適衛而遷居於蔡又三歲至吳侵陳楚昭王救陳乃聘孔子而遭陳蔡大夫之忌見圍子贛至楚楚昭王起兵迎孔子乃解是時孔子年六十三蓋孔子去魯十四年而居陳蔡六歲爲日至久當時雖累思歸而不果弟子之高才者多從之皆名震於諸侯故子西告楚昭王曰王之使使諸侯有如子贛者乎曰無有王之輔相有如顏回者乎曰無有王之將率有如子路者乎曰無有王之官尹有如宰予者乎曰無有時新脫陳蔡之難可知十哲皆從十哲各有所長孔子分以四科蓋三千七十之中妙選高才從行以備致用故震動時流如此此十哲者相得至深相從已久故孔

子思之甚至此之發歎不審何時蓋適十哲不在故思之而記其所長也史記敘厄陳蔡只有子路子贛顏回蓋簡文也孔門高選自有子曾子子張外幾全在此曾子子張年太少未及從在陳蔡時子斿年十八子夏年十九皆未弱冠而巍然爲孔門文學之選可謂異絕矣科學分於孔子以人之才性難兼衆長宜因姿性所近而爲之故教者宜補人性之所短德行政事文學後人皆知重之至言語立科則後世不知豈知言語之動人最深蓋春秋戰國尚游說辨才孔門立此科俾人習演說也觀董子詞辯而公羊立江公口訥而穀梁敗即論經學亦重語言矣漢晉六朝尚有立主客以辯難者宋人不知此義乃盡掃之於是中國言語之科乃没今宜從四科之義而補之

○子曰回也非助我者也於吾言無所不說

助我若子夏之起予因疑問而有以相長也顏子於聖人契合無

閒相視莫逆合爲一體孔子深喜之故爲慽之之詞若稱子游之絃歌而戲云焉用也孔子改制門內諸賢未達亦多疑問如宰我之問三年喪子路之迂正名惟顏子與聖合一聲入心通無所疑難孔子乃告以非常異義三世大同歸魂游魂之說及今無可考之異論顏子亦聞而默契相說以解故孔子喜極而爲怪慽之辭

○子曰孝哉閔子騫人不閒於其父母昆弟之言

人多有高行美才而父母昆弟之閒不滿者蓋骨肉至近隱微易見故也至父母昆弟稱其孝鄉黨友朋稱其孝內外皆同無有閒異斯爲至孝矣閔子爲德行之上才孔子獨稱其孝惜孝經不傳於閔子應更有精義過於曾子也後漢書范升傳升奏記王邑曰升聞子以人不閒於其父母爲孝臣以下不非其上爲忠注引此言閒非也言化其父母兄弟人無非之者舜之烝乂不格姦也惟論衡知實篇引此言虞舜大聖隱藏骨肉之道宜愈子騫瞽叟與

象使舜治廩浚井意欲殺舜何故使父與弟得成殺已之惡使人間非父弟萬世不滅是漢世說此文謂人不非其父母昆弟爲孝說苑稱閔子感其父不出其後母韓詩外傳稱母悔改之後至均平遂成慈母蓋諭親于道尤爲大孝之難者

○南容三復白圭之玷孔子以其兄之子妻之史記弟子列傳大戴禮引此白圭下有之玷二字當是魯論今從之集解本無之玷二字當是古文今不從

詩大雅抑之篇曰白圭之玷尚可磨也斯言之玷不可爲也南容一日三復此詩蓋深有意於謹言蓋謹言者必能慎行此邦有道所以不廢邦無道所以免禍故孔子以兄子妻之三者多之詞

○季康子問弟子孰爲好學孔子對曰有顏回者好學不幸短命死矣今也則亡亡古通無釋文無季字鄭皇邢本皆有季字今從之皇本末有未聞好學者

此與答哀公問同但有詳略蓋顏子爲孔子第一得意弟子餘無高才足稱聖意者故云無蓋自顏子後而孔子大道幾不盡傳者

矣雖子贛之達孔子亦等於無觀此三章而信傳道人才之難也答哀公詳而此略者大戴禮虞戴德曰上于君唯無言言必盡於他人則否以季康子爲人臣故略也

○顏淵死顏路請子之車以爲之椁（高麗本足利本無以爲之椁四字）子曰才不才亦各言其子也鯉也死有棺而無椁吾不徒行以爲之椁以吾從大夫之後不可徒行也

顏路淵之父名無繇少孔子六歲孔子始教而受學焉椁外棺也請爲椁欲賣以買椁也鯉孔子之子伯魚也先孔子卒言鯉之才雖不及顏淵然已與顏路以父視之則皆子也孔子時已致仕尚從大夫之例孔子之愛顏子慟爲天喪其哀之殆過顏路焉然不爲之竭力以營椁者喪事當稱有無愛徒不過如子且孔顏所以相得者在神明不在體魄故不必強徇顏路而厚葬也

○顏淵死子曰噫天喪予天喪予

包咸曰噫痛傷之聲悼道無傳若天喪已公羊傳末引之以著大同之道不得其傳也

○顏淵死子哭之慟從者曰子慟矣曰有慟乎非夫人之爲慟而誰爲說文無慟字漢北海相景君碑執金吾丞武榮碑北軍中候郭仲奇碑李翊夫人碑悲慟字皆作慟又案皇本曰有慟乎曰上有子字又誰爲下有慟字論衡問孔篇引此文從者作門人非夫人之爲慟而誰爲作吾非斯人之慟而誰爲

慟哀過也夫人謂顏淵言痛惜極非他人比施當其可性情之至

○顏淵死門人欲厚葬之子曰不可門人厚葬之子曰回也視予猶父也予不得視猶子曰非我也夫二三子也舊本猶子下作也字唐石經初刻也作曰

歎不得如葬鯉之得宜以責門人也門人蓋孔門之同人記此以見門人之厚孔子之裁其宜喪事旣貴稱有無而聖人之可尊在魂魂無不之如體魄之藏非所重也不用椁不厚葬可見孔門葬義君子愛人以德有不可已者受之其可已者則不必爲也

○季路問事鬼神子曰未能事人焉能事鬼神曰敢問死曰未知生

焉知死集注本焉能事鬼下無神曰二字唐石經及匡謬正俗皇邢本敢問上有曰字今從之鹽鐵論鄒章引鬼下有神字當是魯論今從之

鄭氏曰聖人之精氣謂之神賢智之精氣謂之鬼易曰原始反終故知死生之說精氣爲物游魂爲變故知鬼神之情狀又曰通乎晝夜之道而知原始反終通乎晝夜言輪迴也死於此者復生於彼人死爲鬼復生爲人皆輪迴爲之若能知生所自來即知死所歸去若能盡人事即能盡鬼事孔子發輪迴游變之理至精語至元妙超脱或言孔子不言死後者大愚也盡人之事者順受其正素位自得則魂魄不壞即能輪迴無礙無盡盡鬼之事者修精氣鍊魂魄存元神保靈魂也若棄人事而專爲此則拘守保任先有滯礙不能輪迴矣蓋萬千輪迴無時可免以爲人故只盡人事即身超度自證自悟而後可從事魂靈知生者能知生所自來即已聞道不死故朝聞道夕死可也孔子之道無不有死生鬼神易理

至詳而後人以佛言卽避去必大割孔地而後止千古大愚無有

如此今附正之

○閔子侍側誾誾如也子路行行如也冉子子贛侃侃如也子樂皇本閔子下有騫字今本作冉有惟唐石經作冉子今從之若由也不得其死然皇本若上有曰字文選幽通賦座右銘兩注並引作子曰淮南子精神訓注引作孔子曰孫奕示兒編謂子樂必當作子曰蓋知由不得其死何樂之有惟鄭注已有之

鄭氏曰樂各盡其性行行剛强之貌各盡其性者以盡人之性也子路剛强有不得其死之理故因以戒之其後子路卒死於衛孔悝之難

○魯人爲長府閔子騫曰仁舊貫如之何何必改作子曰夫人不言言必有中仁古文作仍鄭氏曰魯讀仍爲仁今從古故知古文爲仍此從魯讀

廣雅府聚也凡財賄兵器文書皆藏之爲蓋改作之漢元帝詔惟德薄不足以充入舊貫之居其令諸宮館希幸御者勿繕治應劭

曰舊貫常居也郎顗引同長府宮館也楊雄將作大匠箴曰或作
長府而閔子不仁用會論言改作勞民是不仁也若仁則依舊慣
之常居蓋古者役民而用之非用雇役孔門最惡虐民故閔子譏
之而孔子稱之昭二十五年公居長府九月伐季氏此改長府未
知昭公自改大之藉以多藏甲兵抑季氏逐昭公後慮後君再據
以攻之而改小之在昭公改之則爲不量力而妄行在季氏改之
則更有無君之惡閔子微諷之婉而中言不妄發發必當理惟有
德者能之

○子曰由之瑟奚爲於丘之門

瑟閑也所以懲忿窒欲正人之德也二十七弦說苑修文篇子路
鼓瑟有北鄙之聲孔子聞之曰信矣由之不才也冉有侍孔子曰
求爾奚不謂由夫先王之制音也奏中聲爲中節流入於南不歸
於北南者生育之鄉北者殺伐之域故君子執中以爲本務生以

爲基故其音溫和而居中以象生育之氣憂哀悲痛之感不加乎心暴厲淫荒之動不在乎體夫然者乃治存之風安樂之爲也彼小人則不然執末以論本務剛以爲基故其音湫厲而微末以象殺伐之氣和節中正之感不加乎心溫儼莊恭之動不存乎體夫殺者乃亂亡之風奔北之爲也

門人不敬子路子曰由也升堂矣未入於室也

升堂入室喻入道之次第言子路之學已造乎正大高明之域特未深入精微之奧耳未可以一時之失而遽忽之也

○子贛問師與商也孰賢子曰師也過商也不及曰然則師愈與子曰過猶不及皇本問下有曰字賢下有乎字過猶不及下有也字

子張才高意廣故常過中子夏篤信謹守故常不及愈勝也仲尼燕居云子曰師爾過而商也不及子贛越席而對曰敢問將何以爲此中者也子曰禮乎禮夫禮所以制中也道以中庸爲至賢智

者過雖若勝於愚不肖之不及然其失中則一也中庸之爲德也其至矣乎差之毫釐繆以千里故聖人之教抑其過引其不及歸於中道而已此問或在子張初年大戴將軍文子篇孔子徧論及門而以子張與顏子並則是時非子夏所及矣葢才高志廣之人其成就終於遠大也學者勿僅讀論語而泥之

○季氏富於周公而求也爲之聚斂而附益之皇本而附益之之作也

聚會也斂收也周公以王室至親有大功位冢宰其富宜矣季氏以諸侯之卿而富過之非攘奪其君刻剝其民何以得此冉有爲季氏宰又爲之加賦稅以益其富哀十二年春王正月用田賦魯語載此事仲尼私於冉有曰汝不聞乎先王制土籍田以力而砥其遠邇賦里以入而量其有無任力以夫而議其老幼於是乎有鰥寡孤疾有軍旅之出則徵之無則已其歲收田一井出稯禾秉芻缶米不是過也先王以爲足若子季孫欲其法也則有周公之

籍矣苟欲犯法則苟而賦又何訪焉

子曰非吾徒也小子鳴鼓而攻之可也皇本鳴鼓下無而字論衡順鼓篇引此並無而字

非吾徒絕之也小子鳴鼓而攻之使門人聲其罪以責之也孔子之愛弟子如子至於黨惡害民則絕之不少恕然師嚴而友親故已絕之而又使門人正之又見其愛人之無已也魯有季氏世卿專政祿去公室攘奪刻剝而有用田賦之事是亦卑勝尊賤傷貴不義之至者與季氏不能聽冉有不能救厥罪惟均故鳴鼓而攻若深疾冉有實正季氏之惡

○柴也愚

柴孔子弟子姓高字子羔愚者知不足而厚有餘其執親之喪泣血三年未嘗見齒避難而行不徑不竇此亦愚者之過然益見其仁矣

參也魯

魯鈍也曾子之質魯故守約有餘而擴充不足雖至死尚謹容貌顏色詞氣之間宜其成就之小於孔子大同之道東周之爲斯人之與皆無所受也但真積力久堅毅誠篤加以老壽故爲大師耳孔子本以爲魯蓋限於天資之無如何者宋賢規模狹隘操守方嚴與曾子近然以一貫之言尊爲傳道而力尊之則誤矣

師也辟皇本辟作僻今各本依馬融注作爲邪辟之辟誤

矯僻岸異好高苟難少失中也

由也喭

喭粗也四者皆性之偏短語之使知自勵也首節脫子曰二字

○子曰回也其庶乎屢空釋文子曰回也或分爲別章今不用說文無屢字當是今文

庶庶幾也屢其數至多空匱易林曰衡門屢空漢書鮑宣傳衣徼屢空言簞食瓢飲屢絕而不改其樂蓋窮理盡性以至於命神明有以自得故能安貧樂道忘乎外境言顏子忘天下忘外物且能

忘身庶於至人也

賜不受命而貨殖焉億則屢中皇本億作憶漢陳度碑作意

命謂天命皇疏江熙曰不受濁世之榮祿貨殖貨財生殖也億意度也論衡知實篇子貢善居積意貴賤之期數得其時率性篇賜不受天之富命所加則天命也言子贛不如顏子之安貧樂道然其才識之明亦能料事而多中也孔子立命爲大義以人之富貴貧賤皆有命在故爲陶猗之子黃白坐擁黔婁之兒儋石不可得命宜富者不求亦富命當貧者求之亦貧故舉世滔滔皆爲求富而富終不可得其才智明達工於殖貨者人以爲才能所致不知亦其命所固有也鄙人孤生未嘗貨殖而未嘗無財又時遭大難而未嘗中絕累驗於人無有錯反人之顛倒於財富中而欲以力求之者亦愚而不知命也孝經緯曰善惡報也命有造之者今之貧富乃其受報故人宜早積功德以造將來之命若日營瑣瑣之

務而荒累世之功則非智者也孔子故因顏子子贛二人以明之以顏子之才明假而殖貨豈止億中然命終短夭則亦不能富也

○子張問善人之道子曰不踐迹亦不入於室（釋文本亦作跡或作蹟）

迹步處踐迹如言循塗守轍善人雖不必踐舊迹而自不爲惡然亦不能入聖人之室也後世若黃憲高允元德秀之類其善人乎

○子曰論篤是與君子者乎色莊者乎（集解合前章爲一惟意義似當別爲章）

但以言論之篤厚取人則未知其爲君子者乎爲色莊者乎言不可以言貌取人也

○子路問聞斯行諸子曰有父兄在如之何其聞斯行之冉有問聞斯行諸子曰聞斯行之公西華曰由也問聞斯行諸子曰有父兄在求也問聞斯行之赤也惑敢問子曰求也退故進之由也兼人故退之

兼人謂勝人也有父兄在服從之義也聞斯行之自由之義也孔

子兩義並存各視其人而藥之亦各視其時而施之非其時非其
人而妄行自由不可非其時非其人而妄行服從亦不可也教者
如大醫務在因人相時審病發藥而已若有一定之義則爲守單
方之庸醫必致誤殺人矣論語萬德並陳義多相反所謂道並行
而不悖權實並施或有爲言之讀者以此推之以意逆志得聖人
之意志可也如泥單辭片義則由求當日已不可解況數千年後
乎今之疑難者執遵衆拜下民不使知庶民不議之片言單義以
攻聖亦可以釋然矣

○子畏於匡顏淵後子曰吾以女爲死矣曰子在回何敢死

檀弓死而不弔者三畏厭溺呂氏春秋勸學篇曾點使曾參過期
而不至人皆見曾點曰無乃畏耶曾點曰彼雖畏我存夫安敢畏
與此同義後謂相失在後何敢死謂不赴鬬而必死也史記孔子
自去魯後自衛適陳過匡顏刻爲僕以其策指之曰昔吾入此由

彼缺也匡人聞之以爲魯之陽虎陽虎嘗暴匡人匡人於是止孔子孔子狀類陽虎拘焉顏子言夫子在已無敢致死如夫子爲賊所害則必挺身而報仇致死也蓋顏子與孔子恩義莫親其必以死報矣故孔子憂之而慮之觀子在回何敢死孔門師弟義同生死後之人亦可聞風興起矣

○季子然問仲由冉求可謂大臣與

子然季氏子弟論語摘輔象曰子然公順多略知季子然亦弟子之一自多其家得臣二子故問之

子曰吾以子爲異之問曾由與求之問

異非常也曾猶乃也輕二子以抑季子然也

所謂大臣者以道事君不可則止

公羊莊二十四年曹羈下傳三諫不從遂去之君子以爲得君臣之義曲禮爲人臣之禮不顯諫三諫而不從則逃之此孔子所立

事君之大義蓋仕以行道道不行則去不可戀棧也以道事君者
不從君之欲不可則止者必行已之志蓋君之與臣同爲國家代
理民事者也但分有尊卑而義非奴隸自行其道非以從君

今由與求也可謂具臣矣

具臣謂備臣數而已漢書翟方進所謂爲具臣以全身蓋二子雖
非黨惡然不能直伸已志以折僭賊也

曰然則從之者與

子曰弑父與君亦不從也

言二子雖不足於大臣之道然大義則聞之孰矣弑逆大故必不
從之是時季氏有無君之心欲使二子從已故深許二子以死難
不可奪之節而又以陰折季氏不臣之心也弑逆爲非常之大變
驟觀之則常人似亦不從不知凡有弑逆之事賊勢皆可熏天如
有違抗身可立死而家可立族不觀於孔融方孝孺乎若荀彧劉

穆之之徒其始從曹操劉裕之時豈遂欲弒父與君哉漸漬順從勢遂至此觀於華歆之牽伏后乃知弒逆不從是大難事則孔子之所以信二賢者至矣

○子路使子羔爲費宰史記弟子傳作費郈宰論衡作郈宰

子路爲季氏宰而舉之也當在定十二年隳郈隳費之後選才賢而定之

子曰賊夫人之子

賊害也言子羔質美而學未成遽使治民適以害之

子路曰有民人焉有社稷焉何必讀書然後爲學論衡問孔篇引作有社稷焉有民人焉或爲今文本未知孰是

人謂有司如女得人焉耳乎之人白虎通人非土不立非穀不食故封土立社稷爲五穀之長故歲再祭之春求秋報社稷合言共爲一壇古經傳皆同王莽分立官社官稷後世遂社稷分壇謬矣

言治民事以爲學得之閲歴較求之書册所得尤深也

子曰是故惡夫佞者

佞者以口辯折人顛倒是非也左傳子產曰今吾子愛人以政猶未能操刀而使割也其傷實多僑聞學而後入政未聞以政學者也蓋治民之法雖貴於閲歴先本於讀書必於政治之學講求已深然後可出而任政若未嘗考古今之治法但資目前之閲歴則必爲俗吏甚且害民孔子惡其顛倒本末故斥爲佞也韓詩外傳哀公問於子夏曰必學而後安國保民乎子夏曰不學而能安國保民未之聞也記者述之以明學優乃仕爲定義也孔子答哀公以不遷怒不貳過爲好學不及讀書此以讀書爲學不及德性蓋答義各有所因記者筆述太簡非有所遺也子思言尊德性而道問學合斯二者其義最備考孔門之學當以爲主焉其有專主德性而不主讀書專主讀書而不知德性者皆非孔門之全義也

○子路曾晳冉有公西華侍坐

晳曾參父史記作會蒧字點漢書作字子晳子路少孔子九歲冉有少二十九歲公西華少四十二歲

子曰以吾一日長乎爾毋吾以也鄭本作吾已說文已以也檀弓般爾以人之毋嘗巧則豈不得以盡以已古通用

言我雖年少長於汝然汝勿以我長而退讓不言欲盡言以觀其志聖人和氣謙德於此亦可見矣

居則曰不吾知也如或知爾則何以哉

言汝平居則言人不知我如或有人知汝則汝將何以為用也

子路率爾而對曰千乘之國攝乎大國之間加之以師旅因之以饑饉由也為之比及三年可使有勇且知方也夫子哂之率爾皇本作卒爾卒率通用饑鄭本作飢飢餓也爾雅穀不熟為饑則飢非也釋文矧本又作哂則陸見本作矧說文無哂字則哂是今文

卒爾輕遽之貌攝迫也二千五百人為師五百人為旅因仍也穀

梁襄十四年傳云一穀不升謂之嗛二穀不升謂之饑三穀不升謂之饉四穀不升謂之康五穀不升謂之大饑又謂之大侵方義方民向義方則能親其上死其長矣司馬法云古之教民必立貴賤之倫經使不相陵德義不相踰材技不相掩勇力不相犯故力同而意和也哂大笑也哂與矤同曲禮笑不至矤鄭注齒本曰矤大笑則見

求爾何如對曰方六七十如五六十求也爲之比及三年可使足民如其禮樂以俟君子皇本民下有也字

求爾何如孔子問也下放此方六七十里小國也如與也與鄉飲酒禮公如大夫入同義下如會同之義同五六十里則又小矣足富足也俟君子言非己所能冉有謙退又以子路見哂故其詞益遜

赤爾何如對曰非曰能之願學焉宗廟之事如會同端章甫願爲小

相焉

公西華志於禮制外交之事嫌以君子自居故將言己志而先爲遜詞言未能而願學也宗廟之事謂祭祀朝聘諸侯會盟皆會同也端玄端服章甫禮冠相贊君之禮者言小亦謙辭繁露玉杯篇齊頃公卽位九年未嘗一與會同之事知會同之難也

點爾何如鼓瑟希鏗爾舍瑟而作對曰異乎三子者之撰子曰何傷乎亦各言其志也曰莫春者春服既成冠者五六人童子六七人浴乎沂風乎舞雩詠而歸夫子喟然歎曰吾與點也說文無希字鏗字撰字鄭作僎詮也亦古文則希鏗撰爲今文釋文一本亦各言其志無也字莫作暮歸鄭作饋謂魯讀饋爲歸史記弟子傳同今從之

四子侍坐以齒爲序則點當次對以方鼓瑟故夫子先問求赤而後及點也希疏也鏗爾舍瑟之聲作起也撰詮也莫春和煦之時春服單袷之衣浴盥濯也今上巳祓除是也韓詩曰鄭國之俗三月上巳之溱洧兩水之上招魂續魄秉蘭草祓除不祥水經注續

漢禮儀志是月上巳官民皆潔於東流水上曰洗濯祓除去宿垢爲大絜是西漢始於宮闈東京則沿爲民俗古祓禳皆除惡之祭女巫之祓除卽女祝之禬禳沂水出魯城東南尼丘山北對稷門亦曰雩門隔水有雩壇壇高三丈曾點所欲風舞處雩祭天禱雨之處有壇墠樹木也詠歌也曾點之學入皆自得到處受用不願乎外卽事已高隨時行樂與物偕春故其動靜之際從容如此其志則又不過卽其所居之位樂其日用之常而其胸次悠然直與天地萬物上下同流各得其所之妙而樂行憂違用行舍藏老安少懷自有與聖人相印合者故夫子歎息而深許之而門人記其本末獨加詳焉蓋亦有以識此矣

三子者出曾皙後曾皙曰夫三子者之言何如子曰亦各言其志也已矣

曰夫子何哂由也皇本夫子作吾子

點以子路之志乃所優爲而夫子哂之故請其說

曰爲國以禮其言不讓是故哂之皇本曰上有子字

曲禮曰侍於君子不顧讓而對非禮也夫子蓋許其能特哂其不遜

唯求則非邦也與安見方六七十如五六十而非邦也者

唯赤則非邦也與宗廟會同非諸侯而何赤也爲之小孰能爲之大

釋文本無與字宗廟會同本或作宗廟之事如會同非諸侯而何一本作非諸侯如之何皇本小大下皆有相字

皇邢疏謂此皆夫子所答言無能出其右者亦許之之詞言冉有公西之才皆優於爲邦冉有之於民政公西之於外交與子路之爲將帥皆可信也聖門高才多從事政治學人人欲得邦孔子亦皆許之惟孔子則本末精粗四通六闢其運無乎不在既玩心高明不止規規於事功之末而又周流行道不肯捨乎形質之粗闓闢自如卷舒無盡不將不迎不繫不捨此所以爲大聖歟

論語注卷之十一終

門人臨桂王權中初校

門人番禺王覺任覆校

門人高要陳煥章覆校

門人東莞張伯楨覆校

論語注卷之十二

南海康有爲學

顏淵第十二

凡二十四章釋文云子路無宿諾或分此爲別章

○顏淵問仁子曰克己復禮爲仁一日克己復禮天下歸仁焉爲仁由己而由人乎哉

仁者天性之元德禮者人道之節文克勝也復反也夫人者仁也所以行仁之路釋回增美以致中和禮也性無善惡而生有氣質既有毗陰毗陽之偏卽有過中失和之害甚者縱欲任氣其害仁甚矣惟勝其氣質之偏節其嗜欲之過斯保合太和還其元德苟得一日爲仁天下猶將感動蓋斯須不和樂斯須之惡電氣應感於千萬里然則斯須之能克復斯須之佳電氣亦感應於千萬里如今電話然至捷也然事有偏衰固爲仁之礙而己之勇斷實爲

仁之本故君子惟重以責己而與人無預也

顏淵曰請問其目子曰非禮勿視非禮勿聽非禮勿言非禮勿動顏淵曰回雖不敏請事斯語矣

禮者孔子所制以配天地育萬物事爲制曲爲防大小精粗適如其地位分界以爲人身之則諸教所未及而孔子獨美備者也勿者禁止之詞視聽言動則皆魄之爲也由禮則順失禮則乖檃括其外以涵養其中習與性成從容中道則爲聖賢也夫備魂魄而爲人魂虛而魄實魂清而魄濁魂弱而魄强以其濁魄强實必專横用事與其六鑿交外則必物誘陷溺此人道所以凶也故非發强剛毅清明澹泊無以力制物欲無以變化氣質故佛氏難在降伏其心神秀巨子時勤拂拭凡諸教主無不同以制魄養魂爲要乃至於顏子至善之姿猶須從事若中下之人質性麤惡嗜欲繁多若聽自由則縱欲妄行必至滅人道以爲禽獸不止國土淪亡

已也

○仲弓問仁子曰出門如見大賓使民如承大祭己所不欲勿施於人在邦無怨在家無怨仲弓曰雍雖不敏請事斯語矣

出門包起居而言使民約臣妾而言而行嚴敬如對大賓大祭無有幾微疏慢者矣視人如己萬物一體故己之所欲以施於人與民同樂也然人情私己而輕人故所欲與聚易所惡勿施難是以孔子重戒於不欲勿施也修己以敬與人以恕更以內外無怨驗其敬恕之效否蓋愷悌慈祥欣喜驩愛斯爲仁人也朱子謂克己復禮乾道也主敬行恕坤道也可視顏冉之高下淺深焉

○司馬牛問仁子曰仁者其言也訒曰其言也訒斯謂之仁已乎子曰爲之難言之得無訒乎

孔安國曰訒難也牛宋人弟子司馬犂恥躬不逮故言不易出蓋

木訥近仁巧言鮮仁朱子謂牛多言而躁故使於此謹之聖人之言雖有高下大小之不同然其切於學者之身而指其入德之要求仁之方實不外是近人以孔子言仁處處異義以名學疑之豈知大醫王因病發藥之苦心乎

○司馬牛問君子子曰君子不憂不懼曰不憂不懼斯謂之君子已乎子曰內省不疚夫何憂何懼

孔安國曰牛兄桓魋將爲亂牛自宋來學常憂懼故孔子解之包氏曰疚病也內省無罪惡無可憂懼孟子謂行有不慊則餒內省不疚則順受其正樂天知命故不憂氣至剛大直塞天地故不懼人之生也與憂俱來性之弱也與物多懼故孔子言仁者不憂獨立不懼入極樂而得大雄得大無畏故無入不自得此學者安身立命之方宜受用之

○司馬牛憂曰人皆有兄弟我獨亡子夏曰商聞之矣死生有命富

貴在天君子敬而無失與人恭而有禮四海之內皆爲兄弟也君子何患乎無兄弟也皇本皆下有爲字阮氏元校勘記鹽鐵論和親章文選蘇子卿古詩注引此皆有爲字

鄭玄曰牛兄桓魋行惡死喪無日我獨爲無兄弟也包氏曰君子疏惡而友賢九州之人皆可以禮親也聞者聞之孔子也孔子立命之大義以死生富貴非人力能爲蓋有天命旣順受其正命而又盡其在已持敬而無間斷致恭而有節文天下之人本皆天生同此天性自同爲兄弟也此固子夏安慰司馬牛之言而實孔子乾父坤母萬物同體之義大同之義亦出是也

○子張問明子曰浸潤之譖膚受之愬不行焉可謂明也已矣浸潤之譖膚受之愬不行焉可謂遠也已矣

浸漬也積也潤益也膚受謂利害切身入皮膚以至骨髓愬愬已之寃毀人者如水之浸灌漸漬而不驟則聽者不覺其入而信之深矣愬寃者如病之創痛而切身則聽者爲所感動而發之暴矣

二者難察而易行者不爲所深入則至明不爲其近蔽則至遠凡人於左右近習之力佞人奸詭之謀雖有智者無不惑矣由其能用浸潤之譖膚受之愬故也於是忠賢見疑正直被斥聽言者不可不慎諸

○子贛問政子曰足食足兵民信之矣子贛曰必不得已而去於斯三者何先曰去兵子贛曰必不得已而去於斯二者何先曰去食自古皆有死民無信不立

兵械也亦假作士卒言富國且強兵然後教化以行有勇知方上下以信相孚國乃能自立也子贛窮理之哲乃爲窮變之問去兵者食足信孚則可制梃以撻堅甲利兵賈誼言鉏耰棘矜不敵于鉤戟長鎩然斬木爲兵遂滅強秦也皇侃引李充曰朝聞道夕死孔子之所貴捨生取義孟軻之所尙自古有不亡之道而無有不死之人故有殺身非喪己苟存非不亡己也箕鄭對晉文公之問

救饑曰信於君心信於民信於令信於事荀子謂出死要節所以養生故至守土垂絕之時百吏死職士卒死列故張巡以死守一城而障唐室王蠋以布衣死節而存齊國文天祥於宋亡後待死以存節義之正氣以視徼幸偷生假於保全生靈若馮道歷相十主者必爲孔子所絕也

○革子成曰君子質而已矣何以文爲（漢書古今人表蜀志秦宓傳引作革子成詩匪棘其欲禮記引作匪革拜經日記謂古論語作棘今論語作革從今文故不作棘）

革子成衛大夫蓋亦老子晏子之流以崇質尚儉爲宗孔子改制尚文故曰文王既沒文不在茲又曰天之未喪斯文公羊開宗明義王者孰謂謂文王何休謂法其生不法其死人道之始革子成蓋攻孔者故曰何以文爲

子貢曰惜乎夫子之說君子也駟不及舌文猶質也質猶文也虎豹之鞹猶犬羊之鞹

孔氏曰皮去毛曰鞹子贛傳孔子之文統者乃鞹子成以爲去僞保質固異於小人之浮華鮮實而不失君子之意然言出難改將受天下之攻難駟馬不能追也文家質家相須爲用不可相無若必盡去其文但存其質則留虎豹之皮而無炳蔚之文亦與犬羊之皮等耳夫人情莫不重虎豹爲其毛文之炳蔚也聖人緣人情而節文之以垂教耳若悖乎人情逆乎物理令人重犬羊之皮而輕虎豹之皮豈能行哉

○哀公問於有若曰年饑用不足如之何有若對曰盍徹乎

朱子曰稱有若者君臣之辭用謂國用公意蓋欲加賦以足用也

鄭氏曰盍何不也什一而稅謂之徹徹通也公羊傳發孔子之大義曰什一者天下之中正也多乎什一大桀小桀少乎什一大貉小貉穀梁曰古者什一而藉蓋井田什一皆孔子所創之仁政也

孟子告滕文公行仁政曰請野九一而助國中什一使自賦惟助

爲有公田方里而井井九百畝其中爲公田八家皆私百畝同養公田此助稅爲九之一也若無井田處則稅通收十之一爲徹此助徹之異而徹制最便爲易行也貢亦什一其所異者貢則校數歲之中以爲常後世稅法是也徹則量所入而收之今歐美制量田所入而稅近之但非十一耳井田之助制最美然難於行蓋有子舉孔子之所創十一之仁政勸哀公行之也若僞周禮園壥二十而一遠郊二十而三甸稍縣都皆無過十二惟其漆林之征二十而五皆劉歆據漢時之僞制非孔子仁政意也朱子通力合作計畝均收古無此說

曰二吾猶不足如之何其徹也

魯自宣公稅畝已行十二之稅至哀公時用猶不足斷無復返於稅什一之理哀公深怪有子政策之迂而相反

對曰百姓足君孰與不足百姓不足君孰與足鹽鐵論引不足下有乎字漢書谷永傳引

與作予後漢書楊震傳引孰作誰

荀子曰下貧則上貧下富則上富故田野縣鄙者財之本也垣窌倉廩者財之末也百姓時和事業得敘者貨之源也故明主必謹養其和節其流開其源而時斟酌焉潢然使天下必有餘而上不憂不足如是則上下俱富若橫征苛斂令民無以爲生則君亦與之俱危漢靈善作家而黃巾起明萬歷務礦稅而闖賊興可不戒乎

○子張問崇德辨惑子曰主忠信徙義崇德也

包氏曰徙義見義則徙意而從之按聞義不能徙徙高麗本作從則徙當亦作從蓋立心不以己爲主而以忠信爲主行事不以己意爲從而惟義是從作徙亦可蓋宅居無定惟義是宅其義同也

克己以尊德忘身而殉道

愛之欲其生惡之欲其死既欲其生又欲其死是惑也

包氏曰愛惡當有常一欲生之一欲死之是心惑也人性多偏而愛惡爲甚毀譽易亂其眞好憎又殊所尙甚至同爲一人加膝墜淵逾時變異是爲瞀亂有惑疾也後漢書應仲遠爲太山太守舉一孝廉旬日之閒而殺之舉之若是則殺之非也若殺之是則舉之非也仲遠之惑甚矣故當辨此

誠不以富亦祇以異　誠毛詩作成誠是魯論

此詩小雅我行其野之辭程子謂此錯簡當在第十六篇齊景公有馬千駟之上因下文亦有齊景公而誤也

○齊景公問政於孔子孔子對曰君君臣臣父父子子公曰善哉信如君不君臣不臣父不父子不子雖有粟吾豈得而食諸　吾得而食諸阮氏校勘記皇本高麗本吾下有豈字史記孔子世家及漢書武五子傳作吾豈與皇本同今從之

人道綱紀政事之本據亂世以之定分而各得其所安上有禮而下輸忠老能慈而幼能孝則可以爲治否則君驕橫而臣抗逆父

寡恩而子悍悖則國亂而家散矣禮運小康之義以正君臣以篤父子是也二千年間可以爲鑒時齊家國皆亂故夫子以此告之若夫天下爲公選賢與能人人不獨親其親不獨子其子此須待大同之世苟未至其時不易妄行則致大亂生大禍

○子曰片言可以制獄者其由也與折魯讀爲制則折當是古文呂刑制以刑墨子倘同中篇引作折制折當是古通而古文改之今不從

釋詁制折也卽斷獄朱子曰片言半言子路忠信明決故言出而人信服之孔氏曰片偏也聽訟必須兩辭以定是非偏信一言以折獄者惟子路可也愚按天下獄情至變僞雖有聖者不能不聽兩造之詞子路雖賢無是理也

子路無宿諾

何氏曰宿猶豫也子路篤信恐臨時多故故不豫諾然諾不苟也小邾射以句繹奔魯曰使季路要我吾無盟矣季康子使冉有謂曰

千乘之國不信其盟而信子之言子何辱焉對曰魯有事於小邾不敢問故死城下可也彼不臣而濟其言是義之也由弗能其不易許諾卽無宿諾之證

○子曰聽訟吾猶人也必也使無訟乎

猶人包氏咸曰與人等也潛夫論曰上聖不務治民事而務治民心導之以德齊之以禮民親愛則無相害傷之意動思義則無奸邪之心非法律之所使非威刑之所强此乃教化之所致孔子自以明決斷獄不足貴必使無爭訟乃可尚也

○子張問政子曰居之無倦行之以忠

居謂身心所安宅無倦則始終如一行謂志事所推施以忠謂表裏無二

○子曰博學於文約之以禮亦可以弗畔矣夫

此章重出蓋弟子各記所聞分見各篇不及刪者然亦可見博文

約禮爲聖門恒言言之不已而頻言之益以證孔門學者之宗旨
也

○子曰君子成人之美不成人之惡小人反是

朱子曰成者誘掖獎勸以成其事也君子小人所存旣有厚薄之
不同而其所好又有善惡之異故其用心不同如此按穀梁隱元
年春秋成人之美不成人之惡說苑君道篇哀公曰善哉君子成
人之善不成人之惡微孔子吾焉得聞斯言哉則此義爲春秋大
義聖人上以告君下以教學者忠厚之至言也

○季康子問政於孔子孔子對曰政者正也子帥以正孰敢不正帥趙
岐孟子注史記平津侯主父列傳贊引作率以正皇本作而正

季康子魯上卿公羊隱元年王正月春秋之義大居正何君注正
一身以正朝廷正朝廷以正百官正百官以正萬民董仲舒曰正
本而末應正內而外應蓋履端於始無一不正而後化行俗淳也

、大戴禮哀公問篇公曰敢問何謂爲政孔子對曰政者正也君爲正則百姓從政矣君之所爲百姓之所從也君所不爲百姓何從又王言篇上者民之表也表正則何物不正故君先立於仁則大夫忠而士信民敦工樸商慤女憧婦悾悾孟子所謂一正君而國定上行下效風從草偃孔子之大義也

○季康子患盜問於孔子孔子對曰苟子之不欲雖賞之不竊

盜私利物也盜自中出曰竊說苑周天子使毛伯求金於諸侯春秋譏之故天子好利則諸侯貪諸侯貪則大夫鄙大夫鄙則庶人盜上之變下猶風之靡草也然則民之竊盜正由上之多欲康子奪嫡竊政故夫子以不欲警之雖賞不竊其言至矣

○季康子問政於孔子曰如殺無道以就有道何如孔子對曰子爲政焉用殺子欲善而民善矣君子之德風小人之德草草上之風必偃

為政者民所視效何以殺為欲善則民善矣上一作尙加也偃仆也尹氏曰殺之為言豈為人上之語哉以身教者從以言教者訟而況於殺乎多殺以止姦蓋酷吏嚴刑之法如郅都趙廣漢之流是也不於風俗教化上轉移之則愈殺而愈熾所謂民不畏死柰何以死治之也且為民上者撫民如子豈可言殺哉上者民之所效欲善民善觀感所化有如影響民有恥心樹之風聲莫不革面嚮化也

○子張問士何如斯可謂之達矣

子曰何哉爾所謂達者

夫子蓋已知其發問之意欲別其誤而正之也

子張對曰在邦必聞在家必聞

子曰是聞也非達也

言名譽著聞也聞與達相似而不同乃誠偽之所以別學者不可

不審也故夫子明辨之下文又詳言之
夫達也者質直而好義察言而觀色慮以下人在邦必達在家必達
夫聞也者色取仁而行違居之不疑在邦必聞在家必聞
以質直爲根本則無狡僞之思以好義爲行本則無entails切之過此立身之法以察言觀色接物則不與人忤知深慮下人處事則不爲人忌此處世之方蓋方正而不識人情好上人必招謗阻行事難達惟質直將內義以方外謹審言色深長思慮卑以自牧則行無不達矣若外取於仁則可以市譽內行陰背之則可以欺人務外徇人非君子自修內省之道而聞譽旣得幾以爲大賢君子積久自是遂以爲古賢亦如此更無疑讓所謂舜禹之事吾知之矣狡僞若此雖能得時名終未有不隕落者也聖人教人處世達事之方至爲精切而又非希世學者不可不留意也
○樊遲從遊於舞雩之下曰敢問崇德脩慝辨惑

包咸曰舞雩之處有壇墠樹木故下可遊焉慝惡也文從匿從心

蓋人所不知而已獨知隱於心而伏其根者脩治而去之蓋明惡

易見而隱惡難除非眞有爲己之心惡不忍仁之志不能除此心

賊也故夫子善其切問

子曰善哉問

善其切於爲己

先事後得非崇德與攻其惡無攻人之惡非脩慝與一朝之忿忘其

身以及其親非惑與

范氏曰先事後得上義而下利也人惟有欲利之心故德不崇惟

不自省己過而知人之過故慝不脩感物而易動者莫如忿忿之

後則忘其身以及其親惑之甚者也惑之甚者必起於細微能辨

之於早則不至於大惑矣故懲忿所以辨惑也正其誼不謀其利

明其道不計其功日日訟過懺罪懲忿治怒皆學者自脩之要孔

子或因樊遲之病而告之然人情無不求事計得好攻人惡而妄
肆己忿則普天下人之藥石也

○樊遲問仁子曰愛人問知子曰知人

仁者無不愛而愛同類之人爲先知者無不知而知善惡之人爲
當務之急蓋博愛之謂仁孔子言仁萬殊而此以愛人言仁實爲
仁之本義也

樊遲未達

曾氏曰遲之意蓋以愛欲其周而知有所擇故疑二者之相悖爾

子曰舉直錯諸枉能使枉者直

舉直錯枉者知也使枉者直則仁矣如此則二者不惟不相悖而
反相爲用矣

樊遲退見子夏曰鄉也吾見於夫子而問知子曰舉直錯諸枉能使
枉者直何謂也

遲以夫子之言專爲知者之事又未達所以能使枉者直之理

子夏曰富哉言乎

歎其所包者廣不止言知

舜有天下選於衆舉皐陶不仁者遠矣湯有天下選於衆舉伊尹不仁者遠矣

伊尹湯之相也不仁者遠言人皆化而爲仁不見有不仁者若至其遠去爾所謂使枉者直也子夏蓋有以知夫子之兼仁知而言矣聖人言近而指遠一動而仁智兼該非淺識所易領會非淺學所易窺測矣且動須化枉爲直令舉天下無惡人舉天下皆仁人此皆大同之義而聖人悲憫博愛之至也

○子贛問友子曰忠告而善道之不可則止毋自辱焉

友五倫之一人道之至切隨處皆然而不可須臾離者也故有所是非則盡其心以告之有所規諫善其說以道之然以義合者也

故不可則止若以數而見疏則自辱矣

〇曾子曰君子以文會友以友輔仁

講學以會友則友多而皆出於正取善以資仁則德進而交輔以長孔子謂子賤魯無君子斯焉取斯蓋嚴師誘導之功不如多賢友交輔之力人情孤獨則懶惰易覩摩則奮厲生置諸衆正友之中則寡失德置諸多聞人之中則不寡陋故輔仁之功取友爲大但會之之始勿以宴樂佚游進則易得益友矣

論語注卷之十二終

門人番禺王覺任初校

門人高要陳煥章覆校

門人東莞張伯楨覆校

論語注卷之十三

南海康有爲學

子路第十三

凡三十章

○子路問政子曰先之勞之請益曰毋倦釋文本無作毋唐石經作無惟今文無皆作毋無則爲古文陸氏尙見今文本石經在陸氏後誤從古文故今不從石經

大戴禮子張問入官篇君子欲政之速行也莫若以身先之也蘇氏曰凡民之行以身先之則不令而行凡民之事以身勞之則雖勤不怨君子所以能服人心者實則先勞如以貴自處于後自居于逸則人怨矣能先勞則吏願服勤民願盡死但先勞患不能持久若其無倦必有成功矣孔子雖無並耕之愚而其爲公之意則時時露于言表先勞亦其公之至也

○仲弓爲季氏宰問政子曰先有司赦小過舉賢才

有司衆吏之職也宰兼衆職以身先之與告子路同躬行者政之始聖人于此尤諄諄也過失誤也大者于事或有所害不得不懲小者赦之則刑不濫而人心悅矣賢有德者才有能者舉而用之則有司皆得其人而政益修矣

曰焉知賢才而舉之曰舉爾所知爾所不知人其舍諸

仲弓慮無以盡知一時之賢才孔子則以賢才人所共用但自舉所知人亦各舉所知不必盡私之已也孔子之言處處皆以大同爲本此卽貨惡其棄于地不必藏于已之意蓋有天下爲公之心則觸處皆是也

○子路曰衛君待子而爲政子將奚先

衛君謂出公輒也是時魯哀公之十年孔子自楚反乎衛史記孔子世家是時衛君輒父不得立在外諸侯數以爲讓而孔子弟子多仕于衛衛君欲得孔子爲政子路曰衛君待子而爲政此是今

文口說至可信據

子曰必也正名乎

太史公自序曰南子惡蒯聵故子父易名謂不以蒯聵爲世子而輒繼立也名之顛倒未有甚于此者故孔子以正名爲先鄭氏以爲正書字則謬甚春秋公羊傳以王父命拒父命乃有爲之言非爲石曼姑帥師拒蒯聵而發惲氏敬先賢仲子廟立石文曰衛出公未嘗拒父也衛靈公生于魯昭公二年其卒年四十七而蒯聵爲其子出公爲其子之子蒯聵先有姊衛姬度出公之卽位也內外十歲耳二年蒯聵入戚三年春圍戚衛之臣石曼姑等爲之非出公也夏氏炘衛出公輒論曰蒯聵有殺母之罪斯時南子在堂其不使之入明矣輒不得自專也及輒漸長而君位之定已久勢不可爲矣考蒯聵于靈公四十二年入居于戚及至出公十四年始與渾良夫謀入凡在戚者十五年此十五年中絕無動靜則輒之

以國養可知孔子於輒之六年自楚至衛輒年可十七八歲有欲用孔子之意故子路曰衛君待子而爲政孔子以父居于外子居於內名之不正莫甚於此故有正名之論而子路意輒定位已久且以國養父未爲不可故以子言爲迂其後孔子去衛而果有孔悝之難甚矣聖人之大居正爲萬世人倫之至也孟子曰孔子於衛孝公有公養之仕先儒謂孝公卽出公輒孔子在衛凡六七年輒能盡其公養則此六七年中必有不忍其父之心孔子以爲尙可以爲善而欲進之以正名惜乎優柔不斷終不能用孔子耳設也輒果稱兵拒父而孔子猶至衛且處之六七年何以爲孔子

子路曰有是哉子之迂也奚其正迂鄭本作于奚史記作何

包氏曰迂遠也謂遠于事情言其難行也鄭作于云狂也或是魯讀檀弓于則于莊子其覺于于文王世子于其身以善其君亦與迂濶義近

子曰野哉由也君子於其所不知蓋闕如也

荀子大略篇言之信者在乎區蓋之間漢書儒林傳疑者丘蓋不言丘區闕聲之轉皆闕疑之意野謂鄙僿率爾妄對也包氏曰君子于其所不知當闕而勿據

名不正則言不順言不順則事不成事不成則禮樂不興禮樂不興則刑罰不中刑罰不中則民無所錯手足釋文本又作措漢書朝錯晉灼音錯爲厝置之厝說文引作厝考工記作措注故書措作厝則措或是古文

鄭司農云中者刑罰之中後漢梁統疏引中作衷是也蓋名定而實辨道行而志通然後言順而事成故尚正名荀子正名篇曰後王之成名刑名從商爵名從周文名從禮散名之加于萬物者則從諸夏之成俗曲期遠方異俗之鄉則因之而爲通後王者孔子也蓋今中國一切名號皆孔子所正也

故君子名之必可言也言之必可行也君子於其言無所苟而已矣

史記作爲之必可名

所名之事必可得而明言所言之事必可得而遵行否則民疑惑而多辨訟以生大奸故事不成奸僞並起安能起禮樂以致中和移風俗上不中和下壞風俗則刑罰益亂上無道揆下無法守則民無所措而政不能行矣

○樊遲請學稼子曰吾不如老農請學爲圃曰吾不如老圃皇本圃下有子字

種五穀曰稼種蔬菜曰圃學各有專門老農老圃皆專門爲種植之學有心得有閱歷有傳方其益于世甚大雖以聖人之智而專門之學必當問之專門技師也

樊遲出子曰小人哉樊須也

小人謂細民孟子所謂小人之事者也

上好禮則民莫敢不敬上好義則民莫敢不服上好信則民莫敢不

用情夫如是則四方之民襁負其子而至矣焉用稼陸本作綴石經文字以綴爲非

禮義信大人之事也好義則事合宜情誠實也敬服用情蓋各以其類而應也襁織縷爲之以約小兒于背者包氏曰禮義與信足以成德何用學稼以教民乎負者以器曰襁孔子甚稱老農老圃此但因樊遲潔身忘世故欲其學道化民蓋聖人胞與爲心斯人是與樊遲以士人來學理當進之故言若能從大人之事則不必爲細民之事然此爲孔子爲樊遲一人之言舉世之人安得盡爲大人學者若學農林專門豈不甚善且又兼禮義信則爲伊尹諸葛之躬耕豈非孔子所深許乎讀者無泥于辭可也

○子曰誦詩三百授之以政不達使於四方不能專對雖多亦奚以爲

墨子公孟篇誦詩三百弦詩三百歌詩三百舞詩三百但言誦者以得其意情也專獨也詩言國政著風俗本人情該物理長于風

諭故誦之者必達于政而能言也古詩三千孔子删之得十五國三百五篇每篇皆有詩說于政事尤精博孔門學者皆受之蓋詩出輶軒之採如今日之報孔子選十五國之報精者加以改制口說以爲功課書故通其學者皆爲政治家言語家之才此必有爲而言

○子曰其身正不令而行其身不正雖令不從後漢書第五倫傳引作雖令不行

令教令也以身教者從以言教者訟蓋觀感之化不待反身皆從意而不從令也故在反身而已

○子曰魯衞之政兄弟也皇本無也字

包氏曰魯周公之封衞康叔之封周公康叔既爲兄弟其國之政亦如兄弟魯衞皆多君子亦同惟史記以此爲衞出公魯哀公發蓋衞父子不正魯則君臣不正是時衰亂政亦相似故孔子歎之

○子謂衞公子荆善居室始有曰苟合矣少有曰苟完矣富有曰苟

美矣

公子荆衛大夫苟誠也合言已合于禮也完器物備也言其觸境而安寡欲知足不以外物自累也吾所至印度舍衛摩竭提勒撓諸都會印王之宮室皆峻宇雕牆奇偉精絶當時之虐用其民可想蓋土司酋長無不縱欲虐民故孔子稱公子荆以諷之若在屋役之世則不以此論魯哀公子亦名公子荆故加衛字以異之

○子適衛冉子僕子曰庶矣哉冉子曰既庶矣又何加焉曰富之既富矣又何加焉曰教之皇本春秋繁露仁義法篇論衡問孔篇風俗通義十反卷並作冉子今從之通行本作冉有

僕給事者亦御也庶衆也庶而不富則民生不遂富而不教則民德不育富以養其生教以善其性二者備矣夫教化廢則推中人而墜於小人之域教化行則引中人而納於君子之塗然饑寒切膚不顧廉恥孔子雖重教化而以富民爲先管子所謂治國之道

必先富民此與宋儒徒陳高義但言餓死事小失節事大者亦異矣宋後之治法薄爲俸祿而責吏之廉未嘗養民而期俗之善遠爲期而責不至重爲任而責不勝弱者爲僞而強者爲亂蓋未富而言教悖乎公理紊乎行序也此爲孔子三至衞在魯哀公元年孔子年五十九歲

○子曰苟有用我者期月而已可也三年有成（史記世家引期月而已無可也）期復其時言周年也孔子改制仁政以撥亂反正若行之一年則規模可立三年則治教大成此孔子在衞靈公不用之而發歎也自信自任而言之如此確有把握可守確有條理可行所謂樂則行則行在此聖人不妄自任其次序期限可玩也愚嘗誦之然用我必三年乃可十年有成益歎聖人之神化也聖人日以天下緯畫于中如此固非兢兢守身守約之儒所能窺矣

○子曰善人爲邦百年亦可以勝殘去殺矣誠哉是言也（史記引無矣字刑法）

志引無亦字

爲邦百年言相繼而久也勝殘化殘暴之人使不爲惡也謂民化于善可以不用刑殺也蓋古有是言而夫子稱之美國開國百年刑殺大減近之矣

○子曰如有王者必世而後仁史記孝文帝紀贊論衡宣漢篇引而後茲作然後疑漢時本有作然後者世有三曰亂世曰升平世曰太平世必撥亂世反之正升于平世而後能仁蓋太平世行大同之政乃爲大仁小康之世猶未也天下歸往謂之王蓋教主也

○子曰苟正其身矣於從政乎何有不能正其身如正人何苟誠也言從政者當先正身正一身以正百官正百官以正萬民一正而無不正一不正而無能正也

○冉子退朝子曰何晏也對曰有政子曰其事也如有政雖不吾以吾其與聞之

馬氏曰政者有所改更匡正事者凡行常事蓋上所施行經國治民曰政下奉令承旨作而行之謂之事言國有改更匡正之議孔子爲元老必與議焉言議政立法必經元老也若奉行故事而非改更成案則不得謂之政此明議政與行事之別而議政必合大夫共議之不如行事之聽行事官獨斷也今歐人有行政官事務官之別出此

○定公問一言而可以興邦有諸孔子對曰言不可以若是其幾也

幾近也詩曰如幾如式言一言之間未可以如此而必期其效

人之言曰爲君難爲臣不易

當時有此言也

如知爲君之難也不幾乎一言而興邦乎皇本如知爲君之難也無之字

知水載舟亦以覆舟民可近不可下敬天命畏民岩兢兢業業愛民保國盡君之責任則一言而邦可興爲定公言故不及臣也

曰一言而喪邦有諸孔子對曰言不可以若是其幾也人之言曰予無樂乎爲君唯其言而莫予違也如其善而莫之違也不亦善乎如不善而莫之違也不幾乎一言而喪邦乎申鑒雜事篇晉書潘尼傳引邦並作國當是避漢諱違背也禍莫大于壓力專制患莫大于予智自雄不善不違則奴隸之臣滿前讒諂之人日至過失不聞禍患不知隋煬之驕侈喪邦由此即符堅之英慢諫興兵亦以喪邦此非聖人之危言乃切驗之公理也周語天子聽政使公卿至於列士獻詩瞽獻典史獻書師箴瞍賦矇誦百工諫庶人傳語近臣盡規親戚補察瞽史教誨耆艾脩之而後王斟酌焉是以事行而不悖後世給事貼黃裂麻猶有此意蓋爲君冀人諫諍不嫌有違也

○葉公問政子曰近者說遠者來今本作近者悅遠者來韓非子難篇作政在悅近而來遠史記世家作來遠附通漢武帝紀作徠遠說樂也來歸也墨子耕柱篇引作遠者近之舊者新之當是齊論

原本蓋民患于隔遠而不通則疾苦不知情形不悉如血氣滯塞則爲疾故不善爲政者堂上遠于萬里善爲政者萬里縮若咫尺若今之鐵路電線汽船縮地如掌呼吸可通交輸進益所謂遠者近之也器莫若舊政莫若新蓋舊則塞滯新則疏通舊則腐壞新則鮮明舊則頽敗新則整飭舊則散漫新則團結舊則蹶落新則發揚舊則形式徒存人心不樂新則精神振作人情共趨伊尹曰用其新去其陳病乃不存故去病全在去舊更新康誥大學所貴作新民也且宜日新又新蓋方以爲新未幾卽舊故務在新之惜此微言久經淪落中國之俗向患于遠而不近舊而不新失此靈藥致成痼疾可以爲鑒也

○子夏爲莒父宰問政子曰毋欲速毋見小利欲速則不達見小利則大事不成釋文毋欲音無今本作無皇本上作毋下作無當誤毋是今文從之

莒係以父魯人語音如亢父單父梁父魯邑名欲事之速成則急

遽無序而反不達見小者之爲利則所就者小而所失者大矣故大戴記曰好見小利妨于政呂覽曰不去小利則大利不得學者之患皆在見小欲速由志趣不遠規模不大而成就因之所見愈遠經營愈大者爲萬世久遠之規爲普天成仁之事則其達成愈難而皆視其所欲所見以決之愚生平最服膺斯義亦願與天下學者共服之愈體驗愈覺其親切也

○葉公語孔子曰吾黨有直躬者其父攘羊而子證之

孔曰直躬直身而行周曰有因而盜曰攘鄭氏注躬作弓人名當是齊論高誘淮南氾論訓注云直躬楚葉縣人也躬蓋名其人必素以直稱猶狂接輿盜跖之比隸續陳寔字仲躬蓋弓躬通

孔子曰吾黨之直者異於是父爲子隱子爲父隱直在其中矣

證者施于平人恩之大者愛之至深其有過惡則爲隱諱檀弓事親有隱而無犯公羊故春秋于內大惡諱內小惡不諱父子恩之

至深尤當隱諱此天理人情之至故義無定在隨時處中于人則證之為直于父則隱之為直公羊文十五年齊人來歸子叔姬閔之也父母之于子雖有罪猶若其不欲服罪然何休注引此文說之云所以崇父子之親是也鹽鐵論周秦篇父母之於子雖有罪猶匿之豈不欲服罪子為父隱父為子隱未聞父子之相坐也漢宣詔曰自今子首匿父母妻匿夫孫匿大父母皆勿坐其父母匿子夫匿妻大父母匿孫殊死皆上請足知漢法凡子匿父母等雖殊死皆勿坐父母匿子等殊死以下皆不上請蓋皆許其匿可知皇疏云今王法則許期親以上得相為隱不問其罪是也白虎通諫諍篇君不為臣隱父獨為子隱何以為父子一體榮恥相及明父子天屬得相隱與君臣異也今律大功以上得相容隱告父祖者入十惡用孔子此義葉公惡儒教多諱故以此諷而適以見其野蠻而已英屬加拏大有女淫犬而父揚之報中是亦直躬之類

未被孔子之教故也蓋一公無私乃至淺義愛無差等之教也禮

曰子不私其父則不成爲子此孔子因人情而特立之精義所以

與異教殊也

○樊遲問仁子曰居處恭執事敬與人忠雖之夷狄不可棄也

包曰雖之夷狄無禮義之處猶不可棄去而不行居處恭則衾影

無愧帝天或臨見賓承祭小大不慢執事敬則顧諟常惺精謹不

失與人忠則信厚慈惠人皆愛戴此行已接物之公理也公理既

備則不徒在禮義文明之邦人皆尊信卽在夷狄野蠻之國而公

理不可廢亦必不見棄也仁本爲公理人能盡公理者無在而不

可行焉矣

○子贛問曰何如斯可謂之士矣子曰行已有恥使於四方不辱君

命可謂士矣

曾子制言篇有恥之士富而不以道則恥之貧而不以道則恥之

此其志有所不爲而其才足以有爲者也子贛能言故以使事告之蓋爲使之難不獨貴于能言而已

曰敢問其次曰宗族稱孝焉鄉黨稱弟焉

白虎通宗尊也大宗能率小宗小宗能率羣弟通其有無所以紀理族人也族者湊也聚也謂恩愛相流湊也上湊高祖下湊玄孫一家有吉百家聚之合而爲親生相親愛死相哀痛有會聚之道故謂之族稱譽也此本立而才不足者故爲其次

曰敢問其次曰言必信行必果硜硜然小人哉抑亦可以爲次矣

孟子悻悻然見于其面趙岐注引論語此文並作悻悻當是齊論孫奭音義悻悻字或作脛脛莊子至樂篇作誙誙乎如將不得已漢書楊敞傳作脛脛者未必全爾雅釋詁作堅固也益通

果必行也史記樂書石聲硜小人言其識量之淺狹也此言行無失鄉黨自好之士亦不害其爲自守也故聖人猶有取焉下此則市井之人不復可爲士矣

曰今之從政者何如子曰噫斗筲之人何足算也

噫鄙薄之聲斗量名容十升筲飯筥也容五升斗筲之人言聚斂持祿也猶今諺言飯桶也算數也孔子以有恥有才爲士行蓋人而無恥則無所不爲而無才則無所可用有恥則進而愈上能使則倜儻權變尤才之上者故非孝弟信果之人所能比也

○子曰不得中行而與之必也狂狷乎狂者進取狷者有所不爲也

說文無狷字孟子作獧

中行依中庸而行包曰狂者進取于善道狷者守節無爲欲得此二人者以時多進退取其恒一蓋狂者志極高而行不掩狷者知未及而守有餘蓋聖人本欲得中道之人而教之然既不可得則隱怪之流失之乖僻必至入于奇袤而與道背馳謹厚之人則守約退懦而不能振拔流俗以任大道惟有狂狷之人猶能激勵裁成之以任道也蓋學道貴中行之資剛柔兼備而任道則非志

高氣上者不能雖有小偏終有大成顧允成謂當從狂狷起從中行歟若遽學中行恐爲鄉愿然哉

○子曰南人有言曰人而無恒不可以作巫醫善夫禮記緇衣作人而無恒不可以作卜筮意同

南人南國之人猶詩言東西人也恒常也巫所以交鬼神醫所以治疾病非久于其道則不能精故記曰醫不三世不服其藥欲其久也太古重巫醫故巫醫之權最大埃及猶太印度波斯皆然猶太先知即巫也耶氏則兼巫醫而爲大教主矣蓋巫言魂而通靈醫言體則近于人其關係最重故孔子重之欲其有恒而致精也二三其德則無可成之事故執德者亦在有恒而已巫醫皆以士爲之世有傳授故精其術非無恒之人所能爲也楚語古者民神不雜民之精爽不攜貳者而又能齊肅衷正其智能上下比義其聖能光遠宣朗其明能光照之其聰能聽徹之如是則明神降之

在男曰覡在女曰巫是使制神之處位次主而爲之牲器時服楊泉物理論夫醫者非仁愛不可託非聰明達理不可任非廉潔淳良不可信古之用醫必選名姓之後又云其德能仁恕博愛其智能宣暢曲解知天地神祇之次明性命吉凶之數處虛實之分定順逆之理原疾量藥貫微達幽觀此則巫醫皆抱道懷德學徹天人故必以有恒之人爲之

不恒其德或承之羞

此易恒卦九三爻辭鄭氏曰或常也皇疏言羞辱常承之也易彖傳曰不恒其德無所容也蓋不恒則去就無常朝夕殊異勢必反覆親好皆化仇敵歸向亦皆疑畏投身無容則羞辱從之蓋深惡反覆子而大聲疾呼之也

子曰不占而已矣

鄭氏玄曰易所以占吉凶無恒之人易所不占書所謂事煩則亂

事神則難詩所謂我龜既厭不我告猶

○子曰君子和而不同小人同而不和

鄭語史伯曰夫和實生物同則不繼先王以土與金木水火雜以成百物是以和五味以調口和六律以聰耳聘后于異姓求財于有方擇臣取諫工而講以多物聲　無聽物一無文味一無果物一不講左傳晏子曰和如羹焉水火醯醢鹽梅以烹魚肉燀之以薪君臣亦然君所謂可而有否焉臣獻其否以成其可君所謂否而有可焉臣獻其可以去其否是以政成而不干民無爭心先王之濟五味和五聲也以平其心成其政也聲亦如味一氣二體三類四物五聲六律七音八風九歌以相成也清濁小大短長疾徐哀樂剛柔遲速高下出入周疏以相濟也君子聽之以平其心心平德和今據不然君所謂可據亦曰可君所謂否據亦曰否若以水濟水誰能食之若琴瑟之專壹誰能聽之同之不可也如是蓋

君子之待人也有公心愛物故和其行已也獨立不懼各行其是故不同小人之待人也媚世易合故同其行已也爭利相忮不肯少讓故不和

○子貢問曰鄉人皆好之何如子曰未可也鄉人皆惡之何如子曰未可也不如鄉人之善者好之其不善者惡之

此爲採鄉評合公論言之風俗未美則鄉論亦不可據鄉人皆好或爲閹然媚世之愿人鄉人皆惡或有獨行苦心之異士故不如善人好之則無同流合污之害不善人惡之則益見其嫉惡禁邪之風聖人之論人不採諸衆譽而並察諸衆毀蓋不爲惡人之所毀亦必無可信者也後世僅知採衆好則所得皆媚世合污之人所由不入于堯舜之道也若行議會之選舉先選一次舉鄉望之善者乃由衆善者複選之庶幾得人然若不善人多而善人少則好惡必失其眞矣

○子曰君子易事而難說也說之不以道不說也及其使人也器之小人難事而易說也說之雖不以道說也及其使人也求備焉

器謂隨其材器而使之也曾子曰夫子見人之一善而忘其百非故君子之心正而恕小人之心邪而刻正故佞媚不能親入而與人不求備邪故讒諂賄賂得而入之而疑責人則甚苛夫至左右皆讒諛賄賂之人爲蔽則雖有奇才與學亦必敗壞而爲小人之歸而已

○子曰君子泰而不驕小人驕而不泰

此就人之得意志時言之泰安坦也驕放肆也見大心廣無入而不自得故泰雖從容安舒然無衆寡無小大無敢慢出門如見賓使民如承祭故不驕行無忌憚而陰畏鬼神內愧魂魄李林甫之終夜移床蕭老公之賣身贖罪何曾一日泰乎

○子曰剛毅木訥近仁

剛者無欲毅者果敢木者樸行訥者謹言四者皆能力行與巧言令色相反者故近仁蓋聖人愛質重之人而惡浮華佻僞如此蓋華者不實也漢書稱周勃木强敦厚尹齊木强少文惟厚重質樸者乃可任道

○子路問曰何如斯可謂之士矣子曰切切偲偲怡怡如也可謂士矣朋友切切偲偲兄弟怡怡如也皇本高麗本文選求通親親表注初學記十七藝文類聚二十一太平御覽四百十六引此文並有如也二字今從之大戴禮作兄弟憘憘說文無憘字當是今文

鄭曰切切勸競也有相摩接義祭義作漆漆偲偲强勉也怡怡和悅也皆子路所不足故告之又恐其混于所施則兄弟有賊恩之禍朋友有善柔之損故又別而言之家庭尙恩與父子不責善義同

○子曰善人教民七年亦可以卽戎矣

卽就也戎兵也教民者教之以孝弟忠信之行忠君愛國之心水

陸戰陣之法必教七年然後可戰則教練身體手足膽略之事課程甚繁可知今七年之章程不可覩考然孔子之所治者亦至精愼矣今德國治兵至精亦不過三年孔子之章程比之加倍後之治國者亦可推述矣

○子曰以不教民戰是謂棄之

以用也言用不教之民以戰必有敗亡之禍是棄其民也蓋兵必練身體練手足練耳目練技能練膽氣練心思練志行學義信禮而後可用又必視敵兵比較而後可戰否則必喪師而棄民

論語注卷之十三終

門人番禺王覺任初校

門人高要陳煥章覆校

門人東莞張伯楨覆校

論語注卷之十四

南海康有爲學

憲問第十四

凡四十五章釋文凡四十四章朱子析作四十七章正義曰憲不稱氏疑此篇即憲所記

○憲問恥子曰邦有道穀邦無道穀恥也史記引此憲作子思邦作國又下引子思曰克伐怨欲爲一章

憲原思名穀祿也言有道之國可仕而食其祿若無道之國覥顏朝列則爲可恥此與天下有道丘不與易相反蓋以救時爲心者則可就無道之國以立節爲志者則不宜立無道之邦義之淺深異也道大者宜學聖人否則當知此恥矣

子思曰克伐怨欲不行焉可以爲仁矣子曰可以爲難矣仁則吾不知也今本無子思曰此從史記弟子傳以史記爲今文必魯論也且有子思曰乃是合一章吳志鍾離牧傳注引此作原憲之問于孔子曰矣作乎子曰作孔子曰

子思憲字此亦原憲以其所能而問也克好勝伐自矜怨忿忌欲貪欲四者在人如大火奇毒爲害甚大禁制不易若能降伏可以爲難若仁則爲元德有惻怛之心博愛之理天地一體萬物同氣能制其魄者僅能克已自守尚未有益于人故未及能仁也故孔子云不知蓋以尊德性行仁爲學者日事擴充不必防檢而其道日大蓋魂自清而魄自禁也以遏惡欲守義爲學者日事防制雖極力勉强而其道日隘學者根資不同皆可入道而行仁者遠矣孟子好貨好色與百姓同使有積倉而無怨曠得孔子已立立人已達達人之義故知苦心潔身之士絕已之欲而不能濟世非孔子所貴也

○子曰士而懷居不足以爲士矣

傳曰懷與安實敗名士當志大道尊德性則神明天游別有至樂下視人世宮室皆土壤腥膻也若仍懷居則必溺于體魄而無所

得于神明夫士之所貴者養神明也常人之所以賤者事體魄也溺于體魄者只爲凡民而不得爲士矣

○子曰邦有道危言危行邦無道危行言孫

危高厲也孫卑順也厲行不隨俗順言以遠害繁露曰義不訕上智不危身荀子迫脅于亂時窮居于暴國而無所避之則崇其美揚其善違其惡隱其敗言其所長不稱其所短春秋于定哀多微辭君子固有殺身成仁之時而亦有明哲保身之義風雨如晦獨善其身行無所變苟無救于世而投身于凶燼以言賈禍亦智者所不爲故言孫也聖人之道甚多要權其時地輕重大小各有當也學者宜盡心焉

○子曰有德者必有言有言者不必有德仁者必有勇勇者不必有仁

有德者躬行心得之餘雖木訥而言必有中有言者挾才辯文詞之美雖醞釀而行未必相符能言者或便佞口給而已仁者心無

私累故能見義必爲勇者動于血氣未必合于公理明有德有仁之能兼有言有勇也荀子非相篇法先王順禮義黨學者然而不好言不樂言則必非誠士也故君子之於言也志好之心安之樂言之故君子必辨又曰故仁言大矣起於上所以道於下正令是也起於下所以忠於上謀救是也故君子之行仁也無厭又性惡篇仁之所在无貧窮仁之所亡无富貴天下知之則欲與天下同苦之天下不知之則傀然獨立天地之間而不畏是上勇也二文並足發明世人多尙言勇而迂德仁故以此曉之

○南宮适問於孔子曰羿善射奡盪舟俱不得其死然禹稷躬稼而有天下夫子不答南宮适出子曰君子哉若人尙德哉若人史記弟子傳作南宮括說文羿作𢏚當是古文論語今不從陸德明于書無若丹朱傲作奡下文有傲虐是作不應有兩傲字則奡是人名卽此也南宮适卽南容也按馬作南宮縚謚敬叔卽仲孫閱也說文羿爲帝嚳射師天問稱堯時十日並出射九日而落之孟子稱逢蒙殺

之者說文引虞書若丹朱奡論語奡盪舟陸德明述之同卽此管子曰若敖之在堯書傳罔水行舟是也或疑爲奡卽象傲如鯀稱檮杌與丹朱爲二人則盪舟無據益滋訟耳若僞左傳有羿篡夏浞篡羿而浞子澆滅斟尋靡復夏事皆劉歆據竹書天問僞竄入之一發之于襄四年再証之于哀元年按史記夏本紀云仲康崩子相立相崩子少康立若有一朝中亡之事史遷豈有不知譬如王莽篡漢而作史者但書平帝崩光武立雖極空疏必無此理孟子稱羿爲逢蒙殺非浞也諸傳注之說因此紛亂皆不足信據也禹盡力溝洫故亦稱躬稼太古尙力故适稱羿奡有力者終死禹稷有德者終王不于其身必于其子孫适以孔子盛德無位借以重孔子者故孔子不答而适識見如此其遠故稱其君子美其尙德孔子卒爲教主天下歸之眞有天下果如适言蓋德與力自古分疆而有力者終不如有德嬴政亞力山大成吉斯拿破侖之聲

靈必不如孔子及佛與耶蘇也此為萬古德力之判案也

○子曰君子而不仁者有矣夫未有小人而仁者也

此合人心術行事言之君子心術固純于仁者然行事或偶失而為不仁亦有之若小人心術既不仁則行事即有善行必不得為仁矣故觀人者不當論一二行事而當別其人也

○子曰愛之能勿勞乎忠焉能勿誨乎

勞勉也勑也愛之至者欲其成就則勸勉之如慈父之教子督責備至忠之至者欲其無過則誨諫之如忠臣之諫君謇諤勤拳此乃人情之至非為立義也

○子曰為命裨諶草創之世叔討論之行人子羽脩飾之東里子產潤色之漢書人表作卑湛潛夫論風俗通有卑氏創釋文作剏

命者辭令此言外交之約章文辭也外交關係最重一字之失貽累國民無由改悔故必選合羣賢或外交專門之家或博學能謀

之士或老于政治之才斟酌損益然後詳審精密鮮有敗事也裨
諶以下四人皆鄭大夫草略也創造也謂造爲草藁也世叔游吉
也國語作子太叔世太字通故太室偁世室太子偁世子討尋究
也論講議也行人外交官子羽公孫揮修謂增損之飾謂節刷之
東里地名子產所居也潤色謂加以文采也鄭國之爲辭命必更
此四賢之手而成孔子善之故稱以爲外交之法

○或問子產子曰惠人也

子產之政不專于寬然其心則一以愛人爲主故孔子以爲惠人
蓋舉其重而言也子產爲政尚猛而孔子稱爲遺愛稱爲衆母蓋
服田疇教子弟一切猛舉皆以愛人謚爲惠人孔子眞知子產者

問子西曰彼哉彼哉

子西楚公子申能遜楚國立昭王而改紀其政亦賢大夫也然昭
王欲用孔子乃沮止之其後卒召白公以喪身禍國所謂自以爲

是不可入堯舜之道故但言彼哉而不贊一辭或曰鄭子西公孫夏也然人無可稱恐非也

問管仲曰人也奪伯氏駢邑三百飯疏食沒齒無怨言

人也猶言是可謂之人物也不關當時之治亂不足謂之人不繫一世之安危不足謂之人所謂焉能爲有焉能爲無者也若舉世變動舉世注仰功名不朽可謂之人與下章成人相類惟管仲可當之伯氏齊大夫名偃駢邑地名即邦紀地爲襄公所遷者今山東青州府臨朐縣齒年也蓋桓公奪伯氏之邑以與管仲伯氏自知已罪而心服管仲之功故窮約以終身而無怨言荀卿所謂與之書社三百而富人莫之敢拒者即此事也諸葛廢廖立李平及諸葛死而思葛皆以功德服人之心管仲眞有存中國之功令文明世不陷于野蠻故雖奪人邑而人不怨言功業高深可爲一世之偉人也孔子極重事功累稱管仲極詞贊歎孟子則爲行教起

見宋儒不知而輕鄙功利致人才苶爾中國不振皆由于此

○子曰貧而無怨難富而無驕易

處貧難處富易事境之常蓋處貧非樂天知命不能而處富則但知足好禮已可也但人當勉其難而無忽其易

○子曰孟公綽爲趙魏老則優不可以爲滕薛大夫

公綽魯大夫孔子嘗稱公綽之不欲是也趙魏晉卿之家老家臣之長大家勢重而無諸侯之事家老望尊而無官守之責優有餘也滕薛二國名大夫任國政者滕薛國小政繁大夫位高責重然則公綽蓋廉靜寡欲而短于才者也人之才性各有短長當否當其才則見效違其性則失職此借公綽以論用人之宜也當列國競爭之世爲弱小衝要之官內治外交艱難繁劇非有專門應變之才不易勝任若以廉謹之人當之安得不覆餗故子產之强鄭實難于管仲之覇齊嘉禱之立意難于俾士麥之覇德也

〇子路問成人子曰若臧武仲之知公綽之不欲卞莊子之勇冉求之藝文之以禮樂亦可以爲成人矣周生烈注卞亦作弁漢書東方朔傳作弁嚴子是曰今之成人者何必然見利思義見危授命久要不忘平生之言亦可以爲成人矣文選曹植責躬詩注沈約別范安成詩注引此曰上有子字文選鸚鵡賦李注引久要上有君子二字阮籍詠懷詩顔注引要作約

成人猶言全人武仲魯大夫名紇莊子魯卞邑大夫韓詩外傳新序有莊子勇事史記陳軫傳卞莊子有刺虎事後漢書班固崔駰傳同言兼此四子之長則知足以窮理濬足以養魂勇足以强身藝足以泛應而又節之以禮和之以樂使德成于內而文見乎外則才全德備渾然不見一善成名之迹中正和樂粹然無復偏倚駁雜之蔽其爲全人亦成矣蓋天之生人與人魂魄形體才力聰明實有令人人皆才全德備之質特世方幼稚教化未至故人皆偏慽不稱天性未成爲全人若當太平之世教化既備治具畢張

人種淘汰胎教修明人之智慧淡泊勇力藝能禮樂皆人人完備而後爲天生之成人也見利思義則廉節見危授命則忠烈久要不忘則誠信此皆子路所長而言必信行必果實士之末者然生當亂世治具未備科學未張有此獨行亦可爲成人之行矣蓋亂世人之資格與太平世人之資格迥遠聖人不得不因時世而節取之若成人之實則非令普天下人皆備智慧澹泊勇力藝能禮樂非治教之至也

○子問公叔文子於公明賈曰信乎夫子不言不笑不取乎明古讀如羊郎禮記雜記之公羊賈故公明高即公羊高

公叔文子衞大夫公孫拔也公明姓賈名文子爲人其詳不可知然必廉靜之士故當時以三者稱之

公明賈對曰以告者過也夫子時然後言人不厭其言樂然後笑人不厭其笑義然後取人不厭其取子曰其然豈其然乎皇本其言其笑其取下俱

有也字論衡儒增篇同知實篇引後皆作后儒增篇知實篇竝作豈其然乎豈其然乎

朱子曰厭者苦其多而惡之之辭事適其可則人不厭而不覺其有是矣是以稱之或過而以爲不言不笑不取也然此言也非禮義充溢于中得時措之宜者不能文子雖賢疑未及此但君子與人爲善不欲正言其非也故曰其然豈其然乎蓋疑之也

○子曰臧武仲以防求爲後於魯雖曰不要君吾不信也

防地名武仲所封邑也以者不當以也後禮爲人後者爲之子立嗣也要有挾而求也武仲得罪奔邾自邾如防使臧爲以大蔡納請曰紇非能害也知不足也非敢私請苟守先祀無廢二勛敢不辟邑乃立臧爲致防而奔齊其辭甚卑人不知其要君孔子發其以邑爲要蓋誅意也此爲據亂立法

○子曰晉文公譎而不正齊桓公正而不譎漢書鄒陽傳引作法而不譎或是魯論

晉文公名重耳齊桓公名小白譎權詐也漢孫根碑蔡足譎權二

主爲春秋霸主英名震于當時孔子因論其短長也晉文挾天子以令諸侯伐衛以致楚處處用術故孔子惡其譎而不正齊桓以衣冠會而不以兵車會問楚罪而拜王命葵丘五禁皆得公理故孔子美其正而不譎也

○子路曰桓公殺公子糾召忽死之管仲不死曰未仁乎

子糾桓公兄齊襄公無道鮑叔牙奉公子小白奔莒及無知弑襄公管夷吾召忽奉公子糾奔魯桓公先入而立使魯殺子糾而請管召召忽死之管仲請囚鮑叔牙言于桓公以爲相子路疑管仲失節事讐忍心害理不得爲仁也

子曰桓公九合諸侯不以兵車管仲之力也如其仁如其仁

桓公葵丘以前皆衣裳之會葵丘之後爲兵車之會呂氏春秋柯之盟莊公與曹劌皆懷劍劫盟夫九合之而合一匡之而匡皆從此生矣新序九合諸侯一匡天下功次三王爲五伯長本信起乎

柯之盟也九合自柯之後則兩鄄兩幽檉貫陽穀首戴甯毋也不以兵車言不假威力也如乃也又再言以深許之蓋仁莫大于博愛禍莫大于兵戎天下止兵列國君民皆同樂生功莫大焉故孔子再三歎美其仁孟子之卑管仲乃爲傳孔教言之有爲而言也宋賢不善讀之乃鄙薄事功攻擊管仲至宋朝不保夷于金元左衽者數百年生民塗炭則大失孔子之教旨矣專重內而失外而令人誚儒術之迂也豈知孔子之道內外本末並舉而無所偏遺哉

○子贛曰管仲非仁者與桓公殺公子糾不能死又相之

子贛意不死猶可相之則已甚矣

子曰管仲相桓公霸諸侯一匡天下民到于今受其賜微管仲吾其被髮左衽矣

霸者有天下之別名但未一統革命廢王如希臘之代蘭得日本

之大將軍耳法之拿破侖似之卽德之該撒受封教皇亦爲覇耳觀魯朝貢于晉而不朝貢于周可見蓋封建之世有此體後世無之今普爲德聯邦盟主禮與聯邦平等而稱該撒眞春秋之制也匡正也微無也被髮編髮被之體後左衽襟向左夷狄之俗也夷狄不得亂中國諸侯不相尋兵伐保華夏之族存文明之化功德至大孔子自以爲受其賜蓋保種族教化之功莫尙焉後世若五胡不亂華金元不入中國文明之程度必不止此當時若有夷吾民亦至今受其賜也文明教化乃公共進化所關一亂則不可復若劉石之陷洛陽隋之破金陵金之入汴匈奴之入羅馬突厥之入君士但丁均于文明有損實爲天下之公罪有捍禦之者亦爲天下之公功微管之言稱許之至亦保愛種族文明之至宋賢妄攻管仲宜至于中原陸沈也

豈若匹夫匹婦之爲諒也自經於溝瀆而莫之知也後漢書引此莫上有人字

庶民一夫一妻而無妾故曰匹夫匹婦諒小信也經縊也莫之知人不知也中論召忽伏節死難人臣之美義也仲尼比爲匹夫匹婦之爲諒矣指召忽言之蓋身名小種族之文野大以管仲較之召忽則召忽行果節烈僅同匹夫匹婦之自縊而已蓋孔子之道貴仁有可以救人者則許之至于保救天下之文明則仁大莫京孔子自稱堯舜文王外未有若管仲者子路子貢泥于尋常之小節而責管仲孔子乃爲比較其功罪是非而此義乃明蓋施仁大于守義救人大于殉死宋儒乃尙不知此義動以死節責人而不以施仁望天下立義隘陋反乎公理悖乎聖義而世俗習而不知其非宜仁義之日微而中國之不振然有管仲之才之功則可不死否則背君事仇貪生失義又遠不若召忽之爲諒也

○公叔文子之臣大夫僎與文子同升諸公漢書古今人表作大夫選釋文又作撰子聞之曰可以爲文矣

臣家臣大夫僎家大夫也檀弓陳子車死于衛其妻與其家大夫謀以殉葬是也公公朝謂薦之與已同進爲公朝之臣也文者順理而成章之謂謚法亦有所謂錫民爵位曰文者洪氏曰家臣之賤而引之使與已並有三善焉知人一也忘已二也事君三也亂世古俗崇世胄別人等以貴治賤不以賢治不肖孔子惡世爵而尚平等尊公理而重賢才故春秋譏世卿而王制立貢士天下爲公選賢與能文明之道也故曰可以爲文舉人才忘勢分平等級故孔子美之

○子言衛靈公之無道也康子曰夫如是奚而不喪皇本作子曰後漢書明帝紀注亦作曰字釋文子曰一作子言唐石經邢疏作子言皇本無道下有久字

孔子曰仲叔圉治賓客祝鮀治宗廟王孫賈治軍旅夫如是奚其喪

喪失位也仲叔圉即孔文子也三人皆衛才臣賓客無違軍旅能整二者乃保國之要務若能治賓客而軍旅不修則弱國不能言

公怯若能治軍旅而賓客多失則一國亦不能敵衆強若兵勢能強外交能講睦無內治亦足自保古者民愚以神道設教故巫覡之權甚大國民蓋聽命焉故宗廟鄭重爲內治之要此言任職得人雖無道可以保國若更有道其何敵焉

○子曰其言之不怍則爲之也難皇本作其爲之難

怍慙也凡爲一事必深計長慮思終防變故朝受命而夕飲冰至于內熱事成則有陰陽之患事不成則有人事之患其難其愼如此故倡言大難若大言不慙則其敢言之始已未計及條理曲折則難望其成功也

○陳成子弒簡公釋文弒本又作殺皇本作殺

成子齊大夫名恒簡公齊君名王事在春秋哀公十四年

孔子沐浴而朝告於哀公曰陳恒弒其君請討之

是時孔子致仕居魯沐浴齊戒以告君重其事而不敢忽也臣弒

其君人倫之大變天理所不容鄰國自得干預其內事討其賊臣故夫子雖已告老而猶請哀公討之國語曰陳恒弒其君民之不與者半以魯之衆加齊之半可克也蓋孔子旣明大義又審事勢非同迂儒但陳高義而已

公曰告夫二三子今本無二字皇本高麗本皆有二字下告夫三子者之三子告並同唐石經則惟此句有二字而下二句無之釋文之三子告本或作二三子告非也則釋文亦見別本但不取之今從唐石經

三子三家也時政在三家哀公不得自專故使孔子告之

孔子曰以吾從大夫之後不敢不告也君曰告夫三子者

孔子出而自言謂弒君之賊法所必討大夫謀國義所當告君乃無權而待命三家可爲歎恨也

之三子告不可孔子曰以吾從大夫之後不敢不告也皇本無也字

朱子曰以君命往告而三子魯之强臣素有無君之心實與陳氏聲勢相倚故沮其謀而夫子復以此應之其所以警之者深矣魯

事如此孔子亦知事必不行但不可不言以明大義也

○子路問事君子曰勿欺也而犯之　皇本也作之

君尊而威故事君者皆外爲容悅而內懷欺詐勿欺則盡忠犯顏則直節易曰王臣謇謇匪躬之故

○子曰君子上達小人下達

君子尊魂神由清明而進至于窮理盡性以合天小人用體魄由昏濁而日汚下至于縱欲作孽而速戾然罔念作狂克念作聖其終相去若天淵其始相去一間耳可不愼哉

○子曰古之學者爲己今之學者爲人

程子曰爲己欲得之于己也爲人欲見知于人也爲己者其終至于爲人爲人者其終至于喪已

○蘧伯玉使人於孔子

蘧伯玉衞大夫名瑗孔子居衞嘗主於其家

孔子與之坐而問焉曰夫子何為對曰夫子欲寡其過而未能也使者出子曰使乎使乎

朱子曰與之坐敬其主以及其使也夫子指伯玉也言其但欲寡過而猶未能則其省身克己常若不及之意可見矣使者之言愈自卑約而其主之賢益彰亦可謂深知君子之心而善于辭令者矣故夫子再言使乎以重美之按莊周稱伯玉行年五十而知四十九年之非又曰伯玉行年六十而六十化蓋其進德之功老而不倦是以踐履篤實光輝宣著不惟使者知之而夫子亦信之也

○子曰不在其位不謀其政重出惟與下不出其位義同故舊本與下合為一章以明素位不願外之意則正不妨重出所謂言之重詞之複其中必有美者存焉

○曾子曰君子思不出其位

此艮卦之象辭也曾子蓋嘗稱之位者職守之名各有權根不能出權根之外故政如農功日夜思之思其始而究其終責在所在

務以盡職則所思者亦以不越職爲宜如兵官專司兵事農官專司農事不得及宅乃能致精也若士人無位則天地之大萬物之夥皆宜窮極其理故好學深思無所不思思用其極程子曰能思所以然是天下第一等學人蓋學人與有位正相反也學者愼勿誤會

○子曰君子恥其言而過其行皇本而作之行下有也字

言大而夸行有不逮君子恥之蓋言易而行難故常欲言行相顧也

○子曰君子道者三我無能焉仁者不憂知者不惑勇者不懼子贛曰夫子自道也

自責以勉人也道言也自道猶云謙辭人之生世憂患迷惑恐懼乃共苦者極樂大明無畏乃神明之至人道之極得此則原始反終游魂爲變歷百千萬億世而無阻無害得其道者爲君子孔子

自謙未能而子贛以爲自道蓋孔子深得極樂之道隨入何地皆懽喜自得而永解苦惱者也備極大明隨入黑暗皆光明四照而永無迷失者也浩氣獨立隨入危險皆安定從容而絕無畏懼者也故仁智勇三者乃度世之寶筏也孔子之言道如此學者宜亟求之勿以爲佛氏之所同而割人道之鴻寶以自沈淪也

○子贛方人子曰賜也賢乎哉夫我則不暇皇本作賜也賢乎我夫哉我則不暇方人鄭本作謗人盧文弨考證爲古論謂方與謗通

方比也乎哉疑辭比方人物而較其短長雖亦窮理之事然專務爲此則心馳于外而所以自治者疏矣孔子蓋欲子贛之反求諸己也言汝身豈皆賢乎我則自治之不暇也聖人事事務內蓋以明明德爲本所以與俗學異歟鄭作謗左傳庶人謗蓋言過失之事實爲謗後世展轉易義以謗同誣故不用或古論之異義也

○子曰不患人之不己知患其不能也皇本作患己無能也

此章凡四見而文皆有異聖人於此一義蓋屢言之故記者亦並載之其丁寧反覆欲學者求已而不求人求能而不求知者至矣學者其可負聖人之諄諄乎

○子曰不逆詐不億不信抑亦先覺者是賢乎

逆未至而迎之也億未見而意之也人情固多詐多不信入世既深閱歷既久則若舉世皆惡人而處處先用其逆億矣此誠亂世之風也君子以誠待人不欲逆億惟有詐與不信來者皆先覺之蓋自誠而明有如此是乃爲賢者

○微生畝謂孔子曰丘何爲是栖栖者與無乃爲佞乎鄭作丘何是釋文作丘何本或無與字

孔子曰非敢爲佞也疾固也皇本曰上有對字

微生姓畝名也漢書古今人表作尾生晦師古曰即微生畝也畝名呼夫子蓋耆老之隱淪亦創教者栖栖皇皇也佞悅也譏孔子

犇走欲爲佞以希世疾惡也固沈淪石隱也孔子以道濟天下極救生民故東西南北席不暇煖哀饑溺之猶已思匹夫之納隍天下有道丘不與易其悲憫之仁如此彼僅知潔身自愛者塞斷仁心豈不可疾哉數十年覊旅之苦車馬之塵萬世當思此大聖至仁之苦心也

○子曰驥不稱其力稱其德也

驥善馬之名德謂調良也驥雖有力其稱在德譬人有才而無德則亦不足稱也智伯有五才而卒以亡其國故德爲貴此明尙德之義

○或曰以德報怨何如

報復也或人老氏之徒也老子曰大小多少報怨以德老子之道皆不因天理加高深以行之佛氏耶氏亦然然老子以天地聖人皆不仁百姓萬物皆芻狗寃親平等故德怨可平等但使有以取

人則以德報怨可也以怨報德亦可也故但節取以德報怨一言似加常人一等安知其不含忍而以術取人其後報之尤烈也且彼云大小多少報怨以德則大怨亦報以德人殺其父彼亦孝事之如父于人心安乎于公理可行乎諸子創教其大謬多類此中國大害皆在老子其詳見吾難老一書

子曰何以報德

言于其所怨既以德報之矣則人之有德于我者又將何以報之乎若報怨以德報德以德則人施德者且怨其甚則無人以德施人是不可行也寃親平等之高論非不能言無如無以報德一語可詰倒

以直報怨以德報德

表記曰以德報怨則寬身之仁也以怨報德則刑戮之民也又曰以德報德則民有所勸以怨報怨則民有所懲孔子亦未嘗不美

以德報怨者爲寬仁然不可立爲中道而責之人人蓋無以勸人將無以德施人其害必至毋不養子而人道可絶於其所怨者愛憎取舍一以至公而無私所謂直也于其所德者則必以德報之不可忘蓋施報者天人之公理孔子之大義父母之恩至隆亦不過爲報德而已故詩曰欲報之德昊天罔極又曰無言不酧無德不報彼以此來我以此往視其大小多少而因以報之理之至公所謂直也孔子之道不遠人因人情之至順人理之公令人人可行而已非有鑿而深之加而高之此所以爲中庸大道而天下古今所共行也孔子非不能爲高言也藉有高深亦不過一二人能行之而非人能共行亦必不能爲大道孔子卽不言之矣耶氏過仁亦以德報怨或以此尊之然實不能行則未知孔子中直之爲人道也

○子曰莫我知也夫

夫子自歎以發子贛之問也

子贛曰何為其莫知子也子曰不怨天不尤人下學而上達知我者其天乎

不得於天而不怨天不合于人而不尤人下學人事而上達天命蓋巍巍蕩蕩民無能名即勉強稱之亦寡能稱天地之美神明之容神聖與天合德故惟天知之也至今泥小康之制而說以孔子為小康泥形體之說而說以孔子不言神魂蓋數千年尚無知聖者宜孔子之發歎也

○公伯寮愬子路於季孫子服景伯以告曰夫子固有惑志於公伯寮吾力猶能肆諸市朝

公伯寮亦門弟子字子周廣韻以為魯大夫子服氏景謚伯字孟氏之族魯大夫子服何也夫子指季孫言其信伯寮之讒而恚子路也肆陳尸也言欲誅寮

子曰道之將行也與命也道之將廢也與命也公伯寮其如命何

孔子立命故易道之至則窮理盡性以至於命得之不得曰有命道之行與廢亦有命蓋自虞舜起匹夫而爲聖帝微子生王子而遭亡殷太公八十漁釣而成大業顏子之三十陋巷而遂夭死皆非人力所能爲也有天命在助我者命使之攻我者命致之故知命則不怨天不尤人矣孔子之待伯寮孟子之待臧倉皆歸之天命學者信得命過自能樂則行之憂則違之日日可栖皇以救人亦時時可優游以卒歲此所以爲聖人也

○子曰賢者辟世

天地閉賢人隱遯世沈冥與世長絶者也

其次辟地

去亂國適治邦

其次辟色

禮貌衰而去

其次辟言

有違言而後去也四辟者各視其遇淺深大小雖殊而時命大謬則大隱中隱各行其當也

子曰作者七人矣

包氏咸曰作爲也爲之者凡七人謂長沮桀溺丈人石門荷蕢儀封人楚狂接輿鄭康成云伯夷叔齊虞仲辟世荷蓧長沮桀溺辟地柳下惠少連辟色荷蕢楚狂接輿辟言黃瓊應劭王弼則以逸民當之皆出古文家附會包氏爲今文先師故從焉

○子路宿於石門晨門曰奚自子路曰自孔氏曰是知其不可而爲之者與

石門地名晨門掌晨啓門蓋賢人隱於抱關者也自從也問其何所從來也晨門知世之不可而不爲者孔子斯人是與萬物一體

饑溺猶已悲憫爲懷慈父操藥以待子病其色憔然明知昏濁之世而後來救之故云天下有道丘不與易仁人之心不忍若是恝此所以爲聖人也知不可而爲晨門乃眞知聖人者不然齊景衞靈公之昏庸佛肸公山之反畔陳蔡之微弱衰亂此庸人之所譏聖人豈不深知而戀戀徘徊其愚何爲若是哉

○子擊磬於衞有荷蕢而過孔氏之門者曰有心哉擊磬乎荷釋文作何漢書古今人表作何蕢孔氏皇本作孔子

磬樂器荷擔也蕢草器也此荷蕢者亦隱士也聖人之心未嘗忘天下此人聞其磬聲而知之則亦非常人矣

既而曰鄙哉硜硜乎莫已知也斯已而已矣深則厲淺則揭

硜硜石聲包氏咸曰以衣涉水曰厲揭揭衣也言隨世以行已若過水必以濟知其不可則當不爲此衞風匏有苦葉之詩譏孔子人不知已而不止不能適淺深之宜

子曰果哉末之難矣

與憹同泱也果哉歎其果于忘世也末無也聖人心同天地視天下猶一家中國猶一人不能一日忘也故聞荷蕢之言而歎其果于忘世且言人之出處若但如此則亦無所難矣惟有不忍之心卽有不能已于斯人之與去之不可行之不能所以爲難聖人終其身于栖皇道不行而不悔蓋生生世世無盡無窮救人濟世亦無盡無窮故易旣濟之後終于未濟聖人時時亦未濟處處不厭亦不捨所以爲孔子也

○子張曰書云高宗諒闇三年不言何謂也伏生大傳說命篇三引皆作梁闇伏生傳今文故從之今本作諒陰無逸作亮陰呂氏春秋作諒闇公羊何休注漢書五行志作涼亮涼諒皆梁音通陰與闇通卽今庵也

高宗商王武丁也書無逸篇梁闇天子居喪之廬名有梁而以草被之者

子曰何必高宗古之人皆然君薨百官總己以聽於冢宰三年

言君薨則諸侯亦然總已謂總攝已職冢宰太宰也百官聽于冢宰故君得以三年不言也三年之喪蓋孔子創制自天子至於庶民無貴賤如一以子生三年乃免于父母之懷所以報也古無定制禮稱至親以期斷周或以期乎其詳見宰我問三年章古者惟殷高宗嘗行三年喪此如宋文帝周武帝宋孝宗　國朝聖祖仁皇帝乃一賢主特行之故孔子錄以為後法居喪專于哀慕故不言子張疑王者日有萬機不言則叢脞委積故疑而問之孔子創立三年喪故託之古制故謂古人皆然國制明備憲法修明人君端拱無為冢宰奉行成法其有大事大政則集衆于庭而議之國民已治已安矣書曰納于大麓即聽于冢宰也後漢大喪以太傅錄尚書事即此制蓋立憲之國人君終身端拱而公舉冢宰聽政猶可也

○子曰上好禮則民易使也

禮典法律章程明備則名分權限有定各盡其國民天然之責任故當兵致死民且踴躍願爲之所謂易使也

○子路問君子子曰脩己以敬曰如斯而已乎曰脩己以安人曰如斯而已乎曰脩己以安百姓脩己以安百姓堯舜其猶病諸

修己以敬者常惺惺之謂明德常明大明終始子之言至矣其亦無所不舉矣子路勇者以爲未足告以安人蓋普天下之對待不過人與己而已內則修己外則安人已爲無盡之功子路至勇猶以爲未足告以安百姓姓者種族也百姓猶云萬種如今之白黃黑棕各種族人也不分種族皆與安平此堯舜猶病不能極言其難也安人小康之治也安百姓大同之治也而必始于修己以敬自明其明德而後明明德于天下也爲治無論如何務在安之而已安之必養其欲適其性因其情束縛壓制則不能安自由自立而後能安聖人所以爲聖曰思所以安人者而已

○原壤夷俟子曰幼而不孫弟長而無述焉老而不死是爲賊以杖叩其脛

原壤孔子之故人夷踞也俟待也夷俟叠韻與鞠躬之爲雙聲通見孔子兩足箕踞以待之也述猶稱也賊者害人之名脛腳骨也孔子既責之而因以所曳之杖微擊其脛若使勿蹲踞然孔子德盛禮恭而原壤敢于夷俟此如子桑伯子不衣冠而見孔子蓋亦有道之士而放于禮教者母死而歌其別自立教可見孔子惡其敗常亂俗故名之爲賊而杖之蓋雖諒其本心無他而亦深惡其敗壞名教矣希臘之芝諾內士祼身處桶其亦原壤之流者歟

○闕黨童子將命或問之曰益者與漢書古今人表作厥黨當是古文家所改

闕黨黨名即闕里荀子儒效篇孔子居于闕黨闕黨之子弟罔不分有親者取多童子未冠者之稱將命謂傳賓主之言或人疑此童子學有進益故孔子使之傳命以寵異之也

子曰吾見其居於位也見其與先生並行也非求益者也欲速成者也

禮成人乃有位童子隅坐無位父齒隨行兄齒鴈行當差在後童子違禮求進但欲速成故使之給使令之役觀長少之序習揖遜之容蓋所以抑而教之非寵而異之也

門人番禺王覺任初校

門人高要陳煥章覆校

門人東莞張伯楨覆校

論語注卷之十四終

論語注卷之十五

南海康有爲學

衞靈公第十五

凡四十章釋文凡四十三章邢本四十二章朱子四十一章

○衞靈公問陳於孔子孔子對曰俎豆之事則嘗聞之矣軍旅之事未之學也明日遂行釋文作陣蓋晉時俗體今不從

陳謂行軍之陣列俎豆禮器兵陣凶器殺人之事不得已而用之治國當先以禮樂厚民靈公無道無志于化民而志于殺人既見孔子不問禮而問兵又仰視蜚鴻色不在孔子此孔子所以立行所謂見幾而作色斯舉矣力辟色辟言也

在陳絕粻從者病莫能興陳鱣古訓謂古論作糧鄭所注魯論作粻今本作糧蓋古論也故改從粻皇本作粮

鄭粻糧也史記楚昭王聘孔子陳蔡大夫忌之發徒役圍孔子於野不得行絕糧在哀六年興起也荀子宥坐篇孔子南適楚厄于

陳蔡之間七日不火食藜羹不糂弟子皆有饑色呂氏春秋莊子
韓詩外傳說苑並同
子路慍見曰君子亦有窮乎子曰君子固窮小人窮斯濫矣
何晏曰濫溢也言君子固有窮時不若小人窮則放濫爲非荀子
宥坐篇夫子告子路曰君子之學非爲通也爲窮而不憂困而意
不衰也易于困卦象澤无水困君子以致命遂志史記稱孔子講
誦絃歌不衰子路慍見子贛色作孔子知弟子有慍心乃召子路
而問曰詩曰匪兕匪虎率彼曠野吾道非耶吾何爲于此子路曰
意者吾未仁耶人之不我信也意者吾未知耶人之不我行也孔
子曰有是乎由譬使仁者而必信安有伯夷叔齊使智者而必行
安有王子比干子路出子贛入見孔子曰賜詩云匪兕匪虎率彼
曠野吾道非邪吾何爲於此子贛曰夫子之道至大也故天下莫
能容夫子夫子蓋少貶焉孔子曰賜良農能稼而不能爲穡良工

能巧而不能爲順君子能修其道綱而紀之統而理之而不能爲
容今爾不修爾道而求爲容賜而志不遠矣子贛出顏回入見孔
子曰回詩云匪兕匪虎率彼曠野吾道非耶吾何爲于此顏回曰
夫子之道至大故天下莫能容雖然夫子推而行之不容何病不
容然後見君子夫道之不修也是吾醜也夫道旣已大修而不用
是有國者之醜也不容何病不容然後見君子孔子欣然而笑曰
有是哉顏氏之子使爾多財吾爲爾宰于是使子贛至楚楚昭王
興師迎孔子然後得免告子贛一貫亦絕糧色見之時聖人履險
如夷從容絃歌講學不輟蓋神明別有天游視人間之窮通皆如
幻人之變化浮雲之來往自無所動其心宜其行所無事也
子曰賜也女以予爲多學而識之者與 依史記應合上爲一章
史記世家亦絕糧時所語子贛之學多而能識矣夫子欲其知所
本也故問以發之

對曰然非與
方信而忽疑蓋其積學功至而亦將有得也
曰非也予一以貫之
物理萬殊非極博無以窮其變本原無二非合一無以致其通若未多識而遽言得一則空腹高心無以爲貫通之地若徒多識而不知一貫則散錢滿屋亦無以爲收拾之方孔子之道推本于元顯于仁智而後發育萬物峻極于天四通六闢相反相成無所不在所謂一以貫之告曾子之一貫就其道言告子贛之一貫就其學言

○子曰由知德者鮮矣
世人皆昏于利欲其有賢知不馳于外則騖于遠故求知德之人甚少其有篤行之士則行之不著習矣不察終身由之而不知其道若子路亦長于行而短于知者故呼而告之

○子曰無爲而治者其舜也與夫何爲哉恭已正南面而已矣漢書王子侯表引作共已盖共與恭通

舜任官得人故無爲而治蓋民主之治有憲法之定章有議院之公議行政之官悉由師錫公舉得人故但恭己無爲而可治若不恭己則恣用君權撓犯憲法亦不能治也故無爲之治君無責任而要在恭己矣此明君主立憲及民主責任政府之法今歐人行之爲孔子預言之大義也

○子張問行

猶問達之意也史記弟子傳以子張從在陳蔡閒因問行

子曰言忠信行篤敬雖蠻貊之邦行矣言不忠信行不篤敬雖州里行乎哉

篤厚也蠻南蠻貊北狄古謂豸種也二千五百家爲州說苑敬愼篇顏回將西遊問于孔子曰何以爲身孔子曰恭敬忠信可以爲

身恭則免于衆敬則人愛之忠則人與之信則人恃之人所愛人所恃必免于患矣道行之而成凡可行者謂之道不可行者謂之非道故天下之言道甚多不必辨其道與非道但問其可行與不可行子張問行可謂切問孔子之言道只有忠信篤敬從之則蠻貊可行背之則州里不可行無他謬巧無他高奇而切于人事不可須臾離故曰道不遠人遠人不可以爲道也故孔子之道人格也公理也不可去者也

立則見其參於前也在輿則見其倚於衡也夫然後行皇本參下有然字行下有也字

參直于前也包咸曰衡軛也言思念忠信篤敬則常想見參然在目前在輿則若倚車軛蓋念兹在兹造次不離于忠信篤敬則于人間世無不可行孔子之立人道而鞭辟切近可謂至矣

子張書諸紳

紳大帶之垂者書之欲其不忘也子張雖才高而于忠信篤敬之訓信受持循如此可見爲學之切矣蓋忠信篤敬偶言之則極易終身行之則極難而稍涉苟且欺詐刻薄怠慢卽一步不可行矣故孔子之道至易至簡而至難至苦因人爲道而無能背者如天下有能離忠信篤敬而能行者則孔子之道息矣非然者則範圍曲成無能過者也何必神道設教矜奇怪以誘民哉

○子曰直哉史魚邦有道如矢邦無道如矢

史官名魚衞大夫名鰌如矢言直也史魚自以不能進賢退不肖既死猶以尸諫故夫子稱其直

君子哉蘧伯玉邦有道則仕邦無道則可卷而懷也唐石經後漢書周黃徐姜申屠傳序懷之作懷也今本作懷之從石經

伯玉出處合于道故曰君子卷收也懷藏也謂不仕而韜光養晦憂則違之也如於孫林父甯殖放弒之謀不對而出亦其事也聖

人之道闔闢甚多德備陰陽後賢之德陿小僅知一節之美若有此類者必稱史魚之直比干之死而譏蘧伯玉之巧容微子之失節矣所謂一曲之士不足以知神明之容天地之美也安能涵蓋天下哉

○子曰可與言而不與言失人不可與言而與之言失言知者不失人亦不失言今本不與下有之字皇本唐石經宋十行本岳珂本考文引古本足利本高麗本不與下無之字後漢安帝紀引亦無之字

言與不言皆無所失此必窮理甚深閱世甚熟知人甚哲而後能也然此爲事機關係言之失人則失機失言則僨事故不可不擇人而言若爲明道傳教則强聒不舍雖不得宜亦無害也

○子曰志士仁人無求生以害人有殺身以成仁仁唐石經作害人文選曹植贈徐幹詩注太平御覽四百十九亦引作害人今從之然人與仁通

志士守義之士仁人愛人之人也公羊殺人以自生亡人以自存

君子不爲無求生以害人也然人與仁通仁者近之爲父母之難遠之爲君國之急大之爲種族教宗文明之所繫小之爲職守節義之所關見危授命則仁成隱忍偷生則仁喪且魂氣無不之知氣在上神明雄毅在天爲神僅去形體如前爪髮又何傷乎若貪生忘義苟存視息則魂靈靦然先就澌滅哀莫大于心死而身死次之蓋身死者魂未嘗死也若魂死則無不死矣

○子贛問爲仁子曰工欲善其事必先厲其器居是邦也事其大夫之賢者友其士之仁者（漢書梅福傳作厲其器今本厲作利惠棟九經古義以利爲古論馮登府異文考証以厲爲魯論今皇本仁者下有也字）

賢以事言仁以德言言利器可以助用故機器既出世界一變益友可以輔德故仁賢熏染德性日新雖有良工無利器則拙若而難成雖有志士無君子則孤陋而焉取此專以外物助成內德益知親師取友之要而風俗教化之切也夫子嘗謂子贛悅不若己

者故以是告之欲其有所嚴憚切磋以成其德也

○顏淵問爲邦

顏子曰以道濟爲懷者故問治道

子曰行夏之時

夏時謂以斗柄初昏建寅之月爲歲首也夏禹所定夏小正所載是也天開於子地闢於丑人生於寅故斗柄建此三辰之月皆可以爲歲首天時周轉其道本圓無月不可爲正中國在大地赤道之北啓蟄生長在冬至之後順時授民夏時最宜周建子以十一月爲正月殷建丑以十二月爲正月孔子並立三正以待後王之變通而以夏時便民故取之今猶行之歐美以冬至後十日改歲則建子矣俄及回歷則建丑矣今大地文明之國仍無不從孔子之三正者若印度則與中國同行夏時矣其餘秦以十月則久不行波斯以八月則亦微弱馬達加斯加以九月緬甸以四月皆亡

矣蓋見大聖之大智無外也今諸經所稱自春秋外皆夏時也蓋

孔子改制所定歷法

乘殷之輅釋文輅本亦作路

輅車輪前横木車名通作路殷輅木輅傳所謂大輅越席昭其儉也孔子以身所乘車宜爲木車若有虞氏鸞車則有鈴周乘路則有玉不若木車易製而通行也

服周之冕

包曰冕禮冠周之禮文而備取其黈纊塞耳不任視聽春秋繁露三代改制質文篇首服有四有嚴員者有卑退者有員轉者有耆而垂旒者周乃卑退垂旒者蓋亦三統之一但冕文美故首服宜之孔子欲先行于當時也此三者皆禮也禮取別異故法三代禮不止此每代舉小康之制一所以通三統也

樂則韶舞

虞舜之樂戛擊鳴球搏拊琴瑟以詠下管鼗鼓合止柷敔笙鏞以間簫韶九成是也蓋揖讓之和文明之至天下爲公最得中和樂之至也蓋樂主合同故孔子于六代之樂獨取民主大同之制董子稱春秋應天作新王之事時正黑統王魯尙黑絀夏親周故宋樂宜親韶武又云春秋作新王之事變周之制又曰有非力之所能致而自致者西狩獲麟受命之符是也然後託于春秋正不正之間而明改制之義務解天下所患而欲以上通五帝下極三王以通百王之道公羊所謂制春秋之義以俟後聖也世積久而弊生凡志士通人莫不有改制之意孔子以大聖損益百王折其中以推行于後世尤爲責無可辭仁不能已顏子有用行舍藏之學故孔子改制時與之商定樂制宜用某朝某物宜用某王雖皆出于前代實已定于新聖六經皆孔子改制所託此爲商定改制明據自劉歆篡聖多作僞經以攻孔子以孔子爲述而非作從周而

非攺制于是孔子微言絶大義乖矣論語今文爲多幸有此微言可爲証據學者可以善推之矣

放鄭聲遠佞人鄭聲淫佞人殆

樂記鄭音好濫淫志蓋鄭國之音淫靡足以惑志佞人傾辨之士足以傾邦遠色去讒然後可以貴德也白虎通佞人當誅爲其亂善行傾覆國政故孔子誅少正卯若羿未成則當遠之春秋鄭聲如今法蘭西處于歐中最爲靡靡者惑于鄭聲則思淫惑于佞人則當危殆下篇所謂惡鄭聲之亂雅樂利口之覆邦家淫之害小殆則禍大

○子曰人無遠慮必有近憂皇本人下有而字

蘇氏曰人之所履者容足之外皆爲無用之地而不可廢也故慮不在千里之外則患在几席之下矣人之生也有身則有患有家則有累有國則有害而又非斯人無所與故愛惡相攻而吉凶生

情欲相感而利害生故與憂俱來出入以懼者也是故君子思患而預防之然猶變生不測禍來無方若無長計遠慮之思而漫爲猖狂妄行之事則憂患即在目睫矣此爲愚人無遠慮者戒

○子曰已矣乎吾未見好德如好色者也皇本無乎字

已矣乎歎其終不得而見之也此義屢發蓋常人魄用事者多魂用事者少色之感目有電相吸攝故好之最甚哀帝乃欲讓位于董賢高緯乃甘一獵以亡國故人情之好未有好色之甚者雖有好德者終不如之也

○子曰臧文仲其竊位者與知柳下惠之賢而不與立也

竊位如盜得之也柳下惠魯大夫展獲字禽食邑柳下謚曰惠與立謂與之並立于朝臧氏世爲司寇文仲爲政時柳下惠正爲士師傳偁展禽譏文仲祀爰居文仲曰是吾過也季子之言不可不法也是知柳下之賢知賢不舉是蔽賢出于忮才忮才出于固位

故孔子惡之以爲竊位

○子曰躬自厚而薄責於人則遠怨矣春秋繁露仁義法篇引人作外論語述何曰春秋詳内小惡略外小惡之義責己厚故身益修責人薄故人易從責己厚則人信其公責人薄則人服其寬有公與寬人被責亦不怨之

○子曰不曰如之何如之何者吾末如之何也已矣所謂臨事而懼好謀而成也蓋人之生也與憂俱來處世之艱動生禍變故作爲者多憂患出入以度外内知懼生于憂患而後死于安樂若輕躁妄行動必得咎雖聖人至仁愛人亦無能救之也

○子曰羣居終日言不及義好行小惠難矣哉釋文慧音惠魯讀慧爲惠皇本作惠此依魯論故不知鄭君定讀己作慧也考文引古本作惠今本作慧乃古文今從魯論作惠惠通慧晉語巧文辯惠則賢後漢書孔融傳將不早惠乎注惠作慧列子秦人逢氏有子少而惠皆與慧義同小惠巧辯也言不及

義則放辟邪侈之心滋好行小惠則行險僥倖之機熟難矣哉者言其無以入德而將有患害也今世無教滔滔皆是雖有志士欲救正之而畏其利口之指摘險詐之相傾此其風俗之可憂人種之貽害甚矣

○子曰義以爲質禮以行之孫以出之信以成之君子哉鄭注無君子字釋文本或無君子二字孝經三才章疏引此文亦無君子二字今本有君子字則下文何用君子哉必衍文也

朱子曰義者制事之本故以爲質幹而行之必有節文出之必以退遜成之必在誠實乃君子之道也此爲君子行事之法行一事之始終本末如此若不言事而言心則立心之大本在仁也至于行事則必以義爲質而後能隨時得宜無禮則不文而寡滋味不孫則人忌之而阻力生不信則不堅而隳壞矣故義禮孫信闕一不可

○子曰君子病無能焉不病人之不已知也

人心思耳目之不足病廢也心思耳目之無能亦病廢也故君子以無能爲病專門以致精多才以爲富日求諸已而不急求人知不見是而无悶不以爲病焉此君子所以與無實而求名者異也

○子曰君子疾没世而名不稱焉

没世猶没身也名者身之代數也有是身乃有是名有其實乃有其華然身不過數十年名可以千萬載身者必死之物名者不朽之事身者血肉無知之軀名者光明無極之榮則代數反較真數而尤重焉有身之時人尙有待無名猶可至没世之後草木同腐魂魄並逝則顧念生前淹忽隨化未有不以榮名爲實者名在則其人如在雖隔億萬里億萬年而丰采如生車服爲之流連居游爲之慨慕輯其年譜考其起居薦其馨香頌其功德稱其姓號愛其草木其光榮過于有身時萬萬故没世無稱君子以爲疾也名蓋孔子大義重之如此宋賢固篤于務實者而惑于道家之攻名

至使天下以名爲不肖人乃不好名而好利于是風俗大壞此則背孔子之義矣

○子曰君子求諸己小人求諸人

中論貴驗篇子思曰事自名也聲自呼也貌自眩也物自處也人自官也無非自己者君子力學自修凡才能職業無事不求諸己小人騖外干譽凡營結請託無事不求諸人欲知君子小人之分則觀其所求而已君子亦有求但求諸己則無求人也人與己孰親不求己而求人此小人之愚也

○子曰君子矜而不爭羣而不黨

矜棱廉羣合衆也人各受天之才智聰明宜各獨立以上承天若不能自立而隨人則所執下人不能不與人交接和會故宜合羣以大同人若不能得衆而失人則其勢孤但自立而不犯人則無所爭合羣而不偏比則無所黨矜與爭羣與黨相似但犯人之自

由則不公有所偏黨則合羣反不大耳孔子固非以黨爲不可也
不又曰吾黨之小子乎
○子曰君子不以言舉人不以人廢言
包曰有言者不必有德人固有能言不能行者又有言甚清而行甚濁者採其言可也若遂用其人則恐僨事矣言有合于道有益于時則芻蕘可採陽虎可引不必問其人也若因人而棄之則慮失良策矣此爲聽言者法蓋言自言人自人本不相關也
○子贛問曰有一言而可以終身行之者乎子曰其恕乎己所不欲勿施於人　皇本行下無之字人下有也字
天下之人物雖多事理雖繁而對待者只人與已有所行者應人接物亦不外人與己之交而已己人也人亦人也此心同此理同性情或異嗜好或殊既同爲人當不相遠故道本諸身欲徵諸己己所欲者與人同之己所不欲者則勿施于人推己及人如心而

出反諸至近而可行諸至遠蓋萬物同原人己一體至淺之理而爲極善之方萬理無逾于恕者人道可以終身行之四海通之萬世從之者也夫子不言己之所欲推以與人而言不欲勿施者蓋順以推恩己所易爲逆施所不欲人所難受不受則不能行爲仁言則欲立立人爲先爲行計則不欲勿施爲要道本相同而義各有宜也

○子曰吾之於人也誰毁誰譽如有所譽者其有所試矣魏志胡質傳引無也者矣字漢藝文志谷永傳薛宣傳引無者矣字

包曰所譽者輒試以事不虛譽而已朱子曰毁者稱人之惡而損其眞譽者揚人之善而過其實夫子無是也然或有所譽者則必嘗有以試之而知其將然矣聖人善善之速而無所苟如此若其惡惡則已緩矣是以雖有以前知其惡而終無所毁也

斯民也三代之所以直道而行也漢書景帝紀贊引民下無也字所下無以字論衡率性篇非韓篇引

三代下無之字

斯民者言今之人種也三代夏商周也直道之風自古相傳美化流行故人種良善吾更不敢顛倒是非以損人種蓋人之生也直宜共養此直心直道以培良種人種良則太平自易致也劉氏逢祿述何曰春秋不虛美不隱惡褒貶予奪悉本三代之法

○子曰吾猶及史之闕文也有馬者借人乘之今亡矣夫皇本今下有則字朱子集注本矣誤作已

史闕文者不敢用己私意穿鑿附會之也馬借人者貨惡其棄于地不必藏于己也蓋舊俗湻厚猶有無我大同之意孔子歎當時俗薄史必穿鑿馬必自私蓋有我太多則可小康而日遠于大同矣許慎說文敘云詭更正文鄉壁虛造不可知之書以燿于世

○子曰巧言亂德小不忍則亂大謀

巧言辭之極能變亂是非使人大惑而說從小不忍如婦人之仁

匹夫之勇一時小動而大謀因此而移遂至喪國亡家如劉備不能忍吳殺關羽而伐吳幾以亡蜀曹彬不能忍白重進之進兵而討遼遂覆全師則匹夫之勇也若苻堅之放慕容垂姚萇而召亂則婦人之仁矣若以狙詐爲忍則又非聖人之用心漢書李尋傳執乾剛之德勉强大誼絕小不忍是也

○子曰衆惡之必察焉衆好之必察焉潛夫論宋葛洪涉史隨筆王氏論語辨惑司馬温公論選舉狀議貢舉狀王臨川答段縫書均引衆好句在衆惡前風俗通義正失篇羅隱兩同書眞僞章好作善亦衆善句在前鄭王氏傳亦然唐石經以衆惡在上故從之

王肅曰或衆阿黨比周或其人特立不羣故好惡不可察也梁劉孝綽謂孤特則積毀所歸比周則積譽斯信蓋道高則召毀媚世則得名輿論似公未可爲憑不可漫聽而附和之必察之乃得其眞蓋庸耳俗目本無卓識以同己爲賢以異己爲不肖獨行高世之士必見疑怪故貴于深求而察識之孟子于匡章察之于衆惡

孔子之于臧文仲少正卯察之于衆好者

○子曰人能弘道非道弘人皇本弘人下有也字

弘廓而大之也漢書平當傳說衰微之學興廢在人引此蓋人心有覺而道體無爲故人能大其道道不能大其人也張子曰心能盡性人能弘道也性不知檢其心非道弘人也凡教亦爲人傳而光大之否則教雖美善亦不能自大也觀耶與佛而可見可不鑒哉

○子曰過而不改是謂過矣

過而能改則太空無雲復其見天地之心矣唯不改則長存渣穢其過遂成而將不及改矣

○子曰吾嘗終日不食終夜不寢以思無益不如學也

賈子新書學聖王之道者譬其如日靜思而獨居譬其若火可以小見而不可以大知此爲思而不學者言之蓋勞心以必求不如

學古而有獲也然思學不可偏廢孔子不云學而不思則罔乎不學無以入不思無以出始則以學爲先終則以思爲貴洪範曰思曰睿睿作聖故思爲最重此有爲之言讀者勿泥也

○子曰君子謀道不謀食耕也餒在其中矣學也祿在其中矣君子憂道不憂貧潛夫論讚學篇引此與上吾嘗終日不食爲一章當時篇簡相連未分別也

耕說文以牛犂田也餒饑也耕所以謀食而未必得食學所以謀道而祿在其中然學也者明其道正其誼而非爲謀利也故憂道之不明憂道之不行而未嘗以貧爲憂常人戚戚憂貧故皇皇謀利而未見利之可得君子皇皇謀仁義未嘗謀利而富貴乃爲君子所有此勸人擇術務其上者可不求其下得其本者可不恤其末也樊遲請學稼沮溺丈人荷蕢皆隱于耕蓋士不易得祿故皆躬耕而廢學故孔子戒之今之人士多營農商而廢學亦孔子所戒也

○子曰知及之仁不能守之雖得之必失之

知足以知大理而私欲間之則無以有之於身矣蓋有大智慧能

創之而行不能赴者亦不能成也

知及之仁能守之不莊以涖之則民不敬

涖臨也謂臨民也知大理而無私以間之則知慧德行皆相赴而

大業可成然或游戲人間玩世不恭若子桑伯子之不衣冠而處

原壤之登木而歌不莊以涖之則民慢而不敬如賣漿者之與楊

朱爭席則道不尊矣

知及之仁能守之莊以涖之動之不以禮未善也

動之動民也禮謂威儀文章智仁爲行政立教之道莊禮爲行政

立教之方有內而無外有本而無末道終不完故孔子之道本末

精粗其運無所不在此所以育萬物而爲神明聖王也佛亦有八

萬四千威儀乃成大教蓋動民必在外貌故有智仁之妙盡美矣

無威儀文章以動人終未盡善也包氏以爲爲在位者言

○子曰君子不可小知而可大受也小人不可大受而可小知也

此言觀人之法知我知之也受彼可受也蓋君子于世事未必過人而材德足以任重小人雖器量淺狹而未必無一長可取龎士元之紬于爲令而展于治蜀黄霸之以太守著循聲而爲相無治效是也騏驥捕鼠不如狸而可以一日千里棟梁厠齒不如鐵而可爲清廟明堂材器大小各有其分用人者宜因材器使勿以小節輕量人才亦勿以一能誤爲大器

○子曰民之於仁也甚於水火水火吾見蹈而死者矣未見蹈仁而死者也

蹈踐也水火民所賴以生不可一日無也於仁亦然但水火在外仁則在己無水火不過害人之身而不仁則失其心蓋人者仁也不仁則非人矣故尤甚于水火而不可須臾離造次顛沛去者也

況用水火者少誤或至殺人用仁則己愛人人亦愛己益莫大焉此生生之公理無有死者則人何不爲仁哉蓋勉人之急于仁也

○子曰當仁不讓於師

當田相値也禮尙辭讓獨至於爲仁之事則宜以爲己任勇往當之無所辭讓卽至于師亦不必讓師不爲則己爲之不必避長者也師止于是己可過之不必待長者也乃至博施濟衆有益人道之教治藝樂者皆可自由而爲之雖過于師可也蓋仁者人也師之所以教者仁而已上達造極乃人道之進化師意所期望也

○子曰君子貞而不諒

貞正也諒直也不擇是非而必于信言君子守正言不必信惟義所在鄉曲尙氣之人亦重然諾而多不出于正故孔子屢言信近於義豈若匹夫匹婦之爲諒及貞而不諒所以防之

○子曰事君敬其事而後其食郡齋讀書志載蜀石經作敬其事而後食其祿是後人依注妄增

朱子曰後與後獲之後同食祿也君子之仕也有官守者修其職有言責者盡其忠皆以敬吾之事而已不可先有求祿之心也

○子曰有教無類

聖人以濟人爲事故立教也欲人人皆明其明德人人皆得爲聖人故無論種類之高下智愚而皆教之無所別擇收之爲徒覩之猶子此聖教所以爲大也子張魯之大駔而教之爲士焉互鄉之童子而與其進醫門多疾病大匠多曲木人雖有類是在教者陶鑄爲一至于無類也類從犬無類者雖衆生亦兼化之也

○子曰道不同不相爲謀

不同如教派殊異趣嚮殊科如老學養生而教以殺身成仁釋氏出家而謀其娶妻傳後皆相反太遠不能爲謀聖人蕩蕩如天九流並湊各擇其長吹萬不同聽其自已

○子曰辭達而已矣

辭取達於事物之理彼我之意不可艱深亦不尙佞給也然辭達亦不容易非積理極深閱事極多者不能深透乃可謂達簡練不足當之孔子言鄭入陳非文辭不爲功愼辭哉勿輕視也

○師冕見及階子曰階也及席子曰席也皆坐子告之曰某在斯某在斯 顔師古注漢書人表作師免則唐初本冕或作免

師樂師瞽者冕名再言某在斯歷舉在坐之人以詔之

師冕出子張問曰與師言之道與

聖門學者於夫子之一言一動無不存心省察如此

子曰然固相師之道也

相助也古者瞽必有相其道如此聖人矜無告而哀困窮非作意而爲之自然盡其道而已

論語注卷十五終

門人贛縣王德潛初校

門人高要陳焕章覆校

門人番禺王覺任覆校

門人東莞張伯楨覆校

論語注卷之十六

南海康有爲學

季氏第十六 此篇或以爲齊論

凡十四章

○季氏將伐顓臾

顓臾國名臣屬魯爲附庸季氏貪其土地欲滅而取之

冉有季路見於孔子曰季氏將有事於顓臾

柳下惠所謂伐國不問仁人問猶不可況見于行事乎孔子素惡

伐人國二子爲季氏宰知之故告孔子

孔子曰求無乃爾是過與

冉求爲季氏聚斂尤用事故夫子獨責之

夫顓臾昔者先王以爲東蒙主且在邦域之中矣是社稷之臣也何

以伐爲 釋文邦或作封皇本作何以爲伐也

詩錫之山川土田附庸魯附庸甚多自向爲莒入宿被宋遷魯又滅項取須句取邿取鄟取鄫取卞皆附庸也惟顓臾在耳東蒙山名先王封顓臾於此山之下使主其祭在魯地七百里之中社稷猶云公家是時四分魯國季氏取其二孟孫叔孫取其一獨附庸之國尚爲公臣季氏又欲取以自益故孔子言顓臾乃先王封國則不可伐在邦域之中則不必伐是社稷之臣則非季氏所當伐也此事理之至當不易之定體

冉有曰夫子欲之吾二臣者皆不欲也

夫子指季氏當時冉有或與聞之而不强諫

孔子曰求周任有言曰陳力就列不能者止危而不持顛而不扶則將焉用彼相矣焉用漢書王嘉傳引作安用

周任古之良史陳布也列位也言當陳布才力度已所任而後就位相瞽者之相也言二子不欲則當諫諫而不聽則當去也包咸

曰輔相人者當持危扶顛若不能何用相爲此言爲相必受責任失職則去也

且爾言過矣虎兕出於柙龜玉毀於櫝中是誰之過與皇本出下毀下無於字釋文柙本又作匣漢書文三王傳引亦作匣櫝魏志引作匵

兕如野牛也一角重千斤柙檻也櫝匵也言在柙而逸在櫝而毀典守者不得辭其過明冉子居其位而不去則季氏之惡已不得不任其責也

冉有曰今夫顓臾固而近於費今不取後世必爲子孫憂釋文本無後世引或本有之後漢書臧宮傳註引亦無後世字

固謂城郭完固費季氏之私邑子路正直未聞一言冉有徇于季氏故孔子獨責之三呼求責之深矣其後卒不聞伐顓臾之事蓋冉有藉于孔子之責力諫季氏而不爲歟

孔子曰求君子疾夫舍曰欲之而必爲之辭皇本而必下有更字

欲之謂貪其利

丘也聞有國有家者不患寡而患不均不患貧而患不安蓋均無貧和無寡安無傾

寡謂民少貧謂財乏均謂各得其分安謂上下相安季氏之欲取顓臾爲寡與貧耳然是時季氏據國而魯公無民則不均矣君弱臣強互生嫌隙則不安矣均則不患于貧而和和則不患於寡而安安則不相疑忌而無傾覆之患此言近雖爲季氏發然太平大同之治亦不過均而已均則無貪今各國人羣會黨宗旨不出乎此豈非至言乎

夫如是故遠人不服則脩文德以來之既來之則安之（來之趙岐孟子章指引作懷之）

內治修然後遠人服有不服則修德以來之亦不當勤兵於遠周語有不祭則修意有不祀則修言有不享則修文有不貢則修名

有不王則修德

今由與求也相夫子遠人不服而不能來也邦分崩離析而不能守也

子路雖不與謀而素不能輔之以義亦不得謂無罪故並責之遠人謂顓臾分崩離析謂四分公室家臣屢叛

而謀動干戈於邦內吾恐季孫之憂不在於顓臾而在於蕭牆之內也邦內鄭本作封內顓臾上釋文唐石經高麗本有於字隸釋載漢石經殘字及宋本蕭牆上有於字今本無兩於字蓋毛包周無於字世行本依四家牆漢石經作蘠四家爲本或誤仍以石經可信據

干楯也戈戟也鄭氏曰蕭肅也牆屏也言不均不和內變將作其後陽虎公山內叛果禍發蕭牆如孔子言

○孔子曰天下有道則禮樂征伐自天子出天下無道則禮樂征伐自諸侯出自諸侯出蓋十世希不失矣自大夫出五世希不失矣陪臣執國命三世希不失矣

政出天子此撥亂制也王制諸侯不得變禮樂專征伐陪臣家臣也逆理愈甚則失之愈速大約世數不過如此蓋生人之始爲獨人漸以聚族而爲族長之世又以力爭長而爲酋長之世道路漸通制作漸備則合諸酋長而爲統一之世孔子生當撥亂族長互爭酋長互爭而民殆矣觀春秋戰國無歲不戰民苦于兵暴骨如莽故非抑族長去酋長而統一之不能安民上古族長春秋之大夫也中古酋長春秋之諸侯也故春秋誅大夫刺諸侯而務一統于天子凡物散則必歸之于一乃無患故孟子曰定于一漢唐之後中國一統封內晏然民多老死不見兵革此孔子抑諸侯大夫陪臣而統之以天子之功所以撥亂世一定之序也自平王東遷周王守府諸侯力政霸者專征故晉文之後至襄靈成景厲悼平昭頃定十世而霸權失于吳十一世至出公而見逐於韓趙魏智氏所謂十世希不失由此推之一統之君主專制百世希不失蓋

由亂世而至升平則君主或爲民主矣大地各國略近三千年皆大變亦自然之數也故孔子言繼周百世可知言百世之後如夏商周君主之治也

天下有道則政在大夫 今本有不字衍據舊本改定

政在大夫蓋君主立憲有道謂升平也君主不負責任故大夫任其政

天下有道則庶人議 今本有不字衍據舊本改定

大同天下爲公則政由國民公議蓋太平制有道之至也此章明三世之義與春秋合惟時各有宜不能誤用誤則生害當其宜皆爲有道也洪範稱謀及庶人庶人從謂之大同傳傳士傳言與夫建鞀設鐸皆欲庶人之議若如今本庶人不議則專制防民口之厲王爲有道耶與羣經義相反冏知爲衍文之誤也或後人妄增

○孔子曰祿之去公室五世矣政逮於大夫四世矣故夫三桓之子

孫微矣
鄭氏玄曰言此之時魯定公之初魯自東門襄仲殺文公之子赤而立宣公于是政在大夫爵祿不從君出至定公爲五世矣按自季文子始專國政歷武平至桓子凡四世而爲家臣陽虎所執三桓仲孫叔孫季孫蓋至定哀時陪臣執政而三桓並微也下淩上替互相師學義既不安勢不能久故曹操篡漢而司馬旋踵而攘之桓玄劉裕蕭道成卽逐其後皆理勢之自然也愈變而祚愈短也

○孔子曰益者三友損者三友友直友諒友多聞益矣友便辟友善柔友便佞損矣高麗本經注作便僻後漢書爰延傳注太平御覽交友部同
友直則聞其過友諒則進于誠友多聞則進于明便圜熟也便辟謂巧避人之所忌以求容而不直後漢書佞幸傳贊咎在親便嬖所任非仁賢是也善柔謂工于媚悅而不諒便佞謂習於口辯而

無學三者損益正相反也尹氏曰自天子以至于庶人未有不須友以成者而其損益有如是者可不謹哉

○孔子曰益者三樂損者三樂樂節禮樂樂道人之善樂多賢友益矣樂驕樂樂佚游樂宴樂損矣 皇本佚作逸宴與燕通

節謂制度聲容之節處位不端受業不敬言語不序聲音不中律進退節度無禮升降揖讓無容周旋俯仰視瞻無儀安顧咳唾趨行不得色不比順不節于禮樂也驕樂則侈肆佚游則惰慢宴樂則淫溺所謂宴安酖毒三者損益亦相反也節禮樂謂以禮樂之中和自節其身也道人善則獎勵誘勸而爲善者多則已亦熏陶進德而不自知多賢友則夾輔染化而日進果能樂三益則自爲君子人矣若樂驕樂佚游宴樂則身心日放侈不見其損而日損矣驕樂佚游宴樂乃人情所共樂者不受以節而偏樂之則上損德心下損精神

○孔子曰侍於君子有三愆言未及之而言謂之傲言及之而不言謂之隱未見顏色而言謂之瞽躁魯讀作傲鹽鐵論孝養篇言不及而言者傲也可証魯讀知躁是僞古文改今不從言及之而不言皇本無不言

君子有德位之通稱愆過也傲不讓也瞽盲也日與羣小則不見其過近於君子則易形其愆知愆則可改之而德進矣故人必久事君子而後寡過自能察言觀色時而後言

○孔子曰君子有三戒少之時血氣未定戒之在色及其壯也血氣方剛戒之在鬭及其老也血氣既衰戒之在得

此言持戒之事戒淫戒忿戒貪三者皆人所不免有體魄即有斯欲雖君子亦不能外焉以人爲血氣所成無血氣則不能爲人有血氣即爲所動血氣愈盛制之愈難惟魂極清明存養有素視如大火怨賊毒蛇猛虎極意克制乃能不爲血氣所用而克全戒行也而血氣用事又有三時自三十以前血氣充陽于下其患好淫

其戒宜在色自五十以前血氣騰滿于上其患好忿其戒宜在鬬自五十以後氣血衰敗老病侵尋無向上之心有慮後之意其患好貪其戒宜在得色鬬得三好爲人所共有少壯老之戒時各有宜當其時尤宜競競持戒也淫忿貪三者雖粗而極難脫去孔子諄諄教學者以持戒稍不自持終身隳壞不可不謹守焉

○孔子曰君子有三畏畏天命畏大人畏聖人之言

畏天命者上帝臨汝無貳爾心也大人教主易大人與天地合德與四時合序先天而天弗違後天而奉天時非聖人爲教主者而何亦有作君上有位禮運大人世及以爲禮士相見禮與大人言言事君左傳閔子馬曰夫必多有是說而後及其大人穀梁曰人于天也以道受命不若于道者天絶之也故天子不能奉天之命則廢而稱公王者之後是也繁露郊語篇引此文云以此見天之不可不畏敬猶主上之不可不謹事不謹事主其禍來至顯不畏

敬天其殃來至闇闇者不見其端若自然也由是觀之天殃與上罰所以别者闇與顯耳孔子同之俱言可畏也又曰天地神明之心與人事成敗之眞惟聖人能見之聖人者見人之所不見者也故聖人之言亦可畏也又曰魯宜違聖人之言變古易常而災立至亦以禍福言

小人不知天命而不畏也狎大人侮聖人之言

侮戲也大人者受天命而爲君師聖言者代天命以宣意君子以畏天之故故從天而畏之小人不知畏天命故狎大人而遭刑戮侮聖人言以違大道

○孔子曰生而知之者上也學而知之者次也困而學之又其次也困而不學民斯爲下矣

困謂困苦也人之資質有此四等生而知之者晶光如日照燿洞然蓋夙根久遠歷世不忘者也學而知者灼爍如電光芒相觸蓋

夙慧亦深觸發如舊者也困而學之者然燈爲明亦復能照蓋夙根輕微資今培養者也困而不學如頑石闇鈍絶無夙根故與學不入癡愚闇昧爲民中之下者然生資者天也好學者人也好學則困知與生知成功如一蓋同有明德皆可証聖惟不學則永永墮落無從超拔矣孔子雖言此而意在勤學也

○孔子曰君子有九思視思明聽思聰色思温貌思恭言思忠事思敬疑思問忿思難見得思義

視明則無所蔽聽聰則無所壅色見于面者忌冷而貴温貌舉身而言忌慢而貴恭忠則言精切而竭盡敬則事詳審而不敗問則疑不蓄思難則忿必懲思義則得不苟九者蓋皆人事之要日用之常以此日省可謂近思孔子示人檢身思慮之法至爲詳明爲人格中不可少闕者施之四海而準者也

○孔子曰見善如不及見不善如探湯吾見其人矣吾聞其語矣

採摸取也真知善惡而誠好惡之如子路之勇可當之矣
隱居以求其志行義以達其道吾聞其語矣未見其人也
志者救天下之志道者濟天下之道若伊尹之耕莘則樂堯舜之道以天下自任其隱居所求如此相湯而行堯舜之道則伐夏救民其行義所達如彼孔子時未見其人蓋撥亂反正春秋時惟孔子耳餘無其人

○齊景公有馬千駟死之日民無德而稱焉伯夷叔齊餓於首陽之下民到于今稱之其斯之謂與皇本德作得
鄭氏曰首陽山在河中蒲阪城南朱子以爲第十二篇錯簡誠不以富亦祇以異似當在此句之上言人之所稱不在于富而在于異而章首當有孔子曰字蓋闕文耳大抵此書後十篇多闕誤駟四馬也千駟凡四千匹富之至也首陽山名伯夷叔齊不食周粟採薇于首陽山而食之至于餓死窮之至也而千秋之後夷齊與

日月同光齊景與草木同腐君主之貴不如餓死固知人之所貴在德而不在富貴也孔子大聲疾呼其誘世覺民發聾瞽聵可爲至矣

○陳亢問於伯魚曰子亦有異聞乎

亢以私意窺聖人疑必陰厚其子

對曰未也嘗獨立鯉趨而過庭曰學詩乎對曰未也不學詩無以言鯉退而學詩他日又獨立鯉趨而過庭曰學禮乎對曰未也不學禮無以立鯉退而學禮聞斯二者皇本不學詩上有曰字言下有也字二者下有矣字

言行爲人道之大日用之切而詩以理性禮以道行爲言行之法詩備列國風俗政治之故又多鳥獸草木之名觸物造端比興諷諭情深而文明辭曲而意達其感人也深故學之者能言禮備君臣上下父子兄弟夫婦朋友班朝治軍涖官行法之文進退應對周旋揖讓趨翔之節義理燦著品式詳明其修已也敬故學之者

能立六經皆孔子所作而詩禮作自早年故教伯魚以此教門人以此蓋至切要矣當獨立之時所聞不過如此其無異聞可知

陳亢退而喜曰問一得三聞詩聞禮又聞君子之遠其子也

父子者傳形者也師弟者傳魂者也立教者教魂而非教魄魄則子爲獨親魂則賢爲相得故傳道者以才爲主而不在形子而才也則子思爲傳道之宗子其不才也則丹朱商均亦不在見知之列但一人之傳魄必不及天下之英才故傳道以徒爲多而教者則子與徒同本無陰厚其子之心更無故遠其子之意陳亢之私測皆非也佛子羅雲阿難皆爲徒而傳道者則在文殊普賢孔子以伯魚爲子而傳道者則在顏子而子思亦預焉其義一也

○邦君之妻君稱之曰夫人夫人自稱曰小童邦人稱之曰君夫人稱諸異邦曰寡小君異邦人稱之亦曰君夫人皇本亦曰君夫人下有也字

此詳邦君之妻稱謂妻齊也言夫婦平等無尊卑也春秋時嫡

妾之禮不正多以妾爲夫人故左傳記魯文公二妃齊桓三夫人鄭文公有夫人芊氏姜氏宋平公納其御步馬者稱君夫人君稱之曰夫人尊夫人別嫡庶也小童者謙未成人也論語記義不記曲禮似記文錯簡在此而寫者誤附焉今亦降寫附錄于此而明非論語焉

門人贛縣王德濬初校

門人高要陳煥章覆校

門人番禺王覺任覆校

門人東莞張伯楨覆校

論語注卷之十六終

詩說卷十八

論語注卷之十七

南海康有爲學

陽貨第十七

凡二十五章 漢石經凡二十六章何氏集解二十四章朱子集注復爲二十六章洪氏頤煊讀書叢錄謂漢石經分子曰唯上知與下愚不移子謂伯魚曰各自爲一章故云廿六邢本古者民有三疾章下有子曰巧言令色鮮矣仁注王曰巧言無實令色無質唐石經亦有此章係旁注御覽三百八十八引論語陽貨曰巧言令色鮮矣仁疑古傳本有二有者非後人所增無者亦非後人所刪也皇本考文引古本足利本高麗本皆無此章則從集解所據本也王注亦見學而篇皇疏

〇陽貨欲見孔子孔子不見歸孔子豚孔子時其亡也而往拜之遇諸塗 饋魯讀作歸塗論衡知實篇引作涂釋文塗當作途

陽貨季氏家臣名虎貨虎一聲之轉嘗囚季桓子而專國政欲令孔子來見已而孔子不往貨以禮大夫有賜於士不得受於其家則往拜其門故瞰孔子之亡而歸之豚欲令孔子來拜而見之塗

道也不期而會曰遇

謂孔子曰來予與爾言曰懷其寶而迷其邦可謂仁乎曰不可好從事而亟失時可謂知乎曰不可日月逝矣歲不我與孔子曰諾吾將仕矣

皇疏寶猶道也懷寶迷邦謂懷藏道德不救國之迷亂亟數也失時謂不及事幾之會將者且然而未必之辭貨諷使速仕欲孔子求已也二曰皆陽貨自言下孔子曰乃是孔子言孔子非不欲仕也但不仕於貨耳不見者義也而往拜者禮也必時其亡而往者稱也遇諸塗而不避者不終絕也蘇氏軾曰道逢陽虎呼與言心知其非口唯諾以遜辭免蓋待權奸之法

○子曰性相近也習相遠也子曰唯上知與下愚不移此論性章應合爲一章朱子以下子曰爲衍文是也知漢書古今人表引作智

孝經緯性者生之質也兼魂魄而言之受於天生而不關於治教

者物皆有性各從其類若人之與人同此形體卽同此覺識內之同有惻隱羞惡是非之心外之同有食味被色別聲之欲所受之天氣地勢所傳之父精母血各有不同萬難合一而大體相近故可本身作則推以及物以爲治化若不相近則仁恕忠信篤敬亦不能推矣孟子亦言同類者相似故天生之事如此若人與人相去之遠至於有治亂之大變聖狂之懸絕則全視所習而已習有本於家庭習有由於師友習有因於風俗習有生於國土或一人一時之習或數千萬里數千萬年之習熏染旣成相去遂遠乃至居行好尚亦復是非懸反者故印度之人不踐螻蟻而焚其先骸及寡妻歐西之人愛夫妻而離父母墨子謂輆沐之國長子生則解而食之謂之宜弟大父死負其大母而棄之謂之鬼妻今非洲黑人亦有然者風俗如此嗜好亦然故近朱則赤近墨則黑蓬生麻中不扶自直蘭浸滫中小人不服居鮑肆而臭入芝室而香故

善惡皆視其習而已若上智則魂魄俱清明純固故不爲惡習所移下愚則魂魄俱濁闇凝頑固故不爲善習所移推所以然上智之夙根深厚熏脩已久故德性堅定下愚則人形粗異絕未熏聞故性質頑固所以成爲上智下愚者亦由於夙習使然故天下之化莫大於習聖人立教務在進化因人之性日習之於善道而變其舊染之惡習變之又變至於惡習盡去善習大明至於太平大同之世則人人皆成上智而無下愚矣於是習不相遠矣而人道止於至善矣後人言性甚多世碩以爲性有善有惡人之善性養而致之則善長性惡養而致之則惡長宓子賤漆雕開公孫尼子之徒皆言性有善有惡孟子則言性善荀子則言性惡告子則言性無善無不善楊子則言善惡混皆泥於善惡而言之孔子則不言善惡但言遠近蓋善惡者教主之所立而非天生之事也甚矣聖人之言之精渾而無病也言性者聚訟紛如亦折衷於孔子可

矣

○子之武城聞弦歌之聲

弦琴瑟也時子游爲武城宰以樂爲教故邑人皆弦歌也

夫子莞爾而笑曰割雞焉用牛刀莞釋文作莧惟唐石經作莞皇邢本同廣雅釋詁莧笑也疑莧字小變

莞爾笑貌王逸曰笑離斷也張衡東京賦注舒張面目之貌也蓋喜之至反言治小邑何必用大道

子游對曰昔者偃也聞諸夫子曰君子學道則愛人小人學道則易使也

君子小人以位言之道謂樂之道也樂之爲道流而不息合同而化欣喜懽愛中正無邪敦和無怨合愛尙同百物皆化故君子學之則同而愛人小人學之則和而易使孔子禮樂並制而歸本於樂蓋人道以樂爲主無論如何立法皆歸於使人樂而已故小康

之制尙禮大同之世尙樂令普天下人人皆敦和無怨合愛尙同百物皆化禮運以爲大道之行也子游嘗聞大同其治武城先以爲治故孔子喜極美其以大道治小也子思孟子皆出於子游故多能言大同之道孔門自顏子有子子贛以外應以子游爲大宗矣

子曰二三子偃之言是也前言戲之耳

戲謔也嘉子游又以解門人之惑

○公山弗擾以費畔召子欲往弗擾皇本弗作不左傳史記及漢書古今人表皆作不狃

史記定公九年公山不狃欲廢三桓之適更立其庶孽以費畔季氏使人召孔子孔子循道彌久溫溫無所試莫能已用曰蓋周文武起豐鎬而王今費雖小儻庶幾乎欲往然亦卒不行若夫定十二年仲由爲季氏宰墮費不狃及叔孫輒率費人襲魯夫子命申句須樂頎伐之而後北敗於姑蔑不狃及輒遂奔齊與九年之欲

强公室相反

子路不說曰末之也已何必公山氏之之也論衡引作末如也已無不說二字

末無也言無所之則止何必公山氏之往乎

子曰夫召我者而豈徒哉如有用我者吾其爲東周乎皇本用上有復字

豈徒哉言必用我也爲東周言費小亦可王將爲東方之周也亂臣不可從乃是常義孔子豈不知之但爲救民來故曰天下有道丘不與易苟可藉手皆可與升平太平大同小康之治蓋化人之來道濟天下豈問爲何人哉所謂聖達節賢守節下失節子路乃守節之人故不說孔子爲達節之聖故無可無不可不然則愛名惜己不知救民孔子亦賢者而已固知常義不足以窺聖人也其卒不往者殆公山早敗或誠意不足耳

○子張問仁於孔子孔子曰能行五者於天下爲仁矣請問之曰恭寬信敏惠恭則不侮寬則得衆信則人任焉敏則有功惠則足以使

人

仁者從二人爲人偶故其道皆與人交涉爲多恭寬信敏惠皆與人交之至道也行之天下言此可以治天下也蓋慢人者人亦慢之嚴則人怨欺則人疑懦爲事賊無恩則人不懷皆與人交所忌故有爲於天下者未有不行恭寬信敏惠者

○佛肸召子欲往皇本作胇肸古今人表作茀肸

佛肸晉趙氏之中牟宰以中牟畔趙

子路曰昔者由也聞諸夫子曰親於其身爲不善者君子不入也佛肸以中牟畔子之往也如之何

子路守節疾惡恐佛肸之浼夫子故問此以止夫子之行親猶自也不入不入其黨也

子曰然有是言也不曰堅乎磨而不磷不曰白乎涅而不緇史記論衡引無然字論衡又無言字皇侃本不曰堅乎句上有曰字緇史記新語論衡文選座右銘注皆作淄漢州輔碑摩而不鄰漢費鳳碑作埿而不

滓廷尉仲定碑校尉熊君碑史記屈賈列傳後漢書隗囂傳皆作泥而不滓磨摩粼磷埿泥湼皆古通也

磷薄也涅礬石可染皁楚人謂之涅石孔氏曰至堅者磨之而不薄至白者染之於涅而不黑喻君子雖在濁亂濁亂不能汚蓋磨不磷涅不緇而後無可無不可若堅白不足而欲自試於磨涅其不磷緇也幾希

吾豈匏瓜也哉焉能繫而不食

匏瓠也詩匏有苦葉故可繫於一處而不可食吾自東西南北不能如不食之物繫滯一處也張敬夫曰子路昔者之所聞君子守身之常法夫子今日之所言聖人體道之大權也然夫子于公山佛肸之召皆欲往者以天下無不可變之人無不可爲之事也其卒不往者知其人之終不可變而事之終不可爲耳一則與物之仁一則知人之智也佛肸公山之召孔子皆欲往救時之急拯溺之仁行其心之安而絕無人間名義之糾繫非聖人孰能爲此子

路勇於守義故見南子赴公山佛肸之召皆不悅而力諫子路之守節孔子之達權子路之守身孔子之行仁賢聖之大小廣狹經權皆可見矣然必堅白之至乃可不畏磷緇若皎日顯現黑暗皆明如蓮華出水汚泥難染皓皓自由無所不可若堅白不足則不甚磨染觸輒損汚則宜仍守不善不入之戒無謬託於聖人也能爲鳩摩羅什之吞針則可破戒不能吞針則不可破戒聖道甚大不設一義學者宜自量焉

○子曰由也女聞六言六蔽矣乎對曰未也皇本由下無也字

蔽遮掩也

居吾語女皇本居上有曰字

禮君子問更端則起而對故孔子諭子路使還坐而告之

好仁不好學其蔽也愚好知不好學其蔽也蕩好信不好學其蔽也賊好直不好學其蔽也絞好勇不好學其蔽也亂好剛不好學其蔽

也狂
六言皆美德然不學以明其理則各有所蔽愚若可陷可罔之類蕩謂窮高極廣而放佚賊謂傷害於物勇者剛之發剛者勇之體狂躁率也范氏曰子路勇於爲善其失之者未能好學以明之也故告之以此曰勇曰剛曰信曰直又皆所以救其偏也事各有宜物各有節若偏過則生害故有美質者必當講學窮理以求時中若質美而不學卽爲其質所蔽若有仁質者博愛必甚無學以裁之則可陷可罔愚而無益有知質者則求智必甚無學以節之則高遠放蕩若莊列與佛及九十六道有信質者然諾必重無學以裁之則如尾生抱橋待死徒以自戕有直質者不能委曲無學以量之則如直躬證父攘羊至於絞刺有勇質者果敢向前無學以調之則血氣張僨必至作亂若刺客游俠輕身徇人冒於文網而犯公議有剛質者不屑佞柔無學以和之則披猖觸犯必至狂妄

子路近於仁信直勇剛故多舉其質之近者而戒之此與書之臯陶九德洪範三德可參玩而此則斷之以學尤爲有所下手書之教胄子曰簡而無傲剛而無虐亦歸之於學庶幾近焉

○子曰小子何莫學夫詩

小子弟子也

詩可以興

感發志意

可以觀

考見得失

可以羣

和而不流

可以怨

怨而不怒

邇之事父遠之事君

人倫之道詩無不備二者舉重而言

多識於鳥獸草木之名

其緒餘又足以資多識知物性考醫藥備養生蓋博物之學孔子所重學詩之法此章盡之讀是經者所宜盡心也

○子謂伯魚曰女爲周南召南矣乎人而不爲周南召南其猶正牆面而立也與皇本召作邵

爲猶學也周南召南詩首篇名所言皆男女之事最多蓋人道相處道至切近莫如男女也脩身齊家起化夫婦終化天下正牆面而立言至極其餘益無可爲也

○子曰禮云禮云玉帛云乎哉樂云樂云鍾鼓云乎哉唐石經作鐘鍾與鐘二文古通

因天秩天敘之宜而將以恭敬飾以節文禮之本也因人心物理

之樂而致中蹈和合同尚愛樂之本也若玉帛鐘鼓人皆以爲禮樂者則禮樂之器數云爾不足以當禮樂也漢書禮樂志引此曰樂以治內而爲同禮以脩外而爲異同則和親異則畏敬畏敬之意難見則著之於享獻辭受登降跪拜和親之說難形則發之於詩歌詠言鐘石筦絃蓋嘉其敬意而不及其財賄美其歡心而不流其聲音

○子曰色厲而內荏譬諸小人其猶穿窬之盜也與釋文穿踰本又作窬鄭本作竇玉篇引禮記及左傳並作圭窬則窬與竇通用

厲威嚴也荏弱佞也穿牙在穴中通也窬門邊小竇外爲莊嚴之容而內懷巧佞之心陽爲君子而陰實小人以高世而媚世舉動畏卻有若穿窬之盜或說穿穿壁窬踰牆言其無實盜名而常畏人知也記君子不以色親人情疏而貌親在小人則穿窬之盜也

○子曰鄉原德之賊也

原與愿同善也孟子曰閹然媚於世者是鄉愿也萬章曰一鄉皆稱愿人焉孔子以爲德之賊何哉孟子曰非之無非刺之無刺同乎流俗合乎汚世居之似忠信行之似廉潔衆皆悅之自以爲是而不可與入堯舜之道夫忠信廉潔無可非刺豈非孔子所宜深美者哉乃以爲德賊蓋其氣象託於老成行誼託於謹厚寡過獨善安分守已緘默委靡隨波逐流以志士爲妄人矯激其持論不白不黑務爲模稜其於世不痛不癢務在自全胡廣中庸馮道長樂旣竊美譽以亡人國故深惡之爲德賊也

○子曰道聽而塗說德之棄也

多識言行皆以畜德故貴默而識之若東塗西抹但以譁衆則雖有所聞亦非已有在才爲棄才在德爲棄德矣

○子曰鄙夫可與事君也與哉（釋文或作無哉後漢書李法傳引也與作乎）

鄙夫庸惡陋劣之稱

其未得之也患得之旣得之患失之

何晏曰患得之謂患不能得之

苟患失之無所不至矣

小則吮癰舐痔大則弒父與君皆生於患失而已鹽鐵論曰君子疾鄙夫之不可與事君患其聽從而無所不至也聽從者無所匡正但知保其祿位故必至邪媚謟佞無所不爲也甚至才達之士明知亡國之舉動亦貪一時之利而媚逢獻策焉故孔子疾之斯裁之曰士之品大槩有三志於道德者功名不足以累其心志於功名者富貴不足以累其心志於富貴者無所不至矣志於富貴即孔子所謂鄙夫也

○子曰古者民有三疾今也或是之亡也

朱子曰氣失其平則爲疾故氣稟之偏者亦謂之疾昔所謂疾今亦亡之傷俗之益衰也

古之狂也肆今之狂也蕩古之矜也貶今之矜也忿戾古之愚也直今之愚也詐而已矣廉魯讀作貶

狂者高志大言而行不掩肆謂極意敢言不拘小節蕩則踰大閑矣矜即狷也不屑不潔者貶與砭通貶砭與廉通謂稜角峭厲忿戾則悖怒咈爭矣愚謂闇癡不明直謂質實无妄詐則詭譎誕妄矣此歎風俗之衰文敝之餘則人多矯詐

○子曰巧言令色鮮矣仁重出古本足利本無此章唐石經先無而後添注

○子曰惡紫之奪朱也惡鄭聲之亂雅樂也惡利口之覆邦家者皇本者作也

朱赤心木凡染絳一入謂之縓再入謂之赬三入謂之纁四入謂之朱正色也以黑加赤爲紫春秋時好服之朱正色紫間色包咸曰鄭聲淫聲之哀者惡其亂雅樂魏文侯所謂聽古樂則惟恐臥聽鄭聲則惟恐倦其易感人如此故惡其奪正也利口辯才之人

能變易元黃顛倒是非所謂析言破律亂名改作言僞而辨記醜而博順非而澤爲其足以疑衆惑民而瀆亂至道上若何晏王弼下若江充息夫躬之流豈非傾邦家者耶此皆惡似是而非者

○子曰予欲無言

聲色之化民末也精神之運明德之照寂然不動感而遂通故尸居而龍見淵默而雷聲未嘗言也無不言也神聖雖徧發萬理徧陳萬行而必歸之於無聲無臭乃爲至德蓋有言即有迹人不解其所以言之故反將滯於其迹而誤泥矣故言者化物之不得已也若大教之本則在無言

子贛曰子如不言則小子何述焉

子贛以垂教必須言語故疑而問之

子曰夫何言哉四時行焉百物生焉夫何言哉天魯讀天爲夫或寫誤

有變通輪迴之妙體有發育萬物之精神絕無語言自然行生此

天之造化也神聖則亦有變通輪迴之妙體亦有發育萬物之精神不待語言但見化生此神聖之造化也孔子肖之蓋六經論記雖多言大同小康雖有多法而皆化民之末聖人仍是無言而已

○孺悲欲見孔子孔子辭以疾將命者出戶取瑟而歌使之聞之

孺悲魯人嘗學喪禮於孔子當是時必有以得罪者故辭以疾而又使知其非疾以警教之此孟子所謂不屑之教誨所以深教之也或未受學之先別有故乎

○宰我問三年之喪期已久矣史記弟子傳引作不已久乎

期周年也

君子三年不爲禮禮必壞三年不爲樂樂必崩

恐居喪不習而崩壞也

舊穀既沒新穀既升鑽燧改火期可已矣

沒盡也升登也燧取火之木也改火古者春取榆柳之火夏取棗

杏之火夏季取桑柘之火秋取柞楢之火冬取槐檀之火亦一年而周也已止也言期年則運一周時物皆變喪至此可止也

子曰食夫稻衣夫錦於女安乎曰安女安則爲之夫君子之居喪食旨不甘聞樂不樂居處不安故不爲也今女安則爲之皇本稻下錦下有也字曰安下有日字

北方難得稻故貴之錦采衣也旨美也言三年之喪非强爲之本於人心之不安若汝安則汝爲之反辭以動其不忍之心也

宰我出子曰予之不仁也子生三年然後免於父母之懷夫三年之喪天下之通喪也予也有三年之愛於其父母乎漢石經無乎字或缺

古者喪期無數記至親以期斷則周時或期也今歐美日本父母皆期喪三年之喪蓋孔子改制所加隆也故宰我以爲舊制期已可矣不必加隆乃與孔子商畧之詞孔子乃發明必須三年之意人義莫尚於報天生魂而不能成之父傳種母懷妊未極其勞惟

既生之後撫育顧復備極劬勞必歷三年而後子能言能行少能自立而後免於父母之懷此三年中子不能自爲人飲食衣服卧起便溺皆父母代之然後成立得享人身之樂雖其後愛育腹我之恩昊天罔極終身無以報之然送死有已復生有節惟初生三年之恩非父母不得成人則必當如其期以報之也且喪之爲義自盡其哀思耳非有所報也今是大鳥獸之失羣匹猶必躑躅鳴號越月踰旬而後能已況於人性之靈而父母之恩哉故其哀思之切發於不忍之良而於境物之美自有不安之意故夫飲食音樂衣服宮室之美皆平日所安者至是於心不安三年中皆變而不爲焉蓋本人情以制禮非勉强爲之也羣經皆言三年喪制而未發其理此爲三年喪所以然之理論其義至明自此孔門推行三年喪制於天下至晉武帝乃爲定制後儒不知孔子改制以爲三年之喪承自上古定自周世則何以滕文公欲爲三年喪而父

兄百官皆不欲以爲滕魯先君莫行之是自伯禽至於魯悼公叔繡至於滕定公皆未嘗行也今人假極不肖心無哀思而以國家法律所在亦必强服三年之喪制而不敢非難安有以一王大典定律而舉世千年諸侯大夫無一服者且以爲非卽宰我之賢亦以爲疑而宜減者蓋古無定制故孔子加爲三年喪墨子得減爲三月喪也墨子亦日稱堯舜禹湯文武者若三年喪爲先王之制墨子必不敢攻今墨子非儒篇其禮曰喪父母三年期妻後子三年若以尊卑爲歲月數則是尊其妻子與父母同逆孰大焉節葬篇曰使面目陷陬顏色黧黑耳目不聰明手足不勁强敗男女之交則不可爲衆失衣食之財則不可爲富君子無以聽治小人無以從事公孟篇曰公孟子謂子墨子曰子以三年之喪爲非子之三月之喪亦非也子墨子曰子以三年之喪非三月之喪是猶裸謂撅者不恭也言皆非先王之制不能相非則三年之喪爲孔子

改制至明三年者實二年記三年問曰三年之喪二十五月而畢
又曰正與使倍之故再期也蓋再期二十四月而大祥祥而鼓素
琴喪已解矣中月而禫於是月之中行禫祭而服畢鄭玄說以中
月爲中隔一月故爲二十七月今用之則誤也唐王玄感誤解以
爲三十六月益大謬也三年之喪專爲父母者其及他者則從服
也漢時未定三年喪制故人各自由翟方進則爲三十六日服王
修則爲六年服趙宣則爲二十餘年服皆過於厚薄者也至晉武
帝定制後乃至今二千年爲通制

○子曰飽食終日無所用心難矣哉不有博弈者乎爲之猶賢乎已

荀子大略篇六貳之博楊倞注六貳之博即六博也王逸注楚辭
云投六箸行六棊故曰六博今之博局亦二六相對也西京雜記
許博昌善陸博法用六箸以竹爲之長六分或用三箸列子說符
釋文引六博經云博二人相對坐向局局分爲十二道兩頭當中

名爲水用棊十二枚法六白六黑又用魚二枚置於水中其擲采以瓊爲之二名牽魚每一牽魚獲二籌翻一魚獲三籌若已牽兩魚而不勝者名曰被翻雙魚彼家獲六籌爲大勝也弈者說文云弈圍棋也文選博弈論注引邯鄲淳藝經曰棊局縱橫各十七道合二百八十九道白黑棊子各一百五十枚焦氏循孟子正義博蓋即今之雙陸弈爲圍棊以其局同用板平承於下則皆謂之枰以其同行於枰皆謂之棊上高而銳如箭亦如箸今雙陸其俗謂之鎚尚可考見其狀故有箭箸之名今雙陸枰上亦有水門其法古今有不同如弈古用二百八十九道今則用三百六十一道亦其例也蓋弈但行棊博以擲采而後行棊後人不行棊而專擲采遂稱擲采爲博博與弈益遠矣說文博局戲也用已盛行久矣已止也心之精神謂之聖用之事事物物皆能緣入用之道德則行日起而有功用之學問則聞見博而知益明用之技藝則可以養

生而進道用之物理則窮化而知新此天特與人者愈用而愈明愈用而愈銳有欲罷不能者若不用則如涸泉枯井如茅塞之或且逸欲橫生矣雖用之博弈廢日玩時而智慧日生尙勝於絕不用心者聖人非教人博弈乃極言不用心者之日入愚癡爲大不可耳

○子路曰君子尙勇乎子曰君子義以爲上君子有勇而無義爲亂小人有勇而無義爲盜史記弟子傳引無君子字漢書地理志引無義爲亡義爲上有則字

尙上之也君子爲亂小人爲盜皆以位而言者也義以爲尙則爲大勇也所謂浩然之氣至大至剛配義與道也禮聘義云有行之謂有義有義之謂勇敢故所貴於勇敢者貴其能以立義也所貴於立義者貴其有行也所貴於有行者貴其行禮也故所貴於勇敢者貴其敢行禮義也故勇敢強有力者天下無事則用之於禮義天下有事則用之於戰勝用之於戰勝則無敵用之於禮義則

順治外無敵內順治此之謂盛德故聖王之貴勇敢强有力如此也勇敢强有力而不用於禮義戰勝而用之於爭鬬則謂之亂人刑罰行於國所誅者亂人也又荀子榮辱篇爲事利爭貨財無辭讓果敢而振猛貪而戾恈恈然惟利之見是賈盜之勇二文並可證此章之義史記子路好勇力志伉直冠雄雞佩豭豚陵暴孔子孔子設禮稍誘子路子路後儒服委贄因門人請爲弟子而問勇夫子答之如此所以深折其舊日自矜之質而進以大道之義也可窺聖人陶鑄之法

○子贛曰君子有惡乎皇本子貢下有問字今本君子下有亦字漢石經無今從石經

聖人博愛故子贛疑而問有惡否

子曰有惡稱人之惡者惡居下而訕上者惡勇而無禮者惡果敢而窒者今本作有惡漢石經無惡字又今本作居下流漢石經與鹽鐵論漢書朱雲傳無之今皆從漢石經白六帖與四輩經比丘尼經音義引亦無流字窒魯論作室韓勑修孔廟後碑亦以窒爲室

窒與窒通漢書功臣表有淸簡侯窒中同史記作室訕謗毀也皇侃曰惡爲人臣下而毁謗其君上少儀爲人臣下者有諫而無訕窒犯戾也稱人惡則谿刻無仁厚之意下訕上則悖逆無忠敬之心勇無禮則犯上作亂果敢而窒則膽大妄爲是四者無忠敬之心皆孔子之所惡也勇無禮則爲亂果而窒則妄作故夫子惡之

曰賜也亦有惡乎惡徼以爲知者惡不孫以爲勇者惡訐以爲直者皇本乎作也徼鄭本作絞中論絞急以爲智用此

惡徼以下子贛之言也徼抄也謂抄人之見以爲己有訐謂攻發人之陰私蓋知爲知之不知爲不知是爲智自反而不縮雖褐寬博吾不逡焉是爲勇直道而行乃爲直三者皆非眞知勇直故子贛惡之聖賢之所惡若此學者亦可自省爲聖賢所惡否也凡聖賢之所惡皆所謂惡不仁者也

○子曰唯豎子與小人爲難養也近之則不孫遠之則怨女子本又作豎子今從之皇本怨上有有字後漢書爰延傳引唯作惟下無也字孫作遜魏志黃初三年令亦作遜

豎子謂僕隸之類小人謂人之無學術行義者兼才臣昵友而言豎子小人多有才而令人親愛者然遠近皆難故不易養惟當謹之於始善擇其人先勿太寵之而假其權後勿過絕之而薄其恩若始誤近之過甚則後難處之矣

○子曰年卌而見惡焉其終也已漢石經作年卌見惡焉今本作四十意同不如從漢石經說文無卌字足證爲今文漢孔和碑選年卌以上雍勸闕碑云年卌五釋文引鄭注孝經云卌強而仕

卌四十也成德之時見惡於人則止於此四十無聞則不足畏此則見惡不止無聞曾子立事篇三十四十之間而無藝即無藝矣五十而不以善聞則無聞矣蓋四十成德之時而無德可稱且爲所惡則氣質不改止於其地也勉人及時遷善改過也孔子極重少年而極怪垂暮無成者年已過則不可得日月逝於上體貌衰

於下此志士之大痛也可不勉哉

門人番禺王覺任初校

門人高要陳煥章覆校

門人東莞張伯楨覆校

論語注卷之十七終

論語注卷之十八

南海康有爲學

微子第十八此篇多記聖賢之出處

凡十一章集解作十四章疑四爲一之誤

○微子去之箕子爲之奴比干諫而死

微箕二國名子爵也微子名啟箕子名胥餘與比干皆紂諸父史記呂氏春秋以微子爲紂兄微子見紂無道去之以存宗祀箕子比干皆諫紂殺比干囚箕子以爲奴箕子因佯狂而受辱

孔子曰殷有三仁焉

夏侯元曰微子仕之窮也箕子比干忠之窮也故或盡材而止或盡心而留皆其極也三人之行不同而同出於至誠惻怛之意以撥亂救民得其本心故孔子同許其仁在後世視之則微子奔周爲客箕子陳疇武王皆不忠矣而孔子以與比干同稱未嘗責微

箕之死節蓋孔子立君臣不過同以治民若君爲社稷死則死之爲民亡則亡之若君無道而死亡則非其私暱誰敢任之宋賢不明此義若一君之亡當胥天下之民而爲之死者則無義甚矣非孔子道也

○柳下惠爲士師三黜人曰子未可以去乎曰直道而事人焉往而不三黜枉道而事人何必去父母之邦荀子展禽三絀絀即黜字子未可以去乎新序雜事篇後漢書崔駰傳注引作可以去矣邦漢石經作國風俗通同或避漢諱耶士師理官黜退也柳下惠三黜不去而油油與故國偕蓋其深悉時風遺佚而不怨阨窮而不憫可謂和矣然其不能枉道之意則有確乎其不可拔者是所謂必以其道而不自失焉者也直道則必黜枉道不可行悠悠千古竟不出是但君子終不肯枉道求容耳

○齊景公待孔子曰若季氏則吾不能以季孟之閒待之曰吾老矣

不能用也孔子行待史記作止

魯三卿季氏最貴孟氏爲下卿孔子在齊景公問政孔子曰政在節財景公說將欲以尼谿田封孔子晏嬰進曰夫儒者滑稽而不可軌法倨傲自順不可以爲下崇喪遂哀破產厚葬不可以爲俗游說乞貸不可以爲國自大賢之息周室既衰禮樂缺有間今孔子盛容飾繁登降之禮趨翔之節累世不能殫其學窮年不能究其禮若欲用之以移齊俗非所以先細民也後景公敬見孔子不問其禮異日景公止孔子曰奉子以季氏吾不能以季孟之間待之齊大夫欲害孔子孔子聞之景公曰吾老矣不能用也孔子遂行反乎魯時景公年已六十故云老孔子蓋一厄於晏嬰之異道再厄於諸大夫之妒讒景公未嘗不知慕聖虛已大用而卒不能蓋古聖賢之被用多厄於左右親貴之間惡人主非有獨斷之聰排讒之勇罕有能終者故先主之於諸葛苻堅之於王猛德威廉

之於俾思麥所以獨有千古也

○齊人歸女樂季桓子受之三日不朝孔子行歸鄭作饋漢書禮樂志文選鄒陽上書注並引作饋當是用鄭注歸饋通後漢書蔡邕傳齊人歸魯孔子斯征則歸是今文饋是古文

季桓子魯大夫名斯史記定公十四年孔子年五十六由大司寇攝行相事三月粥羔豚者弗飾賈男女行者別於塗塗不拾遺四方之客至乎邑者不求有司皆予之以歸齊人聞而懼曰孔子爲政必霸霸則吾地近焉我之爲先并矣盍致地焉犁鉏曰請先嘗沮之沮之而不可則致地庸遲乎於是選齊國中女子好者八十人皆衣文衣而舞康樂文馬三十駟遺魯君陳女樂文馬於魯城南高門外季桓子微服往觀再三將受乃語魯君爲周道游往觀終日怠於政事子路曰夫子可以行矣孔子曰魯今且郊如致膰乎大夫則吾猶可以止桓子卒受齊女樂三日不聽政郊又不致膰俎於大夫孔子遂行宿乎屯而師已送曰夫子則非罪孔子曰

吾歌可夫歌曰彼婦之口可以出走彼婦之謁可以死敗蓋優哉游哉維以卒歲師已反以實告桓子喟然歎曰夫子罪我以羣婢故也夫孔子遂適衞此記强鄰間賢而魯君相好色不好德致大聖辭官蓋君相有倦心則色斯舉矣此見孔子見幾之速辭官之勇而去官卽去國免於覊留古政綱之寛如此而士人之去就如彼

○楚狂接輿歌而過孔子曰鳳兮鳳兮何而德之衰也往者不可諫也來者猶可追也期斯已矣今之從政者殆集解作已而已而今之從政者殆而不知爲古文歟爲齊論歟魯論作期斯已矣今之從政者殆今從魯論漢石經作何而德之衰也與莊子合唐石經及皇本作何德之衰也又諫追下漢石經及皇本高麗本皆有也字今本無之

莊子逍遙游篇偁接輿應帝王偁肩吾見狂接輿荀子堯問史記皆偁接輿秦策偁接輿漆身而爲厲被髮而陽狂楚辭偁接輿髡首韓詩外傳偁楚狂接輿躬耕高士傳以爲陸通似謬惟接輿是

隱士姓名孔子將適楚楚之狂士接輿歌而過前蓋隱士宗旨不同欲以感切孔子者也鳳有道則見無道則隱接輿以比孔子而譏其不能隱爲德衰也來者可追言及今尚可隱去期時也殆危也言出處之道惟其時而已今之從政者殆言亂世危邦之貴要有禍患也憲問篇曰斯已而已矣陽貨篇曰期可已矣下章曰其斯而已矣語勢相類莊子人間世載接輿詞曰已乎已乎臨人以德殆乎殆乎畫地而趨蓋古人引文多以意古文之已而已而即從此出

孔子下欲與之言趨而辟之不得與之言（辟皇本作避不得與之言下有也字）

孔子下車蓋知爲異人欲告之以救世之義楚狂自有旨趣故不欲聞而辟之此亦大隱之至特發歌以致諷不可謂不勤拳急趨辟而不言不可謂不淡泊隱士之高遠奇僻及聖人之優容接引皆可見焉

○長沮桀溺耦而耕孔子過之使子路問津焉

史記世家敘此於去葉反蔡之時爲哀六年孔子年六十四也鄭氏玄曰長沮桀溺隱者也耜廣五寸二耜爲耦蓋播種於畝中津濟渡處長身高者桀身短者沮溺亦記者名其隱淪之意凡楚狂丈人荷蕢晨門及沮溺皆大隱無名此略以其身體行義記之

長沮曰夫執車者爲誰子子路曰爲孔丘曰是魯孔丘與曰是是知津矣興漢石經作車誰下有子字是下無也字曰字與今本殊今從之皇本誰下有子字曰是上有對字

執車執轡在車也蓋本子路御而執轡今下問津故夫子代之也知津譏孔子數周流自知津處

問於桀溺桀溺曰子爲誰曰爲仲由曰是魯孔丘之徒與對曰然曰滔滔者天下皆是也而誰以易之且而與其從避人之士也豈若從避世之士哉櫌不輟釋文孔子之徒一本作子是今作孔丘之徒與世家作子孔丘之徒與又滔滔釋文引鄭本作悠悠世家正作悠悠漢班固幽通賦溺招路以從巳兮安慆慆而不萉滔滔是魯論漢石經作避世今依之漢石經作櫌不輟今本作耰

而不輟當是齊古論今從石經

時孔子周流名聞天下故隱士亦知之滔滔流而不反之意以猶與也言天下皆亂將誰與變易之而汝也辟人謂孔子辟世桀溺自謂櫌覆種也輟止也亦不告以津處以孔子所如不合故曰辟人沮溺與楚狂見孔子亦不顧若不生於人間世者故曰辟世

子路以告子憮然曰鳥獸不可與同羣吾非斯人之徒與而誰與天下有道丘不與易也今本子路行以告夫子憮然漢石經無行字夫字史記世家亦無行字今從漢石經皇本羣下有也字

憮然猶悵然惜其不諭已救世之意也旣生人身則與人爲羣當安而懷之坐視其饑溺則心有不忍必當撥易其亂世進置之大同退亦欲置之小康天生我德卽當以斯人爲責任一夫不獲若已納隍若世已太平斯人盡安盡樂則無所事聖人聖人亦從衆而嬉耳蓋聖人之來斯世明知亂世昏濁而來救之非以其福樂

而來享之也故治世去之亂世就之特入地獄而救衆生斯所以爲大聖大仁歟惻隱之心悲憫之懷周流之苦不厭不捨至今如見之也

○子路從而後遇丈人以杖荷蓧子路問曰子見夫子乎丈人曰四體不勤五穀不分孰爲夫子置其杖而耘釋文蓧本又作條又作莜皇本作篠今本植其杖而芸植漢石經作置芸作耘說文植或作櫃則古通也耘芸賴俱通當是隸省

包咸曰丈人老人也蓧竹器四體四肢股肱也五穀不分猶言不辨菽麥爾責其不事農業而從師遠遊也置措之地也耘除草也食貨志苗生三葉以上稍耨壠草因隤其土以附苗根比成壠盡而根深故耘不獨除草且可茂苗也

子路拱而立

賈子新書容經固頤正視平肩正背臂如抱鼓足間二寸端面攝纓端股整足體不搖肘曰經立因以微磬曰共立玉藻臣侍於君

垂拱子路拱立蓋知其隱者加敬之也

止子路宿殺雞爲黍而食之見其二子焉

黍禾之黏者

明日子路行以告子曰隱者也使子路反見之至則行矣

孔子使子路反見之蓋欲告之以行道救世之義而丈人意子路必將復來故先去之以滅其跡亦楚狂之意也

子路曰不仕無義長幼之節不可廢也君臣之禮如之何其廢之也欲絜其身而亂大倫君子之仕也行其義也道之不行已知之矣今本作君臣之義廢之下無也字今從漢石經

子路或留告其子也包曰倫道理也君臣之義皆在救民但有尊卑耳雖有污君吾亦盡其救民之心蓋人分氣於天凡人類皆同胞義當救之君子之栖栖周流皇皇從仕以行其救民之義發其不忍之心也如親戚有疾雖知不愈仍必奔走求藥以救之道之

不行久已知之所謂知其不可而爲之也蓋當時齊景衛靈之昏陳蔡之弱權臣世家之妒中知以下知必不見用豈孔子之聖而不知之哉然仍數十年周流栖栖不厭不倦甚矣孔子之仁也孔子豈不知潔身遠避之爲樂哉而不忍之心旣不能恝救民之天職又不敢廢也此數章皆見孔子周流之苦救民之切明知亂世而特來明知不行而不舍累遭譏諷而接引不倦與欲就佛肸公山數章合讀孔子之爲至仁萬世下猶當感動也

○逸民伯夷叔齊虞仲夷佚朱張柳下惠少連夷逸漢石經作夷佚今從之

逸者節行超逸也民者無位之稱逸民有德而隱處者虞仲即仲雍與泰伯同竄荊蠻者雖後爲君而隱之時亦民也尸子夷逸夷詭諸之裔或勸其仕曰吾譬則牛寧服軛以耕於野不忍被繡入廟而爲犧禮雜記孔子曰少連大連善居喪三日不怠三月不解期悲哀三年憂東夷之子也朱張則傳記皆佚王弼注謂朱張字

仲弓荀卿以比孔子然朱張在孔子前仲弓在孔子後恐非仲弓不足信據包咸曰此七人皆逸民之賢者

子曰不降其志不辱其身伯夷叔齊與

天子不得臣諸侯不得官直已行道不事亂人故曰不降志辱身謂柳下惠少連降志辱身矣言中倫行中慮其斯以乎今本其斯而已矣漢石經作其斯以乎今從之

柳下惠少連食祿亂朝道不能行故爲降志辱身倫理也慮意料也謂言論合理謀慮必得也

謂虞仲夷佚隱居放言身中清發中權世家引身作行今本作廢中權權釋文廢馬云棄也鄭作發馬融只傳古文臧庸拜經日記謂魯論作發馬誤按鄭並傳齊魯論則廢是古文發是齊魯故後漢書隗囂傳方望曰動有功發中權蓋魯論故今從鄭

仲雍居吳斷髮文身裸以爲飾皇疏引江熙曰超然出於埃塵之表身中清也晦明以遠害發動中權也此作發之正義放言如莊

生曳尾寓言之比也法之盧騷亦其類也仲佚之放言必有奇瑋
絶特之論故孔子稱之惜後世不傳
我則異於是無可無不可
鄭曰不爲夷齊之清不爲惠連之屈法言謂李仲元不夷不惠可
否之間孟子曰孔子可以仕則仕可以止則止可以久則久可以
速則速所謂無可無不可七子皆周時創教之人故各立特行造
作論說有名於時孔子雖尊稱之而無一從之蓋孔子兼備萬法
其運無乎不在與時變通而得其中聲色之以化民皆末無聲無
臭乃爲天載如五色之珠說靑道黃人各有見而皆不得其眞相
者也所謂聖而不可測之謂神孔子哉
○大師摯適齊
大師殷紂時樂官之長摯其名也
亞飯干適楚三飯繚適蔡四飯缺適秦

包曰三飯四飯樂章名各異師繚缺皆名也

鼓方叔入于河于今本作於皇本作于

包曰鼓擊鼓者方叔名入謂居其河內

播鼗武入于漢

播搖也鼗小鼓兩旁有耳持其柄而搖之則旁耳還自擊武名也

漢漢中

少師陽擊磬襄入于海于今本作於漢石經作于以上皇本及唐石經考之則于河于漢亦應作于

少師樂官之佐陽襄二人名海海島也董仲舒對策曰至于殷紂逆天暴物殺戮賢知殘賊百姓伯夷太公皆當世賢者隱處而不爲臣守職之人皆奔走逃亡入于河海漢書古今人表列大師摯于殷末周前禮樂志稱殷紂斷棄先祖之樂乃作淫聲用變亂正聲以悅婦人樂官師瞽抱其器而奔散或適諸侯或入河海皆以爲紂時史記周本紀太師疵少師彊抱其樂器而奔周疵彊卽摯

陽音轉孔傳因魯有師摯以爲魯哀公時鄭以爲周平王時益誤

矣此數章皆雜記殷周時事足勸戒者

○周公謂魯公曰君子不施其親不使大臣怨乎不以故舊無大故則不棄也無求備於人釋文不弛本今作施漢石經作施施弛二字古通周官遂人注施讀爲弛可證魏志杜恕傳引不作無乎作呼牧敦銘王乎內史乎即呼也漢宣六王傳棄上有可字無作毋唐石經及今本棄上無可字今從之

魯公周公子伯禽也坊記鄭注弛棄忘也以用也備盡也大臣非其人則去之在其位則不可不用大故謂惡逆君子雖遷於高位不可以忘其朋友士有百行功過相除不可求備四者皆忠厚之事魯以仁厚開基故傳其遺訓也

○周有八士伯達伯适仲突仲忽叔夜叔夏季隨季騧

包咸曰周時四乳生八子皆爲顯仕故記之爾蓋記周之盛世人種之良善而多以爲太平祥也八士皆依韻命名鄭玄以爲成王時人劉向馬融以爲宣王時人非也春秋繁露郊語篇引惟此文

王傳曰周國子多賢蕃殖至于駢孕男者四四產而得八男皆君子俊雄也此天之所以興周國也古今人表列八士于成叔霍叔前皆以爲文王時人逸周書和寤篇王乃勵翼于尹氏八士十亂之南宮适即伯适逸周書克殷篇命南宮忽振鹿臺之財巨橋之粟令南宮伯達史佚遷九鼎三巫皆尹氏之别以宫名者薛氏鐘鼎款識載叔夜鼎銘云叔夜鑄其鑊鼎以征以行用鬻用鬻用蘄眉壽無疆

門人高要陳煥章初校

門人番禺王覺任覆校

論語注卷之十八終

門人東莞張伯楨覆校

論語注卷之十九

南海康有爲學

子張第十九此篇皆記弟子之言而子夏爲多子貢次之蓋孔門自顏子以下穎悟莫若子貢自曾子以下篤實無若子夏故特記之詳焉

凡二十五章

○子張曰士見危致命見得思義祭思敬喪思哀其可已矣

見危致命者臨難無苟免見得思義者臨財無苟得二者見其義祭思敬則不忘遠喪思哀則能恤死二者見其仁仁且義可以爲士蓋命者人所難捨財者人所共貪遠者人所易忘死者人所易背所貴乎士爲其節行死猶不惜財猶不貪則其尋常之小節愈可信遠猶不忘死猶能恤則其生而近者之不遺益可見致命不言思者死生之際惟義是蹈多思反游移生惑故獨不言思也

○子張曰執德不弘信道不篤焉能爲有焉能爲亡

執德不弘則狹小拘泥而不能變通盡利因應隨時信道不篤則游移遷變而無定力負荷守死力爭凡一世中所關係之人一教中所擔荷之士皆賴弘德以應變篤信以護持苟其不然則其人無足重輕有亦不見多無之亦不見少也如孟荀董子者可謂執德弘信道篤故關于儒教甚重子張此言眞爲治世傳教之要無志者不足論若以道自命之人深宜自察也荀子韓非皆有子張氏之儒大戴記衞將軍文子篇孔子稱子張與顏子並合論語所記觀之問仁問明問行問遠問十世尊賢容衆嘉善矜不能眞所謂德弘信篤者迥非曾子子夏所能及後人誤尊曾子遂抑子張是目迷白黑顚倒高下此孔道所以不明也

○子夏之門人問交於子張子張曰子夏云何對曰子夏曰可者與之其不可者距之子張曰異乎吾所聞君子尊賢而容衆嘉善而矜不能我之大賢與於人何所不容我之不賢與人將距我如之何其

距人也釋文距本今作拒漢石經作距今從之邢疏集注本皆作拒漢石經可者下者距上凡闕四字疑漢本無其字

朱子曰子夏之言迫狹子張譏之是也蓋子夏固守約者以之爲門人小子慎其初交無比匪人無親損友亦未嘗不宜也子張之說乃深得聖道宏獎風流賢則尊之善則嘉之又推施仁恕衆則容之不能則矜之有萬物一體之量有因物付物之懷竊窺孔子之待人正爾如此則子張之所得可知也朱子以爲過高妄議子張則是妄議孔子也蓋朱子亦守約之人于此未有得者舜于四罪流放孔子稱爲君哉堯則並容共驩孔子稱其天大太邱道廣固勝于李膺門高且百姓有過皆在於已方當自責復何不容雖位各有當時各有宜而同類不收自隘其道豈斯人吾與之意乎

○子夏曰雖小道必有可觀者焉致遠恐泥是以君子不爲也不漢書藝文志引作弗

鄭曰小道如今諸子書也泥滯陷不通也皆有所明而不能相通

非無可觀致遠則泥矣故君子不爲也百家衆技凡有立于世者其中各有精妙有可觀覽凡人自可學之以致用但若欲經世立教致之遠大則如耳目鼻口皆有所明而不能相通不如孔子之大道故君子擇焉志乎大道則不暇爲小道也此子夏專爲學孔子大道發之乃爲傳教之高言而天下之人甚多安得盡爲傳教者但各執一技求精致用近世若哥白尼之天文學斯密亞丹之資生學奈端之重學富蘭克令之電學華忒之機器皆轉移世宙利物前民致遠甚矣言各有爲學者勿泥于言而不通其意也

○子夏曰日知其所亡月無忘其所能可謂好學也已矣（亡讀作無古通）

學在溫故知新不知新則守舊而不進不溫故則有得而亦忘二者合爲之則日就月將緝熙光明矣此指進德修業之功分課日月至爲明切後世亦不能更出新義學者終其身以爲課程可也

○子夏曰博學而篤志切問而近思仁在其中矣（後漢書章帝紀正經義誤引作孔子）

孔門教人以求仁為事但空言博愛無私從何下手故必自道問學尊德性先之此皆學問思辨之事未及乎力行而為仁然存養既熟不求仁而仁在其中矣蓋仁者人也為仁由己己立立人己達達人故道雖極乎高遠而行先于切近有篤志者精神凝結其問思自不汎濫然人言動之習慣雖極尋常而其精理則息息皆與元天相通與萬物相關既相關通矣則思問之亦為切近雖屈原問天王陽明思竹亦未為過也

○子夏曰百工居肆以成其事君子學以致其道

致極也肆謂工人造作之處學謂學校凡藝業必合羣講習而後精蓋相觀而善之謂摩耳濡目染故不肅而成不勞而能管子所謂羣萃州處工與工處商與商處農與農處士與士處四民不雜而後業成工必居肆乃成事君子亦必居學校乃致道也苟閉門

獨學則無講習漸摩之益則必孤陋而寡聞勤苦而難成今歐美百業必出于學校蓋深得之矣

○子夏曰小人之過也必文皇本必下衍則字文飾之也小人魂昏魄重卑污詭曲外託無過而不肯改過故不憚自欺必從而文飾之若君子通達光明知人固有過則不妨認既認爲過則亦可勇猛精進而改之矣若文則包藏粉飾既無知過之誠遂絶改過之望所以終于小人歟

○子夏曰君子有三變望之儼然即之也温聽其言也厲儼釋文本或作嚴皇本作嚴邢本作儼

儼然者貌之莊温者色之和厲者辭之正他人儼然則不温則不厲惟孔子全之如良玉温潤而栗所謂氣備四時也色温則可親言厲則無私其與巧言令色之鮮仁相反歟

○子夏曰君子信而後勞其民未信則以爲厲已也信而後諫未信

則以爲謗已也鄭厲讀爲賴釋文同厲賴通

信謂誠意惻怛而人信之也厲猶病也事上使下皆必誠意交孚而後可以有爲蓋同言而信信在言前在人而不在言在平日之積行積交而不在一時一事故君子有所舉動于人務積其見信之本而已否則怨謗之來宜自反也

○子夏曰大德不踰閑小德出入可也春秋繁露玉英篇引不作無說苑尊賢篇引作毋

大德小德猶言大節小節閑闌也所以止物之出入易言閑有家是也大德事關國家身名一敗則終身瓦裂故一毫不可苟假若小德則飲食起居之際獵較猶可申夭不妨故云出入可也子夏雖守約而執德猶弘若程子之諫折枝必至使人作僞而後已爲人道所難則必盡反乎大道宋賢之刻豈未知小德出入之義耶

○子斿曰子夏之門人小子當灑掃應對進退則可矣抑末也本之則無如之何子游漢石經作斿釋文洒掃正作灑毛詩晉語周禮皆作洒掃鄭謂古文論語作洒則洒掃皆古文灑爲魯論

則掃亦爲魯論

灑汎也子游譏子夏弟子于威儀容節之間則可矣然此小學之末耳推其本如性天之事則無有

子夏聞之曰噫言游過矣君子之道孰先傳焉孰後倦焉譬諸草木區以別矣君子之道焉可憮也有始有卒者其唯聖人乎釋文區羌于反誣漢書薛宣傳引作憮論語發微謂爲魯論馬以誣爲欺是僞古論漢石經卒作卒惟作唯

君子之道大本之道也倦如誨人不倦之倦區猶類也憮蘇林曰兼也同也言君子之道非特有所先而傳之非特有所後而倦教但學者所至自有淺深如草木之有大小其類固有別矣若不量其淺深不問其生熟而概以高且遠者兼同而強語之君子之道豈可如此若夫始終本末一以貫之則惟聖人爲然豈可責之門人小子乎即大學所謂物有本末事有終始知所先後則近道矣荀子非十二子篇嗛然終日不言此子夏氏之賤儒則子夏學派

如此故書至百歲道行西河而後學不聞大成得無太守約所致耶朱子譏張橫渠關學無傳謂其道似木札子得無類是子游後學有子思孟子爲孔道大宗發明天命性道直指本心豈非所謂得其本者耶以此較之則子游之譏子夏未爲過也但小子則應從事于淺近若名物象數誦詩學樂之類宋賢則欲小子皆從事于身心性命是又過矣則子夏之論爲篤也

○子夏曰仕而優則學學而優則仕

優有餘力也仕與學理同而事異故當其事者必先有以盡其事而後可及其餘然仕而學則所以資其仕者益深學而仕則所以驗其學者益廣然若方仕而專事讀書則必曠職業胜不學而遽干祿則必覆餗刑凶

○子游曰喪致乎哀而止

哀爲喪禮之本制禮者定其宮室服食之節不過推致其哀思稱

情以立文耳卽喪與其易也甯戚不若禮不足而哀有餘之意然毀不滅性故有禮以節之若徒尙哀則阮籍之斗酒嘔血爲得矣朱子以爲有弊誠然子游蓋爲忘哀者有爲言之也

○子游曰吾友張也爲難能也然而未仁

包曰言子張容儀之難及也孔子沒後同門中子張年少而才行最高子游推其難能但仁則未知孔子所未許子路冉有者也子游亦未許子張記論語者爲曾子之徒與子張宗旨大異乃誤傳其有所短也

○曾子曰堂堂乎張也難與並爲仁矣

類敘攻子張之意鄭氏玄曰子張容儀盛後漢書伏湛傳杜詩上疏曰湛容貌堂堂國之光暉子張善爲容漢舊儀爲此頌貌威儀事有徐氏張氏列子仲尼篇師之莊賢于丘也又曰師能莊而不能同恐其矜已或絕物則難並爲仁也曾子守約與子張相反故

不滿之人之性金剛水柔寬嚴異尙嗜甘忌辛趣向殊科宗旨不同則相攻上章祗以爲未仁尙無定論難與爲仁則過矣大戴禮衛將軍文子篇歷論諸子而孔子謂子張不弊百姓以其仁爲大又言其業功不伐貴位不善不侮可侮不佚可佚所謂尊賢容衆嘉善矜不能仁孰大焉孔子許子張幾比于顏子可爲定論論人當折衷于孔子記論語者當爲曾子後學而非子張之徒故記本師之言猶荀子之非思孟耳未可爲據朱子誤尊曾子過甚于是不考而輕抑子張爲行過高而少誠實惻怛之意則大誤矣

○曾子曰吾聞諸子人未有自致也者必也親喪乎今本子上有夫字致下爲者也經石經無夫字致下爲也者今從漢石經

致盡其極也蓋人之眞情所不能自已者尹氏曰親喪固所自盡也于此不用其誠惡乎用其誠

○曾子曰吾聞諸夫子孟莊子之孝也其他可能也其不改父之臣

萬木草堂叢書

與父之政是難能也皇本難下無能字

孟莊子魯大夫名速其父獻子名蔑獻子有賢德而莊子能用其臣守其政故其他孝行雖有可稱而皆不若此事之爲難莊子卒去獻子四年自盟向伐邾外無事蓋守父道故也然亦有獻子之賢父則可否則幹蠱乃爲孝矣爲政以益民爲主若其益民則蕭規曹隨千古以爲美何待父也若其非也則禹之治水盡易鯀道及其用人乃爲孝耳大孝以喻親于道爲義曾子篤于孝故其論如此讀者善擇之可也

○孟氏使陽膚爲士師問於曾子曾子曰上失其道民散久矣如得其情則哀矜而勿喜

陽膚曾子弟子民散謂民心散渙思背其上情實也上未嘗養之教之則民之犯罪迫于不得已或出于無知非其天性然也士師審訊雖得情宜哀矜其本出無辜而勿喜也鹽鐵論後刑章引此

說之曰夫不傷民之不治而伐己之能得奸猶弋者觀鳥獸挂罻羅而喜也孔子謂不教而殺謂之虐士師不當以得情爲喜會子此言有萬物一體之意與大禹之泣罪同矣

○子贛曰紂之不善不如是其甚也是以君子惡居下流天下之惡皆歸焉子貢漢石經作贛下凡貢字仿此皇本善下有也字今本不如是之甚漢石經作不如是其甚今從石經論衡引作孔子語當是誤記如作若

列子楊朱篇天下之美歸之舜禹周孔天下之惡歸之桀紂漢書敘傳班伯以侍中起眠事時乘輿幄坐張畫屏風畫紂醉踞妲己作長夜之樂上因顧指畫而問伯紂爲無道至於是虖伯對曰書云迺用婦人之言何有踞肆於朝所謂衆惡歸之不如是之甚者也楊敞傳惲書曰下流之人衆毀所歸後漢書竇憲傳論憲率羌胡邊雜之師一擧而空朔庭列其功庸兼茂於前多矣而後世莫稱者章末釁以降其實也是以下流君子所甚惡焉諸文皆以天

下之惡爲惡名也皇疏引蔡謨曰聖人之化由羣賢之輔闇主之亂由衆惡之黨是以有君無臣宋襄以敗衛靈無道夫奚其喪言一紂之不善其亂不得如是之甚身居下流天下惡人皆歸之是故亡也此以天下之惡爲惡人其說亦通左昭七年傳楚芋尹無宇曰昔武王數紂之罪以告諸侯曰紂爲天下逋逃主萃淵藪杜注天下逋逃悉以紂爲淵藪集而歸之孟子滕文公篇言紂臣有飛廉墨子非樂有費中惡來崇侯下流地形卑下之處衆流之所歸喻人身有汙賤之實亦惡名之所聚也子贛言此欲人常自警省不可一置其身于不善之地非謂紂本無罪而虛被惡名也

○子贛曰君子之過也如日月之食焉過也人皆見之更也人皆仰之皇本食焉作蝕也

更改也君子光明磊落絕無隱匿卽有過舉與人共見未嘗掩飾旋卽改去不留纖污明德復明完全無缺故如日月之食此與小

人之過必交互對學者亦可參矣

○衛公孫朝問於子貢曰仲尼焉學論衡引作子禽問當是因下章而誤記

孝經疏云劉瓛述張禹之義以爲仲者中也尼者和也孔子有中和之德故曰仲尼禮記檀弓魯哀公誄孔子注尼父因其字以爲之諡疏云尼則諡也翟氏四書考異曰中和之說稍近穿鑿魯哀公事則甚信而可徵論語惟此以下四章稱仲尼章末且有其死也哀之文必孔子既卒後語合中庸孝經之稱謂觀之則尼誠孔子諡矣今人藉口孝經中庸謂弟子子孫皆可呼其祖父之字殆未深攷公孫朝衛大夫春秋時魯有成大夫公孫朝見昭廿六年傳楚武城尹公孫朝見哀十七年傳鄭子產兄公孫朝見列子楊朱篇及此凡四人故論語稱衛以别之與公子荆書法同驚孔子之聖欲知孔子所從學也

子貢曰文武之道未墜於地在人賢者志其大者不賢者志其小者

莫不有文武之道焉夫子焉不學而亦何常師之有隆漢石經作隆識作志漢書楚元王傳並作志楚辭九歌矢交隧兮士爭先王莽傳不隧如髮漢西狹頌數有顛覆賈隧之患蓋隧墜古通論語古義曰述而云多見而識之白虎通引作志鄭注周禮保章氏云志古通識賈疏古之文字少志意之志與記識之識同說文無志字徐鉉於心部補之云志意也從心出聲段注謂志所以不錄者古文有志無識小篆乃有識字保章注志古文識識記也哀公問注志讀爲識識知也今之識字志韻與職韻分二解而古不分二音則二解亦相通古文作志則志者記也知也許心部無志者蓋以其即古文識而識下失載也晉書禮志引而亦作夫文選閒居賦注引論語叔孫武叔曰吾亦何常師之有當是誤憶

文武之道謂文王武王之典章政事也在人言士大夫之文獻者有賢不賢也不賢謂次賢也老聃萇弘賢者之志其大孔子就而問禮師襄師摯不賢者之志其小孔子就而問樂以及項橐可師童謠可識皆所謂焉不學無常師也呂氏春秋謂孔子學于孟蘇夔靖叔或亦孔子所問學但生知之神聖博採古今中外之長無在非師亦無一師可服實言孔子爲創教之聖無不師學實非闕師學云爾孔子所採于古制周道爲多子思稱憲章文武故墨子

攻孔子曰子之古非古也法周未法夏也蓋墨子稱三代而法夏孔子稱三代而法周故子贛答公孫朝亦舉周道也

○叔孫武叔語大夫於朝曰子贛賢於仲尼

武叔魯大夫名州仇

子服景伯以告子贛子贛曰辟諸宮牆賜之牆也及肩窺見室家之好夫子之牆數仞不得其門而入不見宗廟之美百官之富（今本譬之宮牆漢石經譬作辟之作諸牆作蘠皇本作譬諸句末有也字漢石經蘠下至窺見上缺二字今本閒三字疑漢本無也字窺釋文皇本宋石經作闚今從漢石經）

包咸曰七尺曰仞此今文說也古文作八尺則與尋同應劭作五尺六寸小爾雅作四尺皆謬不入其門則不見其中之所有言牆高而宮廣也

得其門者或寡矣夫子之云不亦宜乎

包咸曰夫子謂武叔莊子稱孔子爲神明聖王四通六闢其運無

乎不在孟子稱孔子聖而不可測之爲神凡道愈深遠人愈難見道稍淺者近人人則易窺人情皆據所見以論人以武叔而論孔子如以三尺僬僥而窺龍伯大人豈能見哉今以粗跡所傳若春秋之太平禮運之大同易之羣龍无首朱子尚疑之況其餘乎數千年推測六經人人自以爲是而二千年未知平世大同之道歸魂游魂之說愚今推知之矣安知不又有出于愚所知之外者乎口說不傳尚如此口說若傳更不知若何易曰書不盡言言不盡意書者六經也不足以盡口說言者口說也不足以盡聖意今愚見所懷大小精粗長短之識諸星諸天諸元諸血輪之論尚不能暴于人間而況孔子之聖意乎見其粗者或遺其精見其末者或遺其本自顏子具體外聖門諸子亦不過得片鱗隻甲何況後人故二千年來得見孔子之道者寡矣以爲孔子專言形體而不知其言靈魂以爲孔子專言人世而不知其多言天神其他德行政

事言語文學之科獨人立國天下合羣之義莫不詳委該備所謂宗廟之美百官之富非子贛親聞性與天道何得尊歎之如此後人據所見以妄議神靈者如五色之珠見靑見黃皆不是如天之大蒼蒼無正色杳杳無終極若言是笠是弓贊之攻之總皆謬見而已子贛得孔子之一體而世大震驚蓋聖道愈深則愈闇然而人益不能測也

○叔孫武叔毀仲尼子贛曰無以爲也仲尼不可毀也他人之賢者丘陵也猶可踰也仲尼日月也無得而踰焉人雖欲自絕其何傷於日月乎多見其不知量也風俗通山澤卷引無者字皇本日月上有如字後漢書孔融傳列女傳二注引此同皇本絕下有也字

毀非也無以爲猶言無用爲此土高曰丘大阜曰陵日月喻其至高明不知量謂不自知其分量以孔子之神聖在當時亦遭毀殺蓋道大如天非民所名而小大精粗不容必相攻擊但攻人者必

相等乃能攻世之賢知與人比較如平地之于丘陵若神聖化生救人其與人如天壤之隔盲者攻日月無明于日月何損只益見其盲而已孔子之如日月惟子贛乃知之後世之妄議日月者亦猶武叔乎

○陳子禽謂子贛曰子爲恭也仲尼豈賢於子乎

爲恭謂爲恭敬推孫其師也

子贛曰君子一言以爲知一言以爲不知言不可不愼也

夫子之不可及也猶天之不可階而升也

階梯也大可爲也化不可爲也神不可測也故曰不可階而升也

夫子之得邦家者所謂立之斯立道之斯行綏之斯來動之斯和其生也榮其死也哀如之何其可及也漢書董仲舒傳引來作徠

立之謂植其生也道引也謂教之也行從也綏安也來歸附也動謂鼓舞之也和所謂於變時雍言其感應之妙神速如此榮謂莫

不尊親哀則如喪考妣此聖人之神化上下與天地同流者子贛言夫子之得邦家其能易世安民如此然孔子未嘗得邦家但垂教耳亦復不立斯立不道斯行不綏斯來不動斯和固不藉國家之力人以爲子贛好贊美孔子愚則以爲子贛之知孔子者尚粗淺而不得其萬一也所謂天不可階其信然乎

門人高要陳煥章初校

門人番禺王覺任覆校

論語注卷之十九終　門人東莞張伯楨覆校

諸儒鳴盛十九

南海康有爲學

堯曰第二十

凡三章魯論本二章其末一章齊論也翟氏灝考異古論語分此一篇爲二則堯曰凡一章子張凡二章愚按子張一章論語無此文體只似記中之孔子三朝記疑爲劉歆于他書採入爲古論語者末章知命說當是齊論

○堯曰咨爾舜天之歷數在爾躬允執其中四海困窮天祿永終

此堯命舜而禪以帝位之辭咨嗟歎聲歷數者考定星歷建立五行有天地神祇物類之官躬身也洪範王省惟歲故董子引此謂察身以知天在察也鄭謂曆數爲帝王受命之符瑞允信也困極也永長也中者無過不及允執厥中者中庸之德中和之理用其中于民中國政術學術尊奉之此爲公理之極放之四海萬國而準者也若四海之人困窮則君祿亦永絕矣戒之也故以富民厚生爲政之要矣民窮則亂生君位卽不保也易歸妹象傳君子以

永終知儆班彪王命論福祚流于子孫天祿其永終矣雋不疑匡衡傳漢武立子齊王閎策皆以永終爲吉語則困窮爲儆語永終爲勉語耶王肅僞古文采之入大禹謨

舜亦以命禹

曰予小子履敢用玄牡敢昭告于皇皇后帝有罪不敢赦帝臣不蔽簡在帝心朕躬有罪毋以萬方萬方有罪在朕躬劉氏恭冕正義謂曰上當有湯字今本無以萬方漢石經作毋今本罪在朕躬漢石經無罪字皇本同

墨子兼愛下夫兼相愛交相利不惟禹誓爲然雖湯說亦猶是也湯曰惟予小子履敢用玄牡告于上天后曰今天大旱即當朕身履未知得罪于上下有善不敢蔽有罪不敢赦簡在帝心萬方有罪即當朕身朕身有罪無及萬方呂氏春秋順民篇亦云湯克夏而天大旱湯以身禱于桑林曰余一人有罪無及萬夫萬夫有罪在余一人然則此語爲因旱禱雨之辭王肅僞古文書采入湯

誥以爲湯伐桀祭天而告諸侯之辭惟周語內史過引湯誓詞與此同湯說湯誓當是孔墨異名而所引書詞同當是湯眞文矣白虎通引此亦以爲伐桀祭天辭履葢湯名用玄牡夏尙黑未變其禮也簡閱也以與也墨子言有善不敢蔽則帝臣善臣也包曰順天奉法有罪者不敢擅赦言桀雖爲君而虐其民君者養民者也桀暴賊仁者謂之賊賊義者謂之殘殘賊之人謂之匹夫順天奉法已不敢赦而天下賢人皆上帝之臣已不敢蔽簡在帝心惟帝所命君有罪非民所致民有罪實君所爲賢者治世自引過以寬民不賢之君諉罪于臣臣諉罪于民于是民視上如仇讐而大亂作傳曰禹湯罪已其興也勃焉桀紂罪人其亡也忽焉

周有大賚善人是富

此以下述武王事賚予也所謂散鹿臺之財發鉅橋之粟此言其所富者皆善人也詩周頌賚序云賚大封于廟也賚予也言所以

錫予善人也

雖有周親不如仁人

周至也孔氏曰親而不賢不忠則誅之管蔡是也仁人謂箕子微子來則用之

百姓有過在予一人

此爲王肅僞古文尚書採入泰誓惟墨子兼愛中昔者武王將事泰山隧傳曰泰山有道曾孫周王有事大事既獲仁人尙作以祗商夏蠻夷醜貉雖有周親不若仁人萬方有過維予一人宋氏翔鳳說周親四語蓋封諸侯之辭也武王封大公於齊在泰山之陰故將事泰山而稱仁人尙爲封大公之辭也說苑貴德篇武王克殷問周公曰將奈其士衆何周公曰使各宅其宅田其田無變舊親惟仁是親百姓有過在予一人湯武皆以天下人之罪過爲已罪過其爲民伐賊之武代民受罪之仁眞可爲後世法也蓋萬物

一體原無畛域滴水有壽一洮不食故萬方百姓方有罪過皆已之罪人人知此則見人之罪失哀矜自責矣豈復有攻訐人者哉耶氏之爲民贖罪亦得此義而爲教主也

孔子曰謹權量審法度脩廢官四方之政行焉何休昭三十二年注引此有孔子曰漢書律歷志引此亦云孔子陳後王之法曰則謹權量下爲孔子語何休爲今文家則魯論必有孔子曰今據補皇本焉作矣

權所以稱輕重銖兩斤鈞石爲五權量所以量多少龠合升斗斛爲五量四方各異必宜謹卽同律度量衡之義易制而用之謂之法法度者法律制度也法律者國人皆受治焉制度者國所以立而時有因革少有偏誤其害多矣當以時時審察之若有不適卽當立改治國之得失視乎官制各地異宜其舊用官制之已廢者亦多有益于今宜修補之權量不一法度不審廢官不修雖有政令具文不行故必謹權量使萬國一同審法度使時變適宜修廢官使事職皆舉而後政乃行于四方也

興滅國，繼絕世，舉逸民，天下之人歸心焉。後漢書逸民傳論注文選兩都賦序爲諸孫置守家人表兩注顏師古漢書外戚侯表注引皆有子曰逸民傳論與外戚侯表注天下之民爲天下之人

禮天子不滅國，諸侯不滅姓，其身有罪宜廢者，選其親而賢者立之。世謂大夫，所謂仕者世祿，但不世位耳。仁者不絕人之種，故繼之。逸民，天之精英，人之才賢，故舉之。順乎民心，故皆歸也。

所重：民、食、喪、祭。

孔氏曰：重民，國之本也；重食，民之命也；重喪，所以盡哀；重祭，所以致敬。蓋民爲貴寶，食者養生之具，喪祭送死之禮。洪範一曰食，二曰貨。富而後教，故民食爲先。喪祭則愼終追遠，民德歸厚。養生送死無憾，王道之始也。

寬則得衆，敏則有功，公則說。漢石經無信則民任焉句皇本足利本高麗本亦無皇本說上有民字翟灝考異云按四語與上文絕不蒙與前論仁章文惟公說二字殊疑子張問仁一章原在古論子張篇首而此爲脫亂不盡之文古書簡盡則止不以章節分簡故雖大半脫去猶得餘其少半連絡于下章也下章子張問政孔子約數以示侯張請目然後詳晰言之與問仁章文

勢盡一顯見其錄自一手又二十篇中唯此二章以子答弟子之言加用孔字蓋古分堯曰子張問以下別爲一篇與前季氏篇爲別一記者所錄稱孔子是其大例故知命章首舊本亦有孔字今以問仁章亂入陽貨之篇既嫌其體例不符而公山佛肸連類並載之間横隔以此亦頗不倫

寬則民情愛戴而爭歸附敏則率作興事而多成功公則與民同之大衆說服論帝王之德心有此三者乃成若天下爲公惟堯舜有之惟大同之世行之尤孔子所注意矣孟子于終篇述堯舜湯文論語終篇亦論堯舜湯武一以見民主公天下之善一以見革命誅民賊之功皆孔門之微言託于終篇以寓大義者也信則民聽任之亦爲政之大義但魯論無此故闕之

〇子張問於孔子曰何如斯可以從政矣子曰遵五美迸四惡斯可以從政矣皇本問下有政字尊或作遵漢平都相蔣君碑遵五迸四後漢祭遵傳遵美屏惡肆釋以爲魯論大學迸諸四夷釋文引皇云迸猶屏也說文無迸字必今文

迸除也

子張曰何謂五美子曰君子惠而不費勞而不怨欲而不貪泰而不驕威而不猛

子張曰何謂惠而不費子曰因民之所利而利之斯不亦惠而不費乎擇可勞而勞之又誰怨欲仁而得仁又焉貪君子無衆寡無小大無敢慢斯不亦泰而不驕乎君子正其衣冠尊其瞻視儼然人望而畏之斯不亦威而不猛乎皇疏兩述經文因民下無之字易益卦注周官旅師疏文選洞簫賦注引皆無之字疑後人誤寫衍皇本擇下有其字

民利于土產山者利其鳥獸材木渚者利其魚鹽皆聽而不易之民利于佚樂則食味別聲被色而歌舞之民利于自由則言論思想聽其自由民利于公同則合民之所有而爲之立公路公學公圃公養疾公養老皆不費于國而民大得所因者國家全不干預爲政者但代民經理而已孔子此言盡爲政之法矣爲國事而自行保護爲公衆而自享利益雖人人爲兵亦不敢怨凡有仁政皆

立舉行仁聲仁聞洋溢天地得所欲矣而未嘗負小大衆寡皆天所生人人平等不須嚴衞故出門如見大賓使民如承大祭書無逸所謂至于小大無時或怨故泰而不驕禮儀嚴肅故威而不猛皇疏君子正其衣冠者衣無撥冠無免中論法象篇法象者莫先乎正容貌慎威儀是故先王之制禮也爲冕服采章以旌之爲佩玉鳴璜以聲之欲其尊也欲其莊也焉可懈慢也夫容貌者人之符表也符表正故情性治情性治故仁義存仁義存故盛德著盛德著故可以爲法象今美國利民之道仁民之制勞民之方平等之制皆行孔子之政言簡而該以此繼帝王之道可爲平世民政之法也

子張曰何謂四惡子曰不教而殺謂之虐不戒視成謂之暴慢令致期謂之賊猶之與人也出內之吝謂之有司納皇本釋文唐石經皆作內

虐從虎爪謂殘酷不仁戒警告也暴謂卒遽不戒不宿戒而責立

成慢令致期謂與民無信而虛刻期猶之謂均之也貪而不施謂之吝謂財物必當與人而于出納之際吝嗇惜難之也治民者必先教以禮義令人人皆服于禮律其有犯法者乃是故犯可以加刑若未施教而刑之孟子所謂罔民也法定必預期施行之年月而後行之令民預戒預習皆刻期必信否則謂之暴賊當與不與雖與不感有司守常職者則可若爲政者則當有非常不測之恩惠乃可得人心孔子此論政體備極詳細尤中野蠻世之弊文明世宜所掃除也

○孔子曰不知命無以爲君子也釋文引鄭注魯論無此章然韓詩外傳六引子曰不知命無以爲君子則必齊論也今所別擇古文之僞耳若韓詩爲今文則同爲孔學之眞宜保持焉故仍舊釋文本皇邢本唐宋石經皆作孔子曰惟集注本無孔字當是誤脫今補之韓詩外傳六引此無也字

命者人受於天者也人生富貴貧賤壽夭窮通皆有定命非人力所能爲窮理盡性以至于命知而樂之無入而不自得則爲君子

不知命則戚戚怨尤作奸犯科逆天背理而終無所得枉作小人而已此孔子所立之義最爲直捷易簡凡人苟能知命則安處善樂循理必不爲小人之歸其于行道思過半矣學者信得命及則于生死大事自能超脫窮通境遇無所繫累既無所爲惟有盡力以行仁雖爲聖人可也何有君子乎此入道之門樂天之法一超直至掃除無累孔子度人之神方也故論語終篇大聲疾呼在此其所以援救天下生人至切矣

不知禮無以立也

不知禮則耳目無所加手足無所措

不知言無以知人也

言之得失可以知人得失邪正繫辭謂將叛者其辭慙中心疑者其辭枝吉人之辭寡躁人之辭多誣善之人其辭游失其守者其辭屈孟子知言謂詖辭知其所蔽淫辭知其所陷邪辭知其所離

遁辭知其所窮有身不知所立則一身不能得所與人交不能知人則終身受其大害二者人道之至切知命爲本復須知禮知言乃能處人間世而無礙論語徧陳萬法而于終篇丁甯斯三者學者不可不留意焉

門人高要陳煥章初校

門人番禺王覺任覆校

論語注卷之二十終

門人東莞張伯楨覆校